Friedrich V. Reiterer

„Alle Weisheit stammt vom Herrn …"

Beihefte zur Zeitschrift für die alttestamentliche Wissenschaft

Herausgegeben von
John Barton · Reinhard G. Kratz
Choon-Leong Seow · Markus Witte

Band 375

Walter de Gruyter · Berlin · New York

Friedrich V. Reiterer

„Alle Weisheit stammt vom Herrn …"

Gesammelte Studien zu Ben Sira

Herausgegeben von
Renate Egger-Wenzel

W
DE
G

Walter de Gruyter · Berlin · New York

♾ Gedruckt auf säurefreiem Papier,
das die US-ANSI-Norm über Haltbarkeit erfüllt.

ISBN 978-3-11-017814-2
ISSN 0934-2575

Bibliografische Information der Deutschen Nationalbibliothek

Die Deutsche Nationalbibliothek verzeichnet diese Publikation in der Deutschen
Nationalbibliografie; detaillierte bibliografische Daten sind im Internet
über http://dnb.d-nb.de abrufbar.

Friedrich V. Reiterer

Vorwort

Diese Festschrift möchte dem Lehrer und Kollegen Friedrich V. Reiterer eine Ehrengabe zum 60. Geburtstag, den er am 4. August 2007 feiert, sein.

Als engagierter Lehrer versteht er es, nicht nur seine Hörerinnen und Hörer für die Hl. Schrift, speziell das Alte Testament, zu begeistern, ihnen komplizierte Sachverhalte nahe zu bringen, sondern diese auch aus seiner seelsorglichen Praxis heraus mit einer oft überraschenden Relevanz für das Hier und Heute zu füllen.

Als Kollege erweist er sich hilfsbereit, verläßlich, von schier unermüdlichem, kreativem Arbeitseifer und mit Begeisterungsfähigkeit für neue Ideen.

Die Interessensgebiete des Jubilars sind vielfältig und breit gestreut, doch liegt ihm vor allem die deuterokanonische Literatur und hier besonders das Buch Ben Sira am Herzen. So legte es sich nahe, einmal einige der über viele Jahre verteilt erschienen Studien des Sira-Forschers in einem Band zusammenzuführen und sie gerade in Hinsicht auf die verwendeten Originalsprachen zu optimieren, die komplizierte Zählung bei Ben Sira anhand der Reitererschen Zählsynopse[1] zu vereinheitlichen und – wo sinnvoll – eine Bibliographie zu den einzelnen Beiträgen zu erstellen.

Mein Dank gilt Frau Mag. Bernardeth Caero Bustillos, die so manchen Artikel nach dem Einscannen lesbar gemacht hat. Aber vor allem sei „Danke" gesagt den Herausgebern der *Beihefte zur Zeitschrift für die alttestamentliche Wissenschaft*, insbesondere Herrn Prof. Dr. Markus Witte, für die Aufnahme in diese Reihe und natürlich ebenso dem Verlagshaus *Walter de Gruyter*, wo Herr Dr. Albrecht Döhnert gemeinsam mit seinem versierten Team die Betreuung übernahm.

---

1 REITERER, F.V./EGGER-WENZEL, R./KRAMMER, I./RITTER-MÜLLER, P., Zählsynopse zum Buch Ben Sira (FoSub 1), Berlin/New York 2003.

So bleibt mir zu guter Letzt nur, dem Geburtstagskind noch viele Jahre frohen Schaffens in Gesundheit, mit Kraft und Begeisterung zu wünschen.

Mai 2007   *Renate Egger-Wenzel*
                                            (Herausgeberin)

Inhaltsverzeichnis

1. Teil: Einführung

Text und Buch Ben Sira in Tradition und Forschung

Unter den Weisheitsschriften des Alten Testamentes nimmt Ben Sira schon allein aufgrund seines Umfanges und der (noch greifbaren) Probleme des Textwachstums und der Textbelegung eine besondere Position ein.

1. Der Name

Die Belegungen des Namens in der hebräischen Handschrift B, der Septuaginta und in der – in sich uneinheitlichen – syrischen Überlieferung weichen voneinander ab. Nach H[B] scheint soviel klar zu sein, daß *Simon, Ben Jes(ch)ua* der Name gewesen sein sollte. Dagegen steht die Belegung im Griechischen, wo *Jes(ch)ua* der Name ist, *Simon* aber überhaupt nicht vorkommt. Der Syrer bestätigt *Jes(ch)ua*, allerdings ist dann *Ben Simon* der weitere Namensteil. – Da es bei den Kirchenvätern bzw. in der jüdischen Tradition noch weitere Varianten gibt, wird die Lage weiterhin verkompliziert. Dieser Befund macht es verständlich, daß eine umfangreiche Diskussion ausgelöst worden ist[1], die bis zur Gegenwart anhält. Während MARBÖCK[2] z.B. nur das Faktum der Varianten erwähnt, GILBERT[3] „ein Problem" konstatiert, versucht Kaiser[4] eine

---

1 Vgl. das reiche, vor allem aus dem Bereich der Kirchenväter stammende Material, das angeführt wird bei VATTIONI, Francesco, Ecclesiastico. Testo ebraico con apparato critico e versioni greca, latina e siriaca (Publicazioni del Seminario di Semitistica. Testi 1), Neapel 1968, XIII–XVII.

2 MARBÖCK, Johannes, Jesus Sirach (Buch), in: NBL, 338–341; ders., Das Buch Jesus Sirach, in: E. Zenger/G. Braulik/H. Niehr u.a. (Hg.), Einleitung in das Alte Testament (KStTh 1,1), Stuttgart/Berlin/Köln 1995, 285–292.285.

3 GILBERT, Maurice, Jesus Sirach, in: RAC 17, 878–906; ders., Siracide, in: DBS 12, 1389–1437.

4 KAISER, Otto, Die Weisheit des Jesus Sirach, in: ders., Grundriß der Einleitung in die kanonischen und deuterokanonischen Schriften des Alten Testaments 3, Gütersloh 1994, 97–105.99.

Erläuterung anzubieten. Nach ihm gehen die Unstimmigkeiten darauf zurück, daß der in H^{II} tradierte Name in die syrische Tradition Eingang fand. Von hier aus kam es zu einer Beeinflussung der griechischen Überlieferung. – *Sira*, ursprünglich der Name eines der Ahnen des Buchautors, rückt dadurch stärker in den Mittelpunkt.

1.1. Der Befund im Griechischen

παιδείαν συνέσεως καὶ ἐπιστήμης ἐχάραξεν ἐν τῷ βιβλίῳ τούτῳ Ἰησοῦς υἱὸς Σιραχ Ελεαζαρ[5] ὁ Ἱεροσολυμίτης ὃς ἀνώμβρησεν σοφίαν ἀπὸ καρδίας αὐτοῦ (50,27); Σοφία Ἰησοῦ υἱοῦ Σ(ε)ιραχ[6] (51,30).

Auf den ersten Blick springt ins Auge, daß im griechischen Text das System der in semitischen Bereichen üblichen Namensaufzählung (Ἰησοῦς υἱὸς Σιραχ) dadurch störend unterbrochen wird, daß υἱός nicht vor Ελεαζαρ steht (50,27). Der Vers 27b[7] ist im Syrischen nicht überliefert. Aus dem Fehlen kann man nicht rückschließen, daß der Vers in der Vorlage des Syrers nicht gestanden haben kann, da der Syrer für ihn offensichtliche Verdoppelungen auch andernorts wegläßt.

Wie infolge der Septuaginta angenommen werden kann, präzisiert der Enkel darüber hinaus, wenn er in 50,27 den Namen durch die Beifügung „Jerusalemer" genauer festlegt. Das mag darauf zurückgehen, daß er vermutlich in seiner Wahlheimat (Alexandria) eine einflußreiche Persönlichkeit gleichen Namens kannte, die allerdings nicht aus Jerusalem stammte. In diesem Fall brachte er eine markante Unterscheidung mit Hilfe des Herkunftsortes an: Ἰησοῦς υἱὸς Σιραχ [Ελεαζαρ] ὁ Ἱεροσολυμίτης.

In 51,30 bietet der Grieche eine Kurzform, die sich stark von jener im Hebräischen unterscheidet: Σοφία Ἰησοῦ υἱοῦ Σ(ε)ιραχ. Danach ist der Eigenname *Jesus*, der Vatername scheint *Sira(ch)* zu sein. Allerdings kann man den Vaternamen so nicht zwingend erschließen, da es sich neben der Vaterangabe einerseits um einen weit früher lebenden direk-

---

5 Nach B ist zu lesen: Ἐλεάζαρ.
6 Belegtes Kolophon durch B-S A V 637–130 254–754 296 534 542; vgl. τελος της σοφιας Ιησου του (> 744) υιου Σειραχ 68–744 = Ald.; τελος συν Θεω του βιλιου Ιησου υιου Σιραχ 547; ετελεωθη η σοφια Ιησου υιου Σιραχ 155; τελος των εις τον Σιραχ Mal.
7 Für 27a gibt es, wenn auch stark abweichende, Entsprechungen.

ten Vorfahren oder andererseits um einen Geschlechternamen handeln kann. Der Vergleich von H mit Syr legt es nahe, vorsichtig zu sein.

Im Prolog verwendet der Enkel als Namen allein *Jesus*. Da anzunehmen ist, daß der Enkel wußte, wie der eigentliche Name des Großvaters lautete, kommt dem allein stehenden *Jesus* im Prolog hoher Zeugniswert zu. Danach legt sich nahe, daß der erste Name Jesus (Ἰησοῦς [und ܝܫܘܥ]) war.

1.2. Da H^{B} aus dem 12. Jh. n.Chr.[8] stammt, wird man sich vorerst auf die – zumindest in Relation auf die erhaltene Verschriftung – ältere Tradition im Syrischen konzentrieren, ist sie doch ab dem 7. Jh. in Handschriften greifbar. Wie schwer es allerdings ist, von *einer* syrischen Tradition zu sprechen, zeigt die Belegung innerhalb der Handschriften.

1.2.1. Im wertvollen Codex Ambrosianus (7aI)[9] wird im Kolophon – es handelt sich immer um 51,30 – ܒܪ ܐܣܝܪܐ angegeben; im ganzen: ܫܠܡ ܟܬܒܐ ܕܒܪ ܐܣܝܪܐ (vgl. dazu die Buchüberschrift ܒܪ ܣܝܪܐ[10]); dieser Tradition steht nahe 10mI, wo es als Kolophon kurz heißt ܫܠܡ ܒܪ ܐܣܝܪܐ (vgl. die Buchüberschrift ܝܫܘܥ ܒܪ ܫܡܥܘܢ ܕܡܬܩܪܐ ܒܪ ܐܣܝܪܐ[11]) und WALTON ܒܪ ܐܣܝܪܐ; im ganzen: ܫܠܡܬ ܚܟܡܬܐ ܕܒܪ ܐܣܝܪܐ ܒܣܝܥܬܐ ܕܡܪܢ ܠܐܠܗܐ ܫܘܒܚܐ ܠܥܠܡܝܢ (vgl. die Buchüberschrift ܝܫܘܥ ܒܪ ܫܡܥܘܢ ܕܡܬܩܪܐ ܒܪ ܐܣܝܪܐ[12]).

Diese Tradition bezeugt also als „Name" nur Bar Sira, vermutlich im Sinne von „Sirazide". Es geht um die Schrift bzw. das Weisheitsbuch (7aI und WALTON: ܟܬܒܐ ܕܒܪ ܐܣܝܪܐ), welche(s) unter diesem Namen bekannt ist. So kann die Information auf die Kurzformel reduziert werden: Bar Sira ist abgeschlossen (10mI). – Der eigentliche Eigenname

8 BEENTJES, Pancratius C., The Book of Ben Sira in Hebrew. A Text Edition of All Extant Hebrew Manuscripts and a Synopsis of All Parallel Hebrew Ben Sira Texts (VT.S 68), Leiden 1997, 5.

9 Es handelt sich um die ältest erhaltene Peschitta-Handschrift, in der auch das Buch Ben Sira vorkommt.

10 Vgl. die vollständige Überschrift: ܚܟܡܬܐ ܕܒܪ ܣܝܪܐ.

11 Vgl. die vollständige Überschrift: ܬܘܒ ܫܪܒܐ ܕܚܟܡܬܐ ܕܝܫܘܥ ܒܪ ܫܡܥܘܢ ܕܡܬܩܪܐ ܒܪ ܐܣܝܪܐ.

12 Vgl. die vollständige Überschrift: ܟܬܒܐ ܕܝܫܘܥ ܒܪ ܫܡܥܘܢ ܐܣܝܪܐ ܕܡܬܩܪܐ ܗܘ ܟܬܒܐ ܕܚܟܡܬܐ ܕܒܪ ܐܣܝܪܐ.

der schreibenden Person wird nicht behandelt; *Bar Sira/Sirazide* ist zur formelhaften Angabe eines Buchnamens erstarrt.

Der formelhaft festgelegte Name wird schon in der ältest greifbaren Handschrift als Buchüberschrift (7aI) verwendet. Interessanterweise füllt 10mI in der Überschrift auf und fügt den ihm bekannten Namen ein: *Jesus Sohn Simons,* der Bar Sira/Sirazide genannt wird. Deutlich wird, daß man bewußt eine formelhafte Bezeichnung durch den Eigennamen ergänzen wollte; dieser ist demnach in einer der damals bekannten Traditionen: *Jesus, Sohn Simons.*

1.2.2. Die Londoner Handschrift (7h3) ist die älteste, die im Kolophon zweimal den Namen nennt, womit sie dem Manuskript H^B ähnlich ist: ܝܫܘܥ ܒܪ ܫܡܥܘܢ ܕܡܬܩܪܐ ܒܪ ܐܣܝܪܐ und ܒܪܣܝܪܐ; im ganzen: ܫܠܡܬ ܠܡܟܬܒ ܠܡܐܡܪܐ ܦܬܓܡܘܗܝ, ܕܝܫܘܥ ܒܪ ܫܡܥܘܢ ܕܡܬܩܪܐ ܒܪ ܐܣܝܪܐ[13] ܥܠܡ ܣܡܟܬܐ ܕܒܪܣܝܪܐ ܫܘܒܚܐ ܠܐܒܐ ܘܠܒܪܐ ܘܠܪܘܚܐ ܕܩܘܕܫܐ ܠܥܠܡ ܥܠܡܝܢ ܐܡܝܢ[14] (vgl. die Buchüberschrift ܒܪܣܝܪܐ). Neben diese Handschrift sind 8aI, 9cI, 9mI und 11cI zu stellen. Im einzelnen sind folgende Namen belegt: In 8aI ܝܫܘܥ ܒܪ ܫܡܥܘܢ ܕܡܬܩܪܐ ܒܪ ܣܝܪܐ und ܝܫܘܥ ܒܪ ܫܡܥܘܢ ܕܡܬܩܪܐ ܒܪ ܣܝܪܐ; im ganzen: ܫܠܡܬ ܠܡܐܡܪܐ ܦܬܓܡܘܗܝ[] ܕܝܫܘܥ ܒܪ ܫܡܥܘܢ[15] ܕܡܬܩܪܐ ܒܪ ܣܝܪܐ ܥܠܬܗ ܣܡܟܬܐ[16] ܕܡܬܩܪܐ ܒܪ ܣܝܪܐ (vgl. die Buchüberschrift ܒܪܣܝܪܐ). In 9mI ܝܫܘ ܥ ܒܪ ܫܡܥܘܢ [...] ܣܝܪܐ (die Größe der Leerstelle läßt vermuten, daß ܒܪ ܣܝܪܐ gestanden hat) und ܒܪܣܝܪܐ; im ganzen: ܫܠܡܬ [...] ܦ[]ܠ[]ܘ[]ܗܝ, ܕܝܫܘܥ ܒܪ ܫܡܥܘܢ [...]ܣܝܪܐ ܥܠܘܗܝ ܩܪ̈ܝܬܐ[17] ܕܒܪܣܝܪܐ (vgl. die Buchüberschrift ܒܪܣܝܪܐ). In 9cI ܝܫܘܥ ܒܪ ܫܡܥܘܢ ܕܡܬܩܪܐ ܒܪܣܝܪܐ und ܒܪܣܝܪܐ; dann im ganzen: ܫܠܡܬ ܠܡܐܡܪܐ ܦܬܓܡܘܗܝ, ܕܝܫܘܥ ܒܪ ܫܡܥܘܢ ܕܡܬܩܪܐ ܒܪܣܝܪܐ ܥܠܬܗ ܣܡܟܬܐ ܕܒܪܣܝܪܐ (vgl.

13 In 9mI, 10mI, 11cI, 11m5, W wird der Name in der Überschrift gleich wie im Kolophon geschrieben, also je ܒܪ ܣܝܪܐ oder ܒܪ ܐܣܝܪܐ.

14 ܫܘܒܚܐ ... ܐܡܝܢ: > Lag (DE LAGARDE, Paul, Libri Veteris Testamenti Apocryphi Syriace, Leipzig/London 1861 [Reprint Osnabrück 1972]; deutlich wird der christliche Tradentenkreis. – Für viele gute Hinweise im Rahmen der Bearbeitung der syrischen Handschriften bedanke ich mich bei Dr. Lutz Schrader, der sich in einem vom Fonds zur Förderung der wissenschaftlichen Forschung am Institut für Alttestamentliche Bibelwissenschaft in Salzburg finanzierten Forschungsprojekt dem syrischen Text des Buches Ben Sira widmet.

15 ܒܪ ܫܡܥܘܢ: Lesung unsicher.

16 ܥܠܬܗ ܣܡܟܬܐ: Lesung bis auf das ܥ und das ܐ unsicher.

17 ܩܪ̈ܝܬܐ: Pluralpunkte unsicher.

die Buchüberschrift: ܫܡܥܘܢ ܕܡܬܩܪܐ ܒܪ ܣܝܪܐ [!]); 11cI ܝܫܘܥ ܒܪ ܫܡܥܘܢ ܕܡܬܩܪܐ ܒܪ ܣܝܪܐ und ܒܪ ܣܝܪܐ; im ganzen: ܬܘܕܝܬܐ ܠܡܪܝܐ ܦܬܓܡ̈ܘܗܝ,[18] ܕܝܫܘܥ ܒܪ ܫܡܥܘܢ ܕܡܬܩܪܐ ܒܪ ܣܝܪܐ ܫܠܡ ܟܬܒܐ ܕܒܪ ܣܝܪܐ ܒܟܠܗܘܢ ܡ̈ܬܠܘܗܝ, ܘܚܟܡܬܗ ܒܪܝܟ ܫܡܗ ܕܐܠܗܐ ܕܝܗܒ (vgl. die Buchüberschrift: ܒܪ ܣܝܪܐ); Moss, wo gleich dreimal Namensangaben stehen ܕܝܫܘܥ ܒܪ ܫܡܥܘܢ ܕܡܬܩܪܐ ܒܪ ܣܝܪܐ wie ܝܫܘܥ ܒܪ ܫܡܥܘܢ und ܒܪ ܣܝܪܐ; im ganzen: ܬܘܕܝܬܐ ܠܡܪܝܐ ܦܬܓܡ̈ܘܗܝ, ܕܝܫܘܥ ܒܪ ܫܡܥܘܢ ܕܡܬܩܪܐ ܒܪ ܣܝܪܐ ܫܠܡ ܠܡܟܬܒ ܚܟܡܬܐ ܕܝܫܘܥ ܒܪ ܫܡܥܘܢ ܕܗܘܐ ܒܪ ܣܝܪܐ ܕܟܬܒܐ ܕܡ̈ܬܠܐ (daneben die Buchüberschrift: ܝܫܘܥ ܒܪ ܐܣܝܪܐ).

Es zeigt sich – beginnend mit 7h3 –, daß die Worte des Buches auf eine Person namens Jesus, Sohn Simons (ܝܫܘܥ ܒܪ ܫܡܥܘܢ) zurückgeführt werden und zugleich wird bestätigt, daß sich eine formelhafte Gesamtbezeichnung eingebürgert hatte: er wird *Sohn Siras/Sirazide* genannt (ܡܬܩܪܐ ܒܪ ܐܣܝܪܐ); gleichzeitig wird die formelhafte Verwendung des Weisheitsbuches unter dem Titel „Weisheit des Siraziden" belegt. Wieweit die Formelhaftigkeit fortgeschritten ist, sieht man daraus, das „Bar Sira" zu einem einzigen Wort zusammengezogen werden kann (ܒܪܣܝܪܐ[19]); gerade die Überschriften stehen für diesen Gebrauch: ܒܪܣܝܪܐ (8aI; 9mI; 11cI). – Die Mossultradition hebt im Buchtitel die zwei wichtigsten Markierungspunkte hervor: den Verfassernamen *Jesus* und den Buchtitel *Sirazide*: ܝܫܘܥ ܒܪ ܐܣܝܪܐ; diese Verbindung ist wohl auf den Einfluß durch den Griechen zurückzuführen, wenngleich dort anzunehmen ist, daß Sirazide noch im Sinne eines berühmten Ahnen und nicht als Sachtitel gemeint war.

1.2.3. 10m2 ܝܫܘܥ ܒܪ ܫܡܥܘܢ ܕܡܬܩܪܐ ܒܪ ܐܣܝܪܐ (daneben die Buchüberschrift: [...] ܒܪ) ist insofern eine Ausnahme, als im Kolophon nur ein Name vorkommt und zugleich auf eine Buchbezeichnung hingewiesen wird. Der Name deckt sich allerdings mit dem ersten oben unter 2b behandelten und lautet im Ganzen: ܝܫܘܥ ܒܪ ܫܡܥܘܢ ܕܡܬܩܪܐ ܒܪ ܐܣܝܪܐ, so daß man die Frage stellen kann, ob nicht der Anfang des Kolophons ausgelassen wurde. Da als Überschrift, wenn auch nur

---

18 ܬܘܕܝܬܐ ܠܡܪܝܐ ܦܬܓܡ̈ܘܗܝ, ܕܝܫܘܥ ܒܪ ܫܡܥܘܢ ܕܡܬܩܪܐ ܒܪ ܣܝܪܐ ist so geschrieben, als ob es noch zum Haupttext gehört. Erst die folgenden Zeilen sind durch Absatzzeichen hinter ܣܝܪܐ als Kolophon gekennzeichnet.

19 In 9mI verschmiltz der Name sogar mit dem Buchtitel: ܫܠܡܬ ܕܝܢ ܚܟܡܬܐܕܒܪܣܝܪܐ.

bruchstückhaft, [...] ܒ zu lesen ist, bestätigt sich die Unterscheidung zwischen Eigenname und formelhafter Buchbezeichnung.

1.2.4. Daneben ist noch auf 10m3 hinzuweisen, wo *kein* Name im Kolophon steht: ܪܟܗܘܬ ܟܘܬ ܟܢ.ܐ ܟܗܝܘܘ ܟܡܪܟ ܦܠܟ; daß die alte Schrift die „*Weisheit des Siraziden*" meint, belegt die Überschrift, welche dem häufiger belegten Sachnamen entspricht: ܟܝܘܘܪ ܒ.

Hinlänglich wird aus diesen Belegen deutlich, daß man in der Argumentation zu differenzieren hat zwischen der Frage nach dem Autorennamen (a) und der Buchbezeichnung (b), da man weiß, daß ein Buch unter einem anderen Namen bekannt ist, als der Autorenname lautet.

Der Name ist demnach *Jes(ch)ua, Sohn Simons,*
die Buchbezeichnung der *Sirazide* (bzw. *Bar Sira*).
Daß Sira als qualifizierender Name gebraucht werden kann, dürfte darin begründet sein, daß er in Jerusalem (daher nach der griechischen Version: der Jerusalemer) eine bedeutende Persönlichkeit gewesen ist, sodaß seine Familie unter *Sira* als ein bekanntes Geschlecht galt, ähnlich wie solche, die in nachexilischer Zeit beim Fehlen von eigenen Staatsstrukturen einflußreich wurden, z.B. Tobija; Sanballat (Neh 6,1); Eleasar (2Makk 6,18) sowie Mattatias und seine Söhne (1Makk 2 [= nach Josefus Flavius: Hasmonäer]).

1.3. In der Handschrift B finden sich gleich wie im Griechischen und anders als in der syrischen Tradition zwei (50,27 und 51,30) Kolophone. Erfreulich wäre es, wenn diese Passagen auch über eine andere hebräische Handschrift zugänglich wären. Da dies nicht der Fall ist, kann man sich leider nur aufgrund dieser einzigen Handschrift der Problemstellung nähern. Für die Beurteilung sind folgende Überlegungen unverzichtbar: Die unterschiedlichen Randnotizen in den Manuskripten aus der Geniza von Kairo belegen, daß das Interesse der Tradenten darauf gerichtet war, bekannte Varianten einzuarbeiten; insbesondere gilt dies für die Handschrift B. Wenn man auch nicht im Detail nachweisen kann, wieweit das Sammelinteresse schon Eingang in den schriftlich überlieferten Siratext gefunden hat, so werden weitläufigere

Angaben unter diesem Gesichtspunkt besonders kritisch hinterfragt werden müssen.
Der Befund im Hebräischen:

מוסר שכל ומושל אופנים לשמעון בן ישוע בן אלעזר בן סירא
(50,27)

עד הנה דברי שמעון בן ישוע שנקרא בן סירא :
חכמת שמעון בן ישוע בן אלעזר בן סירא :
יהי שם ייי מבורך מעתה ועד עולם :
(51,30).

Aus der ersten Namensnennung in 51,30 geht hervor, daß der Tradent die auch im Syrischen bezeugte Information kannte, wonach es zwischen dem Autorennamen und der Buchbezeichnung einen Unterschied gibt: *Simon der Sohn Jes(ch)uas* wird demnach als *Sirazide* bezeichnet. Die Formulierung drängt zur Annahme, daß Elemente der syrischen Tradition bekannt waren, steht diese Version doch 8aI nahe: ܫܪܝܐ ܠܡܟܬܒ ܦܬܓܡܘܗܝ[] ܕܝܫܘܥ ܒܪ ܫܡܥܘܢ ܕܡܬܩܪܐ ܒܪ ܣܝܪܐ ܫܠܡܬ ܚܟܡܬܐ ܕܝܫܘܥ ܒܪ ܫܡܥܘܢ ܕܡܬܩܪܐ ܒܪ ܣܝܪܐ. Daß zum Schluß ein kurzes Gotteslob angefügt wird, trifft sich mit 7h3, wobei nicht ausgeschlossen scheint, daß gegen die christliche Ausrichtung ein jüdischer Akzent gesetzt wird: ܫܘܒܚܐ ܠܐܠܗܐ ܘܠܒܪܐ ܘܠܪܘܚܐ ܕܩܘܕܫܐ ܠܥܠܡ ܥܠܡܝܢ ܐܡܝܢ. Dem gegenüber steht in H^B: יהי שם ייי מבורך מעתה ועד עולם[20].

Daß man im syrischen Text den christlichen Autor durchhört, bezeugt die syrische Übersetzung auch andernorts[21]. Dies führt jedoch nicht dazu, daß der Wortbestand gravierend verändert wird. Der christliche Einfluß ist im Kolophon von 7h3 evident. Da diese Trinitätsformel in der Bibel nicht vorkommt, ist diese Passage im Laufe der Überlieferung hinzugewachsen. Nun ist der Schlußsatz in H^B aus Ps 113,2 (vgl. Ijob 1,21) wortident übernommen. Wäre dieser Wortlaut

20 Vgl. 672: ὅτι αὐτῷ ἡ δόξα καὶ τὸ κράτος νῦν καὶ ἀεὶ καὶ εἰς τοὺς αἰῶνας τῶν αἰώνων αμην.

21 Vgl. KAISER, Otto, Was ein Freund nicht tun darf. Eine Auslegung von Sir 27,16–21, in: F.V. Reiterer (Hg.), Freundschaft bei Ben Sira. Beiträge des Symposions zu Ben Sira – Salzburg 1995 (BZAW 244), Berlin/New York 1996, 107–122.111. Er zeigt, daß das christliche Verständnis selbst die Textabgrenzung beeinflußt und hält fest, daß Sir 27,14f, an sich unabhängig von 27,16ff, aufgrund christlicher Tradenten im Syrischen zusammengebunden werden. „Das hängt vielleicht damit zusammen, daß man in der Kirche unter dem in V16c genannten Geheimnis (ܐܪܙܐ) das eucharistische Mysterium und unter ܗܝܡܢܘܬܗ den christlichen Glauben verstand".

schon dem Tradenten von 7h3 vorgelegen, hätte er nie und nimmer ein
Bibelzitat verändert. Das führt zu dem Ergebnis, daß ein doxologischer
Schluß relativ fest in die Überlieferung eingewachsen ist und dieser
christliche Teil aber von jüdischen Abschreibern nicht übernommen
werden konnte. Diese behelfen sich nun damit, daß sie zwar die Doxo-
logie beibehalten, sie allerdings mit orginalen biblischen Worten in das
gesamte, für jüdische Ohren verkraftbare Kolorit zurückführen.

Kann man diesen Argumenten zustimmen, ergibt sich, daß die
Namen selbst offensichtlich aus der Tradition bekannt sind. Es dürfte –
mündliche (?) – Informationen gegeben haben, die es ermöglichten, daß
es im Rahmen der Weitergabe zu einer (beabsichtigten) Vertauschung
der beiden ersten Namen (im Sinne einer Klarstellung) kam: statt ישוע
שמעון בן findet man also שמעון בן ישוע. Wenn man nämlich hierin
eine vergleichbare „Rejudaisierung" sah, wie eben für das Schlußlob
vermutet wurde, ist es konsequent, daß die Umstellung an allen Stellen
vorgenommen wurde. Die Änderung der Reihenfolge wurde zu einer
Zeit vorgenommen, als man keinen direkten Zugang zur Familientra-
dition besaß, wie ihn der Enkel hervorhebt. Allerdings zeigt das Vorkommen von *Jes(ch)ua* und *Simon*, daß innerhalb von H^B genau die beiden gleichen Namen bekannt gewesen sind wie im Griechischen oder
Syrischen. Zudem kann nicht ausgeschlossen werden, daß H^B hinsichtlich der Reihenfolge von einer syrischen Überlieferung beeinflußt wurde, die in 9cI erhalten ist, also aus dem 9. Jh. stammt; sie ist damit min-
destens um 300 Jahre früher anzusetzen als die Abschrift des H^B-
Manuskriptes. Dort findet man in der Überschrift: ܥܠ ܚܟܡܬܐ
ܕܝܫܘܥ ܒܪ ܐܠܥܙܪ ܒܪ ܣܝܪܐ. Allerdings wird in dieser Überschrift auch
Jes(ch)ua ausgelassen.

1.4. Unter Berücksichtigung der griechischen, syrischen und hebräischen
Überlieferung scheint die Belegung von *Jes(ch)ua* und *Simon* bzw. *Sirazide*
als gesichert. – Es bleibt jedoch die Frage, wie sich Eleasar erklären läßt.
Der Name ist in der griechischen Version in für semitische Namens-
aufzählungen untypischer Art aufgelistet, wird doch „*Sohn des*" weggelassen. Nun läßt sich eine im Griechischen sehr gut belegte, im Verhältnis
zum semitischen Usus als Verschlechterung zu wertende Abweichung
leicht dadurch verstehen, wenn man annimmt, daß sie gar nicht auf eine

hebräische Vorlage zurückgeht, sondern von Anfang an nur im griechischen Text stand. Dieses Argument ist umso gewichtiger, als man nachweisen kann, daß der Übersetzer ins Griechische bemüht ist, die poetischen Grundlagen (z.B. Parallelismen) ohne sie zu vergewaltigen ins Griechische überzuführen. Er verbindet äußerst geschickt die griechischen mit den hebräischen Regeln. – Wenn die Ergänzung ein innergriechischer Vorgang ist, läßt sich die gravierende Differenz zwischen der Verwendung von υἱός vor Σιραχ als Übersetzung einer Vorlage und der Nichtverwendung von υἱός vor Ελεαζαρ, weil eine Einfügung, erklären. Dann stört erstens der Name für das griechische Empfinden nicht und das spricht zweitens dafür, daß die Einfügung schon früh vorgenommen worden ist. Das würde bedeuten, daß der Name von hier aus in den hebräischen B-Text eingedrungen ist. Daß eine sekundäre Übernahme ins Hebräische aus dem Griechischen unter Wahrung der semitischen Regeln der Namensauflistung vorgenommen wurde, ist beim Sammelinteresse von H[B] naheliegend.

Die angeführten Argumente sprechen dafür, daß Eleasar innerhalb der griechischen Tradition – wenn auch schon sehr früh – zugefügt oder aufgrund bewußter Erweiterung in die hebräische Namensreihe eingefügt wurde. Sowohl hohes Alter als auch Ergänzungsabsicht weisen darauf, daß es ein Anliegen ist, diesen Namen zu erwähnen bzw. zu erhalten. Unter der Annahme, daß der Name Eleasar schon früh eingefügt worden ist, verwundert, daß man ihn in der syrischen Tradition nicht erwähnte, wo doch beobachtbar ist, daß man sich sehr wohl bewußt war, den Namen als Namen zu nennen. Nicht ausgeschlossen ist, daß man die sekundäre Herkunft richtig erkannt und daher von der Übernahme Abstand genommen hatte. – Der Tradent von H[B] interpretierte den Namen als Glied einer durchlaufenden Genealogie: שמעון בן ישוע בן אלעזר בן סירא.

Offen bleibt die Frage, warum gerade Eleasar ausgewählt worden ist bzw. warum zwischen dem Weisheitslehrer *Jes(ch)ua ben Simon* aus dem Geschlecht Siras und dem Namensträger Eleasar Querverbindungen hergestellt werden können. – Vielleicht dachten jene Gelehrten, die Sira tradierten, bei der Lektüre an eine Gestalt, die dem sirazidischen Ideal eines schriftgelehrten Weisen entspricht. Eine derartige Person hatte Sira schon mit Nachdruck beschrieben: „Die Weisheit des Schriftgelehrten vermehrt das Wissen (חכמה חכמת סופר תרבה). ... Er richtet seinen Sinn darauf, den Herrn, seinen Schöpfer, zu suchen, und betet zum Höchsten; er öffnet seinen Mund zum Gebet und fleht wegen seiner Sünden. Wenn Gott, der Höchste, es will, wird er mit dem Geist der Einsicht erfüllt: Er bringt eigene Weisheitsworte hervor, und im Gebet preist er den Herrn (τὴν καρδίαν αὐτοῦ ἐπιδώσει ὀρθρίσαι πρὸς κύριον τὸν ποιήσαντα αὐτὸν καὶ ἔναντι ὑψίστου δεηθήσεται καὶ ἀνοίξει στόμα αὐτοῦ ἐν προσευχῇ καὶ περὶ τῶν ἁμαρτιῶν αὐτοῦ δεηθήσεται ἐὰν κύριος ὁ μέγας θελήσῃ πνεύματι συνέσεως ἐμπλησθήσεται αὐτὸς ἀνομβρήσει ῥήματα σοφίας αὐτοῦ καὶ ἐν προσευχῇ ἐξομολογήσεται κυρίῳ)" (Sir 38,24; 39,5f). Sira hatte also selbst auf vorbildliche Weisheitslehrer hingewiesen, welche zugleich Schriftgelehrte sind.

In 2Makk 6,18–31 wird nun das Martyrium eines Eleasar beschrieben. Jener wird als ein Mann gezeichnet, der dem entspricht, wie man sich einen wirklich vorbildlichen *Schriftgelehrten* vorstellen würde, und zwar sowohl hinsichtlich seiner hier nur kurz angedeuteten Lehre bzw. seiner Stellungnahme zu religiösen Kernfragen, wie dem persönlichen Vorbild nach. Eleasar war schon alt; sein Leben beschließt er in Hingabe an Gott im Märtyrertod: „Unter den angesehensten Schriftgelehrten (τις τῶν πρωτευόντων γραμματέων ἀνήρ) war Eleasar, ein Mann von hohem Alter und edlen Gesichtszügen. Man sperrte ihm den Mund auf und wollte ihn zwingen, Schweinefleisch zu essen. Er aber zog den ehrenvollen Tod einem Leben voll Schande vor, ging freiwillig auf die Folterbank zu und spuckte das Fleisch wieder aus. ... Als man ihn zu Tod prügelte, sagte er stöhnend: Der Herr mit seiner heiligen Erkenntnis weiß, daß ich dem Tod hätte entrinnen können. Mein Körper leidet qualvoll unter den Schlägen, meine Seele aber erträgt sie mit Freuden, weil ich ihn fürchte. So starb er; durch seinen Tod hinterließ er nicht nur der Jugend, sondern den meisten aus dem Volk ein Beispiel für edle Gesinnung (ὑπόδειγμα γενναιότητος) und ein Denkmal der Tugend (μνημόσυνον ἀρετῆς)" (2Makk 6,18–20.30–31).

Dieser Eleasar war vor Gott, den Juden und Andersgläubigen eine reife Frucht eines Lehrhauses, in das Sira eingeladen hatte: „Der Herr gab meinen Lippen Erfolg, mit meiner Zunge will ich ihm danken. Kehrt bei mir ein, ihr Unwissenden, verweilt in meinem Lehrhaus! פנו אלי סכלים (ולינו בבית מדרשי) ... Ich öffne meinen Mund und sage von ihr: Erwerbt euch Weisheit, es kostet nichts. Beugt euren Nacken unter ihr Joch, und nehmt ihre Last auf euch (וצואריכם בעלה הביאו ומשאה תשא נפשכם)! Denen, die sie suchen, ist sie nahe, und wer sich ihr ganz hingibt, findet sie. Seht mit eigenen Augen, daß ich mich nur wenig bemühte, aber viel Ruhe gefunden habe" (Sir 51,22f.25–27). – Es scheint nicht unwahrscheinlich, daß Eleasar ein Hinweis auf gerade *diesen* Eleasar – zeitlich könnte er ein direkter Schüler Siras sein – sein soll. Es ist aber nicht anzunehmen, daß schon der Übersetzer des griechischen Buches Ben Sira direkt von 2Makk den Hinweis übernommen hat. Vielmehr dürfte der Bezug durch einen Abschreiber frühestens um die Zeitenwende hergestellt worden sein. Anfänglich wird es sich um eine spontane Gedankenverbindung gehandelt haben, die aufleuchtete, als der Schreiber das Gesamtbild der sirazidischen Vorstellung von einem Weisen am Buchende rückblickend vor Augen hatte und dadurch an die vorbildliche Gestalt aus dem zweiten Makkabäerbuch erinnert wurde. Diesen Konnex kann man durch einen Namen auf den Nenner bringen. Der Name, zuerst als Notiz gedacht, rutschte dann in den Text und findet sich daher – ohne in die Genealogie integriert zu sein – in der Namensliste Siras.

1.5. Abschließend kann man festhalten, daß sich das Problem des Namens folgend darstellt: Wenn man die *Person*, die das Buch Ben Sira geschrieben hat, angeben will, wird man *Jes(ch)ua* (Jesus), *Sohn des Simon* [aus dem Geschlecht Siras] sagen. Wenn man aber das *Buch* meint, spricht man von der *Weisheit* (dem Buch) *des Ben Sira* bzw. vom *Siraziden*. Dieser Name hat sich schon früh so sehr als Fachterminus ausgeprägt, daß man von einer Art Sachtitel sprechen kann.

Die weiteren zwei Namen, *Eleasar* und *der Jerusalemer* sind Zuwächse[22]. Eleasar dürfte ein Hinweis auf einen in 2Makk 6,18 erwähnten vorbildlichen Schriftgelehrten sein. Der Jerusalemer eine Präzisierung mit Hilfe des Herkunftsortes, um gleichnamige Personen unterscheiden zu können.

---

22 Es ist daher unverständlich, daß in der Einheitsübersetzung ohne Erklärung in 50,27 steht: „Weise Bildung und passende Sinnsprüche von *Jesus, dem Sohn Eleasars, des Sohnes Sirachs*, dessen Herz von Schriftauslegung überströmte und der Einsicht hervorquellen ließ" bzw. in 51,30: „Die Weisheit des *Jesus, des Sohnes Eleasars, des Sohnes Sirachs*".

2. Die Kanonizität

2.1. Das Buch Ben Sira wird in den katholischen und orthodoxen[23] Bibelausgaben seit früher Zeit als das letzte der Weisheitsbücher angeführt, auf welches dann die Propheten folgen. Damit wird grundsätzlich die Reihenfolge der Septuaginta beibehalten, allerdings stehen dort nach Ben Sira noch die (pseudepigraphen) Psalmen Salomons.

2.2. Die nach der Zeitenwende im Judentum festgelegte kanonische Ordnung der hebräischen Bibel registriert das Buch Ben Sira nicht mehr. Trotzdem führte das Schweigen nicht dazu, daß man diesem Buch in der rabbinischen Überlieferung keine Wertschätzung entgegengebracht hätte. Der Beleg in bSan 100b[24] ist für den Einfluß Ben Siras unter mehreren Gesichtspunkten bedeutsam: einmal wegen der Frage nach dem argumentativen Gewicht des an die ספרים החיצונים herangerückten Buches. Einesteils heißt es, dessen Lektüre sei verboten, andererseits wird Sira zitiert, weil man ihn eben als verbindlich erachtete, und der weiteren Argumentation zugrundelegte. – In einem ersten Schritt wird auf die Position des R. Akiba bezüglich der ספרים החיצונים verwiesen. Ein Tana will präzisiert wissen, ob das Verbot der Lektüre nur auf die Sadduzäer-Schriften zuträfe, was durch R. Joseph abgelehnt wird: Er nennt Ben Sira ausdrücklich als verbotene Schrift. R. Abije wendet sich dagegen und bringt als Beleg Fälle, wo man offensichtlich anders handelt als von R. Joseph festgehalten. Das heißt, daß die Praxis die Theorie korrigiert, wie er mit einem Zitat belegt:

בת לאביה מטמונת שוא, מפחדה לא יישן בלילה,
בקטנותה – שמא תתפתה, בנערותה – שמא תזנה,
בגרה – שמא לא תינשא, נישאת – שמא לא יהיו לה בנים,
הזקינה – שמא תעשה כשפים

---

23 Vgl. die kirchenslavische HS Jesus Sirach, in: Sammlung 1076 (sog. Izbornik 1076), S. 182a–187b, 134a–141b, 158a–181b, 142a–157b, 80a–85b; St. Petersburg, RNB, Erm. 20, russ., 4°, 277 S; Jesus Sirach in: Bibelsammlung, drittes Viertel des 14. Jh.s (1–2 Samuel, 1–2 Könige, Propheten mit Deutungen, Sprüche, Hoheslied, Sirach); St. Petersburg, RNB, F.1.461, bulg., 1°, 440 S.

24 Da in Sanh 100b die Aufnahme sirazidischen Denkens unbestritten ist, vermutet man auch, daß die Stellung zur Frau in Mas. Kiddushin 82b von Sira her beeinflußt ist.

(„Die Tochter ist für ihren Vater ein flüchtiger Schatz, aus Furcht [um
sie] kann er in der Nacht nicht schlafen: In ihrer Kindheit – weil sie verführt werden könnte, in der Jugendzeit, weil sie huren könnte, als He-
rangewachsene, daß sie nicht unverheiratet bleibe, als Frau, daß sie
nicht ohne Kinder bleibe, als Alte, weil sie in Zauberei verwickelt werden könnte"). Mehrere dieser Gedanken sind – leider mit Lakunen – in
Sir 42,9f (Ma und H[B]) bezeugt, wie der Verweis auf das *Geschriebene*
richtig festhält:

Ma[25]

	בש].] לאב מטמון ש]...[	42,9
וב]..]יה פן]....[	בנעוריה[26] פן]ת]מאס	
ועל אישה]..[תשטה[27]	בבתוליה פן תחל	42,10
ובעל]..[28] ...	בית אביה פן תזריע	

(„ ... für einen Vater ein ... Schatz, der ...   [...]
in ihrer Jugend, daß sie nicht verschmäht werde, und in ihrer ... ,
daß sie nicht ...; in ihrer Jungfrauschaft, daß sie nicht defloriert werde;
und bei ihrem Mann, ... untreu werde;
(im) Hause ihres Vaters, daß sie nicht Nachwuchs empfange, und der
Gatte ...").

H[B]

:]........]תפ]דאגה°	בת לאב מטמנת° שקר	42,9
ובבתוליה פן]....[	בנעוריה פן תגור	
ובבית ..ל.. ל.[29]	בבתוליה פן תפותה°°	42,10
א]יש]ה ...]תע]צר[30]	בבית אביה פן].....[	
	תתפתה °° ; מטמון °	Bm

(„Eine Tochter ist für einen Vater ein trügerischer Schatz, die Sorge um
sie ...;

---

25 Text nach ספר בן סירא/The BOOK of Ben Sira. Text, Concordance and an Analysis
    of the Vocabulary (The Historical Dictionary of the Hebrew Language), Jerusalem
    1973; die Varianten werden geboten nach: BEENTJES (Anm. 8).
26 BEENTJES, z(ur) St(elle): בנ].]וריה.
27 BEENTJES, z.St.:].]תשט.
28 BEENTJES, z.St.:]........]ובעל.
29 BEENTJES, z.St.:]........]ובבית.
30 BEENTJES, z.St.:]........]ובבית אן.

in ihrer Jugend, daß sie nicht (sitzen) bleibt, und in ihrer Jungfrauschaft, daß sie nicht ...;
in ihrer Jungfrauschaft, daß sie sich nicht verführen lasse*; und im
Haus ... ;
im Hause ihres Vaters, daß sie nicht ..., ihr Mann ... verschlossen/un-
fruchtbar bleibe";
[* Variante: „sie nicht verführt werde"]).

Θυγάτηρ πατρὶ ἀπόκρυφος ἀγρυπνία	καὶ ἡ μέριμνα αὐτῆς ἀφιστᾷ ὕπνον
ἐν νεότητι αὐτῆς μήποτε παρακμάσῃ	καὶ συνῳκηκυῖα μήποτε μισηθῇ
ἐν παρθενίᾳ μήποτε βεβηλωθῇ	καὶ ἐν τοῖς πατρικοῖς αὐτῆς ἔγκυος γένηται
ετὰ ἀνδρὸς οὖσα μήποτε παραβῇ	καὶ συνῳκηκυῖα μήποτε στειρωθῇ

(„Eine Tochter bereitet dem Vater ganz heimlich sorgenvolle Nächte,
und die Sorge um sie verscheucht den Schlaf: In ihrer Jugend, daß sie
nicht den besten Moment versäume, und verheiratet, daß sie nicht ver-
haßt werde, in der Jungfrauenschaft, daß sie nicht verführt werde, oder
im Hause ihres Vaters geschwängert werde; wenn sie bei ihrem Mann
ist, daß sie keinen Fehltritt begehe, und als Lebenspartnerin, daß sie
nicht kinderlos bleibe").

     Will man den Text in seiner ältest vollständig erhaltenen Form zu
Rate ziehen, muß man sich an die Septuaginta halten. Allerdings zeigen
sich hier markante Abweichungen (vgl. in 9a: שקר (מטמנת) מטמון und
ἀπόκρυφος ἀγρυπνία [Basis für die Differenz unterschiedliche Textbasis?])[31] – Bei allen Problemen der Überlieferung und des Verhältnisses
von Ausgangstext und Übersetzung ist doch unbestreitbar klar, daß
sich bSan 100b und Ben Sira berühren; dies kann nur so erklärt werden,
daß Sira bSan 100b zugrundeliegt, und zwar – wie aus den Differenzen
zum griechischen Text ersichtlich – in der hebräischen Version.

     Ben Sira zählt nach anderen Angaben zu jenen Büchern, die die
Hände nicht besudeln (tJad 2,13; vgl. SedOlamR 30), also auch für den
gottesdienstlichen Gebrauch erlaubt sind. Verschiedene Belege des
frühjüdischen Schrifttums[32] zeigen, daß Sira de facto nicht unbedeu-

---

31   In der Septuaginta auch andere Textreihenfolge als in H^Ma.

32   Zur inhaltlichen Verarbeitung Ben Siras in der rabbinischen Literatur vgl. auch
     SCHECHTER, Salomon, The Quotations from Ecclesiasticus in Rabbinic Literature:
     JQR 3 (1891) 682–706; COWLEY, Arthur Ernest/NEUBAUER, Adolf (Hg.), The Original
     Hebrew of a Portion of Ecclesiasticus (XXXIX.15 to XLIX.11) together with the Early
     Versions and an English Translation, Oxford 1897; beide Untersuchungen beschäfti-

tend war. An gar manchen Stellen ist Sira die Basis der Argumentation. Im WaR XXXIII,1 wird die Interpretation des Aquila angeführt und durch ein Sira-Zitat (מכאן בר סירא אמר) gestützt: היתה לפניו גחלת ונפח בה וביערה רקק בה וכבת ... („Wenn ein Mann glühende Kohlen vor sich hat und wenn er hineinbläst, bringt er sie zum Brennen, wenn er darauf spuckt, löscht er sie aus"; vgl. Sir 28,12: ἐὰν φυσήσῃς εἰς σπινθῆρα ἐκκαήσεται καὶ ἐὰν πτύσῃς ἐπ' αὐτὸν σβεσθήσεται καὶ ἀμφότερα ἐκ τοῦ στόματός σου ἐξελεύσεται [„Bläst du den Funken an, flammt er auf; spuckst du darauf, so erlischt er: Beides kommt aus deinem Mund"]); auf dieser Ebene disputieren R. Jannai und Hijja ben Abba weiter.

Ausdrücklich werden Stellen aus Ben Sira analog allen anderen Schriftbelegen zum Beweis angeführt. In BerR XCI,3 (בספר בן סירא כתוב) und QohR VII,19 (כתיב בסיפריה דבן סירא) wird damit argumentiert, daß es – verbindliche Abmachungen vorausgesetzt – möglich ist, selbst vor König Jannai zu treten, da im Buch Ben Sira geschrieben steht: סלסלה ותרוממך ובין נגידים תושיבך („Achte [die Weisheit], so wird sie dich erhöhen und zwischen Fürsten setzen"; vgl. Sir 11,1: חכמת דל תשא ראשו ובין נדיבים תשיבנו HᴬΑ), denn nach Koh 7,12 kann sie wie das Geld eine Verteidigungswaffe sein.

R. Aha b. Jacob argumentiert bezüglich der Vorstellungen vom Himmel nach bHag 13a so, daß man nur insofern darüber Überlegungen anstellen kann, als man sich mit dem befaßt, was dem Menschen zugänglich ist; denn es ist *nicht* ohne weiteres erlaubt, über alles und jedes *gleich so einfachhin* zu sprechen: שכן כתוב בספר בן סירא: במופלא ממך אל תדרוש ובמכוסה ממך אל תחקור, במה שהורשית התבונן, אין לך עסק בנסתרות („Denn es ist im Buch Ben Sira geschrieben: Das, was zu wunderbar ist für dich, untersuche nicht, und was verborgen ist vor dir, erforsche nicht; bei jenem, was zur Verfügung übergeben wurde, mach dich verständig; mit den verborgenen Dingen beschäftige dich nicht"). – Es wird also die Argumentation von Sir 3,21f übernommen: פלאות ממך אל תדרוש ומכוסה ממך אל תחקור במה שהורשית התבונן ואין לך עסק בנסתרות („Such nicht zu ergründen, was dir zu wunderbar ist, untersuch nicht, was dir verhüllt ist. Was dir zugewiesen ist, magst du durchforschen, doch das/mit dem Verborgene[n] hast

---

gen sich nicht mit dem Vorkommen des Namens Ben Sira, wie auch nicht mit den an diesen Stellen angeführten Zitaten aus diesem Buch.

du nicht nötig/nichts zu schaffen"). Im Zusammenhang mit der Argumentation über die Aussprache des Gottesnamens (Zohar, Raja Me-
hemna, P. 42b) wird dieses Thema auch aufgenommen. Das Verbot,
den Namen auszusprechen wird damit begründet, daß man zu hohe
und verborgene Dinge nicht suchen und erforschen sollte; vgl. die Beweisführung von R. Aha b. Jacob in bHag 13a.

An mehreren Stellen beschäftigt sich Sira mit der *Frau*; daher ist es
nicht verwunderlich, daß in bJeb 63b auf ihn Bezug genommen wird:
כתוב בספר בן סירא: אשה טובה מתנה טובה לבעלה, וכתיב: טובה בחיק
ירא אלהים תנתן. אשה רעה צרעת לבעלה. מאי תקנתיה? יגרשנה ויתרפא
מצרעתו. אשה יפה אשרי בעלה מספר ימיו כפלים. העלם עיניך מאשת חן
פן תלכד במצודתה. אל תט אצל בעלה למסוך עמו יין ושכר, כי בתואר אשה
יפה רבים הושחתו ועצומים כל הרוגיה. ("Geschrieben steht im Buch Ben
Sira: Eine gute Frau ist eine wertvolle Gabe für ihren Gatten. Und weiter ist geschrieben: Eine Gute wird an den Busen eines Gottesfürchtigen
gegeben. Eine schlechte Frau ist eine Plage für ihren Gatten. Woher soll
man ein Heilmittel nehmen? Er scheide sich von ihr und er wird von
seiner Plage geheilt. Eine gute Frau, glücklich ihr Gatte!, – die Zahl seiner Tage [ist immer] doppelt. Verbirg deine Augen vor einer reizvollen
Frau, damit du nicht in ihrer Fessel gefangen wirst. Dränge dich nicht
ihrem Gatten auf, um mit ihm gemeinsam Wein und andere Rauschge-
tränke zu mischen, denn durch die Figur einer schönen Frau sind viele
zerstört und auch Mächtige – alle sind ihretwegen getötet worden"). Es
werden also Gedanken aus Ben Sira aufgenommen, die sowohl den
hohen Wert einer guten Frau für den Mann herausstreichen, als auch
solche, wie man sich verhalten soll, um ein gutes Klima aufrecht zu erhalten: vgl. Sir 26,1.3; 9,8f[33].

Daß man erst eine Erwiderung vorbringt, wenn man die vorhergehende Argumentation richtig angehört hat, ist Anliegen in Sir 11,8; dieses Argument nimmt BB 98b auf: כדכתיב בספר בן סירא הכל שקלתי בכף
מאזנים ולא מצאתי קל מסובין, וקל מסובין – חתן הדר בבית חמיו, וקל מחתן
ישמע – אורח מכניס אורח, וקל מאורח משיב דבר בטרם ישמע – ("Im Buch Ben Sira steht geschrieben: Ich habe alles in der Waagschale gewogen und
nichts fand ich leichter als Kleie. Unbedeutender als Kleie aber ist ein

---

33 Vgl. auch EGGER-WENZEL, Renate, „Denn harte Knechtschaft und Schande ist es, wenn
eine Frau ihren Mann ernährt" (Sir 25,22), in: dies./I. Krammer (Hg.), Der Einzelne und
seine Gemeinschaft bei Ben Sira (BZAW 270), Berlin/New York 1998, 23–49.

Schwiegersohn, der ihm Haus des Schwiegervaters lebt; noch unbedeutender als der Schwiegersohn – ein Wanderer, der einen anderen Wanderer mitnimmt; unbedeutender als ein solcher Wanderer ist einer, der antwortet, bevor er [richtig] hingehört hat"; vgl. Spr 18,13).

Aufgrund des aus Sira angeführten Zitates (*Geschrieben wird im Buch Ben Sira*), wonach alle Tage des Armen schlecht, seien (bKet 110)[34], wird die Frage aufgeworfen, wie sich diese Feststellung zum Sabbat bzw. zu den Festtagen verhalte, da man an diesen Tagen nicht von Übeln sondern nur von Freude sprechen kann: כל :כתוב בספר בן סירא ימי עני רעים, והאיכא שבתות וימים טובים! ("Geschrieben steht im Buch Ben Sira: Alle Tage des Armen sind schlecht. Aber gehören dazu nicht auch die Sabbate und die Festtage?")

bBQ 92b zitiert, um die Richtigkeit der Beobachtung zu belegen, daß seinesgleichen seinesgleichen liebt und sucht, nach der *Tora* und den *Propheten* für die *Schriften* Sir 13,15f; der Name Ben Sira wird allerdings nicht erwähnt.

Deutlich wird aus den Belegen, daß das Buch Ben Sira an vielen Stellen eine bedeutende Rolle spielte und mit Respekt behandelt wurde.

2.3. Aufgrund der bekannten Wertschätzung und Bedeutung Ben Siras stellt man immer wieder zurecht die Frage, warum der Autor zwar in der griechischen, aber nicht in der hebräischen Sammlung von Büchern seinen Platz fand.

Daß man nur 24 Bücher als Heilige Schrift verstanden haben wollte und Ben Sira zumindest als verwirrend ansah, zeigt QohR XII,11; dort wird Sira neben dem Werk des Ben Tagla als suspekt hingestellt und verboten. Nach jSan 28a werden von R. Akiba zu diesen die Leser Ben Siras gerechnet, die an der kommenden Welt nicht teilhaben werden.

Beim Versuch, zu erklären, warum Ben Sira nicht in den hebräischen Kanon aufgenommen wurde, finden sich nur teilweise überzeugende Argumente. Man hört z.B., daß das sicher hebräisch geschriebene Buch so stark von der Übersetzung überlagert worden sei, daß es dem Verdikt verfiel, wonach vor allem junge griechische Texte auszu-

---

34   Vgl. dazu auch unten unter 6.

schließen sind. Gilbert hält es im Gefolge von BARTHÉLEMY[35] für nicht ausgeschlossen, daß man verhindern wollte, daß die Juden *neue* Bücher in gleicher Weise wie die anerkannten älteren bewerten, da diese vor allem von den Christen geschätzt und als heilig betrachtet worden sind. Daß die Beruhigung der Situation eine bedeutende Rolle spielte, zeigt sich daran, daß die Benutzung in jener Zeit freizügiger akzeptiert wurde, als sich das normative Judentum durchgesetzt hatte und die (christlich) sektiererische Gefahr gebannt schien[36].

2.4. Einen folgenreichen Einschnitt in der kanonischen Zuordnung stellte die Position Martin LUTHERS dar, da er die Bücher 1/2 Makkabäer, Baruch, Tobit, Judit, Weisheit und Ben Sira, der hebräischen Reihung folgend, aus dem Kanon eliminierte. Er bezeichnet sie zwar als wertvoll und lesenswert, stellt sie aber den kanonischen Büchern nach und stuft sie als apokryph (im Gegensatz zu den nicht verbindlichen pseudepigraphischen Werken) ein. Kaiser bringt eine kompakte Kurzfassung der Begründung: Das Buch sei „aufgrund seiner eindeutig späten Entstehung nicht in den hebräischen Kanon aufgenommen und aus der gottesdienstlichen Verwendung der Synagoge ausgeschlossen worden"[37]. – Da sich die evangelische Theologie besonders auf die Bibelwissenschaften zentriert, war es folgenreich, daß Ben Sira gerade aus dem Bereich jener Interessierten verschwunden war, wo besonders bedeutsame exegetische Studien betrieben wurden. Nur langsam und nach und nach erhält Ben Sira dort wieder jenen Stellenwert, der dem Inhalt des Buches entspricht.

---

35 Vgl. BARTHELEMY, Dominique, L'état de la Bible juive depuis le début de notre ere jusqu'a la deuxieme révolte contre Rome (131–135), in: J.-D. Kaestli/O. Wermelinger (Hg.), Le canon de l'Ancien Testament. Sa formation et son histoire (MoBi), Genf 1984, 9–45.34; GILBERT, Maurice, Jesus Sirach, in: RAC 17, 878–906.886f; ders., Siracide, in: DBS 12, 1389–1437.

36 Vgl. LEIMAN, Sid Z., Status of the Book of Ben Sira, in: ders., The Canonization of Hebrew Scripture: The Talmudic and Midrashic Evidence, Hamden (Connecticut) 1976, 92–102.

37 KAISER, Weisheit 97 [Anm. 4].

3. Textfunde

Die komplizierte Lage der Handschriften-Überlieferung, die mannigfaltigen Differenzen zwischen den Textversionen dienen als ein Lehrbeispiel dafür, wie die Texte im Laufe der Weitergabe und Übersetzung behandelt wurden.

3.1. Ben Sira war bis 1896 nur griechisch, lateinisch und syrisch zugänglich, doch wußte man aufgrund des Vorwortes der griechischen Übersetzung, daß ein hebräisches Original vorhanden gewesen ist. In der Exegese wurden die Versionen äußerst unterschiedlich intensiv befragt; die wie das Original der semitischen Sprachfamilie zugehörende syrische Übersetzung wurde sehr häufig übergangen bzw. mitunter auch als nicht besonders wertvoll bezeichnet. – Doch wurden zu verschiedenen Passagen immer wieder die Frage gestellt, wie es denn in der hebräischen Vorlage geheißen haben mag. Allenthalben läßt sich nachweisen, daß die hervorragende Sprachkenntnis und das ausgeprägte Sprachgefühl Exegeten auf jene Spur geführt haben, die dann aufgrund von Funden belegt werden konnte[38]. Bis in jüngste Zeit lassen sich Versuche nennen, wo man mittels Rückübersetzungen das hebräische Kolorit dort besser greifen zu können glaubt, wo nur der griechische oder syrische Text greifbar ist[39]. Ja dies wird auch dort versucht, wo man meint, es sei eine verderbte hebräische Version erhalten geblieben.

3.2. Vermutlich träumt jede Person davon, die sich mit Texten aus alter Zeit beschäftigt, man werde ein zusätzliches und frühes Exemplar – am schönsten wäre ohnedies ein Autograph – des bearbeiteten Werkes fin-

---

38 Vgl. FRITZSCHE, Otto Fridolin, Die Weisheit Jesus-Sirach's. Erklärt und übersetzt (Kurzgefaßtes exegetisches Handbuch zu den Apokryphen des Alten Testaments 5), Leipzig 1859, 261; vgl. 263.

39 CALDUCH-BENAGES, Nuria, En el crisol de la prueba. Estudio exegético de Sir 2,1–18 (Asociación Bíblica Española 32), Estella 1997, 10f; CORLEY, Jeremy, Ben Sira's Teaching on Friendship, Washington 1996, 246.274.299.

den. Beide Träume[40] wurden tatsächlich teilweise wahr. Man fühlt an den veröffentlichten Artikeln, welche Freude die Forscher erfüllte und wie ehrfürchtig man vor der Überraschung stand, daß plötzlich hebräische Funde die alte Kunde bestätigten: Ein Märchen war Realität geworden, als erste hebräische Texte von Ben Sira aus der Geniza von Kairo veröffentlicht wurden; doch damit wurden noch mehr Probleme aufgeworfen, als durch die Funde gelöst werden konnten. Die aufregende Phase bis 1900 sei im folgenden dargestellt.

3.2.1. Man schrieb das Jahr 1896: Agnes SMITH LEWIS und deren Schwester Margareth DUNLOP GIBSON hatten in Palästina Manuskripte erworben. Am 13. Mai 1896 informierte SMITH LEWIS in *Academy* die Öffentlichkeit darüber, daß S. SCHECHTER (Cambridge) ein Blatt als Fragment aus dem Buch Ben Sira identifiziert habe[41]. Er veröffentlichte kurze Zeit später Sir 39,15–40,6 in der Überzeugung, daß es sich um ein hebräisches Original und nicht um eine Rückübersetzung handle[42].

Daraufhin trat D.S. MARGOLIOUTH im *Expositor* mit dem Hinweis in die Diskussion ein, daß auch NEUBAUER (Bodleian Library in Oxford) hebräische Manuskripte Siras gefunden habe[43]. – Wie ein Lauffeuer verbreitete sich die Kunde: Noch im selben Jahr besorgte LÉVI unter der Prämisse, daß es sich um hebräische Originale handelt[44], die weitere Verbreitung des von SCHECHTER veröffentlichten Blattes, während NEST-

---

40 Vgl. JACOBS, Joseph, A Romance on Scholarship: Fortnightly Review 72 (1899) 696–704.

41 Vgl. LEWIS, Agnes S., Discovery of a Fragment of Ecclesiasticus in the Original Hebrew: Ac. 49 (1896) 405. Eine Schilderung der Ereignisse ist bei MINOCCHI, S., La découverte du texte hébreu original de l'Ecclésiastique, in: Compte rendu du quatrième congrès scientifique international des catholiques, tenu a Fribourg (Suisse), deuxième section. Sciences exégétiques, Fribourg 1898, 283–296 und REIF, Stefan C., The Discovery of the Cambridge Genizah Fragments of Ben Sira: Scholars and Texts, in: P.C. Beentjes (Hg.), The Book of Ben Sira in Modern Research. Proceedings of the First International Ben Sira Conference 28–31 July 1996 Soesterberg, Netherlands (BZAW 255), Berlin/New York 1997, 1–22, nachzulesen.

42 Vgl. SCHECHTER, Salomon, A Fragment of the Original Text of Ecclesiasticus: Exp. 5,4 (1896) 1–15, zur Überzeugung, daß es sich um ein Original handelt 13ff.

43 Vgl. MARGOLIOUTH, David Samuel, Observations on the Fragment of the Original of Ecclesiasticus Edited by Mr. Schechter: Exp. 5,4 (1896) 140–151.

44 Vgl. Lévi, Israel, Découverte d'un fragment d'une version hébraïque de l'Ecclésiastique de Jésus, fils de Sirach: REJ 32 (1896) 303f.

LE zusätzlich die Edition der NEUBAUER zugänglichen Manuskripte forderte[45]. Konkurrenz hatte sich schon angedeutet und führt zu weiteren Ankündigungen[46] für 1896/1897 in Expository Times.

3.2.2. Im nächsten Jahr folgen Editionen: Facsimiles des Oxforder Fragments[47], COWLEY/NEUBAUER[48], HALÉVY[49], SMEND[50], SCHLATTER[51].

Die Diskussion schlägt sich vor allem in den zahlreichen Rezensionen nieder, wobei neben der Betonung der Originalität[52] und ande-

---

45 Vgl. NESTLE, Eberhard, [Rezension] S. Schechter, A Fragment of the Original Text of Ecclesiasticus: Exp. 5,4 (1896) 1–15: ThLZ 21 (1896) 418f.

46 Vgl. Notes of Recent Expositions: ET 8 (1896/1897) 193–201,193.

47 Vgl. Collotype Facsimiles of the Oxford Fragment of Ecclesiasticus, Oxford 1897, vgl. dazu auch SMENDs Rezension: ThLZ 22 (1897) 265–268, der sich über die falsche Behandlung der Manuskripte beklagt, sodaß manche Stellen unleserlich wurden. Smend fügt dann noch einige textkritische Anmerkungen an.

48 Vgl. COWLEY, Arthur Ernest/NEUBAUER, Adolf (Hg.), The Original Hebrew of a Portion of Ecclesiasticus (XXXIX.15 to XLIX.11) together with the Early Versions and an English Translation, Oxford 1897.

49 Vgl. HALEVY, Joseph, Étude sur la partie du texte hébreu de l'Ecclésiastique récemment découverte, Paris 1897.

50 Vgl. SMEND, Rudolf, Das hebräische Fragment der Weisheit des Jesus Sirach (AGWG.PH 2,2), Berlin 1897.

51 Vgl. SCHLATTER, Adolf, Das neugefundene hebräische Stück des Sirach. Der Glossator des griechischen Sirach und seine Stellung in der Geschichte der jüdischen Theologie (BFChTh I,5–6), Gütersloh 1897. Eine Rezension zu Smend und Schlatter: PRICE, Ira M., The Hebrew Fragment of Sirach. [Rezension]: AJSL 14 (1897) 211f.

52 Vgl. HOGG, Hope W., Ecclesiasticus in Hebrew: ET 8 (1897) 262–266 [noch im selben Jahr präsentiert Hogg einen Vergleich der verschiedenen Versionen: The Hebrew Ecclesiasticus: Some of Its Additions and Omissions: AJT 1 (1897) 777–786]; PERLES, Félix, [Rezension] A.E. Cowley/A. Neubauer (Hg.), The Original Hebrew of a Portion of Ecclesiasticus (XXXIX.15 to XLIX.11) together with the Early Versions and an English Translation, Oxford 1897: WZKM 11 (1897) 95–103; SMEND, Rudolf, [Rezension] A.E. Cowley/A. Neubauer (Hg.), The Original Hebrew of a Portion of Ecclesiasticus (XXXIX.15 to XLIX.11) together with the Early Versions and an English Translation, Oxford 1897: ThLZ 22 (1897) 161–166, der noch zusätzlich festhält, daß es sich auch um keine moderne Fälschung handelt; NÖLDEKE, Theodor, The Original Hebrew of a Portion of Ecclesiasticus: Exp. 5 (1897) 347–364, der zwar ein Deutscher war, aber diesmal in Englisch in einer englischen Zeitschrift publiziert. Er drückt in diesem Artikel auch seine Überzeugung aus, daß es sich um das hebräische Original handelt.

ren Detailfragen[53] die textkritische Argumentation in den Mittelpunkt rückt. Welch große Erwartungen man bezüglich des Umfanges der erwarteten Textfunde hegte, zeigt eine namentlich nicht gezeichnete Notiz in der Expository Times: "It is another leaf, in fact, of the same codex (vgl. SCHECHTER) which furnished the ten already published; and we are credibily informed, though Mr. SCHECHTER says nothing of it here, that the whole Book of Ecclesiasticus is likely to be found and given to us"[54].

3.2.3. Das Forschungsjahr 1898 verläuft ähnlich wie jenes von 1897. SCHECHTER veröffentlichte ein weiteres Fragment mit dem Text von 49,12–50,22[55]. LÉVI publiziert eine neue Edition[56], mit der sich – wie in den beiden vergangenen Jahren – verschiedene Rezensionen beschäftigen[57]. Generell gilt, daß die Rezensionen einen wichtigen Beitrag der wissenschaftlichen Diskussion darstellen, wie anhand jener zu SMENDS „hebräisches Fragment"[58] oder COWLEY/NEUBAUERS "Original Hebrew"[59] belegt werden

---

53   Vgl. aus dem englischen Raum: CHEYNE, Thomas Kelly, On Some Suspected Passages in the Poetical Books of the Old Testament: JQR 10 (1897/1898) 13–17; BEVAN, A.A., The Recently Discovered Fragment of Ecclesiasticus in Hebrew: Ath. 3.4 (1897) 445ff; HERZ, N., The Hebrew Ecclesiasticus: JQR 10 (1897/1898) 719–724; SMITH, W. Taylor, The Hebrew Ecclesiasticus: BW 10 (1897) 58–63; TAYLOR, Charles, Studies in Ben Sira: JQR 10 (1897/1898) 470–488; aus dem französischen Raum: FRAENKEL, Siegmund, [Rezension]: MGWJ 41 (1897) 380–384; LAMBERT, Mayer, [Rezension]: JA 9 (1897) 344–350; PRICE, Ira M., Cowley and Neubauer's Hebrew Ecclesiasticus [Rezension]: AJSL 14 (1897) 49f; STRACK, Hermann Leberecht, [Rezension]: ThLBl 18 (1897) 311f. Vgl. auch BACHER, Wilhelm, The Hebrew Text of Ecclesiasticus: JQR 9 (1897) 543–562.

54   Notes of Recent Expositions: ET 9 (1897/1898) 241–247.244.

55   Vgl. SCHECHTER, Salomon, Genizah Specimens. Ecclesiasticus: JQR 10 (1898) 197–206.

56   Vgl. LEVI, Israel, L'Ecclésiastique ou la sagesse de Jésus, fils de Sira. Texte original hébreu, édité traduit et commenté. Première partie (ch. XXXIX,15, à XLIX,11) (BEHE.R 10,1), Paris 1898.

57   Vgl. BACHER, Wilhelm, [Rezension]: REJ 37 (1898) 308–317; HALEVY, Joseph, [Rezension]: RSEHA 6 (1898) 188ff; HASTINGS, James, [Rezension]: ET 10 (1898/1899) 66f; HOGG, Hope W., Another Edition of the Hebrew Ecclesiasticus: AJSL 15 (1898) 42–48; LAMBERT, Mayer, [Rezension]: JA 12 (1898) 352–358; LEVI, Israel, [Rezension]: REJ 36 (1898) 130. Außer der sehr kurzen letzten Rezension diskutieren alle textkritische Probleme.

58   Vgl. HALÉVY, Joseph, [Rezension]: RSEHA 6 (1898) 187f; KAUTZSCH, Emil, Die neugefundenen hebräischen Fragmente des Sirachbuches [Rezension]: ThStKr 71 (1898)

kann. Es mehren sich zudem Artikel, die textkritische Einzelprobleme behandeln, wobei der Kreis der Autoren ständig wächst[60].

3.2.4. In das Jahr 1899 fällt die wichtige, mehrfach rezensierte[61] Textausgabe der hebräischen Fragmente durch SCHECHTER/TAYLOR[62], der
die Edition eines weiteren Fragmentes[63] folgt.

In den Freudentaumel über das – wenn auch an manchen Stellen
verderbte – hebräische Original platzte D.S. MARGOLIOUTH mit seiner
Hypothese, daß es sich lediglich um eine Rückübersetzung einer persischen Vorlage handle, die wiederum auf der Basis einer schlechten
griechischen Übersetzung angefertigt worden war[64]. Diese Position hatte natürlich die Diskussion noch mehr in Schwung gebracht[65], wobei
sich der Schwerpunkt auf die Frage nach der Originalität verlagert. Ba-

---

185–199, der den Fund auch als originalen hebräischen Text bezeichnet; LÉVI, Israel,
[Rezension]: REJ 36 (1898) 135; NESTLE, Eberhard, [Rezension]: ThLZ 23 (1898) 508f.

59 Vgl. FELL, Winand, [Rezension]: LitRdsch 24 (1898) 33–40, der auch die Meinung der
anderen Gelehrten teilt, daß es sich hier um das Original handelt (36); LEVIAS, C.,
[Rezension]: AJT 2 (1898) 210ff, der darin zudem anhand der wichtigsten Publikationen den Stand der Forschung zusammenfaßt.

60 Vgl. LEVI, Israel, Notes exégétiques sur un nouveau fragment de l'original hébreu de
l'Ecclésiastique: REJ 37 (1898) 210–217; MINOCCHI, S., La découverte du texte hébreu
original de l'Ecclésiastique, in: Compte rendu du quatrième congrès scientific international des catholiques, tenu a Fribourg (Suisse), deuxième section. Sciences exégétiques, Fribourg 1898, 283–296, dagegen beschreibt nochmals die wichtigsten Sta-
tionen der Identifizierung der Manuskripte und dokumentiert dabei auch die
Briefwechsel. Auch Minocchi spricht sich für die Originalität des Textes aus (291).
TOUZARD, J., L'original hebreu de l'Ecclésiastique: RB 7 (1898) 33–58.

61 Vgl. BEVAN, A.A., [Rezension]: JThS 1 (1899) 135–143; SMEND, Rudolf, [Rezension]:
ThLZ 24 (1899) 505–509.

62 Vgl. SCHECHTER, Salomon/TAYLOR, Charles, The Wisdom of Ben Sira. Portions of the
Book Ecclesiasticus, from Hebrew Manuscripts in the Cairo Genizah Collection Presented to the University of Cambridge by the Editors, Cambridge 1899 (Reprint Amsterdam 1979).

63 Vgl. SCHECHTER, Salomon, A Further Fragment of Ben Sira: JQR 12 (1899/1900) 456–
465.

64 Vgl. MARGOLIOUTH, David Samuel, The Origin of the "Original Hebrew" of Ecclesiasticus, London 1899.

65 Vgl. dazu Schechters umgehende, nicht unpolemische Rezension, in der er sich aus-
führlich mit dieser Publikation beschäftigt: SCHECHTER, Salomon, [Rezension] D.S.
Margoliouth, The Origin of the "Original Hebrew" of Ecclesiasticus, London 1899:
The Critical Review 9 (1899) 387–400.

cher diskutiert MARGOLIOUTHS Vorschläge, hält seine These von der Rückübersetzung aber nicht für überzeugend[66]. Auch G. MARGO-LIOUTH, der ein weiteres Fragment aus dem British Museum[67] veröffentlichte, und in seinem Gefolge TYLER[68] sprechen sich für die Originalität aus. – BICKELL[69], ohne von D.S. MARGOLIOUTH Notiz zu nehmen, vermutete anläßlich der Editionen von COWLEY/NEUBAUER und SCHECHTER/TAYLOR Rückübersetzungen, sei doch H von Syr im alphabetischen Lied (Sir 51) und Syr (bzw. G) in 12,10–11 abhängig.

Jetzt tobt der geistige Kampf zwischen MARGOLIOUTH, KÖNIG, SCHECHTER und SELBIE[70] um die Klärung der Frage, ob es sich bei den hebräischen Fragmenten um Originale oder um eine Rückübersetzungen handle. MARGOLIOUTH betonte, daß ihn SCHECHTERS Textedition keineswegs in seiner Position verunsichere. Er verweist auf LÉVI, der zunächst seiner These, daß die Fragmente von Cambridge nicht als das Original betrachtet werden dürften, nicht folgte, sich aber dann zweifelnd äußerte[71]. Zuletzt riß aber die Leidenschaft den Autor mit: "Perhaps Dr. SCHECHTER, when the delights of authorship are over, will learn that it is dangerous to quote books one has not read, and to write about subjects with which one has little aqaintaince"[72]. In einer weiteren Notiz verteidigt Margoliouth seine These und stellt fest: "I do not think the Cambridge fragments will be defended by anyone; hence the

---

66 Vgl. BACHER, Wilhelm, An Hypothesis about the Hebrew Fragments of Sirach: JQR 12 (1899) 92–108.

67 Vgl. MARGOLIOUTH, G., The Original Hebrew of Ecclesiasticus XXXI.12–31, and XXXVI.22–XXXVII.26: JQR 12 (1899/1900) 1–33; vgl. dazu auch die Ankündigung: Notes of Recent Expositions: ET 11 (1899/1900) 97.

68 Vgl. TYLER, Thomas, Ecclesiasticus: The Retranslation Hypothesis: JQR 12 (1899/1900) 555–562, der nichtsdestotrotz seinen Artikel mit folgendem Satz beendet: "I may conclude with the observation that, however great may be the value of the recent discoveries, the text of Ecclesiasticus still presents a very difficult and complicated problem" (562).

69 Vgl. BICKELL, Gustav, Der hebräische Sirachtext eine Rückübersetzung: WZKM 13 (1899) 251–256.

70 Vgl. SELBIE, J.A., The Hebrew Ecclesiasticus: ET 11 (1899/1900) 43f.

71 Vgl. LEVI, Israel, Les nouveaux fragments hébreux de l'Ecclésiastique des Jésus, fils de Sira: REJ 39 (1899) 1–15.177–190. Außerdem schreibt Lévi in diesem Jahr auch noch eine Rezension: LEVI, Israel, [Rezension] E. Kautzsch, Die Apokryphen und Pseudepigraphen des Alten Testaments, Freiburg 1898: REJ 38 (1899) 152–155.309; ders., L'origine de l'original hébreu de l'Ecclésiastique: REJ 38 (1899) 306ff.

72 MARGOLIOUTH, David Samuel, The Hebrew Ecclesiasticus: ET 10 (1899) 528.

Oxford portion will fall with them. But in any case it is evidently useless for me to argue any more with Professor König"[73].

KÖNIG hatte den Reigen mit einer Reihe von sich durch das ganze Jahr ziehenden Analysen zu MARGOLIOUTHS These eröffnet[74]: Er nimmt die Argumente ernst, kommt zum Ergebnis, daß es sich in den Randnotizen um eine Sprache handelt, die eher dem arabischen Raum entspricht, als dem persischen[75]. KÖNIG sieht keinen Grund, die Sprache der Fragmente als nach-biblisch anzusehen und sieht demnach auch überhaupt keinen Beweis für MARGOLIOUTHS These[76]. Bei dem von SCHECHTER/TAYLOR edierten Text kann es sich keineswegs um eine Retroversion handeln[77].

Auch SCHECHTERS Reaktion auf MARGOLIOUTH erfolgte prompt. Bei dessen als Beweise angeführten Stellen handle es sich um solche, wo der Kopist mehrere Handschriften verwendete und dabei auch Doppelungen und Fehler einfügte. Wie stark Emotionen die Auseinandersetzung begleiteten, und wie tief die Angriffe verletzt hatten, zeigt z.B.: "I have 'tasted the delights of authorship' long before the Laudian Professor began his famous career of literary failures, both in Aryan and Semitic languages. In my youth I even enjoyed a controversy, when conducted on gentlemanly lines; but I must decline any further correspondence against Professor Margoliouth, whose methods do not recommend themselves to me as either gentlemanly or scholarly"[78].

---

73 MARGOLIOUTH, David Samuel, The Hebrew Ecclesiasticus: ET 10,12 (1899) 567f, der nichtsdestotrotz doch nicht an König vorbeigehen konnte.

74 Vgl. KÖNIG, Eduard, Professor Margoliouth and the "Original Hebrew" of Ecclesiasticus: ET 10 (1898/1899) 512–516.564ff. König veröffentlichte übrigens im selben Jahr eine ausführliche Untersuchung zu diesem Thema: KÖNIG, Eduard, Die Originalität des neulich entdeckten hebräischen Sirachtextes, textkritisch, exegetisch und sprachgeschichtlich untersucht, Freiburg/Leipzig/Tübingen 1899. Er kommt zum Ergebnis, daß es sich dabei nicht um das absolute Original handelt, da es modifiziert wurde, daß es sich aber um ein relatives Original handelt (98).

75 Vgl. KÖNIG, Eduard, Professor Margoliouth and the "Original Hebrew" of Ecclesiasticus: ET 11 (1899/1900) 31f.

76 Vgl. KÖNIG, Eduard, Professor Margoliouth and the "Original Hebrew" of Ecclesiasticus: ET 11 (1899/1900) 69–74.

77 Vgl. KÖNIG, Eduard, The Origin of the New Hebrew Fragments of Ecclesiasticus: ET 11 (1899/1900) 170–176.

78 Vgl. SCHECHTER, Salomon, The Hebrew Ecclesiasticus II: ET 10,12 (1899) 568.

An einer weiteren „Diskussionsfront" beschäftigt man sich mit der
Frage, ob es äußere Hinweise für oder gegen den Kairener Ecclesias-
ticus gibt. MARGOLIOUTH sieht darin ein Gegenargument, daß nur der
Autor des Sefer ha Galuj davon wußte, andere bekannte Schriftsteller
aber nicht. Die Fragestellung wurde von KÖNIG, SCHECHTER und ABRA-
HAMS aufgenommen. Alle drei sind der Überzeugung, daß SAADJA das
Buch Ben Sira in geschriebener Form gekannt haben mußte[79]. SCHECH-
TER bringt weitere Hinweise auf die rabbinische Literatur, um zu zei-
gen, daß das Buch Ben Sira unter den Rabbinen bekannt war[80].

3.2.5. Die Diskussion konzentriert sich weiterhin auf die Frage nach der
Originalität. Dazu gehören SCHECHTERS zweiter Teil seiner Notizen ü-
ber MARGOLIOUTHS Buch "The Origin of the 'Original Hebrew'"[81], zwei
über KÖNIGS Untersuchung über die Originalität des hebräischen Sirach[82], eine über Lévis Kommentar von SMEND[83] und eine über SCHECH-
TER/TAYLORS Textedition von Abrahams[84].

---

79 Vgl. KÖNIG, Eduard, Is the External Evidence Really against the Cairene Ecclesia-
    sticus? I.: ET 11 (1899/1900) 139f; SCHECHTER, Salomon, Is the External Evidence
    Really against the Cairene Ecclesiasticus? I.: ET 11 (1899/1900) 140ff; ABRAHAMS, I., Is
    the External Evidence Really against the Cairene Ecclesiasticus? III.: ET 11 (1899/
    1900) 142f.
80 Vgl. SCHECHTER, Salomon, The Hebrew Sirach: ET 11 (1899/1900) 382f.
81 Vgl. SCHECHTER, Salomon, [Rezension] [Second Notice] D.S. Margoliouth, The Ori-
    gin of the "Original Hebrew" of Ecclesiasticus, London 1899: The Critical Review 10
    (1900) 116–129.
82 Vgl. PERLES, Félix, [Rezension] E. König, Die Originalität des neulich entdeckten heb-
    räischen Sirachtextes, textkritisch, exegetisch und sprachgeschichtlich untersucht,
    Freiburg/Leipzig/Tübingen 1899: OLZ 3/4 (1900) 95–99.129–133, der auch Königs
    Überzeugung teilt, daß es sich um eine originale Version von H handelt. SMEND
    wirft KÖNIG mit deutlichen Worten mangelnde Kompetenz vor: SMEND, Rudolf,
    [Rezension] E. König, Die Originalität des neulich entdeckten hebräischen Sirachtex-
    tes, textkritisch, exegetisch und sprachgeschichtlich untersucht, Freiburg/Leipzig/
    Tübingen 1899: ThLZ 25 (1900) 129–134. Vgl. dazu auch Königs Entgegnung: KÖNIG,
    Eduard, Die Originalität des neulich entdeckten hebräischen Sirachtextes: EKZ 74
    (1900) 289–292.
83 Auch hier ist SMEND sehr kritisch und wirft LÉVI mangelnde Sprachkompetenz vor:
    SMEND, Rudolf, [Rezension] I. Lévi, L'Ecclésiastique ou la sagesse de Jésus, fils de Si-
    ra. Texte original hébreu, édité traduit et commenté. Première partie (ch. XXXIX,15, à
    XLIX,11) (BEHE.R 10,1), Paris 1898: ThLZ 25 (1900) 134ff.
84 Vgl. ABRAHAMS, I., [Rezension] S. Schechter/C. Taylor, The Wisdom of Ben Sira. Por-
    tions of the Book Ecclesiasticus, from Hebrew Manuscripts in the Cairo Genizah Col-

Zahlreich sind die Publikationen aus dem französischen Bereich: CHAJES-FLORENZ, dessen Artikel sich auf die Auflistung textkritischer Einzelheiten beschränkt[85], HALÉVY, der sich mit LÉVIS Argumenten für eine Rückübersetzung beschäftigt, sie aber nicht überzeugend findet[86], LÉVI, der einerseits Texte aus zwei Fragmenten (C, D) ediert und mit textkritischen Notizen versehen publiziert[87], und andererseits sich mit textkritischen Problemen aus ADLERS Publikationen beschäftigt[88], MÉCHINEAU[89] und TOUZARD, die den Schwerpunkt auf die Forschungsgeschichte legten[90].

Bacher äußert sich zu den Fragmenten aus Cambridge, die seiner Meinung nach bestätigen, daß Skepsis über die Ursprünglichkeit des hebräischen Textes unangebracht ist[91]. Er veröffentlicht zudem Notizen zu LÉVIS Fragment[92]. Aus dem englischen Bereich sind weiters GASTER, der ein neues Fragment publiziert und keinen Zweifel daran hegt, daß es sich nicht um den originalen hebräischen Text handelt[93], WILSON, der eine Einleitung bietet und dabei ausführlich die Text- und Forschungs-

lection Presented to the University of Cambridge by the Editors, Cambridge 1899 (Reprint Amsterdam 1979): JQR 12 (1900) 171–176.

85 Vgl. CHAJES-FLORENZ, H.P., Notes critiques sur le texte hébreu de l'Ecclésiastique: REJ 40 (1900) 31–36.

86 Vgl. HALEVY, Joseph, L'originalité des fragments hébreux de l'Ecclésiastique: RSEHA 8 (1900) 78–88.

87 Vgl. LEVI, Israel, Fragments de deux nouveaux manuscrits hébreux de l'Ecclésiastique: REJ 40 (1900) 1–30; LEVI, Israel, Notes sur les nouveaux fragments de Ben Sira II: REJ 40 (1900) 255ff.

88 Vgl. LEVI, Israel, Notes sur les Ch. VII.29–XII.1 de Ben Sira édités par M. Elkan, N. Adler: JQR 13 (1900) 1–17; LEVI, Israel, Notes sur les Ch. VII.29–XII.1 de Ben Sira édités par M. Elkan, N. Adler (Errata): JQR 13 (1900) 331f.

89 Vgl. MECHINEAU, Lucien, Fragments hébreux de l'Ecclésiastique. Troisième série de découvertes: Études publiés par les pères de la Compagnie de Jésus 85 (1900) 693–698.

90 Vgl. TOUZARD, J., Nouveaux fragments hébreux de l'Ecclésiastique: RB 9 (1900) 45–62; Touzard, J., Les nouveaux fragments hébreux de l'Ecclésiastique: RB 9 (1900) 525–563.

91 Vgl. BACHER, Wilhelm, Notes on the Cambridge Fragments of Ecclesiasticus: JQR 12 (1900) 272–290.

92 Vgl. BACHER, Wilhelm, Notes sur les nouveaux fragments de Ben Sira: REJ 40 (1900) 253ff.

93 Vgl. GASTER, M., A New Fragment of Ben Sira: JQR 12 (1900) 688–702.

geschichte beschreibt[94], und einmal mehr D.S. MARGOLIOUTH, der sich nochmals zum Thema Kairener Ecclesiasticus äußert[95], anzuführen.

Im deutschsprachigen Raum ist vor allem auf RYSSEL, der in diesem Jahr eine sich über mehrere Jahre erstreckende textkritische Untersuchungsreihe beginnt[96], STRAUSS[97] und NÖLDEKE, der u.a. auch die Bezüge Ben Siras zu anderen kanonischen Schriften untersucht und dann nochmals festhält, daß MARGOLIOUTHS gewagte These zu verwerfen ist[98], hinzuweisen. Offensichtlich spürte König einen starken Drang, seine Opposition zu Margoliouth rechtzufertigen. Dies tut er zusätzlich noch in zwei Artikeln, in denen er wiederum bekannte Argumente für seine Überzeugung, daß es sich nicht um eine Rückübersetzung handelt, darlegt[99]. Für die Meinung, daß es sich um ein Orginal handelt, spricht sich auch MÜLLER aus[100]. Es treten um diese Zeit keine neuen Befürworter für die Theorie der Rückübersetzung auf.

Die Fragestellungen konnten bis heute nicht so erörtert werden, daß keine offenen Fragen bleiben. Die Untersuchungen werden präziser und umfangreicher, die Urteile weniger emotionell, bleiben aber offen, öfter nicht nur differenzierter, sondern auch verhaltener. Während H.P. RÜGER[101] in seiner gründlichen Untersuchung zum Ergebnis kam, die Genizahandschriften seien ausnahmslos in genuinem Hebräisch abgefaßt, rechnet etwa DI LELLA an einigen Passagen mit Rücküberset-

---

94 Vgl. WILSON, Robert Dick, Ecclesiasticus: PRR 11 (1900) 480–506.

95 Vgl. MARGOLIOUTH, David Samuel, The Cairene Ecclesiasticus: ET 12 (1900/1901) 45f.

96 Eine Reihe, die hier vollständig zitiert wird: RYSSEL, Victor, Die neuen hebräischen Fragmente des Buches Jesus Sirach und ihre Herkunft: ThStKr 73 (1900) 363–403.505–541. ThStKr 74 (1901) 75–109.269–294.547–592. ThStKr 75 (1902) 205–261. 347–420.

97 Vgl. STRAUSS, David, Sprachliche Studien zu den hebräischen Sirachfragmenten, Zürich 1900 [Diss.]; ders., Sprachliche Studien zu den hebräischen Sirachfragmenten. Aus der Inaugural-Dissertation: SThZ 17 (1900) 65–80.

98 Vgl. NÖLDEKE, Theodor, Bemerkungen zum hebräischen Ben Sira: ZAW 20 (1900) 81–94.

99 Vgl. KÖNIG, Eduard, Die Originalität des neulich entdeckten hebräischen Sirachtextes: ThLBl 21 (1900) 273ff; KÖNIG, Eduard, Der Streit um den neulich entdeckten hebräischen Sirachtext: NKZ 11 (1900) 60–67.

100 Vgl. MÜLLER, W. Max, Zum Sirachproblem: OLZ 3 (1900) 209ff.

101 Text und Textform im hebräischen Sirach (BZAW 112), Berlin 1970, 115.

zungen, insbesondere aus dem Syrischen[102], während ZIEGLER solche aus dem Griechischen[103] vermutet.

Seit einigen Jahren kam es nun zu einer markanten Verschiebung. Insbesondere die Tagungen in Leiden haben die Fragestellungen in neuer Weise in den Mittelpunkt gerückt. Von verschiedenen Seiten her wurde die Sprache Ben Sira untersucht und vor allem mit dem Hebräischen aus Qumran und der Mischna verglichen. Das Buch stellt sich keineswegs als Rückübersetzung dar; es wurden kaum widerlegbare Argumente für originales Hebräisch vorgebracht. Es scheint klar zu werden, daß Sira ein hervorragender Repräsentant einer späten Sprachstufe ist. So rückt das Buch Ben Siras unter neuen Vorzeichen wiederum in das Zentrum der philologischen Diskussion[104].

---

102 So Alexander Anthony DI LELLA, The Hebrew Text of Sirach, London/The Hague/ Paris 1966, 106–142; ders., in: A.A. Di Lella/P.W. Skehan, The Wisdom of Ben Sira (AncB 39), New York 1987, 58 und O. RICKENBACHER, Weisheitsperikopen bei Jesus Sirach (OBO 1), Freiburg 1973, 40.

103 Vgl. ZIEGLER, Joseph, Zwei Beiträge zu Sirach. II. Zu מכוער Sir 11,2 und 13,22: BZ NF 8 (1964), 281–284.

104 Vgl. die Tagungsbände Leiden: MURAOKA, Takamitsu/ELWOLDE, John F. (Hg.), The Hebrew of the Dead Sea Scrolls and Ben Sira: Proceedings of a Symposium Held at Leiden University 11–14 December 1995 (StTDJ 26), Leiden/New York/Köln 1997 (darin besonders: ELWOLDE, John F., Developments in Hebrew Vocabulary between Bible and Mishnah, 17–55; HURVITZ, Avi, The Linguistic Status of Ben Sira as a Link between Biblical and Mishaic Hebrew: Lexicographical Aspects, 72–86; KADDARI, M.Z., The Syntax of כי in the Language of Ben Sira, 87–91; VAN PEURSEN, Wido T., Periphrastic Tenses in Ben Sira, 158–173) und dies. (Hg.), Sirach, Scrolls, and Sages. Proceedings of a Second International Symposium on the Hebrew of the Dead Sea Scrolls, Ben Sira, and the Mishnah, Held at Leiden University, 15–17 December 1997, Leiden/Boston/Köln 1999 (AITKEN, James K., The Semantics of "Glory" in Ben Sira-Traces of a Development in Post-Biblical Hebrew?, 1–25; HURVITZ, Avi, Further Comments on the Linguistic Profile of Ben Sira: Syntactic Affinities With Late Biblical Hebrew, 132–145; JOOSTEN, Jan, Pseudo-Classicisms in Late Biblical Hebrew, in Ben Sira, and in Qumran Hebrew, 146–159; KISTER, Menachem, Some Notes on Biblical Expressions and Allusions and the Lexicography of Ben Sira, 160–187; VAN PEURSEN, Wido T., Negation in the Hebrew of Ben Sira, 223–243; REITERER, Friedrich V., The Hebrew of Ben Sira investigated on the Basis of his Use of כרת: A Syntactic, Semantic and Language-Historical Contribution, 253–277; WESSELIUS, Jan-Wim, The Language of the Hebrew Bible Contrasted with the Language of the Ben Sira Manuscripts and of the Dead Sea Scrolls, 338–345).

3.3. Die Rollen von Qumran und Masada

Sollte man allerdings grundsätzlich daran gezweifelt haben, daß die Originalsprache der Geniza-Handschriften bei allen Problemen im Detail hebräisch war, dann sind diese durch die Funde von Qumran (1947) und Masada (1964) endgültig widerlegt worden. Die zum Teil ab der Mitte des 2. vorchristlichen Jahrhunderts anzusetzenden Fragmente reichen so nahe an die Zeit des Wirkens Ben Siras heran ([220–]200–180 v.Chr.), daß man bei anderen Werken glücklich wäre, eine ähnliche Belegung vorzeigen zu können.

4. Der hebräisch belegte Text

Wenn im folgenden vom belegten *Text* gesprochen wird, bedeutet dies nicht, daß ein makelloser, zusammenhängender Text erhalten ist. Häufig sind Kola und Stichen gut lesbar und verständlich erhalten. Mitunter fehlen allerdings große Teile, ja es sind manchmal auch nur einzelne Buchstaben erkennbar. Ein Vers wird dann als bezeugt gewertet, wenn auch nur noch kleine Reste derart vorhanden sind, daß man mit großer Wahrscheinlichkeit annehmen kann, sie können verhältnismäßig sicher einem fixierbaren Hemistichus zugewiesen werden. In dieser Art werden auch die Randlesarten eingerechnet. – Da man sich auf dieser Ebene schon mitten im Bündel der vielen textlichen Probleme befindet, sind die Angaben eo ipso mit einem nicht unbeträchtlichen Unsicherheitsfaktor verbunden. Man wird aufgrund der großen Zahl der zu berücksichtigenden Aspekte zwar Position zu beziehen haben, sich aber durchaus bewußt sein, daß maximalere und minimalere Lösungen aufgrund von Angaben in der Literatur vertretbar sind.

Kapitel	hebr.	%	HSS
0,1–36[105]	-	-	
1,1–30	-	-	
2,1–18	2,18[106]	~5%	A
3,1–31	3,6–18	~97%	A, C*
	3,20		A
	3,21–31		A, C*
4,1–31	4,1–31	100%	A, C*
5,1– 15	5,1–15	100%	A, C*
[16Be = 16,1]			
6,1–37	6,1–16	~97%	A
	6,18–37		A, C*, 2Q18*
7,1–36	7,1–25	~92%	A, C*
	7,29–36		
8,1–19	8,1–19	100%	A, C*
9,1–18	9,1–18	100%	A
10,1–31	10,1–18	~58%	A
11,1–34	11,1–34	100%	A,B*
12,1–18	12,1–18	100%	A
13,1–26	13,1–26	100%	A
14,1–27	14,1–27	100%	A
15,1–20	15,1–20	100%	A, B
16,1–30	16,1–26	~87%	A, B*
17,1–32	-	-	
18,1–33	18,31–33	~9%	C*
19,1–30	19,1–2	~7%	C*
20,1–32	20,5–7	25%	C*
	20,13		C*
	20,22–23		C*
	20,30		C*
21,1–28	-	-	
22,1–27	-	-	

---

105 Die Zählung führt grundsätzlich an erster Stelle, sowohl bei Kapitel als auch bei Vers, jene von ZIEGLER, Joseph, Sapientia Iesu Filii Sirach (Septuaginta. Vetus Testamentum Graecum auctoritate Societatis Litterarum Gottingensis editum XII,2), Göttingen 1965 (²1980), an. Falls zum Kapitel oder zum Vers Parallelzählungen vorkommen, sind es die Angaben von RAHLFS, Alfred (Hg.), Septuaginta. Id est Vetus Testamentum graece iuxta LXX interpretes II, Stuttgart ⁹1979; vgl. dazu unten 6.
106 Vgl. ספר 3.

Kapitel	hebr.	%	HSS
23,1–28	-	-	
24,1–34	-	-	
25,1–26	25,8	~38%	C*
	25,17–24		C*
26,1–29	26,1–3		C*
	26,13	~14%	C*
27,1–30	27,5–6.16	10%	A*,B*
28,1–26		-	
29,1–28		-	
30,1–25	30,11–25	~56%	B
31,1–31	31,1–31	100%	B, F*
32,1–24	32,1–24	100%	B, E*, F*
33,1–16a.16b–33b	33,1–33b	100%	B*, E*, F*
34,1–31	34,1	~3%	E*
35,1–27b+	35,11–26	~96%	B*
36,1–31	36,1–10.12–31	100%	B, C*, D*
37,1–31	37,1–20.22–31	~97%	B*, C*, D*
38,1–34	38,1–27	~79%	B*, D*
39,1–35	39,15–35	~57%	B*, M*
40,1–30	40,1–30	100%	B, M*
41,1–22	41,1–22	100%	B*, C, M*
42,1–25	42,1–25	100%	B*, M*
43,1–33	42,1–33	100%	B, M*
44,1–23	44,1–23	100%	B*, M*
45,1–26	45,1–26	100%	B
46,1–20	46,1–20	100%	B
47,1–25	47,1–24	96%	B
48,1–25	48,1–25	100%	B
49,1–16	49,1–16	100%	B
50,1–29	50,1–29	100%	B
51,1–30	51,1–30	100%	B*, 11QPs*

Die mit * markierte HS bietet nur Teile des angeführten Textes. Die Prozentzahlen wurden so errechnet, daß der G-Text pro Kapitel als 100% angenommen wurde.

Die eben angeführten Angaben zeigen, daß ca. 64% des Buches Ben Sira hebräisch[107] belegt sind, wobei der Prolog des Griechen nicht bei der Berechnung berücksichtigt wurde.

---

107 Sira umfaßt 1394 Verse (ohne Vorwort), davon sind 898 in unterschiedlichen Handschriften hebräisch bezeugt.

5. Fragmente und Textausgaben

5.1. Chronologie der Veröffentlichung der Manuskripte

Alsbald nach dem Bekanntwerden der Handschriften wurden die ersten Passagen veröffentlicht. Wie die nachfolgende Darstellung zeigt, hielten Veröffentlichungen bis in die späten 80er Jahre die Forschung in Spannung[108].

1896

SCHECHTER, Salomon, A Fragment of the Original Text of Ecclesiasticus: Exp. 5,4 (1896) 1–15.
[MS B[109]: 39,15c–17d°.18a–31b°.32a–40,1d.3a–7b][110]

1897

COWLEY, Arthur Ernest/NEUBAUER, Adolf (Hg.), The Original Hebrew of a Portion of Ecclesiasticus (XXXIX.15 to XLIX.11) together with the Early Versions and an English Translation, Oxford 1897[111].
[MS B: 39,15c–17d°. 18a–31b°. 32a–40,1d. 3a–7b°. 9a–11b. 13a–41,14b°. 15a–16b°. 17a–22b°; 42,1a–42,5b°. 6a–18b°. 19a–21d. 23a–b.25a–b;

---

108 Der Erhaltungszustand verschiedener Handschriften hat sich in der Zwischenzeit gravierend verschlechtert. Entsprechend einer Fax-Mitteilung von Frau Doris NICHOLSON aus der Handschriftenabteilung der Bodleian Library ist das MS. Heb.e. 62 dermaßen vom Zerfall bedroht, daß es bei konstanter Temperatur unter Verschluß gehalten wird.

109 Für die genaue Überprüfung aller Handschriftenbelege sei Dr. Renate EGGER-WENZEL und Dr. Ingrid KRAMMER gedankt.

110 Da zwischen der Textlänge nach der Septuaginta-Version (GI und GII) und den gefundenen hebräischen Handschriften Unterschiede bestehen, werden die Abweichungen markiert: °. Da es im Einzelfall über die Markierung hinaus nicht möglich ist, die notwendige Diskussion zu führen, wird nur angezeigt, daß es Probleme gibt. Daher umfaßt ° folgende Möglichkeiten:
Überlänge,
(wahrscheinliche) Lakunen
oder (möglicherweise) durch die Übersetzung oder andere poetische Gestaltungsnotwendigkeit hervorgerufene Varianten.

111 Abbildung eines MS-Blattes: MS B: 48,24a–49,12b (Text sicher bis 49,10b).

43,1a–b; 42,24a–b; 43,2a–17b°. 18a–30d. 32a–44,21d°. 22a–46,19b°. 20a–b°; 47,1a–9b°. 10a–15b. 17a–48,11b°. 12a–22b°. 24a–49,11b°]

1899

MARGOLIOUTH, G., The Original Hebrew of Ecclesiasticus XXXI.12–31, and XXXVI.22–XXXVII.26: JQR 12 (1899/1900) 1–33.
[MS B: 31,12a–21b°.22c–31d°; 36,19a–37,9b°.11a–h°.12a–20b. 22a–b°. 25a–b.24a–b°]

SCHECHTER, Salomon, A Further Fragment of Ben Sira: JQR 12 (1899/1900) 456–465.
[MS C: 4,23°.30a–31b; 5,4a–7d.9a–13b; 36,24a; 25,8a–d°.13a–b.17a–24b; 26,1a–2a]

SCHECHTER, Salomon/TAYLOR, Charles, The Wisdom of Ben Sira. Portions of the Book Ecclesiasticus, from Hebrew Manuscripts in the Cairo Genizah Collection Presented to the University of Cambridge by the Editors, Cambridge 1899 (Reprint Amsterdam 1979).
[*MS A*: 3,6b.8a–18b.20a–4,4a°.5a–15b.17a.c–5,9b°.10a–6,17b.19a–22b; 27,5a–6b; 6,25a–b. 27a–7,8b°.15a–b.10a–26b.29a; 11,34b; 12,2a–5c°. 6a–b°.7a–13,6b°.7a–14°.16a–16,9b°.10a–b°.11a–22b°.23a–26b; *MS B*: 30,11a–31,11b[112]; 32,1d–33,3b[113]; 35,8a–36,7b[114].12a–36,23b[115]; 37,27a–38,18b.20a–27b; 49,12c–15b°.16a–50,14b.16a–23b°. 24a–29b°; 51,1a–b°.2a–d°.3a–3c°.4a–6b°.7a–13b.15a–b°.16a–30d°]

1900

ADLER, Elkan Nathan, Some Missing Chapters of Ben Sira: JQR 12 (1900) 466–480 (= in: ders., About Hebrew Manuscripts, New York ²1970, 1–16)[116].
[MS A: 7,29b–10,8b°.9a–14b.16a–19b°. 20a–b. 22a–11,25b. 27a–33b. 34c–d°; 12,1a–b; 11,34a]

---

112 = 30,11a–24b.25–31,11b.
113 = 32,1d–24b; 33,1a–3b.
114 = 35,11a–26b°; 36,1a–10b.
115 = 36,12a–13a.16b–23d+.
116 Auflistung der einzelnen Manuskriptblätter durch // getrennt: MS A: 7,29b–9,2a // 9,2a–10,12a // 10,12b–14b.16a–19b°. 20a–b. 22a–11,10d // 11,11a–25b. 27a–33b. 34c–d°; 12,1a–b; 11,34a.

LEVI, Israel, Fragments de deux nouveaux manuscrits hébreux de l'Ecclésiastique: REJ 40 (1900) 1–30[117].
[*MS B*: 36,29a–37,9b°.11a–h°.12a–20b.22a–38,1b;
MS C[118]: 6,18b–19d.28a–b.35a–b; 7,1a–2a.4a–b.6a–b. 17a–b. 20a–21b. 23a–25b; 8,7a;
MS D: 36,29a–37,11h°.12a–20b.22a–38,1a]

GASTER, M., A New Fragment of Ben Sira: JQR 12 (1900) 688–702[119].
[MS C: 18,31b–33b; 19,1a–2b; 20,5a–7b; 37,19a–b. 22a–b. 24a–b.26a–b; 20,13a–b. 30a]

1901

FACSIMILES of the Fragments Hitherto Recovered of the Book of Ecclesiasticus in Hebrew, Oxford/Cambridge 1901[120].

---

117 Auflistung der einzelnen Manuskriptblätter durch // getrennt: MS D: 36,29a–37,11h°. 12a // 37,12b–20b.22a–38,1a.

118 Der Autor hat die Bezeichnung für die MSS C und D vertauscht.

119 Auflistung der einzelnen Manuskriptblätter durch // getrennt:
MS C: 18,31b–33b; 19,1a–2b; 20,5a–6b // 20,7a–b; 37,19a–b.24a–b.26a–b; 20,13a–b.30a.

120 Auflistung der einzelnen Manuskriptblätter durch // getrennt: *MS A*: 3,6b.8a–18b.20a–4,4a°. 5a–10b // 4,10c–15b. 17a.c–5,9b°. 10a // 5,10b–6,17b. 19a–22b; 27,5a–6b; 6,25a–b.27a–30b // 6,31a–7,8b. 15a–b. 10a–26b. 29a // 7,29b–9,2a // 9,2a–10,8b°. 9a–12a // 10,12b°. 14b. 16a–19b°. 20a–b. 22a–11,10d // 11,11a–25b. 27a–33b. 34c–d°; 12,1a–b; 11,34a° // 11,34b; 12,2a–5c°. 6a–b°. 7a–13,6b° // 13,7a°–14b°. 16a–14,11b // 14,11b–15,19a // 15,19b–16,9b°. 10a–b°. 11a–22b°. 23a–26b°;
MS B: 30,11a–24b // 30,25a–31,11b // 31,12a–21b // 31,22e–31d° // 32,1d°–14b° // 32,14a–33,3b // 35,11a–26b° // 36,1–10b. 12a–36,23d+° // 36,24a–37,9b° // 37,11a–h°. 12a–20b. 22a–23b. 25a–b. 24a–b° // 37,27a–38,12b // 38,13a–18b.20a–27b // 39,15c–17b/16d°. 18a–28b° // 39,29a–31b°. 32a–40,1d. 3a–7b° // 40,9a–11b. 13a–26b // 40,26c–41,9b // 41,9c+–14b°. 15a–16b°. 17a–22b/24b° // 42,1a–42,5b°. 6a–11d // 42,11e°–18b°. 19a–21d. 23a–b. 25a–b; 43,1a–b° // 42,24a–b; 43,2a–16b° // 43,17a°–b°. 18a–30d. 32a–33b // 44,1a–16b // 44,17a–21d°. 22a–45,4b // 45,5a–13d // 45,14a–23b° // 45,23c°–46,6d // 46,6e/7a–17b° // 46,18a°–19b°. 20a–b°; 47,1a–9b°. 10a–d // 47,11a–15b. 17a–23b // 47,23c–48,11b°. 12a–d° // 48,12e°–22b° // 48,24a–49,10d° // 49,12c–15b°. 16a–50,10b // 50,11a–14b. 16a–22b // 50,22c–23b°. 24a–29b°; 51,1a–b°. 2a–d°. 3a/2f–3d/3c°. 4a–5d° // 51,6a–b°.7a–12g // 51,12h–13b.15a–b°.16a–20d // 51,21a–30j°;
MS C: 4,23°. 30a–31b; 5,4a–7b // 5,7c–d. 9a–13b; 36,24a/19a° // 6,18b–19d. 28a–b. 35a–b; 7,1a–2a. 4a–b. 6a // 7,6b. 17a–b. 20a–21b. 23a–25b; 8,7a° // 18,31b–33b; 19,1a–2b; 20,5a–6b // 20,7a–b; 37,19a–b. 22a–b. 24a–b. 26a–b; 20,13a–b. 30a // 25,8a–d°. 13a–b. 17a–20a // 25,20b–24b; 26,1a–2a;
MS D: 36,29a–37,11h°.12a // 37,12b–20b.22a–38,1a.

[*MS A*: 3,6b.8a–18b. 20a–4,4a°. 5a–15b. 17a.c–5,9b°. 10a–6,17b. 19a–
22b; 27,5a–6b; 6,25a–b. 27a–7,8b. 15a–b. 10a–26b. 29a–10,8b°. 9a–
12b. 14b. 16a–19b°. 20a–b. 22a–11,25b. 27a–33b. 34c–d; 12,1a–b;
11,34a–b; 12,2a–5c°. 6a–b°. 7a–13,6b°. 7a–14b°. 16a–16,9b°. 10a–b°.
11a–22b°.23a–26b;
MS B: 30,11a–24b; 30,25a–31,31d[121]; 32,1d–33,3b[122]; 35,11a–26b°;
36,1–10b. 12a–37,9b[123]°. 11a–h°. 12a–20b. 22a–23b. 25a–b. 24a–b°.
27a–38,18b. 20a–27b; 39,15c–17d°. 18a–28b°. 29a–31b°. 32a–40,1d.
3a–7b°. 9a–11b. 13a–41,14b°. 15a–16b°. 17a–22b°; 42,1a–42,5b°. 6a–
18b°. 19a–21d. 23a–b. 25a–b; 43,1a–b; 42,24a–b; 43,2a–17b°. 18a–30d.
32a–33b; 44,1a–21d°. 22a–46,19b°. 20a–b°; 47,1a–9b°. 10a–15b. 17a–
48,11b°. 12a–22b°. 24a–49,10d°. 12c–15b°. 16a–50,14b. 16a–23b°.
24a–29b°; 51,1a–b°. 2a–d°. 3a–3c°. 4a–6b°. 7a–13b.´15a–b°. 16a–30j°;
MS C: 4,23°. 30a–31b; 5,4a–7d. 9a–13b; 36,24a/19a; 6,18b–19d. 28a–b.
35a–b; 7,1a–2a. 4a–b. 6a–b. 17a–b. 20a–21b. 23a–25b; 8,7a; 18,31b–
33b; 19,1a–2b; 20,5a–7b; 37,19a–b. 22a–b. 24a–b. 26a–b; 20,13a–b.
30a; 25,8a–d°. 13a–b. 17a–24b; 26,1a–2a;
MS D: 36,29a–37,11h°.12a–38,1a]

1930

MARCUS, Joseph, A Fifth Ms. of Ben Sira: JQR 21 (1930/1931) 223–240
(= The Newly Discovered Original Hebrew of Ben Sira [Ecclesiasti-
cus xxxii,16–xxxiv,1]. A Fifth Ms. of Ben Sira, Philadelphia 1931)[124].
[MS E: 32,16a–33,2b[125].4a–33,28b[126].30a–34,1b[127]]

1958

SCHIRMANN, Jefim, ‏דף חדש מתוך ספר בן־סירא העברי‎: Tarb. 27 (1958)
440–443[128].
[MS B: 15,1a–16,7b]

---

121 = 30,25a–b; 31,1a–31d.
122 = 32,1d–24b; 33,1a–3b.
123 = 36,12a–13°.16b–31d; 37,1a–9b.
124 Auflistung der einzelnen MS-Blätter: MS E: 32,16a–33,14b.14c–34,1b.
125 = 32,16a–22a.24a–b; 33,1a–b.2a–b.
126 = 33,16b–28b; 33,4a–16a.
127 = 33, 30a–33b; 34,1a–b.
128 Auflistung der einzelnen MS-Blätter: MS B: 15,1a–16b.17a–16,7b.

1960

SCHIRMANN, Jefim, דפים נוספים מתוך ספר בן־סירא: Tarb. 29 (1960)
125–134[129].
[*MS B:* 10,19a–b°.20a–b.22a–25b; 7,21a–b; 10,25c°–11,6f°;
MS C: 3,18b. 21a–22b; 41,16b–c; 4,21a–b; 20,22a–23b; 4,22a–b. 23a;
26,2b–3b. 13a–b. 15a–17b; 36,27b–31d]

1962

BAILLET, Maurice/MILIK, Jozef Tadeusz/DE VAUX, Roland, Les «Petites
Grottes» de Qumrân. Exploration de la faloise. Les grottes 2Q, 3Q,
5Q, 6Q, 7Q à 10Q. Le rouleau de cuivre. Avec une contribution de
H.W. Baker (I Textes, II Planches) (DJD III), Oxford 1962, 75–77.
[MS Q = 2Q18: 6,14a–15b.20a–22b.26a–31b]

1964

DI LELLA, Alexander Anthony, The Recently Identified Leaves of Sirach
in Hebrew: Bib. 45 (1964) 153–167[130].
[*MS B:* 10,19a–b°. 20a–b. 22a–25b; 7,21a–b; 10,25c°–11,10d; 15,1a–
16,7b;
MS C: 3,14a–18b. 21a–22a; 36,27b–31d; 26,2b–3b. 13a–b. 15a–17b;
36,27a; 3,22a–b; 41,16b–c; 20,22a–23b; 4,22a–23a].

1965

SANDERS, Jim Alvin, Sirach 51,13ff (11QPs^a Sirach). Col. XXI,II. 11–17,
Col. XXII,I. 1, in: ders., The Psalms Scroll of Qumran Cave 11
(11QPs^a) (DJD IV), Oxford 1965, 79–85[131].
[MS Q = 11QPs^a: 51,13a–19b°. 20a–d. 30b]

---

129 Auflistung der einzelnen MS-Blätter:
MS B: 10,19a–b°.20a–b.22a–11,2b // 11,3a–10d;
MS C: 3,14a–18b.21a–22a // 3,22a–b; 41,16b–c; 4,21a–b; 20,22a–23b; 4,22a–23a // 26,2b–
3b.13a–b.15a–17b // 36,27b–31d.

130 Auflistung der einzelnen MS-Blätter:
MS B: 10,19a–b°. 20a–b. 22a–25b; 7,21a–b; 10,25c°–11,2b // 11,3a–10d // 15,1a–16b //
15,17a–16,7b;
MS C: 3,14a–18b. 21a–22a // 36,27b–31d // 26,2b–3b. 13a–b. 15a–17b; 36,27a // 3,22a–b;
41,16b–c; 20,22a–23b; 4,22a–23a.

131 Auflistung der einzelnen MS-Blätter:

YADIN, Yigael, מגילת בן־סירא ממצדה עם מבוא, השלמות ופירושים:
ErIs 8 (1965) 1–45
מגילת בן־סירא ממצדה עם מבוא, השלמות ופירושים =). The Ben
Sira Scroll from Masada, with Introduction, Emendations and
Commentary, Jerusalem 1965).
[MS M: 39,27a–31b°. 32a–b; 40,10a[132]–19d°. 26a–41,14b°. 15a–16b°.
17a–42,5b°. 6a–43,20b[133]. 22a–25b. 29a–30b[134]; 44,1a–3b°. 4a–15b.
17a–d]

1982

SCHEIBER, Alexander, A Leaf of the Fourth Manuscript of the Ben Sira.
From the Geniza: Magyar Könyvszemle 98 (1982) 179–185[135].
[*MS C:* 25,8a–d°.20a–21b;
MS F: 31,24a–32,7b[136].12a–22a°; 33,1a–2b[137].4a–8b]

1988

DI LELLA, Alexander Anthony, The Newly Discovered Sixth Manu-
script of Ben Sira from the Cairo Geniza: Bib. 69 (1988) 226–238.
[*MS C:* 25,8a–d°.20a–21b;
MS F: 31,24a–32,7b[138].12a–22a°; 33,1a–2b[139].4a–8b]

MS Q: (ab Mitte des Blattes) 51,13a–19b°.20a–d° // (die ersten beiden Worte des Blattes) 51,30b.

132 BEENTJES, (Anm. 8) 113 (vgl. aber 158f, wo 40,8 nicht vorkommt) zählt 40,8, was laut
Yadin mit Verweis auf MS B eher 40,10a.b entspricht.

133 = 40,26a–30b; 41,1a–43,20b.

134 Diese Verse (43,29a–30b) fehlen bei BEENTJES, (Anm. 8) 118.

135 Auflistung der einzelnen MS-Blätter:
MS C: 25,8a–d°.20a–21b; die anderen Abbildungen vgl. Schechters Text (JQR 12
[1899/1900] 462–465: 4,23b. 30a–31b; 5,4a–7b // 5,7c–d. 9a–13b; 36,24a // 25,8a–d. 13a–
b. 17a–20a // 25,20b–24b; 26,1a–2a;
MS F: 32,12a°–33,8b; 31,24a°–32,7b.

136 = 31,24a–31d; 32,1a–7b.

137 = 32,24a–b; 33,1a–b.2a–b.

138 = 31,24a–31d; 32,1a–7b.

139 = 32,24a–b; 33,1a–b.2a–b.

5.2. Überblick nach den Rollen

Vom Buch Ben Sira sind nach den bisherigen Veröffentlichung 3,6b. 8a–
18b. 20a–4,4a. 5a–15b. 17a.c–5,9b. 10a–6,17b. 18b–22b. 25a–7,8b. 10a–
26b. 29a–10,8b. 9a–14b. 16a–19b. 20a–b. 22a–11,25b. 27a–12,5c. 6a–b. 7a–
13,6b. 7a–14b. 16a–16,9b. 10a–b. 11a–22b. 23a–26b; 18,31b–33b; 19,1a–2b;
20,5a–7b. 13a–b. 22a–23b. 30a; 25,8a–d°. 13a–b. 17a–24b; 26,1a–3b. 13a–
b. 15a–17b; 27,5a–6b; 30,11a–33,28b[140]. 30a–34,1b[141]; 35,11a–37,11h[142].
12a–20b. 22a–38,18b. 20a–27b; 39,15c–17d. 18a–31b. 32a–40,1d. 3a–
41,14b. 15a–16b. 17a–42,5b[143]. 6a–43,1a–30d. 32a–33b; 44,1a–21d. 22a–46,
19b. 20a–b; 47,1a–9b. 10a–15b. 17a–48,11b. 12a–22b. 24a–49,10d. 12c–
15b. 16a–50,14b. 16a–23b. 24a–29b; 51,1a–b. 2a–d. 3a–3c. 4a–6b. 7a–30j°
in H belegt. Keine der Handschriften bietet den ganzen Umfang der belegten Stellen. In der folgenden Übersicht werden die Passagen nach
den einzelnen Handschriften getrennt dargestellt. Dadurch soll ein Ü-
berblick über die in den jeweiligen Handschriften belegten Passagen
wie auch über die die Zeit der Veröffentlichung geboten werden.

Handschrift A

In der HS A ist 3,6b. 8a–18b. 20a–4,4a°. 5a–15b. 17a.c–5,9b.° 10a–6,17b.
19a–22b. 25a–b. 27a–7,8b. 10a–26b. 29a–10,8b°. 9a–14b. 16a–19b°. 20a–b.
22a–11,25b. 27a–12,5c°. 6a–b°. 7a–13,6b°. 7a–14b°. 16a–16,9b°. 10a–b°.
11a–22b°. 23a–26b; 27,5a–6b erhalten. Die Teile wurden folgender Literatur veröffentlicht:

SCHECHTER, Salomon/TAYLOR, Charles, The Wisdom of Ben Sira. Por-
tions of the Book Ecclesiasticus, from Hebrew Manuscripts in the
Cairo Genizah Collection Presented to the University of Cambridge
by the Editors, Cambridge 1899 (Reprint Amsterdam 1979).
   I. The Wisdom of Ben Sira: Portions of Ecclesiasticus 3–7; 11–16; 30–
33; 35–38; 49–51. Translated from the Hebrew with Footnotes, XIII–
LIII.
   II. Appendix: Notes on Ecclesiasticus 39–51 with two Facsimiles,
LV–XCI.

---

140 = 30,11a–24b.25a–25b; 33,1a–16a.16b–28b; 34,31,1a–31d; 32,1a–24b.
141 = 33,30a–33b; 34,1a–b.
142 = 35,11a–27b+; 36,1–23d+.24a–37,11h.
143 = 41,17a–22d; 42,1a–5b.

III. Prefatory Note. Introduction. Notes on the Text. The Text, 1–91.

ADLER, Elkan Nathan, Some Missing Chapters of Ben Sira: JQR 12 (1900) 466–480 (= in: ders., About Hebrew Manuscripts, New York ²1970, 1–16).

Handschrift B

In der HS B sind erhalten: 7,21a–b; 10,19a–b°. 20a–20b. 22a–11,6f°; 15,1a–16,7b; 30,11a–31,31d°; 32,1d–33,3b[144]; 35,11a–36,23d+[145]; 36,24a–37,9b°. 11a–h°. 12a–20b. 22a–25b°; 37,27a–38,18b. 20a–27b; 39,15c–17b/16d°. 18a–28b°. 29a–31b°. 32a–40,1d. 3a–7b°. 9a–11b. 13a–41,14b°. 15a–16b°. 17a–22b°; 42,1a–42,5b°. 6a–18b°. 19a–21d. 23a–b. 25a–b; 43,1a–17b°. 18a–30d. 32a–33b; 44,1a–21d°. 22a–46,19b°. 20a–b°; 47,1a–9b°. 10a–15b. 17a–48,11b°. 12a–22b°. 24a–49,10d°. 12c–15b°. 16a–50,14b. 16a–23b°. 24a–29b°; 51,1a–b°. 2a–d°. 3a–3c°. 4a–6b°. 7a–13b. 15a–b°. 16a–30j°. Diese Verse wurden veröffentlicht in:

SCHECHTER, Salomon, A Fragment of the Original Text of Ecclesiasticus: Exp. 5,4 (1896) 1–15.

COWLEY, Arthur Ernest/NEUBAUER, Adolf (Hg.), The Original Hebrew of a Portion of Ecclesiasticus (XXXIX.15 to XLIX.11) together with the Early Versions and an English Translation, Oxford 1897.

SCHECHTER, Salomon/TAYLOR, Charles, The Wisdom of Ben Sira. Portions of the Book Ecclesiasticus, from Hebrew Manuscripts in the Cairo Genizah Collection Presented to the University of Cambridge by the Editors, Cambridge 1899 (Reprint Amsterdam 1979).

I. The Wisdom of Ben Sira: Portions of Ecclesiasticus 3–7; 11–16; 30–33; 35–38; 49–51. Translated from the Hebrew with Footnotes, XIII–LIII.

II. Appendix: Notes on Ecclesiasticus 39–51 with two Facsimiles, LV–XCI.

III. Prefatory Note. Introduction. Notes on the Text. The Text, 1–91.

MARGOLIOUTH, G., The Original Hebrew of Ecclesiasticus XXXI.12–31, and XXXVI.22–XXXVII.26: JQR 12 (1899/1900) 1–33.

MARGOLIOUTH, G., The Original Hebrew of Ecclesiasticus XXXI.12–31, and XXXVI.22–XXXVII.26: JQR 12 (1899/1900) 1–33.

---

144 = 32,1d–24b; 33,1a–3b.
145 = 35,11a–27b+; 36,1–23d+.

SCHIRMANN, Jefim, דף חדש מתוך ספר בן־סירא העברי: Tarb. 27 (1958) 440–443.

SCHIRMANN, Jefim, דפים נוספים מתוך ספר בן־סירא: Tarb. 29 (1960) 125–134.

Handschrift C

Da die HS C eine Sammlung von Auszügen, also eine Anthologie dar-stellt, sind die einzelnen Passagen häufig nicht so geschlossen belegt, wie sie nachstehend zum besseren Überblick aufgereiht werden: 3,18b. 21a–22b; 4,21a–23°. 30a–31b; 5,4a–7d. 9a–13b; 6,18b–19d. 28a–b. 35a–b; 7,1a–2a. 4a–b. 6a–b. 17a–b. 20a–21b. 23a–25b; 8,7a; 18,31b–33b; 19,1a–2b; 20,5a–7b. 13a–b. 22a–23b. 30a; 25,8a–d°. 13a–b. 17a–24b; 26,1a–3b. 13a–b. 15a–17b; 36,24a. 27b–31d; 37,19a–b. 22a–b. 24a–b. 26a–b; 41, 16b–c.

SCHECHTER, Salomon, A Further Fragment of Ben Sira: JQR 12 (1899/ 1900) 456–465.

SCHECHTER, Salomon, A Further Fragment of Ben Sira: JQR 12 (1899/ 1900) 456–465.

GASTER, M., A New Fragment of Ben Sira: JQR 12 (1900) 688–702.

LEVI, Israel, Fragments de deux nouveaux manuscrits hébreux de l'Ecclésiastique: REJ 40 (1900) 1–30.

SCHIRMANN, Jefim, דפים נוספים מתוך ספר בן־סירא: Tarb. 29 (1960) 125–134.

SCHEIBER, Alexander, A Leaf of the Fourth Manuscript of the Ben Sira. From the Geniza: Magyar Könyvszemle 98 (1982) 179–185 (only T.-S. A.S. 213.4).

Handschrift D

Die Fragmente der HS D, welche 36,29a–37,11h.12a–20b.22a–38,1a be-zeugt, fanden sich in Paris.

LEVI, Israel, Fragments de deux nouveaux manuscrits hébreux de l'Ecclésiastique: REJ 40 (1900) 1–30.

Handschrift E

Erst im Jahr 1931 wurde dieses Manuskript, 32,16a–33,2b[146]. 4a–33,28b[147]. 30a–34,1b[148] beinhaltend, ediert:

MARCUS, Joseph, A Fifth Ms. of Ben Sira: JQR 21 (1930/1931) 223–240 (= The Newly Discovered Original Hebrew of Ben Sira [Ecclesiasticus xxxii,16–xxxiv,1]. A Fifth Ms. of Ben Sira, Philadelphia 1931).

Handschrift F

In das Jahr 1982 fällt der erste Hinweis auf die Existenz von F mit dem Inhalt von: 31,24a–32,7b[149].12a–22a°; 33,1a–2b[150].4a–8b.

SCHEIBER, Alexander, A Leaf of the Fourth Manuscript of the Ben Sira. From the Geniza: Magyar Könyvszemle 98 (1982) 179–185.

DI LELLA, Alexander Anthony, The Newly Discovered Sixth Manuscript of Ben Sira from the Cairo Geniza: Bib. 69 (1988) 226–238.

Qumran-Fragmente

Zu den ältesten Funden sind die Qumranbelegungen zu rechnen. Sie waren es, die den Wert der hebräischen Fragmente in das rechte Licht stellen halfen. In dieser Version sind erhalten: 6,14a–15b. 20a–22b. 26a–31b; 51,13a–19b°. 20a–d. 30b.

BAILLET, Maurice/MILIK, Jozef Tadeusz/DE VAUX, Roland, Les «Petites Grottes» de Qumrân. Exploration de la faloise. Les grottes 2Q, 3Q, 5Q, 6Q, 7Q à 10Q. Le rouleau de cuivre. Avec une contribution de H.W. Baker (I Textes, II Planches) (DJD III), Oxford 1962, 75–77.

SANDERS, Jim Alvin, Sirach 51,13ff (11QPs^a Sirach). Col. XXI,II. 11–17, Col. XXII,I. 1, in: ders., The Psalms Scroll of Qumran Cave 11 (11QPs^a) (DJD IV), Oxford 1965, 79–85.

Masada-Fragmente

Für die Belegung und die Erforschung der Sprache Ben Siras ist das auf Masada entdeckte Fragment von besonderer Wichtigkeit; es umfaßt

---

146 = 32,16a–22a.24a–b; 33,1a–b.2a–b.
147 = 33,4a–16a.16b–28b.
148 = 33,30a–33b; 34,1a–b.
149 = 31,24a–31d; 32,1a–7b.
150 = 32,24a–b; 33,1a–b.2a–b.

39,27a–31b°. 32a–b; 40,8a–b (nach Yadin 40,10a–b) 11a–19d°. 26a–
41,14b°. 15a–16b°. 17a–42,5b°. 6a–43,20b. 22a–25b. 29a–30b; 44,1a–3b°.
4a–15b. 17a–d.

YADIN, Yigael, וּפֵירוּשִׁים מְגִילַת בֶּן־סִירָא מִמְצָדָה עִם מָבוֹא, הַשְׁלָמוֹת:
ErIs 8 (1965) 1–45
מְגִילַת בֶּן־סִירָא מִמְצָדָה עִם מָבוֹא, הַשְׁלָמוֹת וּפֵירוּשִׁים =). The Ben
Sira Scroll from Masada, with Introduction, Emendations and Commentary, Jerusalem 1965).

5.3. Texteditionen

Die Textfunde führten auch bald zur Veröffentlichung von Textausgaben, hierbei wird der Text zumeist durchgehend in Bikola gegliedert
geboten. Diese Gliederung ist abgesehen von der Masadahandschrift
sowie den Genizahandschriften B, E und F handschriftlich nicht vorge-
geben und beruht auf Interpretation. Diese erscheint jedoch seit der
Auffindung des Masadafragments, dem ältesten und allem Anschein
nach besten hebräischen Zeugen, legitim. Die jüngste Ausgabe von
BEENTJES versucht die belegten HSS möglichst getreu wiederzugeben,
setzt also z.B. Randlesarten, anders als z.B. סֵפֶר, wieder weg vom Text.
Auf diese Weise ist der Benutzer gehalten, die Diskussion neu aufzu-
greifen. Wie wichtig dies ist, zeigt sich darin, daß z.B. in סֵפֶר Randlesarten ohne informierende Anmerkungen in den Haupttext übernommen worden sind.

LEVI, Israel (Hg.), L'Ecclésiastique ou la Sagesse de Jésus, Fils de Sira.
   Texte Original Hébreu. Édité, Traduit et Commenté, 2, Paris 1898–
   1901.
KNABENBAUER, Joseph, Commentarius in Ecclesiasticum. Cum Appendice: Textus «Ecclesiastici» Hebraeus descriptus secundum fragmenta nuper reperta cum notis et versione litterali Latina (CSS,
   Commentarium in Vet. Test. II/VI), Paris 1902.
STRACK, Hermann L. (Hg.), Die Sprüche Jesus', des Sohnes Sirachs. Der
   jüngst gefundene hebräische Text mit Anmerkungen und Wörterbuch, Leipzig 1903.

PETERS, Norbert (Hg.), Liber Iesu Filii Sirach sive Ecclesiasticus Hebraice. Secundum Codices nuper repertos Vocalibus adornata addita versione Latina cum Glossario Hebraico-Latino, Freiburg 1905.

SMEND, Rudolf (Hg.), Die Weisheit des Jesus Sirach Hebräisch und Deutsch. Mit einem hebräischen Glossar, Berlin 1906.

SEGAL, Moshe Z., ספר בן סירא השלם, Jerusalem (^{2}1958) ^{3}1972.

HARTOM, A.S. (Hg.), בן־סירא. מתרגם בחלקו ומפרש, Tel-Aviv 1963.

YADIN, Yigael, מגילת בן־סירא ממצדה עם מבוא, השלמות ופירושים: ErIs 8 (1965) 1–45

מגילת בן־סירא ממצדה עם מבוא, השלמות ופירושים =). The Ben Sira Scroll from Masada, with Introduction, Emendations and Commentary, Jerusalem 1965).

VATTIONI, Francesco (Hg.), Ecclesiastico. Testo Ebraico con apparato critico e versioni greca, latina e siriaca (Pubblicazioni del Seminario di Semitistica, Testi I), Napoli 1968.

ספר בן סירא/The BOOK of Ben Sira. Text, Concordance and an Analysis of the Vocabulary (The Historical Dictionary of the Hebrew Language), Jerusalem 1973.

BOCCACCIO, Pietro/BERARDI, Guido (Hg.), Ecclesiasticus. Textus Hebraeus secundum fragmenta reperta, Rom 1986.

BEENTJES, Pancratius C. (Hg.), The Book of Ben Sira in Hebrew. A Text Edition of All extant Hebrew Manuscripts and a Synopsis of All Parallel Hebrew Ben Sira Texts (VT.S 68), Leiden/New York/Köln 1997.

6. Das Problem der Zählung[151]

Will jemand dem in Ketuboth 110b angeführten Beleg nachgehen, um zu überprüfen was der Autor meint, wenn zitiert wird: כתוב בספר בן סירא: כל ימי עני רעים (‚‚Es ist im Buch Ben Sira geschrieben: Alle Tage

---

151 Die im folgenden dargestellten Probleme der Zählung haben dazu geführt, daß im Rahmen des Forschungsprojektes zu Ben Sira eine Zählsynopse erstellt wurde. Sie umfaßt die Zählung nach ZIEGLER (Norm-Zählung), jene VON RAHLFS, die Vulgata und die deutschen Übersetzungen nach der Einheitsübersetzung und LUTHER; vgl. neuerdings REITERER, F.V./EGGER-WENZEL, R./KRAMMER, I./RITTER-MÜLLER, P., Zählsynopse zum Buch Ben Sira (FoSub 1), Berlin/New York 2003.

des Armen sind schlecht"), dann findet er in der Fußnote[152] einen Hinweis auf Sir 31,4.

Schlägt man nun in der Revised Standard Version Sir 31,4 nach, steht: "The poor man toils as his livelihood diminishes, and when he rests he becomes needy"; diesen Vers liest New Revised Standard Version Sir 31,4: "The poor person toils to make a meager living, and if ever he rests he becomes needy". – Die Einheitsübersetzung bietet: „Der Arme plagt sich und verbraucht seine Kraft; wenn er ruht, muß er hungern". In der revidierten Ausgabe der Lutherübersetzung findet man: „Der Arme arbeitet und lebt doch kärglich, und wenn er ausruht, wird er zum Bettler".

Will jemand genaue Auskunft und dazu die griechische oder hebräische Version prüfen, wird er in den bedeutendsten Textausgaben nachzuschlagen haben. Da nun wird die suchende Person nicht aus dem Staunen herauskommen: In der Göttinger Ausgabe ist unter Sir 31,4 zu lesen: ἀπὸ ἀκαθάρτου τί καθαρισθήσεται καὶ ἀπὸ ψευδοῦς τί ἀληθεύσει („Wie kann Reines vom Unreinen kommen? – Wie kann Wahres von der Lüge kommen?"). Es ist kein Bezug zum zitierten Text gegeben ist. Nehme ich die hebräische Textausgabe der Akademie von Jerusalem (ספר בן סירא), scheint sich zu zeigen, daß der Vers in keiner hebräischen Version belegt ist.

Sucht man allerdings unter inhaltlichen Kriterien, findet man ἐκοπίασεν πτωχὸς ἐν ἐλαττώσει βίου καὶ ἐν τῇ ἀναπαύσει ἐπιδεὴς γίνεται unter der Nummerierung 34,4 nach der Göttinger Ausgabe. Geht man zur gleichen Versangabe im ספר בן סירא, findet man tatsächlich:

יגע עני לחסר ביתו ואם ינוח יהיה צריך
עמל עני לחסר כחו ואם ינוח לא נחה לו.

Diese Kola sind also in HB gleich doppelt belegt; es zeigen sich darin Probleme bei der hebräischen Texttradierung[153]. Die erste Suche hatte allerdings ergeben, die Stichen seien überhaupt nicht in H belegt.

---

152 Vgl. Talmud, Ketubot 110b, in: The Socino Talmud. The Socino Midrash Rabbah. The Socino Zohar (Socino Classics Collection. The CD-Rom Judaic Classics Library), Davka Corporation, Judaica Press, Chicago, (Illinois), 1991–1996, Anm. 12.

153 Vgl. zum Problem der Duplikate: MINISSALE, Antonino, La versione greca del Siracide. Confronto con il testo ebraico alla luce dell'attività midrascica e del metodo targumico (AnBib 133), Rom 1995, 156f.

Wenn man nun aber in jener textkritischen Ausgabe des griechischen Textes, die vor der Göttinger Ausgabe die bedeutendste war und auch jetzt noch weit verbreitet ist, nämlich jene von Rahlfs, zur Hand nimmt, findet man unter 34,4: ἀπὸ ἀκαθάρτου τί καθαρισθήσεται καὶ ἀπὸ ψεύδους τί ἀληθεύσει und unter 31,4: ἐκοπίασεν πτωχὸς ἐν ἐλαττώσει βίου καὶ ἐν τῇ ἀναπαύσει ἐπιδεὴς γίνεται. – Wenn jemand nun in der Textausgabe von Beentjes (1997) den hebräischen Text sucht, steht unter 34,4 keine Angabe (ist also gleich wie 31,4 nach ספר בן סירא, unter 31,4, findet sich dann aber יגע עני לחסר ואם ינוח יהיה צריך עמל עני לחסר כחו ואם ינוח לא נחה לו.

Die Nummern der Ausgabe von Ziegler und jener von Rahlfs vertauschen also genau das Kapitel und Ausgaben des hebräischen Textes folgen je der unterschiedlichen Zählung.

Die Schwierigkeiten sind darauf zurückzuführen, daß innerhalb der Septuaginta–Tradition durchwegs in allen Exemplaren eine Vertauschung der Blätter eingetreten war. Es findet sich bis heute keine überzeugende Erklärung dafür, daß innerhalb des Kapitels 30, nämlich ab V25, ein Bruch einsetzt und dann bis zur Mitte des Stichus 33,13 (a) anhält, sodaß jetzt 33,13b bis 36,16a an falscher Stelle erscheinen. Ergebnis ist jedoch, daß auf 30,24 jener Text folgt, der als 33,13b.c zu zählen ist. Nach 33,13b steht dann 34,1–31; 35,1–24 und 36,1–16a; anschließend kommen 30,25–30,40; 31,1–31; 32,1–26; 33,1–13a und 36,16b–31. Ab 37,1 laufen die Handschriften wieder in der richtigen Ordnung.
Die Graphik mag dies verdeutlichen:

→30,1–24⇒

⇒33,13b.c	⇒34,1–31	⇒35,1–24	⇒36,1–16a
⇒30,25–40	⇒31,1–31	⇒32,1–26	⇒33,1–13a	⇒36,16b–31

⇒37,1→

Durchblick ist nur möglich, wenn man eine Zählsynopse[154] herstellt, die den gleichen Vers in der unterschiedlichen Zählweise so quer lesen läßt, daß man immer auf den gemeinsamen Text trifft. Dabei muß vorerst festgelegt werden, welche Zählung als Norm angenommen wird: hier wird jene der Göttinger Septuaginta vorgeschlagen, weil dieser

---

154 Die Arbeit wird dermaßen erschwert, daß auch schon andere Autoren versuchten, eine Synopse, zumindest für den Untersuchungsteil zu erstellen, vgl. NELSON, Milward Douglas, The Syriac Version of the Wisdom of Ben Sira Compared to the Greek and Hebrew Materials (SBL.DS 107), Atlanta (Georgia) [1981] 1988.

auch die Textausgabe des Leidener Peschitta-Institutes folgt. Der Nutzer einer solchen Konkordanz kann dann mit Hilfe von Querverweisen immer zum richtigen Text finden, auch dann, wenn über das angegebene Maß hinaus auch noch zusätzlich die Verse gemixt werden. Eine Synopse der unterschiedlichen Zählungen des gleichen Verses ergibt also im Überblick z.B.:

I.   Textausgabe von Ziegler;
II.   Textausgabe von Rahlfs;
III.   Textausgabe der Vulgata;
IV.   Zählung nach der Einheitsübersetzung;
V.   Zählung nach der revidierten Luther-Ausgabe

I	II	III	IV	V
32,18	35,15a	Vg 35,18a	35,18	35,18
32,19	35,15b	Vg 35,18b.19	35,19a.[b.c]	35,19a.[b.c]

Mit der Synopse sind die Probleme zwar nicht aus der Welt geschafft, aber man kann mit den unterschiedlichen Angaben nachvollziehbar umgehen.

Erstveröffentlichung in: F.V. Reiterer (Hg.), Bibliographie zu Ben Sira. Gemeinsam mit Núria Calduch-Benages, Renate Egger-Wenzel, Anton Fersterer, Ingrid Krammer (BZAW 266), Berlin/New York 1998, 1-42.

Review of Recent Research on the Book of Ben Sira (1980–1996)

How could a person not closely occupied with Ben Sira keep au fait with this book? For the Ben Sira bibliography being compiled by Professor Núria CALDUCH-BENAGES and me contains more than three thousand single items. So a review of recent Ben Sira research has to be restricted to the material published since 1980, more than 600 titles in total.

There are introductions and reference works, containing fundamental information and gathering the results of research.[1] Some of them, such as those of GILBERT (1995; 1996), KAISER (1994) and MARBÖCK (1992; 1995), are noted because they have appeared recently.[2] Here I take the opportunity of mentioning interesting research and some particular themes. Some old questions about Ben Sira crop up as fresh as ever and merit renewed exploration.

1. Author's name

Within the Hebrew, Greek and Syriac traditions there are striking differences, further complicated by the different assignations by the Early Fathers and by Jewish tradition[3], for example:

---

1   Even in this field, there is a considerable number of titles, such that general information seems more popular than specialised research.

2   M. GILBERT, "Jesus Sirach", RAC fasc. 134 (Stuttgart 1995) 878–906; M. GILBERT, "Siracide", DBS 12 (1996) 1389–1437. O. KAISER, "Die Weisheit des Jesus Sirach", *Grundriß der Einleitung in die kanonischen und deuterokanonischen Schriften des Alten Testaments 3* (Gütersloh 1994) 97–105. J. MARBÖCK, "Jesus Sirach (Buch)", *Neues Bibel-Lexikon* (Zürich 1992) 338–341; J. MARBÖCK, "Das Buch Jesus Sirach", *Einleitung in das Alte Testament* (eds. E. Zenger/G. Braulik/H. Niehr et al.) (KStTh 1,1; Stuttgart/Berlin/Köln 1995) 285–292.

3   Cf. GILBERT, (1995) 879–880.

H	B	50,27	Simeon	Ben Jeschua	Ben Eleazar	Ben Sira
		51,30	Simeon	Ben Jeschua	Ben Eleazar	Ben Sira
G		50,27	Jesus	Son of Sirach	Eleazar	the Jerusalemite
G		Prol 7	Jesus			
Syr		51,30	Jeschua	Son of Simeon	Bar Sira	
V			Ecclesiasticus[4]			

Whereas MARBÖCK only indicates the variants, and GILBERT sees "a problem", KAISER (1994) suggests a short explanation: He says that the author's name in HII has been transmitted to Syr, which had an effect on the G tradition. Thus "Sira" is one of the ancestors. As there is no complete solution, there is no objection to the generally adopted term "Ben Sira/Sirach", which agrees with the rabbinical tradition too.[5]

2. Canonicity

Though written in Hebrew and appreciated among Jews, the Book of Ben Sira is not in the Hebrew canon. The question of canonicity includes two aspects: (1) How and when was Sira taken into the canon?[6] (2) To what "canon" did Sira testify?

(1) Though GRADL maintains that a precise answer why Sira was not included in the Hebrew canon is in the realm of speculation, the book might have been read only in Greek translation.[7] However if so, the question remains, why Sira was appreciated even in rabbinical tradition, although Sira belongs to the books that do not pollute one's hands (Tos. Yadain 2, 13, cf. Seder Olam Rabbah 30).[8] GILBERT agrees with

---

4   "Imitation of Ecclesiastes" (MARBÖCK).

5   bHagigah 13a; cf.: "Bar Sira" yHagigah 2,1, 77c; Midrash Tanhuma hqt 1.

6   See esp. H.P. RÜGER, "Le Siracide: Un livre à la frontière du canon", Le canon de l'Ancien Testament. Sa formation et son histoire (eds. J.-D. Kaestli/O. Wermelinger) (MoBi; Genf 1984) 47–69; H.P. RÜGER, "Der Umfang des alttestamentlichen Kanons in den verschiedenen kirchlichen Traditionen", Die Apokryphenfrage im ökumenischen Horizont. Die Stellung der Spätschriften des Alten Testaments im biblischen Schrifttum und ihre Bedeutung in den kirchlichen Traditionen des Ostens und Westens (ed. S. Meurer) (Bibel im Gespräch 3; Stuttgart ²1993 [1989]) 137–144.

7   F. GRADL, "Das Buch Jesus Sirach (Sir)", Israel und sein Gott. Einleitung in das Alte Testament (eds. F. Gradl/F.J. Stendebach) (BiBaB 4; Stuttgart 1992) 193–197, esp. 196.

8   RÜGER, 1984, 51.

BARTHÉLEMY, that the Jewish leaders perhaps wanted to prevent Jews from reading books that are sacred to Christians.[9] This argument can be supported by the observation that Jewish use of Sira increased in the time when normative Judaism was stable and the influence of the sects was being kept under control.[10] The discussion based on the method of "canonical approach" raised the question of the "canonical frame".[11] Recent scholarship suggests that such "normativity" has to be seen as a process of development.[12]

(2) An old and often discussed question was which books of the Bible were attested as "canonical"[13] according to Ben Sira's witness. Nowadays this question is seldom at the centre of enquiry.

3. Transmission of the text

Despite the inexplicability[14] of its textual development, analyses show that there have been two Hebrew versions, a *shorter* and a *longer* one.[15]

---

9   D. BARTHELEMY, "L'état de la Bible juive depuis le début de notre ère jusqu'a la deuxième révolte contre Rome (131–135)", *Le canon de l'Ancien Testament. Sa formation et son histoire* (eds. J.-D. Kaestli/O. Wermelinger) (MoBi; Genf 1984) 9–45, esp. 34.

10   Cf. S.Z. LEIMAN, "Status of the Book of Ben Sira", *The Canonization of Hebrew Scripture: The Talmudic and Midrashic Evidence* (ed. S.Z. Leiman) (Hamden, Connecticut 1976) 92–102.

11   Cf. H.P. RÜGER, "Das Werden des christlichen Alten Testamentes", *Zum Problem des biblischen Kanons* (JBTh 3; Neukirchen-Vluyn 1988) 175–189, esp. 176; H. Hübner, "Vetus Testamentum und Vetus Testamentum in Novo receptum. Die Frage nach dem Kanon des Alten Testaments aus neutestamentlicher Sicht", *Zum Problem des biblischen Kanons* (JBTh 3; Neukirchen-Vluyn 1988) 147–174.

12   Cf. M. HENGEL/R. DEINES, "Die Septuaginta als 'christliche Schriftensammlung' und das Problem ihres Kanons", *Verbindliches Zeugnis. I. Kanon – Schrift – Tradition* (eds. W. Pannenberg/Th. Schneider) (DiKi 7, Freiburg/Göttingen 1992) 34–127; M. HENGEL, "'Schriftauslegung' und 'Schriftwerdung' in der Zeit des Zweiten Tempels", *Schriftauslegung im antiken Judentum und im Urchristentum* (eds. M. Hengel/H. Löhr) (WUNT 73; Tübingen 1994) 1–71.

13   Cf. A. EBERHARTER, Der Kanon des Alten Testaments zur Zeit des Ben Sira. Auf Grund der Beziehungen des Sirabuches zu den Schriften des Alten Testaments dargestellt (ATAbh III,3; Münster 1911); R.D. WILSON, "Ecclesiasticus", PRR 11 (1900) 480–506.

14   Id est: „unklärbar": GILBERT, 1995, 880.

According to RÜGER and others, HI (between 200–175 B.C.) is the basis for GI.[16] HII, which was developed between the middle of the 1st century B.C. and completed before 150 A.D., is the basis for GII, being itself the basis for the Vetus Latina and Vulgate in the 2nd century A.D. GIL-BERT (1995, 882) supposes a combination of HI and HII for the present Peshitta.[17] This is supported by the Arabic version (KAISER [1994], RÜGER) derived from Syriac, where the variants of HII seem to have no influence; however one should compare SAMAAN'S[18] remarks about GII. The relationship of manuscripts within H and the position of G (I and II) and Syr are always an interesting topic.

After the publication of the Hebrew manuscripts 100 years ago, numerous text-critical studies were all looking for the "Urtext". During recent decades, the relationship between the extant Hebrew MSS has been investigated.[19] When research in this field started, there was some

---

15 Cf. C. KEARNS, "Ecclesiasticus, or the Wisdom of Jesus the Son of Sirach", *A New Catholic Commentary on Holy Scripture* (eds. R.C. Fuller/L. Johnston/C. Kearns) (London 1969) 541–562, esp. 547–550.

16 H.P. RÜGER, Text und Textform im hebräischen Sirach. Untersuchungen zur Textgeschichte und Textkritik der hebräischen Sirachfragmente aus der Kairoer Geniza (BZAW 112; Berlin 1970). See also GILBERT (1995), MARBÖCK (1992; 1995).

17 M.M. WINTER, "The Origins of Ben Sira in Syriac (Part I) (Part II)", *VT* 27 (1977) 237–253; 494–507; R.J. OWENS, "The Early Syriac Text of Ben Sira in the Demonstrations of Aphrahat", *JSS* 34 (1989) 39–75.

18 Cf. K.W. SAMAAN, *Sept traductions arabes de Ben Sira* (EHS XXIII/492; Frankfurt a.M. 1994); see the valuable listing of the manuscripts (pp. 444–445). The work is a comprehensive collection, which examines the different Arabic translations on the basis of their origin; many observations have text-critical value, while the details need elucidating in their own context. SAMAAN'S findings do not agree with M. GILBERT, "L'Ecclésiastique: Quel texte? Quelle autorité", *RB* 49 (1987) 233–250. Instead (even for traditions within Arabic), he suggests that Sira was translated largely from the Peshitta (pp. 20. 402). The relationship to GI and GII is indicated; e.g. to 1,10–11, where the influence of GII is discovered (p. 192). The choice of 1,1–12; 24,1–22 and 51,13–30 as the material investigated makes it impossible to study consistently the relationship of the Hebrew manuscripts on the basis of the Arabic translation.

19 Especially the recent investigations on MS F: A. SCHEIBER, "A Leaf of the Fourth Manuscript of the Ben Sira from the Geniza [25,11 ... –24; Belonging to Paris Manuscript 31,24 ... –33,8]", *Magyar Könyvszemle* 98 (1982) 179–185. A.A. DI LELLA, "The Newly Discovered Sixth Manuscript of Ben Sira from the Cairo Geniza", *Bib* 69 (1988) 226–238. P.C. BEENTJES, "A Closer Look at the Newly Discovered Sixth Hebrew Manuscript (Ms. F) of Ben Sira", *EstBíb* 51 (1993) 171–186.

hope of reconstructing the "Urtext", or at least a text near it.[20] As there are so many problems showing that in each version one must assume revisions, the relationships among these versions and with the proto-canonical O.T. must be investigated. Therefore recent surveys try to describe relationships between the versions (within H itself and the relationships between H and G or else Syr), and the associations with the protocanonical O.T. It seems that even the "oldest" text is already an interpretation, so that every scholar is in fact interpreting interpretations. But if the inherent criteria of the kind of interpretation can be found, one can describe what is specific to each, and the comparison may suggest the common base. Interesting work has been done in this field.

SCHRADER'S study tries to find new results without discussing prevailing scholarly opinions.[21] As he does not includes FUSS'S study, which deals with literary criticism and is scarcely reliable either[22], he again asks for originality and homogeneity. He concludes that there was a first recension parallel with Middle Hebrew which is best attested in Ma and in A[23], whereas B is of poorer quality. Here and in C, a more recent revision has amended the text with rather archaic language (13–53). In the context of the Greek translation he speaks of the "Ungenauigkeit und Willkür der griechischen Übersetzung"; 54). As evidence for compilation of the book from single independent collections of student's texts, he suggests, for instance, the decisive „wörtliche

---

20   Cf. RÜGER, 1970; similarly A.A. DI LELLA, *A Text-Critical and Historical Study of the Hebrew Manuscripts of Sirach* (Ann Arbor 1962). Whereas RÜGER in his publication does not consider Ma (see Y. YADIN, *The Ben Sira Scroll from Masada, with Introduction, Emendations and Commentary* [Jerusalem 1965]), although the study was ready in 1965, this text was thoroughly worked over in a critical discussion by L. SCHRADER (*Leiden und Gerechtigkeit. Studien zu Theologie und Textgeschichte des Sirachbuches* [BET 27; Frankfurt 1994]).

21   SCHRADER, 1994; he does not mention F.V. REITERER, *"Urtext" und Übersetzungen. Sprachstudie über Sir 44,16–45,26 als Beitrag zur Siraforschung* (ATSAT 12; St. Ottilien 1980), nor P.C. BEENTJES, *Jesus Sirach en Tenach: een onderzoek naar en een classificatie van parallellen, met bijzondere aandacht voor hun functie in Sirach 45:6–26* (Nieuwwegein 1981), nor B.G. WRIGHT, *No Small Difference. Sirach's Relationship to Its Hebrew Parent Text* (Atlanta 1989).

22   W. FUSS, *Tradition und Komposition im Buche Jesus Sirach* (Tübingen 1962 [Diss.]); his findings seem rather far-fetched.

23   According to N. CALDUCH-BENAGES ("Ben Sira e el cànon de les Escriptures", *Butlletí de l'Associàció Bíblica de Catalunya* 54 (1996) 51–62), A belongs to HII, whereas B as well as Ma are witnesses of HI-tradition;

Dublette 42,14–15; 20,30–31".[24] SCHRADER should have kept in mind that there might be matters so important to an author that he forms phrases of his own, and that he can introduce *only* G as an obligatory witness, although he had considered before G as doubtful (20,30.31 ≠ H, not even the preferred MSS Ma or A; 41,14b.c.15 ≠ Syr).
The text runs as follows:

[41,14a Παιδείαν ἐν εἰρήνῃ συντηρήσατε τέκνα] 20,30; 41,14b.c σοφία δὲ κεκρυμμένη καὶ θησαυρὸς ἀφανής τίς ὠφέλεια ἐν ἀμφοτέροις (20,30.31); 41,15 κρείσσων ἄνθρωπος ἀποκρύπτων τὴν μωρίαν αὐτοῦ ἢ ἄνθρωπος ἀποκρύπτων τὴν σοφίαν αὐτοῦ 41,16 Τοιγαροῦν ἐντράπητε ἐπὶ τῷ κρίματί μου[25] οὐ γάρ ἐστιν πᾶσαν αἰσχύνην διαφυλάξαι καλόν   καὶ οὐ πάντα πᾶσιν ἐν πίστει εὐδοκιμεῖται.

ܡܘܢ ܕܬܝܪ ܐܝܟ ܩܢܝܐ ܕܡܛܫܝ: ܐܝܟܢܐ ܘܡܛܫܝܐ ܐܘܨܪ ܒܢܝܐ ܡܛܫܝܐ				20,30
ܠܒ[26] ܩܢܝܐ ܕܟܣܝܐ: ܘܐܝܟ ܠܒ ܗܘ ܕܟܣܝܢ ܘܐܘܨܪ ܕܟܣܝܢ				20,31
מה תעלה ב[ש]חיהם	[ח]כמה טמונה ושימה מסתרת		Ma[b.a]	41,14
מה תועלה[II] בשתיהם	חכמה טמונה ואוצר מוסתר[I]		B[b.a]	
	וסימה[I] מסותרת תעלה[II]		Bm	
מאיש מצפן חכמתו	טוב איש מטמ[ן] אולתו		Ma[b.a]	41,15
מאיש[I] מצפין[II] חכמתו	טוב איש מצפין אולתו		B[b.a]	
	מאדון[I] יטמין[II]		Bm	
מוסר בשת	(מוסר) בש . שמ[27](מ)		B[d.c]	41,14a
[והכ] למו על משפטי	מוסר בשת שמעו בנים		Ma[b.a]	41,16
והכלמו על משפטי[I]	מוסר בשת שמעו בנים		B[b.a]	= G
	משפטו[I]		Bm	14a.16a

At first sight, one could mention that G and Syr differ in 20,30–31; H (partly) and G complement one another in 41,14.15, but there are so many open questions in H (Ma and B)[28] and G[29], that this passage can

---

24   SCHRADER, *Leiden und Gerechtigkeit* 59; of course he means 42,14b.c.

25   A. RAHLFS (ed.), Septuaginta. Id est Vetus Testamentum graece iuxta LXX interpretes II (Stuttgart ⁹1979): ῥήματι.

26   Or ܐܡ ܠܒ.

27   Example of difficulties in reading: צ is to be read here according to P.C. BEENTJES, "The Reliability of Text-Editions in Ben Sira 41,14–16. A Case Study in Repercussions on Structure and Interpretation", *BTFT* 49 (1988) 188–194, esp. 188; ש by P.C. BEENTJES, *The Book of Ben Sira in Hebrew* (VTS 68; Leiden 1997).

28   See BEENTJES, "Reliability", 188–194, who first requires the inclusion of the textual context and secondly stresses that similar passages relating to "wisdom" function as

be used as evidence only after a detailed analysis. Nevertheless this example impressively shows that the versions must be examined on their own merit if one is investigating both their coincidences with the protocanonical biblical text, their parallel passages and their differences.

The questions associated with SCHRADER'S approach allow me to indicate relevant research. REITERER ("Urtext") offers a framework of questions in order to grasp the relationship of parts of the Hebrew to one another and to comparable passages of the protocanonical O.T. at a text-*describing level*. Such an approach allows also examination of parallel translations in G and Syr, and of trying to describe the Versions. There is no need to interpret or classify the basic text.[30] Only the situation need be noted and the facts to be referred in order to find clues for further deliberations. In particular, Sir 44,16–45,26 is suited for research on parallel protocanonical passages. Though Ma is damaged in small parts, it supports B as an early version; and B in turn, shows G to be a valuable translation. The handling of the Hebrew protocanonical text (if it appears in today's shape) as well as the G translation are independent in their own right, a fact that cannot be said of Syr in relation to H nor of the rest of the Peshitta.[31]

WRIGHT takes up the question of translation technique too and looks at "translation technique" and "the extent to which the grandson's translation reflects dependence on Greek translations of the Hebrew scriptures" (Difference, 10). He goes much further on extent. By doing so, he limits the framework of questions, because of the material that otherwise cannot be dealt with in any other way. He examines comparable texts and allusions from the Pentateuch, from the Deuteronomistic History and from the Prophets. He shows that knowledge of the

---

an introduction for the following section. Such findings presume a deliberate plan for the whole work and, without explicitly investigating the matter, preclude any "accidental" collection of the master's text reworked by pupils.

29   Above all Sir 41,15 and the change of position to be presumed of H (v. 16) and G (v. 14).

30   BEENTJES, who expressed himself repeatedly as being critical of this deficiency, seeks in vain for an answer.

31   As a consequence, one cannot support the observation that the early books of the Bible in Syr are connected more strongly with the Targumic traditions (as is suggested by BROCK), while the late writings are to be considered as more independant. No notable difference could be observed.

Hebrew Bible is required, as a pattern for G hardly comes into question. This could even be correct, when there is a correspondence in terminology. It can often be seen that the words are "used independently" by the grandson (225). Although WRIGHT gives examples from SCHECHTER/TAYLOR, and EBERHARTER[32], and REITERER for references to Psalms, Job[33], and Proverbs (according to DI LELLA, Qohelet[34] should be added), all these stand only for knowledge of the Hebrew text of the O.T. However the differences between the vocabulary of Ben Sira and of the LXX cannot be explained. The author says that the differences between the vocabulary of Ben Sira and the LXX can be explained most easily in such a way "that he did not have certain translations to use" (228).[35]

BEENTJES, almost simultaneously with REITERER, inquired into the way Sira used the text of the O.T. During his investigation he treats those examples which are parallel to O.T. texts but whose congruence is the result of later revision (1981, 42–59). He accepts real parallel passages, only if longer passages are concerned or the contexts are similar. He takes ten passages as explicit quotations (21–41). This question occupied him further.[36] In the meantime, he concentrated upon intensive investigation of the manuscripts, because he will publish them as faithfully as possible to the original pattern. I see in this development a natural interest to ensure the textual base.

---

32 EBERHARTER, 1911; cf. J.G. SNAITH, "Biblical Quotations in the Hebrew of Ecclesiasticus", *JThS* 18 (1967) 1–12.

33 From a purely terminological viewpoint, see F.V. REITERER, "Das Verhältnis Ijobs und Ben Siras", *The Book of Job* (ed. W.A.M. Beuken) (BETL 114; Louvain 1994) 405–429; from a thematic viewpoint R. EGGER-WENZEL, "Der Gebrauch von חמם bei Ijob und Ben Sira. Ein Vergleich zweier Weisheitsbücher", *Freundschaft im Buch Ben Sira* (ed. F.V. Reiterer) (BZAW 244; Berlin/New York 1996), 203–238.

34 Sira's source literature is "especially the Wisdom literature, Proverbs, Job, and Qoheleth"; according to P.W. SKEHAN/A.A. DI LELLA, *The Wisdom of Ben Sira* (AB 39; New York 1987) 40. On the basis of many passages, F.J. BACKHAUS, "Qohelet und Sirach", *BN* 69 (1993) 32–55, aimed to prove that there were no literary relationships between the two authors, although many themes run in parallel.

35 Here he supports G.B. CAIRD ("Ben Sira and the Dating of the Septuagint", *Studia Evangelica VII. Papers Presented to the Fifth International Congress on Biblical Studies Held at Oxford* [ed. E.A. Livingstone] [TU 126; Berlin 1982] 95–100), according to which the LXX was not complete in the grandson's time.

36 P.C. BEENTJES, "Inverted Quotations in the Bible. A Neglected Stylistic Pattern", *Bib* 63 (1982) 506–523.

In 1995, MINISSALE published a monograph, which offers textual criticism together with a reconstruction of the text from various manuscripts even with emendations.[37] Aiming at evaluation of the Greek text, he proceeds from a reconstructed Hebrew text. He deals with ten pericopes[38] that are tested by the following criteria: Where is the Greek text spoiled? What is the value of different textual readings? Where are thematic discrepancies? How can the method of translation be described? Where are additions or elisions in G? The way the Greek translator has rendered the text is rightly understood as an interpretation. The translation is supposed to be influenced by the methods of the Targum. In the tabular part of his monograph, MINISSALE mostly reproduces only hemistichs (not texts with context!) based usually on poetic viewpoints, and, for instance, on law, wisdom, history, Israel, priesthood, and eschatology, sometimes noting analogy to the Targum (204 n. 66). The approach is ingenious, but many passages of textual criticism are more like asserted than argued, often just describing content.

From his examples, one may take 41,14–16,[39] on his way of only dealing with the text. MINISSALE offers the text according to Ma, but he eliminates B because of its being near to Aramaic (here one could question whether in such examples [B], the same interests could have been at work as in the Targum?), but he deals briefly with the textual situation, although he sees 41,14a.16 as parallelism (in the position of 16) and uses the Greek verse numbering, which gives rise to problems.

In the "note testuali e filologiche" (102), he does not note שם מוסר בשת מוסר בש that is omitted. Among "lettura diversa" he should have thougt about a special motive for changing the Greek order (perhaps the G sequence is even original), but he takes over the explanation of

---

37 Compare 33,2b: ומחמוטט כמסערה אזנו (MS E, MS F) with כמסערה אוני and 33,3b: ותורתו שט פת ק (MS B) with ותורתו כאורים נאמנה; A. MINISSALE, *La versione greca del Siracide. Confronto con il testo ebraico alla luce dell'attività midrascica e del metodo targumico* (AnBib 133; Rom 1995) 79. The emendations are basically a scholarly aid, but a criterion would be advantageous.

38 The author deals with 4,20–6,4; 6,18–37; 10,19–11,6; 31,25–32,13 (= SMEND; ZIEGLER 34,25–35,13); 32,14–33,6 (= SMEND; ZIEGLER 35,14–36,6); 37,16–31; 41,14–42,8; 42,15–25; 44,1–15; 51,13–30.

39 Treated in the framework of 41,14–42,6 from p. 99 onwards; these verses (41,14–16), as an opening passage, are rather independent.

LEVI,[40] which explains ἐν εἰρήνῃ as a mistake and an addition by B. He does not reckon that the passage full of problems might be written in 14a (= 14a.16a) according to G numeration. If the unit begins thus, the problem of the imperative being in the middle of the text (v. 16) could be solved and imperatives would not then be unexpected within the unit. But if the poem begins with 14b.c.15, then the function of the short saying at the beginning of the poem (didactic example?) should be made clear. MINISSALE'S analysis is much impeded by the inconsequence of the numeration[41] in the second section of his investigation, which brings such a lot of material and single arguments (words, phrases lines, verses, but without any recognizable attention to literary units).

Because of its significance, the Syriac translation must be mentioned. WINTER doubts whether one can find its roots at all. BROCK[42] collects the facts about the Peshitta: time of origin (1st or 2nd century A.D.), its name (from 9th century onwards in contrast with other Syriac translations) and its relation to the Biblical traditions of that time. The Pentateuch resembles that of the Targumim; the other books, in particular the Deuterocanonical books resemble the LXX, except for Sira, which traces back to H.

NELSON'S investigation[43] outlines the history of the discovery of the Hebrew texts and the development of the GI and GII tradition. He describes Syriac textual editions, and offers a numerical synopsis for 39,27–44,17; he also provides a translation and examines aphorisms for

40   I. LEVI, L'Ecclésiastique ou la sagesse de Jésus, fils de Sira. Texte original hébreu, édité traduit et commenté. Premiére partie (ch. XXXIX,15, à XLIX,11) (BEHE.R 10,1; Paris 1898) XLVII.

41   One assumes that MINISSALE numerates according to either ZIEGLER or RAHLFS, even if he does not say so. To illustrate the difficulty of determining the numeration, one may take the following examples: 31,4 (p. 156) = SMEND (ZIEGLER 34,4); 36,7a (p. 157) = ZIEGLER 33,7 (v. 7b does not exist; Smend 36,5b; Vulg. 36,7 [SMEND 36,5a = ZIEGLER 33,6]); 32,17a = SMEND (ZIEGLER 35,17a); 36,23a = ZIEGLER (SMEND 36,18); 37,17a (p. 159) = SMEND 37,17a (according to ZIEGLER there is no v. 17b); 37,18a (p. 159) = ZIEGLER 18a (SMEND 17b); 37,18b (p. 159) = ZIEGLER 18b (SMEND 18a); 37,18c (p. 159) = ZIEGLER 18c (SMEND 18b); there are many other examples. A concordance of verse numbers would at least offer a chance of overcoming such confusion.

42   S.P. BROCK, "Bibelübersetzungen I, 4 Peschitta", TRE 6 (1980) 182–185; 188–189.

43   M.D. NELSON, The Syriac Version of the Wisdom of Ben Sira Compared to the Greek and Hebrew Materials (SBLDS 107; Atlanta, Georgia 1988).

the Syriac and the other versions. After a hardly connotated listing of the facts, he offers a few results (in extracts): Syr goes with Ma and B (27[28] times; plus once without Ma), Syr and G (12 times) without Ma; Syr, G and Ma correspond 7 times against B; Syr and Ma against B (4 times), Syr and G against B (4 times). On the whole, the B text in this part is similar to Syr but there is no simple scheme for a history of origin. Syr uses an H text, more recent than Ma, but older than the MSS of Cairo. It came into being for Jewish readers speaking Syriac (from 40 A.D. onwards known in Edessa) in the 2nd century A.D. Up to the middle of the 5th century, it was being revised by Christians. The translation is also valuable for linguistic studies on the Syriac language. This is attested through various additions to PAYNE SMITH by MARGOLIOUTH.[44]

4. Numeration

The problem of numeration is often pointed out because all Greek manuscripts show signs that the order of leaves has been switched. But the information about the verses concerned is rare and divergent: 33,16–36,13 is suggested to belong after 30,25, therefore the counting begins after 36,13 with 30,26.[45] KAISER (1994) says that the passages 33,13b–36,13a should be placed between 30,26/27; MARBÖCK (1992; 1995) concludes most correctly that 30,25–33,13a was switched with 33,13b–36,16. Since the sequence has been lost, a standard versification must be set so that everybody can find a cited text.

The text editions (and the translations into modern languages) are essential to the propagation of the numeration and to the availability of the scholarly research. The edition of RAHLFS, often used up to the present time (compare MINISSALE'S mixture), offers a correction in numeration. Since ZIEGLER'S edition, there has been a normative text,[46] which

44 J.P. MARGOLIOUTH, Supplement to the Thesaurus Syriacus of Robert Payne Smith (Hildesheim/New York 1981).

45 GRADL, 194; similarly, but somewhat more precisely A. LEFÈVRE, "Ecclesiasticus (Sirazide)", Einleitung in die Heilige Schrift I (eds. A. Robert/A. Feuillet) (Wien/Freiburg/Basel 1963) 756–762 and 763.

46 J. ZIEGLER, Sapientia Iesu Filii Sirach (Septuaginta. Vetus Testamentum Graecum auctoritate Societatis Litterarum Gottingensis editum XII,2; Göttingen 1965 [²1980]).

has been adopted by the H edition of 1973.[47] In common practice, many exegetes go from one way of numeration to another, so there is much confusion. One can only escape with the help of a numerical synopsis, as for example is offered by NELSON (37–42). As the numeration by RAHLFS and ZIEGLER differs also in other sections of the Greek text, one must be careful. For the chapters in disorder one should follow ZIEGLER'S order of lines: 30,24a.b; 33,13b.c (30,25a.b)[48]; 34,1a.b (31,1a.b) ... 33,13a (36,10a), 33,16b (36,10b) etc.[49] Syr and Vulgate have not made this change, but they have their own system of numeration.[50]

5. Information concerning Ben Sira's person

Most exegetes are careful when they deal with the person of Ben Sira. They emphasize that the name is known, but concerning his profession and social position they disagree. Since SMEND,[51] it has been presumed that Sira must have been a member of the Jewish upper class; he belonged to the scribes, who were the natural teachers because of their specific knowledge of the Torah and acted as judges. KAISER (1994) presumes that they knew about the customs of foreign peoples and that they were the competent teachers of their contemporaries because of their own experience of life (100). He thinks Sira was probably a

---

47   ספר בן סירא: המקור קונקורדנציה וניתוח ואוצר המלים (*The Historical Dictionary of the Hebrew Language*) (Jerusalem 1973); cf. also P. BOCCACCIO/G. BERARDI, *Ecclesiasticus. Textus hebraeus secundum fragmenta reperta* (Rom 1986).

48   References in parenthesis are the verse numbers of RAHLFS.

49   My colleagues and I have produced a verse-by-verse synopsis of the editions of ZIEGLER, RAHLFS, Syr (Mosul) and Vulgata, which is to appear in the framework of the Sira bibliography (also ready for press).

50   I am using a self-produced edition that presents every version and its verse number stichometrically. This work is to serve as the basis for a study edition of Sira that presents both H and Syr unvocalized, and G according to ZIEGLER (noting significant text-critical variants). In addition, a concordance of the three major Versions is to appear in one volume, offering vocalized texts. Furthermore, a grammatical analysis is planned, so that even those less experienced can work with this text.

51   R. SMEND, *Die Weisheit des Jesus Sirach erklärt* (Berlin 1906) 345–346. Cf. R. GORDIS, "The Social Background of Wisdom Literature", *HUCA* 18 (1943/ 1944) 77–118 (= R. GORDIS, *Poets, Prophets and Sages. Essays in Biblical Interpretation* [Bloomington/London 1971] 160–197).

priest.[52] KIEWELER assumes that he was a public official and perhaps a member of the gerousia.[53] KAISER assumes that Sira was either of Levite or priestly origin, but MARBÖCK would not agree[54] and has restated his position (1992, 339). Sira's avowed sympathy for liturgical matters and the priesthood could arise from the danger that these institutions faced. There had already been conflicts long before Sira's time because of the (strong) influence of the priests, even in politics.[55]

An original suggestion comes from WISCHMEYER, with the question whether Sira perhaps was a physician.[56] I go along with TCHERIKOVER'S opinion that Sira came from the poorer class. Living in poor circumstances, he gained wisdom and then rose into the upper class, so that he had access to the powerful of his time.[57] This opinion adds meaning to the passages in the Book of Ben Sira describing poverty and viewing the danger of falling into poverty as a bitter humiliation.

Sira may have been a man of advanced years,[58] but the hints are few that he had been a member of the gerousia. Especially where people get

52 So also H. STADELMANN, Ben Sira als Schriftgelehrter. Eine Untersuchung zum Berufsbild des vormakkabäischen Sōfēr unter Berücksichtigung seines Verhältnisses zu Priester-, Propheten- und Weisheitslehrertum (WUNT 2,6; Tübingen 1980) 271ff; J.F.A. SAWYER, "Was Jeshua Ben Sira a Priest?" (PWCJS 8 Division A; Jerusalem 1982) 65–71.

53 H.W. KIEWELER, Ben Sira zwischen Judentum und Hellenismus. Eine kritische Auseinandersetzung mit Th. MIDDENDORP (BEAT 30; Wien 1992) 55.

54 J. MARBÖCK, "Sir 38,24–39,11: Der schriftgelehrte Weise. Ein Beitrag zur Gestalt und Lehre Ben Siras", La sagesse de l'Ancien Testament. Nouvelle édition mise à jour (ed. M. Gilbert) (BETL 51; Louvain ²1990) 293–316; 421–423, esp. 306 (¹1979; = J. MARBÖCK, Gottes Weisheit unter uns. Zur Theologie des Buches Sirach [ed. I. Fischer] [HBS 6; Freiburg/Basel/Wien et al. 1995] 25–51); K.W. BURTON, Sirach and the Judaic Doctrine of Creation ([Diss.] Glasgow 1987) 63.

55 These conflicts were the forerunners of the quarrels between Onias III and Jason (175/174 B.C.). The conflict escalated under Antiochus IV Epiphanes in Jerusalem. Around 200 B.C., the Jewish moneyed nobility (the Tobiad Joseph and his sons) resided partly in Jerusalem (Josephus, Ant. 12, 4.9). See esp. KIEWELER, 31–68.

56 O. WISCHMEYER, Die Kultur des Buches Jesus Sirach (BZNW 77; Berlin/New York 1995) 47 note 55.

57 V. TCHERIKOVER, "Jerusalem on the Eve of the Hellenistic Reform", Hellenistic Civilization and the Jews (ed. V. Tcherikover) (Philadelphia 1961 [New York ⁶1982]) 117–151, esp. 148.

58 According to D.S. WILLIAMS, "The Date of Ecclesiasticus", VT 44 (1994), 565, Sira was about 60 years old.

the advice of listening to the old, there are only hints concerning contact between these two groups in a private and spontaneous way within daily life. The parallelism between Duauf and the picture of the sage or the ideal scribe (and the working class) has been examined[59], but nothing is said there about how Sira dealt with the literature of his environment.

6. Date of Ben Sira

The opinion that Sira was active towards the end of the 3rd century B.C. has given way to the opinion of his working at the beginning of the 2nd century. Whereas GILBERT says that "agreement seems to have been reached" that "Ben Sira wrote ... 190 B.C.E.",[60] CRENSHAW sets a later date: Sira "can be dated with confidence to the decade between 190 and 180 B.C.E.".[61] KAISER'S battery of evidence shows that Jochanan/Onias was already dead according to Sir 50,1–21, whereas the troubles around 175 had not yet occurred.[62]

The grandson, who went to Egypt about 132 B.C. (date of translation according to MARBÖCK 1993; 1995), translated the book into Greek at the time of Ptolemey VIII, who ruled 170–164 and 145–116 B.C.[63] under the byname Euergetes.[64]

7. Composition of the book

There are different positions on the criteria of composition of the book and on ways of finding them out. Sections that can be delineated are

---

59   R.J. WILLIAMS, "The Sages of Ancient Egypt in the Light of Recent Scholarship", *JAOS* 101 (1981) 10; J.Th. SANDERS, "On Ben Sira 24 and Wisdom's Mother Isis" (PWCJS 8 Division A; Jerusalem 1982) 62–63.

60   M. GILBERT, "Wisdom Literature", *Jewish Writings of the Second Temple Period. Apocrypha, Pseudepigrapha, Qumran Sectarian Writings, Philo, Josephus* (ed. M.E. Stone) (CRINT 2/II; Assen/Philadelphia 1984) 282–324, esp. 291.

61   J.L. CRENSHAW, "Proverbs, Book of", ABD 5 (New York/London/Toronto 1992) 514.

62   Cf. Flavius Jos. Ant. Jud. XII,224; WILLIAMS, 563–565.

63   Prol. 28 suggests the ruler's death, that is, 116 B.C. (GILBERT, 1995, 880).

64   Like Ptolemaios III (246–221 B.C.).

suggested in SMEND (23 subsections),[65] PETERS (10 subsections)[66] and SEGAL (8 subsections).[67] But according to LEFÈVRE the book is "a collection of proverbs without internal order and about the most diverse circumstances".[68] If that view be accepted, it determines exegesis, "because exegesis depends on whether the separate proverbs are taken as parts of a larger whole or as originally independent elements" (SCHRADER, 64). For this reason, this question and that of the unity of disputed passages[69] become even more evident.

For many scholars, the Book of Ben Sira could be divided into three major parts: 1–23; 24–43; 44–50/51 (e.g. KAISER 1994), or 1–23; 24–42,14[70]; 42,15–51,30 (e.g. MARBÖCK, 1993; 1995)[71] and the appendix 51,[72] where the parts dealing with wisdom[73] and those dealing with God's activity

---

65   R. SMEND, Die Weisheit des Jesus Sirach erklärt (Berlin 1906) xx–xxxiv

66   N. PETERS, Das Buch Jesus Sirach oder Ecclesiasticus (EHAT 25; Münster 1913) xli–xlii.

67   M.Z. SEGAL, ספר בן סירא השלם (Jerusalem ³1972) 15–16 (Hebrew).

68   A. LEFÈVRE, "Ecclesiasticus (Sirazide)", Einleitung in die Heilige Schrift I (eds. A. Robert/A. Feuillet) (Wien/Freiburg/Basel 1963) 756–762. F. GRADL, 194: "ein durchgehend logischer Aufbau des Buches ist nicht erkennbar".

69   P.C. BEENTJES, "'Full Wisdom is Fear of the Lord'. Ben Sira 19,20–20,31: Context, Composition and Concept", EstB 47 (1989) 27–45.

70   WISCHMEYER, 153, follows the division (1–24) of J. MARBÖCK, Weisheit im Wandel. Untersuchungen zur Weisheitstheologie bei Ben Sira (BBB 37; Bonn 1971) 47–49, who has evidently changed his mind about the first part of the book ending here.

71   Th.R. LEE, Studies in the Form of Sirach [Ecclesiasticus] 44–50 (SBLDS 75; Atlanta, Georgia 1986) 229–234, considers Sir 49,14–16, according to Greek prototypes, to be an encomiastic conclusion, serving as a transition to the praise of Simeon; see N. PETERS, "Das Buch der Weisheit Jesus des Sohnes Sirach oder Ecclesiasticus", Die Weisheitsbücher des Alten Testamentes (ed. N. Peters) (Münster 1914) 422; similarly WISCHMEYER, 153, although she is apparently not acquainted with Lee.

72   GRADL, 194, speaks of the redacted final form, since he regards the theme of wisdom in chaps. 1; 24; 51 as editorial framework; MARBÖCK, 1995, 289, explicitly mentions that, for 51,13–29 (as for a few other passages, namely 36,1–17 and 51,12a–o), authenticity is questionable. More restricted is the finding of SCHRADER, 69–95 in relation to Th. MIDDENDORP, Die Stellung Jesu Ben Siras zwischen Judentum und Hellenismus (Leiden 1973) 125–136, since he attempts to demonstrate later insertions (e.g. 8,1–2; 42,8) suggesting a redaction in the Maccabean period.

73   According to MARBÖCK, 1992, 339, the corresponding units are: 1,1–10; 4,11–19; 6,18–37; 14,20–15,10; 24; 32,14–33,6; 38,24–39,11; 51,13–30. On these see O. RICKENBACHER, Weisheitsperikopen bei Ben Sira (OBO 1; Freiburg/Göttingen 1973) passim. With the finding "of different levels of structure," J.D. HARVEY, "Toward a Degree of Order in Ben Sira's Book", ZAW 105 (1993) 52–62, is more basic.

(KAISER, 101–102) prove to have a particular structuring function. Thus KAISER finds ten parts, marked by new beginnings (1,1; 4,11; 6,18; 14,20; 24,1; 32,14; 39,12; 44,1; 50,25; 51,1).[74] In the detailed arrangement he relies on SKEHAN & DI LELLA (4–6), who offer a thematically oriented differentiated arrangement in a sensible way. MARBÖCK sees further structuring hints in groups of texts that he views as expressing major themes, such as "fear of God" (1,11–2,18; 10,19–24; 25,6–11; 40,18–27) [75], "true and false shame" (4,20–30; 41,16–42,8)[76], and "order in creation" (15,11–18,14; 33,7–15; 39,12–35; and 42,15–43,33),[77] so that he can trace a network full of meaning which has much in its favour but is far from simplifying the picture.

The presentation of an internal structure requires an internal homogeneity which RICKENBACHER (1973) takes as a starting point. In his view, the order of the literary units within the book of Ben Sira produces evidence for its structure.[78] JÜNGLING suggests that biographical notes are the framework of composition.[79] SCHRADER, however, sees only a mechanistic collection of originally independent elements.[80]

---

74 Four in the first, four in the second, and two in the third part of the book.

75 In his judgement, MARBÖCK is evidently influenced by J. HASPECKER, Gottesfurcht bei Jesus Sirach. Ihre religiöse Struktur und ihre literarische und doktrinäre Bedeutung (AnBib 30; Rom 1967).

76 I. KRAMMER, "Scham im Zusammenhang mit Freundschaft", Freundschaft im Buch Ben Sira (ed. F.V. Reiterer) (BZAW 244; Berlin/New York 1996) 171–201.

77 Compare the study of G.L. PRATO, Il problema della teodicea in Ben Sira. Composizioni dei contrari e richiamo alle origine (AnBib 65; Rom 1975), who treats further texts on the themes.

78 Also HASPECKER, 93.118; MIDDENDORP, 33–34, sees a school textbook, which is based on a Greek model, and in which nationalism encounters the world-citizenship of the Stoic philosophers.

79 Cf. H.-W. JÜNGLING, "Der Bauplan des Buches Jesus Sirach", Den Armen eine frohe Botschaft; (FS Bischof F. Kamphaus; [eds. J. Hainz/H.W. Jüngling/R. Sebott] Frankfurt 1997) 87–105.

80 According to SCHRADER, fundamental theological tensions originate here within the texts, since Sira deals with a collection of originally independent elements that do not originate from Jesus Sirach himself (300); in contrast to other statements in the study, this thesis is consistently maintained from start to finish. However in the study, one does not discover what really is genuinely from Sirach; by contrast, see K.W. BURTON, 222: "The whole of Sirach's text is a well planned symphony, every note, every movement is part of the whole. There are subtleties and allusions

8. Central themes: external and internal cultural influence

(a) According to MARBÖCK, certain themes in the Book of Ben Sira are more strongly stressed than in the other literature of O.T. (even than the related book of Proverbs) or are exaggerated because of dangers arising from the Hellenistic way of life. Examples are the warning against rulers and rich people (8,10–19; 11,29–34; 12,8–18; 13,1–13), taking the part of the helpless and poor (34,21–27; 35,15–20; MARBÖCK 1995); warning against standing surety (29,14–20), advice about keeping company with women (9,1–9), attitude towards matrimony (25–26), behaviour at home (29,21–28; 36,31), educational problems (30,1–13; 42,9–14) and above all friendship (6,5–17; 22,19–26; 27,16–21; 37,1–6). Acquaintance with Greek literature (Theognis) and demotic wisdom (Phibis in Papyrus Insinger) arise from this scope.[81]

In 7,18; 9,10; 11,29–34; 12,8–9; and 33,6, KAISER sees a major topic because friendship reflects the "zunehmende Isolation des Einzelnen ..., wie sie in derartigen Wendezeiten auftreten".[82] The positive side of these new developments through Hellenistic influences includes esteem for travel (34,9–13; 39,4), the position of the physician (38,1–15) and advice about a banquet (32,13).[83] There must be added the role of the sage, by analogy to the philosophers (38,24–39,11), when Sira expressly wants to call him back to Biblical tradition. MARBÖCK emphasizes Sira's acquaintance with the Stoa[84] in the topics of liberty (15,11–

---

throughout which must be seen as notes which give fullness and harmony to his message".

81   GILBERT (1995, 884–885) is cautious on looking at Hellenistic influence.

82   O. KAISER, "Gottesgewißheit und Weltbewußtsein in der frühhellenistischen jüdischen Weisheit", *Der Mensch unter dem Schicksal. Studien zur Geschichte, Theologie und Gegenwartsbedeutung der Weisheit* (ed. O. Kaiser) (BZAW 161; Berlin/New York 1985) 122–134 (= in: *Glaube und Toleranz. Das theologische Erbe der Aufklärung* [ed. T. Rendtorff] [Gütersloh 1982] 76–88, esp. 128–130). The theme of friendship was the subject of a symposium on Sira (June 1995), published in F.V. REITERER (ed.), *Freundschaft im Buch Ben Sira* (BZAW 244; Berlin/New York 1996).

83   KAISER, 1982; KAISER 1995, 102.

84   MARBÖCK 1995; this point is emphatically advocated by R. PAUTREL, "Ben Sira et le Stoïcisme", *RSR* 51 (1963) 535–549, but subsequently subjected to criticism.

17)[85] and self-control (22,27–23,6; 38,16–23). Besides, Sira provides evidence of the internal cultural situation in his days (MARBÖCK 1994).

(b) SANDERS shows Sira's relation to pagan literature; he finds various allusions,[86] indicating that Sira knew Greek literature, but not in a relevant way. Sira depends more on wisdom from Egypt, especially Papyrus Insinger.[87] SANDERS and others think of a date before or after the early Ptolemaic time.[88] SANDERS examines the texts which HUMBERT, MORENZ, FUSS, and COUROYER suggest to be parallels.[89] He himself deals in detail with the passages on shame. The parallelism "allows us to observe Ben Sira's process of selection and utilization at work" (94) in which Sira had on Phibis in an expressive and more comprehensive way than on Theognis (98) so that one could even speak of borrowing (101–103) according to SANDERS. The intensive discussion about Sira's contacts with non-Biblical literature has been emphasized with regard of the excessive text of Sir 24 and the question of the influence of the Isis aretalogy. This influence is treated by RINGGREN[90] and above all by CONZELMANN.[91] But GILBERT,[92] following SKEHAN,[93] does not agree.

---

85   KAISER, 1995, 103; particularly the similarity to Post-Deuteronomistic ideas of decision-making.

86   J.Th. SANDERS, Ben Sira and Demotic Wisdom (SBLMS 28; Chico, California 1983) mentions, for instance, the Iliad. After examination of the parallel passages adduced by MIDDENDORP, he considers only one as convincing (39–40) In his judgment, a relation with passages quoted from the Odyssey are not convincing (40–41).

87   In the context of the Satire on the Trades, Sira has taken over from Insinger "both the content and the point of view ...", and this borrowing is more obvious and his reliance on foreign tradition more pronounced than was the case with any of the Hellenic gnomic materials" (SANDERS, 1983, 69).

88   A. VOLTEN, Das demotische Weisheitsbuch (Copenhagen 1941) 70.

89   SANDERS, 69–80 on P. HUMBERT, "Le livre de l'Ecclésiastique de Jésus-Sirach", Recherches sur les sources égyptiennes de la littérature sapientiale d'Israël (ed. P. Humbert) (Neuchâtel 1929) 125–144. SANDERS, 68–69, on S. MORENZ, "Eine weitere Spur der Weisheit Amenopes in der Bibel", Religion und Geschichte des alten Ägypten (ed. S. Morenz) (Weimar 1975) 412–416. SANDERS, 80–91, on FUSS. SANDERS, 91–92, on B. COUROYER, "Un égyptianisme dans Ben Sira 4,11", RB 82 (1975) 206–217.

90   H. RINGGREN, Word and Wisdom; Studies in the Hypostatization of Divine Qualities and Functions in the Ancient Near East (Uppsala 1947) 146.

91   H. CONZELMANN, "Die Mutter der Weisheit", BEvTh 65 (1974) 167–176 (= in: Zeit und Geschichte [FS R. Bultmann [ed. E. Dinkler] Tübingen 1964], 225–234 [= "The Mother of Wisdom", The Future of Our Religious Past [ed. J.M. Robinson] [New York 1971] 230–243]).

They suggest greater influence from Proverbs on Sira and so they think this Isis connection to be improbable, whereas SANDERS[94] refuses such an influence. However, others in our time think of it as a probability again (e.g. KIEWELER).

(c) Since MIDDENDORP'S and HENGEL'S[95] treatises, the question of Hellenistic influence on Judaism has attracted more interest. In a careful way, KIEWELER (16–63) works on the main political, administrative and cultural influences on Judaean Palestine.[96] He shows how external circumstances marked life by the imposed balance between adaptation and withdrawal during the long literary history of Israel, especially in the Post-Exilic Period. Under this assumption, Sira takes pains to preserve the heritage of his people and deals intensively with the trends of his time. With ideas from Hellenistic education (37–47), though withdrawing from it, Sira gathered disciples at the synagogue, mentioned for the first time, to teach them the Law of Moses (64–65). He studies Greek philosophers (Ionian natural philosophy, Bias, Xenophanes, Heraklitus, Demokritus, Epicurus, Zeno), older and more recent poets (Homer,[97] Hesiod,[98] Homeric hymns, fables of Aesop, Alcaios, Theognis, Pindar, Herodotus), the tragedians Aeschylus, Sophocles and Euripides, the comedians Aristophanes and Menander,[99] as well as the historian and philosopher Xenophon. Although KIEWELER works independently, the presentation is one-sided because of his debate with MIDDENDORP so that he does not allow other authors to have their say. He shows that MIDDENDORP hardly noticed any historical factor that

---

92 M. GILBERT, "L'éloge de la Sagesse (Siracide 24)", *RTL* 5 (1974) 326–348.

93 P.W. SKEHAN, "Structures in Poems on Wisdom: Proverbs 8 and Sirach 24", *CBQ* 41 (1979) 365–379.

94 SANDERS, 1983, 45–50; SANDERS, 1982.

95 M. HENGEL, Judentum und Hellenismus. Studien zu ihrer Begegnung unter besonderer Berücksichtigung Palästinas bis zur Mitte des 2. Jh.s. v.Chr. (WUNT 10; Tübingen ²1973).

96 On the role of the high priest at that time see K.D. SCHUNK, "Hoherpriester und Politiker? Die Stellung der Hohenpriester von Jaddua bis Jonatan zur jüdischen Gemeinde und zum hellenistischen Staat", *VT* 44 (1994) 498–512.

97 In contrast to Hesiod, Homer moves in an aristocratic world.

98 Hesiod's Epos "Theognis" is the first ancient attempt at a systematic theology; KIEWELER, 107.

99 C. WILDBERG, Ursprung, Funktion und Inhalt der Weisheit bei Jesus Sirach und in den Sentenzen des Menander (Marburg 1985) [Dipl.].

might have influenced Sira's position. Ben Sira is not intermediate "between Judaism and Hellenism" (268), but he is an Israelite under Hellenistic influence marked by international contacts. He does not live in a vacuum but at the end of a long line of evolution. "The opposition to the Hellenistic system of authority took root, as almost always, in the spiritual and religious environment, which led to a reconsideration of the Patriarchal heritage" (267). On the other hand, he is, for instance, influenced by Homer, Pindar, and especially Theognis (91–105. 201–206; 137–195), and, in the *Praise of the Fathers* by the Isis aretalogy. On the other hand, the compactness of the work, which is based on a new conception of wisdom, shows the originality of the author. "This wordly wisdom relates Ben Sira to observation and maintenance of the Law" (269). Although these generalizing statements are persuasive, neither KIEWELER nor MIDDENDORP consider differences in the textual material (various H manuscripts, GI and Syr) by which one might perhaps detect trends and peculiarities of tradition within the Hebrew or at least the Greek and Syriac material.[100]

(d) As one can see, the contacts with Greek culture are noted again and again, especially in that late Egyptian form that occurred in Alexandria. At the same time, Sira was firmly rooted in Biblical tradition. KIEWELER hints that Sira's obvious attitude of mind is typical of Judaism before the Destruction of the Second Temple (272). So Sira is a witness of the Judaism of his time and perhaps even one of the creators of that culture.

This theme is taken up by WISCHMEYER, whose refreshing work indicates that Sira's age was far from narrowing culture in the direction of arts and literature, as in our modern era. She tries to define "Kultur" more precisely. This concept includes the broad area of society and politics, and "the broad area of material and immaterial products of culture, art, music, literature and education" (20). She distinguishes the following groups of themes: family, work and profession, society, politics and state, law,[101] material culture, manners and customs, arts and

---

100 The same additional question could also have been considered by WISCHMEYER, 53 (though she makes an exception in her discussion of the upper echelons of society); her result proves the efficacy of such comparisons.

101 Even if Sira touches on judges and law-courts only incidentally, the Torah still remains the foundation of legal thought and action, and the source of ethical and juristic norms (ibid., 73–82).

music, language and literature, education and learning, helpful mental guidance (Seelenführung) and the relation between religion and culture.

As to family, Sira's ideas presuppose life in town.[102] He is not really interested in large-scale politics or affairs of the state.[103] He takes over its traditional appreciation. WISCHMEYER describes Sira as a fatherly friend, who is seen as "pater familias" but who views the members of the family as his equals. "In general, Jesus Sirach does not speak simply in Old Testament and Patriarchal manner of many children as a great benefit. Rather he stresses the idea of responsibility for correct bringing up of children and for their prosperity" (29). The remarks about women show that a good wife can behave like a sage (the ultimate achievement in the development of mankind). Sira holds monogamy in high esteem and, as WISCHMEYER suggests, his noble and decent way of life is not ascetic.

The task of parents is the education of the children. Though there are no rules about relations between brothers and sisters, Sira deals with slaves according to the legal status of his time, but he exceeds it in reference to the affection from him. In Sira's opinion, a friend (passim 27–41) belongs as a private partner to the family. However, as often been emphasized by KAISER, the author does not adequately consider the role of a reliable friend or a group of friends in times of politically radical change.[104]

WISCHMEYER sees the profession of farmer, which was very important in those days, only in a metaphorical way or mentioned by chance; Sira had no ideal of country life. So in his sage education, there is no fresh impetus on the subject of work (43).[105] Sira is cautious about commerce, where one has to act in a prudent, cool and conscientious way. He is more positive about professions such as physician or artist (45–48).

---

102 WISCHMEYER considers Sira as a town-dwelling landowner (ibid., 43 note 32; 70–74).

103 Since Sira does not develop a theory or approach to the distribution of power or the essence of government, a gap remains into which other groups forced their way.

104 J. CORLEY, *Ben Sira's Teaching on Friendship* ([Diss.] Washington 1996), published in (BJSt 316; Providence 2002).

105 This statement would be qualified by consideration of already available studies, e.g. F.V. REITERER, "Die Stellung Ben Siras zur Arbeit. Notizen zu einem kaum berücksichtigten Thema sirazidischer Lehre", *Ein Gott – eine Offenbarung* (FS N. Füglister [ed. F.V. Reiterer] Würzburg 1991) 257–289, with bibliographical references.

Society is traditionally organized and the influence of the upper class, scarcely the representatives of culture, depends on their financial power. WISCHMEYER thinks that these people are to be found among the high priest's remote relatives. But Sira points out that wealth, which he views positively (55–56), and social prestige are not automatically interrelated. The sages[106] as well as the rich are people risen to a higher social level, who "would drastically change the traditional structure of the Judaean society" (61). They stand on the side of the conservative land-owners, confronting the progressive and rich merchants. For Sira there is no "natural" environment, but there is only creation. Within this framework, he deals, for instance, with hills, rocks, deserts, water, brooks, many kinds of animals (often mentioned metaphorically), plants, household utensils and food or its consumption (83–101). On manners and customs, Ben Sira touches upon gestures, social conduct, visits, table-manners, hospitality, presents, games and amusement, entertainment, child care, planning of life, wedding, death[107] and funeral (102–119). Apart from the reference to essential trades, the author holds the artistic aim to be decisive (38,28.29). Music is to be found everywhere in the O.T. Sira speaks of it in the religious domain as well as in the profane (from the drinking song to the funeral march), at which "it is the task of the creator of proverbs to examine these songs for their metre" (134.120–135).[108] "Ben Sira often mentions the role of speech as an instrument of human culture in Classical diction" (140) and he teaches a

---

106 „Der Weise beherrscht und lehrt alle Gebiete des öffentlichen wie des privaten Lebens im Inland und im Ausland. Er lehrt daher im politischen, juristischen und häuslichen Kreis. Er ist Religions- und Sittenlehrer, er lehrt öffentliche und private Ethik. Da er seine Lehre direkt von Gottes Weisheit empfängt, ist er eine unangefochtene Autorität und eine notwendige Stütze der Regierenden wie der Juden" (WISCHMEYER, 63).

107 Here the author ignores discussions such as that of F.V. REITERER, "Deutung und Wertung des Todes durch Ben Sira", Die alttestamentliche Botschaft als Wegweisung (FS H. Reinelt [ed. J. Zmijewski] Stuttgart 1990) 203–236, with bibliographical references; also to be noted the recent work of SCHRADER, 237–252 (incidentally also lacking any review of the literature on the topic).

108 He does not exploit the discussion by J. MARBÖCK, "קו – eine Bezeichnung für das hebräische Metrum?", VT 20 (1970) 236–239 (= J. MARBÖCK, Gottes Weisheit unter uns. Zur Theologie des Buches Sirach, [HBS 6 [ed. I. Fischer] Freiburg/Basel/Wien 1995] 144–146).

high ethical obligation in speech (143–145),[109] in which he does not allow aesthetic dimensions to be neglected (145–146). On education and learning, WISCHMEYER doubts whether proof could be given of any system of public schools in the O.T.; she conceives of instruction given by elders, who teach wisdom in private. On law, however, there is the tradition of transmission by priests. In contrast to the sage, there is the fool, who does not, however, form a vocational group. The fool is characterized by lack of religion and self-control (e.g. in drinking, sexual intercourse and possessions) and especially by unsuitable speech (176–182). „Sirachs personale und orale Auffasung der Weisheitslehre strebt eine Kultur der weisheitlichen Dichtung ... und das Dauergespräch darüber an" (185).

Ben Sira summarises theological instruction in three areas: What is God's creation? What is mankind? What is God's history with mankind? (187–198) All doctrines focus on the idea that true justice is the fear of God (198). In agreement with HENGEL (1973, 252–254),[110] WISCHMEYER understands identification of wisdom with knowledge of law as a strategy to combat Hellenism. Creation, mankind, and human life are interwoven with God's law, so that wisdom in a new way becomes instruction for conduct of life (199–200).

WISCHMEYER'S chapter on mental guidance (Seelenführung) is ingenious and sensible. She draws a remarkable picture of the sage as a leader in internal problems and as a man having insight into the mind. But the question is not how religious attitude and experience can be explained psychologically; „es geht um die Psyche selbst und um ihre kulturelle Prägung, die allerdings in Sirachs Zeit und Land stets mit religiös geformt war" (206). Internal powers in instruction are the mind and wisdom themselves. CAMP sees the role of feminine wisdom as the guardian of morals and tradition in analogy by woman.[111] In post-exilic times, the family, individualism and private piety became more important (272–274). As a consequence, the social position of the woman improved. In addition, wisdom took on more of the role of mediator between

---

109 Recently: J. OKOYE, Speech in Ben Sira with Special Reference to 5,9–6,1 (EHS XXIII/535; Frankfurt a.M. 1995); A.A. DI LELLA, "Use and Abuse of the Tongue: Ben Sira 5,9–6,1", 'Jedes Ding hat seine Zeit ...'. Studien zur israelitischen und altorientalischen Weisheit (FS D. Michel; eds. A.A. Diesel et al.) (BZAW 241; Berlin/New York 1996) 33–48.

110 Especially J. MARBÖCK, "Gesetz und Weisheit. Zum Verständnis des Gesetzes bei Jesus Ben Sira", BZ 20 (1976) 1–21 (= J. MARBÖCK, Gottes Weisheit unter uns. Zur Theologie des Buches Sirach, [HBS 6 [ed. I. Fischer] Freiburg/Basel/Wien et al. 1995] 52–72).

111 C. CAMP, Wisdom and the Feminine in the Book of Proverbs (Sheffield 1985) 146–147.

God and mankind or Israel, respectively (235–237). In line with the statements of CAMP, WISCHMEYER uses erotic comments on wisdom. „Für Sirach liegt hier nicht nur ein Topos vor, sondern dieser Topos wird im Zusammenhang seiner Lehrtätigkeit mit neuer Bedeutung erfüllt. Denn damit kommt er der Gefühlswelt seiner Schüler, der Jünglinge Jerusalems, ganz nahe. Die cultura animi ist nicht nur ein interllektueller oder formalpädagogischer Vorgang, sondern ein Spannungsprozeß, in dessen Verlauf die inneren Kräfte des Schülers von der Weisheit, ihrer Erzieherin, in derselben Weise angezogen und geformt werden, wie dies bei der Liebe zur Frau geschieht" (235). Although marked by inner freedom, sovereignty, and optimism, the intellectual elite were trained by trust in the good God, in which awareness of mortality and sin teaches modesty for everybody (247).[112]

Sira's religious interpretation and his relationship with culture are the summary of everything said above, where the author works out the synthesis and indicates the paradigmatics with rare clarity. This concise study, offering many interesting aspects, is excellent. WISCHMEYER is often rather apodictic and hardly enters into discussion. But the result offers a convincing picture of Sira and his cultured effect.

9. Wisdom, law and creation

In line with MARBÖCK (1976, 1–21; 1971, 93–96) and other scholars,[113] SCHNABEL equates wisdom and law. He chooses the relation between

---

112 A contrasting judgment is offered by SCHRADER, who (influenced by his conception of Sira as a resigned and pessimistic old man) sees a false veneer of optimism, particularly about suffering and death. There is no evidence of God's goodness, but only of punitive and probationary suffering. Earlier he notes in amazement that one may encounter in individual statements a remarkably profound understanding of suffering (304), which points to its mysterious character (ibid., 307).

113 Cf. G.T. SHEPPARD, "Wisdom and Torah: The Interpretation of Deuteronomy Underlying Sirach 24,23", Biblical and Near Eastern Studies (FS W.S. LaSor [ed. G.A. Tuttle] Grand Rapids 1978) 166–176; G.T. SHEPPARD, Wisdom as a Hermeneutical Construct. A Study of the Sapientializing of the Old Testament (BZAW 151; Berlin/New York 1980) 18–83; D.J. HARRINGTON, "The Wisdom of the Scribe According to Ben Sira", Ideal Figures in Ancient Judaism. Profiles and Paradigms (eds. J.J. Collins/G.W.E. Nickelsburg) (SBL 12; Ann Arbor, Michigan 1980) 181–188; G.W.E. NICKELSBURG, Jewish Literature between the Bible and the Mishnah. A Historical and Literary Introduction (Philadelphia 1982) 59.

wisdom and creation as his theme and concludes that creation is a way of revealing wisdom.[114] In a section about wisdom and the history of salvation, he includes the origin of wisdom from God, its assignment to Israel, its relationship to worship and its association with the fear of God. "Ben Sira the scribe and priest incorporated the priestly, the prophetic, and the sapiential traditions of Israel and presented wisdom as being active and essential in all realms of reality: in nature and in history, in the world and in the life of God's people" (28).

By analogy, SCHNABEL investigates the law's relation to creation. He considers it unthinkable to put law on a par with the order of creation, only because both of them appear in one text dealing with creation (17,11–12).[115] He considers certain terms with other usage applications in themselves (e.g. תורה as a destiny of death imposed by God [in 41,1], as well as חק and דבר ייי), showing that God has given an inner order to his creation. In 24,23, the law seems to be identified with wisdom as mentioned before, and seems to paraphrase a universal cosmic law different from the Sinaitic revelation. Law plays a part in the history of salvation and its relation to the fear of God belongs to the "fundamental admonition".[116] The function of the law is in its normative role for morals and social conduct. It is a measure of piety, it regulates worship and jurisdiction, and it is the basis of doctrine (29–55). Although SCHNABEL generally pays adequate attention to literal biblical references within every relevant unit, alluding to HASPECKER, he concludes that though "the law is never the subject of a longer pericope, it is nevertheless of fundamental importance to Ben Sira" (62), a conclusion which I had drawn independently. Sira's poetic strength can hardly be doubted and he supports his intentions in a striking way through the arrangement, so that the position of the whole poem, too, is especially relevant.[117] My own inquiries show

---

114 E.J. SCHNABEL, Law and Wisdom from Ben Sira to Paul; A Tradition-Historical Enquiry into the Relation of Law, Wisdom, and Ethics (WUNT 2/16; Tübingen 1985) 16–19; also earlier SEGAL, on 1,6; RICKENBACHER, 41.

115 In this, he rightly expresses himself against making such a parallelisation; see MARBÖCK, 1971, 87–88; MARBÖCK, 1976, 5–6 [1995, 57–58].

116 Thus HASPECKER, 287–289.

117 According to an unpublished manuscript by F.V. REITERER, *Weisheit und Gesetz im Buch Ben Sira*, a paper given at the SBL International Meeting in Budapest (1995).

that there are inclusions that embrace poems with wisdom.[118] Besides
these envelopes over the whole book or within single passages, one can
see that wisdom can often be found in the introductions of units and
marks the whole text.[119] At the end of units, wisdom is used in the function of conclusion.[120] In contrast to wisdom, there is never an inclusion
with law. Sometimes we find νόμος in the introductory verse of a unit.[121]
As in 19,20 and 21,11, νόμος may refer to wisdom. Several times, law is to
be found in the closing verse of a unit.[122] This observation shows the different emphases on wisdom and law, although there is clear evidence
that they are equated. Besides, it is improbable that Sira is thinking here
mostly of the Torah of Moses, as SCHNABEL believes (62). Moreover he
examines passages showing identification of wisdom and law, which
have been suggested by historical events (87) and their theological (philosophical) background. "The fact that this identification is referred to in
19 passages altogether and often occurs at key positions in the different
pericopes, shows how important this theologoumenon is for Ben Sira"
(89). However he did not think of the fact that the law often submits to
wisdom and does not stand on the same level.[123] As a consequence, he
sees that law and wisdom (apparently with equal status) are the basis
and requirement, the contents and the range, the gain and result of practical and personal piety (89).

JOLLEY also deals with "the function of Torah in Sirach" in an interesting investigation, which, however, does not consider significant
relevant literature. He works on the semantic field of the Torah – also in
comparison to other comparable terms such as ברית[124] especially in Sira;

---

118 Namely 6,18–37 (18b; 37d); 14,20–15,10 (14,20a; 15,10a); 38,24–39,11 (38, 24a; 39,10a
     [10–11]; 41,14–15 (41,14b; 41,15b).
119 As in 4,11a (4,11–20); 6,18b (6,18–37); 19,20a (19,20–30; σοφία and νόμος); 21,11b
     (21,11–22,2; νόμος and σοφία); 24,1a (24,1–22); 50,27d (50,27–29); 51,13b (51,13–30).
120 Namely 1,10c (1,1–10); 1,20a (1,11–20); 11,15a (11,10–15); 20,31b (20,27–31); 25,10a
     (25,1–10); 43,33b (42,15–43,33); 44,15a (44,1–15); 45,26a (45,23–26).
121 Namely 19,20a (19,20–30; σοφία and νόμος); 21,11b (21,11–22,2; νόμος and σοφία); 24,23
     (24,23–34).
122 Namely 19,17 (18,30–19,17); 45,5 (45,1–5).
123 It is becoming ever clearer that studies in their analysis of the meaning of a literary
     unit must consider the poetic framework more closely than hitherto has been done.
124 On this word M.A. JOLLEY, *The Function of Torah in Sirach (Wisdom Literature)* (South-
     ern Baptist Theological Seminary 1993) [Diss.], states that it occurs 8 times in the

he rejects restriction to the Deuteronomic law[125], but sees it (as the whole Bible) as God's gift to Moses. However one must always remember that this Mosaic law goes back to the beginning of the creation (16–55). In a wider step, JOLLEY deals with the historical background and its intellectual history (Sira's opponents, death and immortality, free will and fate, punishment and retribution, the political and religious situation). Moreover he examines 1,11–30; 14,20–15,10; and 24,1–34 as single texts. Summing up, he declares that "torah is to be used in study and worship as the guide to how one should live. Left by itself, the Torah ... has no autonomy and is of no educational value. It must be studied, and this is what Ben Sira encourages his readers to do. ... Wisdom has come to Israel to give Torah life ... Torah and Wisdom are inseparably linked together in Sirach in a synergistic relationship ..." (147–148). Someone gains wisdom in obedience to God's will, which is to be found in the Torah, the Five Books of Moses (150). Sira does not see the crisis of his time without doing anything, but stresses obedience to the Torah as a response to the Hellenistic challenge (154).

In retrospect, it seems that both studies confer a precedence on the Torah, the Mosaic revelation (of the Pentateuch). In each study, wisdom is the practical result. According to JOLLEY, wisdom is obedience to law; according to SCHNABEL, it is the basis of practical and personal piety.

10. Creation and intertestamental literature

In a similar way to the concept "fear of God", creation plays a central part in Sira.[126] Often creation is referred to incidentally and, in some

---

Praise of the Fathers (46–48). He does not see "sieben Bundesschlüsse", as MARBÖCK indicates for its structural function in the Praise of the Fathers; J. MARBÖCK, "Die 'Geschichte Israels' als 'Bundesgeschichte' nach dem Sirachbuch", *Der neue Bund im Alten. Studien zur Bundestheologie der beiden Testamente* (ed. E. Zenger) (QD 146; Freiburg/Basel/Wien 1993), 177–197 (= in: J. MARBÖCK, *Gottes Weisheit unter uns. Zur Theologie des Buches Sirach*, [HBS 6 [ed. I. Fischer] Freiburg/Basel/Wien et al. 1995] 103–123).

125 SHEPPARD, 1978, 166–176.

126 Of the book, 30 chapters include at least 100 terminological references; as listed in the manuscript of REITERER SBL Annual Meeting at Mainz (1993), as yet unpublished.

texts, it is dealt with more comprehensively. In one section, SCHNABEL investigated the relations to wisdom and law. BURTON made a special study on this theme, which concluded that Sira was scarcely influenced by wisdom literature, but especially by Psalms, as someone "familiar with cult and the temple" might do, and by the stories of creation in Gen 1 and Gen 2–3. In particular, however, Sira used Deutero-Isaiah,[127] where eschatological features are to be found, as well as the beginning of apocalyptic literature (9–99). He stresses the parallelism between Deutero-Isaiah and Sira within the theme "Creator of all", which he sees in Isa 44,24; 45,22; and 45,7, and in Sir 11,14; 18,1; and 43,33; here he picks up a thread leading to P, where the theme is implicitly present (36–38).[128] God's title of ὁ κτίστης ἀπάντων (Sir 24,8) is not to be found anywhere in the Old Testament, but occurs three times in Jubilees (11,17; 22,27; 45,5). The search for the resting place of wisdom and "the heavenly journeys in search of secret knowledge" (97) is similar to 2 Enoch, so that the parallels cannot be overlooked. In a detailed investigation, BURTON deals with personified wisdom in creation (1,1–10), mankind's free will (15,14–20), mankind's position in creation (16,24–17,14), God and mankind (18,1–14), wisdom as a gift, the paradise of wisdom (24), inequality in creation (33,7–19),[129] divine order and control, and the hymn on God's achievements (42,15–43,33). To sum up: in Sira's work, creation is more than a subordinate theme. On the contrary, it is the central structure for Sira's entire way of thinking, being an essential part of his teaching, which is rooted in tradition, beginning with J up to the book of Jubilees. The work shows itself to be entirely independent; this can be seen especially in chap. 24. Torah, temple, worship, the people, the individual and his decisions: they were all important only in the praise of God, the creator of everything (219–222). Sira's statements about creation form an advent to apocalyptic literature and the New Testament (Rom 11,33–36; 225).

---

127 P.C.BEENTJES, "Relations between Ben Sira and the Book of Isaiah", *The Book of Isaiah* (ed. J. Vermeylen) (BETL 81; Louvain 1989) 155–159.

128 On this, see the note about the different use of הכל in the two books (BURTON, 78–79).

129 BURTON uses only the edition of RAHLFS: 33,10–15 (= ZIEGLER 36,10–15). In this case the textual base has implications in terms of content, since in v. 13b (treated by BURTON on p. 161), instead of πᾶσαι αἱ ὁδοὶ αὐτοῦ (RAHLFS), ZIEGLER gives πλάσαι αὐτό as original.

cc44

Without any knowledge of BURTON, ARGALL examined revelation, creation and judgment by comparing the apocalyptic book of 1 Enoch and Sira, two books partly of the same era,[130] in which he assesses literary features, significant grammatical forms, and words (4). His study arose from the two references to Enoch in Sira, showing that "Sira had at least *some* appreciation for Enoch as a revealer figure, however heated his polemic against some purveyors of esoteric tradition" (11; 13).[131] ARGALL points to the prophetic authority in chap. 24, by which Sira saw himself as a revealer. Here wisdom is a mystically revealed dimension. As in a love story (57), wisdom turns towards the admirer, who desires it and in marriage is revealed its secrets; here by mutual references to 51,17.26 a connection to school is given. The sage thinks of the Torah, handles it properly and can teach it and impart its concealed contents[132] to his pupils.[133] In 1 Enoch and Sira, wisdom is of heavenly origin, has a life-giving function, takes the role of a person as revealer (esp. 1 Enoch 32 and Sir 24) and leads to a written book (92–98). Within creation too, ARGALL sees an observable and a hidden aspect. He sees the sizable facts of creation (e.g. mankind, sun and moon, storm, wind, abyss and sea) as achievements of God (135–155),[134] but with a double thrust: they can be useful or can do damage. Even when they are destructive, they fulfil a positive function, being able to serve God's

---

130 1 Enoch is a composite work, probably dating from between the fourth and first centuries B.C.; R.A. ARGALL, *1 Enoch and Sirach: A Comparative Literary and Conceptual Analysis of the Themes of Revelation, Creation and Judgement* (SBL 08; Atlanta, Georgia 1995) 6.

131 He presupposes that the two passages belong to the original textual stock. Whereas P.C. BEENTJES, "The 'Praise of the Famous' and Its Prologue. Some Observations on Ben Sira 44:1–15 and the Question on Enoch in 44:16", BTFT 45 (1984) 374–383, and SKEHAN/DI LELLA, 499, consider 44,16 as secondary, is this verse classified as original by MIDDENDORP, 53–54.109.112.134 and J. MARBÖCK, "Henoch – Adam – der Thronwagen. Zu frühjüdischen pseudepigraphischen Traditionen bei Ben Sira", BZ NF 25 (1981) 103–111 (= in: J. MARBÖCK, *Gottes Weisheit unter uns. Zur Theologie des Buches Sirach*, [HBS 6 [ed. I. Fischer] Freiburg/Basel/Wien et al. 1995] 133–143); see also WRIGHT, 155. YADIN, 38 suspects a secondary transposition (49,14a; 44,16b; 44,16a; 49,14b).

132 ARGALL, 53–73; he illustrates the theme with 24; 4,1–19; 6,18–37; 14,20–15,10; 51,13–30.

133 ARGALL, 73–91 makes a fitting reference to the teaching situation: "Ben Sira himself is an enlightened teacher of revealed wisdom" (91).

134 Represented in 16,24–17,14; 33/36,7–15; 39,12–35; 42,15–43,33.

judgment. The hidden aspects of creation show "the inability of humankind to comprehend the great expanse of creation" (155).[135] Although the origin of wisdom has been revealed to Ben Sira and to Israel, they do not now have complete insight through creation, but can understand the results of the phenomena. The author sees a parallel between Sira and 1 Enoch in the way that creation can be viewed from heaven and from earth, and in that both "teach the importance of obedience" (164). Dividing the text into genres (divine warrior hymn,[136] disputation speech,[137] and woe oracle[138]) he compares the theme of judgment in both books and concludes that there are "fundamentally different views of eschatology in 1 Enoch and Sirach" (240). From Deutero-Isaiah and Trito-Isaiah, Sira takes over the contest with the gentiles, not only to recompense them for their evil deeds against Israel, but also to save and gather the dispersed. On the other hand, Sira omits themes like the descending of the warrior, the role of fire and storm, as well as the renewal of creation. Hence a new interpretation in Sira's meaning of the doctrine of contrasts is achieved. In the words of the disputation speech, wrong behaviour is spoken of, as well as the false assumption that one could escape God and hide from him in creation (220–235). In the woe oracles, Sira addresses sinners, especially those who leave the way of wisdom and forget the Torah. He is thinking of Jews who have turned to other systems of wisdom (239). 1 Enoch and Sira agree about the divine warrior as a motif of eschatological judgement.[139]

LEVISON joins this field of research, depicting Adam in the early Jewish literature: Sira and the book of Wisdom, Philo, the Book of Jubilees, Josephus Flavius, 4 Ezra, 2 Baruch, the Apocalypse of Moses and Vita Adae et Evae.[140] The praise of Adam he sees founded in Sira not

---

135 Represented in the similarly constructed sections: 1,1–10 and 24,3–7.

136 Sir 35/32,22b–26; 36,1–22 in ARGALL'S view, which corresponds to RAHLFS' chapter divisions, but differs from ZIEGLER'S verse divisions (= 33,1–13a; 36,16b–22 Greek).

137 Cf. 5,1–8; 11,14–28; 15,11–16,23; 23,16–21.

138 Cf. 2,12–14; 41,8–9.

139 The author fails to provide a definition of "eschatological". For Sira he seems to assume that the occurence of misfortune, or at least of death without the prospect of an afterlife, belongs to this domain.

140 J.R. LEVISON, Portraits of Adam in Early Judaism. From Sirach to 2 Baruch (JSPE.S 1; Sheffield 1988) 33–48, deals with 15,9–16,4; 16,17–17,24; 17,25–18,14; 24,28; 33,7–13

making any comparable statement about Israel, so he puts Adam, the first human, as the first Israelite in the Adam tradition. So he introduces Adam into the venerable line of ancestors of Israel. In all the passages examined, he sees allusions to Gen 1–3; Sira, however, does not follow the original Biblical context, but subordinates the thematic elements to his conception of theodicy. To show God's sovereignty over a world in which good as well as evil can be found, Sira builds up arguments on the order of creation. He shows mankind, originating from the earth (Sir 36/33), as mortal and earthly, and as returning to earth (Sir 40). Sira further interprets Gen 1–3 in such a way that he omits all pejorative connotations. He uses יצר as "neutral ...; the tree of knowledge is the capacity to distinguish between good and evil; death is a part of God's original order for the cosmos. Even mortality ... is the basis for God's mercy" (48). With this positive interpretation Sira stands alone in early Jewish literature (148.150).

11. The Praise of the Fathers

The *Praise of the Fathers*, being the oldest Midrash, is really fascinating. So, nearly every scholar dealing with Sira gives shorter or longer notes on it, or picks out certain themes from it. Besides many recent articles, some books go beyond a meditative treatment, for instance MAER-TENS.[141] LEE questions the scholarly tradition about the literary context and extent of the hymn. He sees that 42,15–43,33 and 44–49; 50 correspond in the same way as Psalm 104 and Psalm 105. He investigates both Biblical[142] and Intertestamental texts[143] (in which he includes Deuterocanonical texts), and New Testament texts[144] as interrelated. After a

---

according to RAHLFS, unmentioned in the bibliography (= ZIEGLER 36,10); 40,1–11.27; 49,16.

141 Th. MAERTENS, *L'Éloge des Pères (Sir 44–50)* (Brüssel 1956); Th. MAERTENS, "L'Éloge des Pères", *CLV*(B) 26 (1955) 1–6; 27 (1956) 1–11; 28 (1956) 1–5; 30 (1956) 1–10; (B) 31 (1956) 1–11; 32 (1957) 1–11; 33 (1957) 1–10; 35 (1957) 1–11; 36 (1957) 1–8; 37 (1958) 1–11; 38 (1958) 1–8.

142 Ps 78; 105; 106; 135; 136; Ez 20; Neh 9; LEE, 23–29.

143 1 Macc 2,51–60; 3 Macc 6,4–8; 4 Macc 16,15–32; 18,9–19; Jdt 16,1–7; Wis 10; Cant 2,17–3,2; Lee, 29–48.

144 Hebr 11; Acts 7.

glance at Pre-Rabbinical midrash, he turns to Hellenistic biography and finds a few points of contact. As he does not find any basis for further investigation, he deals with hymnic texts of the time. He finds a poetic aim in the area of eulogy, panegyric hymn or encomium. As he notices an "enthusiastic delineation of the high priest Simon son of Onias"[145] as the aim of the poem, he esteems the single examples as a subordinate genre (82). After detailed and wide-ranging investigation of the encomium (82–206) in Greek literature, he finds all the corresponding elements in Sir 44–50 (206–239).

MACK takes another line. Less fully than LEE, whose investigation was known to him, he deals with Sira's original texts and their problems, but, so to speak, he reports the gist of Sira. He feels as though Sira is speaking to him as a scholarly colleague,[146] working in another field, and he regrets that so "little effort has been devoted to solving the problems of the hymn".[147] His literary analysis stimulated by 44,1–2, combines far-tanging poetic approaches.[148] As general pattern of characterization, he finds designation of office, mention of election, reference to covenant,[149] mention of the person's piety, an account of their deeds, reference to the historical situation and mention of reward (18–36). On the basis of the structure he observed in Sir 44–49 with a king and a prophet facing each other, he deals with relevant themes such as succession and the concept of a sacred story. "Ben Sira understood the contemporary form of Second Temple Judaism as an appropriate climax to Israel's covenantal history" (56), of which Sira sees himself as a

---

145 As does I. LÉVI, "Sirach, the Wisdom of Jesus the Son of", JE 11 (London/New York 1905) 388–397 (quotation 389).

146 B.L. MACK, *Wisdom and the Hebrew Epic. Ben Sira's Hymn in Praise of the Fathers* (Chicago 1985) xii.

147 As is evident from the previous statements and a look at the contemporary literature, he could find only one book and three articles (ibid., 3).

148 He considers Sir 44,16; 48,9–11 and 49,14–16 to be later additions and does not deal further with (ibid., 17).

149 In this context, he considers the structuring with seven covenants, proposed by HASPECKER, 85 note 94 (subsequently also MARBÖCK, 1993, 177–197) to be significant in terms of form (although partial in terms of content), since this element plays a role for all the people; MACK, 20.39.

learned interpreter.[150] In the history of tradition the hymn stands near to the Pentateuchal redaction. It is especially distinguished from the chronistic line and Ezra-Nehemiah by the "exclusivist notion of Jewish identity" (119) which is recorded there. Ben Sira "is familiar with Hellenistic historiography, biography, and the encomium, but each provides models only for certain aspects" (120–137). Moreover the author deals with wisdom and the Hellenistic paideia (140–171). Both aims – the manifestation of divine intention (wisdom) and the social order – have been reached by Sira in a very autonomous way.

Because both studies were oriented by the history of ideas, they could not fulfil the wish for a comprehensive investigation of the *Praise of the Fathers*. PETRAGLIO tried to do this in his extensive and monumental work. He holds Sira to be a master of the Hebrew language and his work to be pure rehashing of the history and books of his people. In the introduction, he deals with the extent of rehashing. He sees 42,15–43,11 and 44–50 as equivalent: God's activity in nature and in history.[151] Besides, he also goes through the text section by section and offers a translation, in parts a paraphrase, on the basis of the Greek text. Then Hebrew variants are added, though without noting the manuscripts. The subsequent detailed interpretation uses Biblical texts as references in an extensive way, together with secondary literature. PETRAGLIO even uses Intertestament literature (39–40) such as Enoch. He partly gives spiritual emphasis and works up thematic references. Each unit ends with a summary. An ingenious device in some parts is to use the form of a letter (e.g. 35–37.79–81.135–138), in which he addresses some of the named biblical figures in Sira's name. He even ends the whole investigation in this form. This voluminous study can be put to good use in any further inquiry into the *Praise of the Fathers*. But his treatment of textual criticism, literary study, poetic form and literary influence of the environment needs revision.

---

150 Hence also the praise of the "scholar-sage as a scholar-sage" (MACK, 91–104), who is in any case subordinate to the "Mosaic office" (ibid., 106).

151 Chap. 24 is an example of it; R. PETRAGLIO, *Il libro che contamina le mani. Ben Sirac rilegge il libro e la storia d'Israele* (Theologia 4; Palermo 1993), 11–20, esp. 17.

12. Ben Sira's attitude towards woman

Though MARBÖCK suggests that in today's opinion Sira's attitude to woman is indecent,[152] he himself (1992), KAISER (1994) and GILBERT (1995) do not allude to this theme, which one could think to be of no interest in Sira research. As an example of most recent time, SCHRADER deals with the theme not without emotions. Although he does not think of this book as a biographical source, he sees "certain personal traits of the author" that "lay in a disturbed relation to the female sex" (97, 100). In late O.T. times, there was a prevailing opinion that sin had come into the world through the fall of the angels (1 Enoch 6–16; 7,1–6; 15,2–16,1; Jub 5,1–6; 10,1.5–9.11).[153] Sirach amended this opinion. He mentions that woman is the cause of all evil.[154] Moreover, he sees precedents in Judaism, even before his time, e.g. Qoh 7,26.[155] A hundred years later, there were consequences in Vita Adae et Evae and in the Greek version of the Apocalypsis Mosis (§ 22). From here, Judaism (Mishnah, Abot

---

152   MARBÖCK (1994, 292). Similarly SKEHAN/DI LELLA, 91: "Moreover, Ben Sira wrote his book only for the instruction and enlightenment of young men in a male-centered and male-dominated society; hence his vocabulary and grammar are masculine-oriented. It was not his intention to instruct women. When we take these factors into account, we can understand why Ben Sira speaks about women in the way he does, even though today we may disagree with much of what he says and how he says it"; but Sira himself is in no way prejudiced against women.

153   B. MALINA, "Some Observations on the Origin of Sin in Judaism and St. Paul", *CBQ* 31 (1969) 18–34, esp. 24.

154   In no way does SCHRADER seek to bring his thesis into theological agreement with Sir 11,15 (חטא ודרכים ישרים מיי הוא); this is all the more astonishing, since he considers A as a valuable textual witness.

155   Here also he dismisses the suggestion that מָר in the phrase מָר מִמָּוֶת (Qoh 7,26) should be interpreted as "strong" on the basis of the semantic field of מרר in Ugaritic, Aramaic, and Arabic (N. LOHFINK, "War Kohelet ein Frauenfeind?", *La sagesse de l'Ancien Testament. Nouvelle édition mise à jour* [ed. M. Gilbert] [BETL 51; Louvain ²1990] 259–287, esp. 281–282); L. SCHWIENHORST-SCHÖNBERGER, *"Nicht im Menschen gründet das Glück" (Koh 2,24). Kohelet im Spannungsfeld jüdischer Weisheit und hellenistischer Philosophie* (HBS 2; Freiburg/Basel/Wien et al. 1994), sees it exclusively as a warning against the evil unchaste quarrelsome woman (175–180). Th. KRÜGER, "'Frau Weisheit' in Koh 7,26?", *Bib* 73 (1992) 394–403, explains the passage by reference to Lady Wisdom in Ben Sira, in which it ceases to provide a covenant on women.

I,5; II,7) and Early Christianity (1 Tim 2,14)[156] were strongly marked; he frankly recognizes comparable statements from Israel's environment.

SCHRADER had a predecessor in TRENCHARD, who believed that he was the first to fill the gap in the research on Sira's statements about women.[157] He considers Sira a misogynist who is full of prejudice against women, not only in his doctrine but also personally. Whereas one can find some positive signs within his treatment of the text, the summaries are full of negative statements. His investigation is made up of five sections: woman as good wife; as mother and widow; as evil woman; as adulteress and prostitute; and as daughter. Even in the first section, a good woman is good only in so far as she is seen beside her husband, but "the fact that she is a woman is for him a negative status" (38). Positive aspects are wiped out, and he presumes at least unsaid negative aspects, even about a woman as mother (56), because sin comes from woman anyway (81–82).[158] In comparison between sons and daughters, TRENCHARD views texts that are critical of sons as irrelevant and disregards them, and concludes that "sons may bring joy and fulfilment. Daughters bring trouble and anxiety" (164), indicating Sira's "incredibly negative statement about women" (163).

According to TRENCHARD, Sira "makes remarks about women that are among the most obscene and negative in ancient literature" (172). Moderate,[159] neutral, or positive theological[160] interpretations are ignored or rejeted by the author. One cannot ignore TRENCHARD'S error of approach in failing to compare attitudes[161] in texts from Sira's environ-

---

156 Oddly enough he places 1 Cor 14,34–36 there.

157 W.C. TRENCHARD, *Ben Sira's View of Women, a Literary Analysis* (BJSt 38; Chicago 1982) 167.

158 F.R. TENNANT, "The Teaching of Ecclesiasticus and Wisdom on the Introduction of Sin and Death", *JThS* 2 (1901) 207–223.

159 G. VON RAD, *Weisheit in Israel* (Neukirchen-Vluyn 1970 [²1982]), 335.

160 J.W. GASPAR, *Social Ideas in the Wisdom Literature of the Old Testament* (Catholic University of America Studies in Sacred Theology 2,8; Washington D.C. 1947); K.E. BAILEY, "Women in Ben Sirach and in the New Testament", *For Me to Live* (FS J.L. Kelso, ed. R.A. Coughenour) (Cleveland 1972) 56–73; H. MCKEATING, "Jesus Ben Sira's Attitude to Women", *ET* 85 (1973/1974) 85–87; M. GILBERT, "Ben Sira et la femme", *RTL* 7 (1976) 426–442; G. MAIER, *Mensch und freier Wille. Nach den jüdischen Religionsparteien zwischen Ben Sira und Paulus* (WUNT 12; Tübingen 1971) 96; B. VAWTER, *The Book of Sirach. Part 1 with a Commentary* (PBS 40; New York 1962) 7.

161 SKEHAN/DI LELLA, 90–92.

ment.[162] Here exegesis benefits from scholarly studies by women on texts concerned. CAMP, ARCHER and WISCHMEYER[163] do not regard him as a misogynist; they clearly see problems in a historical background in which an increase in the negative side of patriarchy is not concealed.

13. Concluding notice

Every theme and every approach to Sira tend to sweep aside all other problems. For everybody dealing long with the book of Sira, it is obvious, that the variety of ways of arguments and the comprehensive differentiation of the particular themes (seen in the whole book) do not allow us to speak of one leading theme in Sira's work.

This review cannot be exhaustive, because of the large number of works on Sira. Much must still be done in examining the inner structure of single literary units, where poetic analysis can clarify the content. The work of CALDUCH-BENAGES about Sira 2 shows how anthropology, religion and theology can be emphasized.[164] "Whoever touches pitch gets dirty", Sira says (13,1a), but whoever deals with Sira's poetry gets caught up in his ideas, in spite of a written witness that raises many problems.

---

162 Cf. M.R. LEFKOWITZ/M.B. FANT, Women in Greece and Rome. A Source Book in Translation (London [1977] ²1992); S.B. POMEROY, Women in Hellenistic Egypt. From Alexander to Cleopatra (Detroit 1990); R. HAWLEY/D. LEVICK (eds.), Women in Antiquity. New Assessments (London/New York 1995).

163 C.V. CAMP, "The Female Sage in Ancient Israel and in the Biblical Wisdom Literature", The Sage in Israel and the Ancient Near East (ed. J.G. Gammie/L.G. Perdue) (Winona Lake 1990) 185–203; C.V. CAMP, "Understanding a Patriarchy: Women in Second Century Jerusalem through the Eyes of Ben Sira", "Women Like This". New Perspectives on Jewish Women in the Greco-Roman World (ed. A.-J. Levine) (SBL 1, Atlanta 1991) 1–39, with bibliographical references. L.J. ARCHER, Her Price Is beyond Rubies. The Jewish Woman in Graeco-Roman Palestine (JSOT.S 60; Sheffield 1990), with bibliographical references. WISCHMEYER, 29–31.

164 Cf. N. Calduch-Benages, En el Crisol de la Prueba. Estudio Exegético de Sir 2 (Rom 1994) (Diss., Pontificio Instituto Biblico).

Erstveröffentlichung in: P.C. Beentjes (Hg.), The Book of Ben Sira in Modern Research. Proceedings of the First International Ben Sira Conference 28-31 July 1996 Soesterberg, Netherlands (BZAW 255), Berlin/New York 1997, 23-60.

2. Teil:

Philologische und textkritische Untersuchungen

The Hebrew of Ben Sira Investigated on the Basis of His Use of כרת

A Syntactic, Semantic and Language-Historical Contribution

1. Preliminary remarks

1.1. Presuppositions

1.1.1. The aim of this investigation is to see and to show what is the position the language of Ben Sira holds within the development of Hebrew. On reading the book we have the impression, that there are traditional expressions as well as strange-sounding ones. But before we may take this as evidence that the language of the author of the book of Ben Sira is more or less independent we need or collect and interpret facts, not simply record our first impressions.

1.1.2. At this stage it is worth recalling earlier discussion about the originality of Ben Sira's Hebrew, which began with the discovery of the first documents[1] and has continued up to the present day. Some scholars argued that the newly discovered text of Ben Sira is a retranslation from the Greek or the Syriac. If the Genizah texts really are retranslations, the Hebrew they contain is useless for the investigations of late

---

1   See the discussion between the proponents and opponents of their originality: SCHECHTER, Fragment 1–15, published a portion of Ben Sira and maintained its originality (13ff); in the following dispute many scholars supported him, c.f. MARGOLIOUTH, Observations 140–151; KÖNIG, Professor Margoliouth 512–516.564ff; KÖNIG, Originalität; KÖNIG, Professor Margoliouth 31f.69–74.170–176. The most passionate adversary was MARGOLIOUTH, Origin; MARGOLIOUTH, Ecclesiasticus 528. 567f; for a comprehensive survey, see my contribution Text 17–25.

Biblical Hebrew or early Mishnaic Hebrew. In this study I have tried to use convincing examples; if my arguments concerning them cannot be countered, then I believe that provide a basis for describing the particular way in which Ben Sira employs the Hebrew language. Of course, if there are no examples to demonstrate the originality of his use of Hebrew, I have to accept this. But if, in fact, there are arguments that supply evidence for originality, they too deserve to be accepted.

1.1.3. I assume, and will endeavour to show, that the protocanonical Old Testament (hereafter referred to simply as "OT") was regarded as embodying a normative vocabulary and that Ben Sira would have employed this vocabulary when discussing topics the same as, or similar to, those found in the Hebrew Bible. The preface of the Greek translation tells us that Ben Sira the grandfather was a renowned expert in the Bible: "Since it is necessary not only that the readers themselves should acquire understanding but also that those who love learning should be able to help the outsiders by both speaking and writing, my grandfather Jesus, *after devoting himself especially to the reading* of the law and the prophets and the other books of our fathers, and *after acquiring considerable proficiency in them*, was himself also led to write something pertaining to instruction and wisdom, in order that, by becoming conversant with this also, those who love learning should make even greater progress in living according to the law" (Sir 0:4–10).

1.1.4. Another – maybe the most important – observation is that the peculiarity of a language can be seen in the fact that a speaker or an author uses not only words according grammatical rules but also idioms. The difference is easily seen if one tries to translate word-for-word a traditional fixed phrase: for example, if one renders the idiom "it is raining cats and dogs" literally into Hebrew or German, the result is nonsensical and the speaker's intended meaning incomprehensible, even though native-speakers of English have no problem with the expression. It is most unlikely that, for example, French-speaker would independently generate such an idiom, which is peculiar to English.

Other surprising and interesting linguistic phenomena also fall under the category of idioms. There is, for example, an ironic Greek expression that means that what is done, intended, or argued, is complete nonsence: NN. (Ἰαννης) – πράσινα ἄλογα (Виждал ли си зелен кон?). One may not change the colour, so that the horse is yellow or blue, as this would result in the expression losing its idiomatic sense. Thus, it is possible to claim that something is not sensible by using an expression that is, apparently, nonsense, but this expression must correspond to the traditional fixed idiom cited and it is not possible to replace one nonsence element (*green* horse) with another (*yellow/blue* horse).

But some interesting data emerge from the Bulgarian-Greek bilingual aria, where the phrase has been adopted from the Greek: Τον στέλνω για πράσινο χαβιάρι/Пращам го за зелен хайвер ("I send you to bring the green caviar") and parallel to it: ('Ιαννης) – πράσινα άλογα; ("Iannis – green horse!"), (Виждал ли си зелен кон? ("Do you see the green horse?"). This demonstrates that a phrase can wander from one language into another but can only be used by someone who has the source language as one of their native tongues.

This example shows that it is only possible to build such idioms on condition that someone is able to handle *la langue* (the expressive possibilities within a language system itself) and *la parole* (the ability to use the language more or less perfectly within a given speech community). What is indispensable for constructing such an idiomatic structure is the ability to use the language in the same way that a native speaker would.

1.1.5. There are some spheres – for example, the religious – in which vocabulary is traditionally fixed and have become unalterable. If someone deviates from particular usages, the hearer cannot understand the changed phrases or superimposes their own interpretation on the new formulation and understands it in different way.

If there are divergent but correct sentences in these spheres we have to reckon with a new emphasis and/or a different intended emphasis. Modified phrases of this sort indicate that their originator has a high level of poetical skill, although a modern scholar should be cautious in venturing an opinion on the authenticity, originality, and artistry of such a phrase.

1.1.6. I assume that the fragments of Ben Sira go back in general to an author of the second century B.C.E., and so we may inquire into the way in which that author uses the Hebrew language. We have to bear in mind as well that the common languages of the time were Hellenistic

Greek, as can bee seen from the great number of papyrus scrolls dealing with daily problems, and Palestinian Aramaic. That Aramaic was important can be seen from the Targum translation of the Torah. Influence of Aramaic on Ben Sira is evidenced but is not very important.

I have already argued that idiomatic use of a language shows how well an author has mastered it. If a high level of idiomatic usage can be demonstrated, this is evidence that the author employed Hebrew as the language of his everyday life. Probably we may assume that as a child Ben Sira learned Hebrew as a religious language. If his Hebrew was a taught language, we have to try to find out whether the author was completely dependent on the vocabulary he had learnt or whether he was able to use the language independently. In this way the poetic ability of Ben Sira would show itself.

1.1.7. Our investigation faces additional problems because we find in Ben Sira only a metrically concise verse. Other books of the OT, because they are often written in narrative prose, will differ from Ben Sira in their representations of the same topics. Bearing this in mind, we might ask whether the poetic dynamic of the author sometimes forces him to break the rules of grammar.

1.2. Method

From the outset I make no hypotheses about the nature of the Hebrew language employed. Every colon/hemistich, stich, or the verse/stanza is described from the metrical and grammatical standpoint, followed by a discussion of poetic elements such as parallelism and then by a comparison of Ben Sira's formulation with parallel terms or phrases within the OT.

This method is the intended to assist in uncovering the sources of a particular usage in the Bible and, if there are differences, the characteristic features of Ben Sira's own use of language. On this basis I attempt to arrive at some tentative conclusions about the linguistic character of the Book of Ben Sira.

1.3. The choice of the example

I have chosen to concentrate on the verb כרת. This is because there are few other verbs in Biblical Hebrew that are so central to the biblical narrative, as illustrated by such idiomatic combinations as איש לא־יכרת ל־, and, most notably, כרת ברית.

1.4. Lexicography

The basic and different meanings seem so certain that lexicographers do not dispute them: "cut", "cut off", "cut down", "exterminate"; or combined with ברית, "make a covenant" or "impose duties, obligations". In the Septuagint the translation of the phrase כרת ברית is fixed: (δια)τίθημι διαθήκην; in Syriac you can find ܩܝܡ ܐܩܝܡ, seldom ܐܩܝܡ ܕܝܬܩܐ.

2. Sir 40:17a

In the literary unit 40:12–17 different types of correct and incorrect behaviour are contrasted.

The structure of the unit is artistic and shows that 40:12–17 is a very well-planned poem. In v. 12 there is an antithetical parallelism. The verses 15–16 and 17 form an interesting variant of an antithetic parallelism, which does not employ the usual form of colometric juxtaposition but extends over several verses. We may also note that 12b and 17 form an *inclusio*.

Representing negative behaviour we find δῶρον (in the meaning of "bribery") καὶ ἀδικία (12a) and חמס (Ma, B)/ἀσεβῶν and חנף (B) /ἀκάθαρτοι (15a.b); the positive characteristics are πίστις (12b) and חסד (Ma, B)/χάρις and וצד[קה] (Ma, B)/ἐλεημοσύνη (17a.b). The aim of the poem is to emphasize the need of good behaviour.

2.1. Metre

Metrical regularity is clear – the verse is divisible into 3 : 3 accentual units in every colon. The negation in 17a forms a single accentual unit with the verb.

3	2	1	3	2	1	40:17b.a
תכן	לעד	[וצד]קה	לא תכרת	כעד	חסד	Ma
תכון	לעד	וצדקה	לעולם לא ימוט		וחסד	B

2.2. Grammar

The noun חסד in singular is the only noun and relates to the verb לא
תכרת. The verb can be determined as *Qal* 2nd pers. sg. m. (impossible
in this context) or the *Nif'al* 3rd pers. sg. f. If the verb is passive, חסד
would seem to be the subject. But OT usage shows that חסד is masculine[2]; cf. GESENIUS, Wörterbuch 247), so the verb ought to be יכרת.[3] MS
B has the correct person but a different verb: לא ימוט.

If we compare Ma and B, the following additional arguments suggest that B could be seen as a later correction: the parallel עד – עד is
unusual but in B there is עד – עולם. The same argument holds for the
prepositions: instead of ל – כ (Ma) there is ל – ל (B)[4]. But in B the intended sense of Ma, namely that חסד is as firm and fixed as the eter-
nity, vanishes. – Ma seems to be the more original text, which contains
an grammatical error, although we should bear in mind the possibility
that the difference arose because of alliteration and assonance: ל – ת
(לעד תכן and לא תכרת). – The spelling of תכן (17b [Ma]) may be a
scriptio defectiva; B תכון.

---

2   On all references the verb shows that the noun is masculine:

וחסדי לא־יסור ממנו	(2 Sam 7:15)
וחסדי מאתך לא־ימוש	(Isa 54:10)
יהי־חסדך יהוה עלינו	(Ps 33:22)
מה־יקר חסדך אלהים	(Ps 36:8)
חסדך ואמתך תמיד יצרוני	(Ps 40:12)
חסד ואמת יקדמו פניך	(Ps 89:15)
כי גבר עלינו חסדו	(Ps 117:2)
ויבאני חסדך יהוה תשועתך כאמרתך	(Ps 119:41)
יהי־נא חסדך לנחמני כאמרתך לעבדך	(Ps 119:76)
חסד ואמת אל־יעזבך	(Prov 3:3)

passive clauses: עולם חסד יבנה (Ps 88:12); היספר בקבר חסדך אמונתך באבדון
(Ps 89:3).

3   Cf. SKEHAN/DI LELLA, Wisdom 466.

4   Cf. ותהי ליום אחרון לעד עד־עולם (Isa 30:8).

2.3. Parallelism

One could use this verse as a model of synonymous parallelism. The position of the corresponding substantives (first words), the corresponding specifications of time (second words) and the verbs (third words) displays the pattern: a : b : c = a′ : b′ : c′. The contrast in the meaning of the verbs – "cut" (Ma) or "shake" (B) in colon a as against "be firm" in colon b – allows the negation of the first clause and a movement from negative statement to positive.

2.4. OT parallels

2.4.1. חסד (colon a) and צדקה (colon b)

There are few instances of חסד and צדקה in parallel, whether as parallel words in a single colon (Prov 21:21[5]; Jer 9:23[6]) or within a wider context (Ps 103:17[7]; 40:11[8]; Hos 10:12[9]; Ps 33:5[10]; 36:1[11]; 1 Kgs 3:6[12]). A precise equivalent to the parallelism in Ben Sira cannot be found.

2.4.2. חסד and צדק

Sometimes צדקה and צדק have the same meaning, so the word pair חסד and צדק should also be checked. In close proximity we find both nouns in Isa 16:5[13] (accompaniments to the re-establishment of Davidic monarchy), as paralleled word pair in Ps 85:11 (results of God's activity) and 89:15[14] (they stand in God's presence); Hos 2:21[15] (God's bride

---

5   Cf. רדף צדקה וחסד ימצא חיים צדקה וכבוד.

6   Cf. כי אני יהוה עשה חסד משפט וצדקה בארץ.

7   Cf. וחסד יהוה מעולם ועד־עולם על־יראיו וצדקתו לבני בנים.

8   Cf. צדקתך לא־כסיתי בתוך לבי אמונתך ותשועתך אמרתי לא־כחדתי חסדך ואמתך לקהל רב.

9   Cf. זרעו לכם לצדקה קצרו לפי־חסד ... לדרוש את־יהוה עד־יבוא וירה צדק לכם.

10 Cf. אהב צדקה ומשפט חסד יהוה מלאה הארץ.

11 Cf. משך חסדך לידעיך וצדקתך לישרי־לב.

12 Cf. ויאמר שלמה אתה עשית עם־עבדך דוד אבי חסד גדול כאשר הלך לפניך באמת ובצדקה ובישרת לבב עמך ותשמר־לו את־החסד הגדול הזה.

13 Cf. והוכן בחסד כסא וישב עליו באמת באהל דוד שפט ודרש משפט ומהר צדק.

14 Cf. צדק ומשפט מכון כסאך חסד ואמת יקדמו פניך.

price for Israel). Each reference occurs in a theological context. None of these passages served as a model for Ben Sira.

2.4.3. עד and עד (Ma) or עולם and עד (B)

עד and עד are found nowhere in parallel. – The word pair עולם and עד is suggestive of the 57 occurrences of עד־עולם.[16] לעלם ועד is attested just twice[17] and עולם ועד nine times.[18]

2.4.4. כרת and כון (Ma) or מוט and כון (B)

In the OT the verbs כרת and כון are never found in parallel or in the same verse. This is not true, though, of מוט and כון. The firmness of the earth's foundation is the reason why it does not rock (1 Chr 16:30; Ps 93:1; 96:10[19]); cf. Ps 104:5. One has to fix a graven image so that it is does not move (Isa 40:20[20]). According Prov 12:3 human beings cannot achieve stability, because of their evil ways; in contrast, it is said that stability can be achieved through honesty: לא־יכון אדם ברשע ושרש צדיקים בל־ימוט. It is unusual to find the roots כון and צדק together.

2.5. Examination of stereotyped phrases

2.5.1. לא יכרת חסד

In most references חסד has the sense of a "fulfilled deed of love" mostly construed with עשה; six times one finds the phrase: שמר

---

15 Cf. ואֹרשתיך לי לעולם ואֹרשתיך לי בצדק ובמשפט ובחסד וברחמים.
16 Cf. Gen 13:15; Exod 12:24; 14:13; Deut 12:28; 23:4; 28:46; 29:28; Josh 4:7; 14:9; 1 Sam 1:22; 2:30; 3:13–14; 13:13; 20:15, 23, 42; 2 Sam 3:28; 7:13, 16, 24–26; 12:10; 22:51; 1 Kgs 2:33, 45; 9:3; 1 Chr 15:2; 17:12, 22–24; 22:10; 23:13; 28:8; 2 Chr 7:16; Ezra 9:12; Neh 13:1; Ps 18:51; 48:9; 89:5; 90:2; 106:31; Isa 30:8; 32:14, 17; 34:17; Jer 17:4; 35:6; 49:33; Ezek 27:36; 28:19; 37:25; Zeph 2:9; Mal 1:4.
17 Cf. Exod 15:18; Ps 45:18.
18 Cf. Ps 10:16; 21:5; 45:7; 48:15; 52:10; 89:38; 104:5; Jer 7:7; 25:5.
19 Cf. אף־תכון תבל בל־תמוט.
20 Cf. להכין פסל לא ימוט.

הברית והחסד[21]. The union of חסד and ברית is noteworthy. We might consider the possibility that Ben Sira looked for a verb that could govern both nouns (חסד and ברית) as direct objects. This could be the reason why he chose כרת in reference to the breaking or cutting off of a loving relationship. There are few references where we read about the end of such a relationship. In Prov 3:3 it is vowed that חסד ואמת אל־יעזבך. In Jer 16:5 lamentation for the dead has to cease because God has withdrawn חסד from Jeremiah: כי־אספתי ... את־החסד ואת־הרחמים.

One encounters לא יכרת חסד in connection with David and Jonathan, who loves David like himself/his own life (כי־אהבת נפשו אהבו; 1 Sam 20:17). God's love (חסד י'; v. 14) might be the measure of the (expected) care of David to the house of (the deceased) Jonathan:

"Do not *cut off* (ולא־תכרת) your loyalty (את־חסדך) from my house for ever (עד־עולם). When the LORD *cuts off* every one of the enemies of David (בהכרת יהוה את־איבי דוד) ..." (v. 15).

Thus, we see that the destruction of a relationship of love can be just as brutal as the felling of a tree or as the annihilation of an enemy.

Incidentally, the mention of the חסד י' in v. 14 suggests a connection with Isa 55:3, where as well חסד, כרת is used, but in a different sense: ואכרתה לכם ברית עולם חסדי דוד הנאמנים.

It seams that Ben Sira always has in mind the antithetical meanings of כרת, which is, therefore, potentially both positive and negative, although at the surface level the modern scholar, who is not native speaker of the language of Ben Sira, sees only the immediately appropriate sense.

2.5.2. לעד

לעד can refer to the distant future; in this sense it is used repeatedly: 1 Chr 28:9; Job 19:24; Ps 9:19; 19:10 (יראת יהוה); 21:7 (ברכות); 22:27; 37:29; 61:9; 89:30; 111:3 (וצדקתו); 111:10 (תהלתו); 112:3 (צדקתו), 9 (צדקתו); 148:6; Prov 12:19; 29:14; Isa 64:8; Amos 1:11 (אפו); Micah 7:18 (אפו).

---

21 Deut 7:9; 1 Kgs 8:23; 2 Chr 6:14; Neh 1:5; 9:32; Dan 9:4; cf. Hos 12:7: חסד ומשפט שמר.

2.5.3. צדקה תכון

In the OT צדקה is never the object of the verb כון. The prepositional phrase בצדקה is used however as a qualitative modifier. A royal throne is established (יכון) בצדקה, meaning either that צדקה is an objective feature (similar material) that is able to consolidate the throne or that it refers to a good quality in royal attitude or actions (Prov 16:12; cf., Isa 9:6, אתה ולסערה במשפט ובצדקה מעתה ועד־עולם להכין; Isa 16:5). In Isa 54:14 (בצדקה תכונני) it seems to be an almost spatially definable factor that keeps distress and depression away. – Ben Sira uses צדקה תכון in reference to behaviour.

2.6. Summary

The phraseology in Ben Sira shows that the author is familiar with OT vocabulary and is to some extent apparently influenced by the OT models. It is possible, although quite improbable, that one would choose *eo ipso* כרת חסד for the ending of a relationship of love. The expression seems peculiar even if 1 Sam 20 is regarded as a parallel, for the contexts are very different.

We might say that Ben Sira coins his own style by employing traditional formulas with a new aspect; that the author has developed his own idiom can be seen in the parallel of כעד and לעד. In his use of language Ben Sira does not slavishly follow his literary antecedents. – If we are justified in seeing alliteration at work in the parallelism of תכן and תכרת, instead of the grammatically correct יכרת, this demonstrates Ben Sira's confidence in adapting the language freely even if he means breaking grammatical rules.

3. Sir 41:11

The topic death forms the focus of 41:1–13. Nothingness disappears in nothingness, likewise the malefactor. The bodily form of a human being is but a breath; only the name has a continued existence, so that what is associated with one's name can never be annihilated.

3.1. Metre

There are three accentual units in colon a and colon b, with שם חסד and לא יכרת needing to be read as single units. In this way a 3 : 3 metre emerges, which matches the preceding and following verses.

3	2	1	3	2	1	41:11b.a
לא יכרת	שם חסד	אך	בנויתו	אדם	הבל [בני Bm]	B
ללא יכרת	חסד [ם]			[ ]ם		Ma

3.2. Grammar

In so far as it is legible, MS Ma supports B; the two *lameds* at ללא represent a spelling variant that also can be found in Mishnaic Hebrew (see W.Th. VAN PEURSEN, Negation in the Hebrew of Ben Sira, in: Muraoka, T./Elwolde, J.F. [Hg.], Sirach, Scrolls, and Sages. Proceedings of a Second International Symposium on the Hebrew of the Dead Sea Scrolls, Ben Sira, and the Mishnah, Held at Leiden University, 15–17 December 1997, Leiden/Boston/Köln 1999, 223–243). The introdutoring particle אך in colon 11b introduces a contrast to colon a. שם חסד is a noun phrase, with *nomen regens* and subject שם and *nomen rectum* חסד. The verb is *Nif'al* 3rd pers. m. sg. – There are no peculiarities.

3.3. Parallelism

In 41:11 we find an antithetic parallelism. But the elements are not arranged as beautiful as in 40:17. The middle elements of the cola are correlated – אדם and שם חסד. Thus, we see that a שם is identified with a human being and not just with that human being's name.

3.4. OT parallels

Only Qoh 6:10 might have some distant relationship: מה־שהיה כבר נקרא שמו ונודע אשר־הוא אדם. The ability to bear a name shows that someone belongs to the category of human beings.

3.5. Examination of stereotyped phrases

3.5.1. כרת שם

When the Israelites fled from Ai, Joshua poured out his troubles to the LORD, saying that the other inhabitants of the country (וכל ישבי הארץ) would now attack and the names, that is the Israelites, would be exterminated (והכריתו את־שמנו [Josh 7:9]). "Names" mean here the person themselves.

The following passage (Isa 56:5) might be associated with the idea that a person is able to survive in the person's children, which would explain the importance of establishing the name of the deceased on their heritage (להקים שם־המת על־נחלתו). If this is done both person and name live on among the person's descendants, which means a special existence after death (ולא־יכרת שם־המת מעם אחיו). In 1 Sam 24:22 we find the parallel term זרע[22], which indicates that שם refers to descendants. It is significant that שם can be identified immediately with "offspring". Thus, a "name" is able to indicate the fact of lasting (human) existence[23] through one's children and even where children are not present. If a name (in the sense of "human existence") is promised by God, there are additional consequences of which the most important is that a name conferred by God cannot become annihilated: ונתתי להם בביתי ובחומתי יד ושם טוב מבנים ומבנות שם עולם אתן־לו אשר לא יכרת (Isa 56:5).

3.5.2. שם חסד

In Ps 109:21 we read the request that God might treat the supplicant according to his own name, in other words that the treatment corresponds to God's personality (למען שמך). This personality can be specified by חסדך. The supplicant praises God, who is present in his name, for his love and loyalty (על־חסדך ועל־אמתך [Ps 138:1]). But no formulation is comparable with that found in Ben Sira.

---

22 Cf. ועתה השבעה לי ביהוה אם־תכרית את־זרעי אחרי ואם־תשמיד את־שמי ושאר ונין ונכד נאם־יהוה וקמתי עליהם נאם יהוה צבאות והכרתי מבבל אבי; cf. לבבל שם (Isa 14:22); Isa 48:19.

23 Cf. like that Zeph 1:4; Zech 13:2, but there is spoken about god and not men.

3.6. Summary

When Ben Sira uses the phrase לא כרת שם he is basically within the biblical tradition, although it is difficult to determine exactly what he intends by employing this expression. In general in this tradition continued existence was bound up with children (see, e.g., Gen 48:16). In Isa 56:5 such a definite connection with children is removed: even a castrated person, so often specifically excluded from the cult and its positive effects, lives on, without children, if the name ("existence") of God is given to him. The gift of God's "promised name" is, however, conditional on the person's keeping the Sabbath, not committing any evil deed, and staying faithful to the covenant (Isa 56:2, 4). Ben Sira, too, deals with life after death, but without any mention of descendants, coinciding, in this respect, with Isaiah. Furthermore, both texts agree that the continued existence of the name is bound up with the fulfilment of specific obligations. For Ben Sira the decisive criterion is *not* the fulfilment of commandments: only an existence/a person (name) established in love (חסד) lives on (cf. the meaning of "love for one's neighbour" in Sir 35:1–3: love is greater than, first, offerings, and second, the commandments). Thus, it is clear that the name is more than the body, the former somehow implying the latter. But the normal human body subsides and disappears whereas the שׁם, which is more precisely qualified by חסד, does not pass away. How can this be understood? Does the שׁם that remains allude to life after death? Verse 11a deals with individual, physical death; in contrast, v. 11b seems to deal with the individual's life after death. I see here an attempt to formulate in Hebrew abstract ideas not traditionally associated with the language. Ben Sira was probably influenced by the Greek philosophical terminology he knew; compare a similar, Greek-related, phenomenon at Exod 3:14, where the LXX has ἐγώ εἰμι ὁ ὤν for אֶהְיֶה אֲשֶׁר אֶהְיֶה. In Ben Sira שׁם is an abstract term for "person", but remains indebted to Hebrew usage in that is always refered to human beings as concrete entities. חסד is not only used to qualify שׁם but is also in its own right another "concrete" abstract: concrete deeds of love. Because these categories of thought and formulation are not developed in Indogermanic, it is difficult to put them into words.[24]

The subject, the development of themes, and the formulation of the entire verse demonstrate not only allusions to Ben Sira's tradition but also innovation.

4. Sir 44:18

Ben Sira dedicates three stichs (48:17–18) to Noah. The verb כרת occurs in 18a.

4.1. Metre

From a metric viewpoint, there is a beautiful stylistic symmetry, such that it is impossible to conceive of there being any element missing from 18a, where the accentual units from an elegant 4 : 4 rhythm. However, in 18a the absolute use of כרת is discordant with OT parallels.

4	3	2	1	4	3	2	1	B
תחליף	היה	כלה	לעת	תמים	נמצא	צדיק	נ]ח	44:17b.a
	מבול	חדל	ובבריתו		שארית	היה	בעבורו	44:17d.c
בשר	כל	השחית	לבלתי	עמו	נכרת	עולם	באות	44:18b.a

[Bm כרת]

4.2. Grammar

Although באות is a prepositional phrase it could be argued that it is a subject marked by ב (cf. formally equalivalent with את in 2 Sam 11:25).[25]

---

24 That the problem of finding the right expression does not apply to Hebrew alone is indicated by translations of נֶפֶשׁ: in Exod 12:4 בְּמִכְסַת נְפָשֹׁת refers to the "number of persons/human beings" who can eat; in the LXX we find κατὰ ἀριθμὸν ψυχῶν. In Num 9:6 לְנֶפֶשׁ אָדָם means a "dead person" (conveying impurity), but the LXX has ἐπὶ ψυχῇ ἀνθρώπου.

25 את can be a marker of the subject; cf. MEYER, Grammatik 192–93, §53; cf. the example in a passive clause: 2 Sam 11:25: אַל־יֵרַע בְּעֵינֶיךָ אֶת־הַדָּבָר הַזֶּה, but this is also

עולם is an adjective modifying אות. נכרת can be *Nif'al* pf. 3rd pers. m. sg.
or *Nif'al* ptc. m. sg., but because a continuing process is not signified, the
participial interpretation must be excluded.[26] In Bm, there is the variant
כרת (*Qal* pf. 3rd pers. m. sg.). It is not clear whether it is Abraham or God
who is referred to here. The enclitic pronoun in the prepositional phrase
עמו ("with him") could refer to either person, depending on the decision
about the subject: if the subject is God, the pronoun refers to Abraham,
and *vice-versa*.

4.3. Parallelism

Verse 18 employs synthetic parallelism. A model of the parallelism of כרת
(18a), in the meaning of "cut", "annihilate" and another verb meaning "destroy" (שחת [18b]), can be found at Isa 48:19 (שמר // כרת) and Micah 4:9
(אבד // כרת), although these do not underpin Ben Sira's formulation.

4.4. Stereotyped phrases

Analysis of the construction כרת plus עם shows that it is used almost
exclusive in the context of the phrase: כרת ברית עם. Thus one may assume that ברית is required as complement. If the object ברית is missing
an ellipse should be assumed, with the object present virtually. In all
the references, the verb is *Qal*: four times God is the subject, making a
covenant with someone (Deut 5:2; 1 Kgs 8:9, 21; Neh 9:8); four times
human partners enter in to an alliance (Gen 26:28; 2 Chr 23:3; Job 40:28;
Hos 12:2); and on one occasion people concludes an alliance with personified death (Isa 28:15). In addition, two (parallel) references can be
found, where כרת עם is used absolutely, without the direct object ברית
(1 Kgs 8:9 // 2 Chr 5:10). These references have an active verb.

---

possible in active clauses, e.g. Num 5:10, ואיש את־קדשיו לו יהיו, Dan 9:13,
את־כל־אלה, or in a noun clause, e.g. Judg 20:46: את כל־הרעה הזאת באה עלינו
אנשי־חיל.

26   It is not possible to see here *Qal* 1st pers. pl.

4.5. Note on active and passive sentences

If there is a sentence with a transitive verb connected with a direct object the alternation from active to passive voice has the consequence that the direct object is converted to the subject. In the following examples, the active verb כרת is followed by (an object-marker and) an object: כרת האשרה (Judg 6:30); ותכרת את־ערלת בנה (Exod 4:25); בהכרת יהוה את־איבי דוד (1 Sam 20:15) and יכרת י׳ לאיש (Mal 2:12). In passive sentences (with the verb כרת) the subject is essential: יכרת־ איש (impf. [Obad 1:9]); הכרת תכרת הנפש ההוא (impf. [Num 15:31]), נכרתה הנפש ההוא (pf. [Gen 17:14]). It is a rule, then, that the direct object of an active sentence has to reappear as the subject when the sentence is converted to passive. As in Jer 33:21 (בריתי תפר[27]), the verb has to be feminine in Sir 44:18. Ellipsis of ברית is excluded in a passive sentence. If the subject is ברית, the correct formulation would be: תכרת ה(ברית). But in the OT this passive form does not occur. If ברית is lacking, one could assume that in the opinion of the author the verb כרת on its own (without direct object) can mean "make a covenant".[28] This is a semantic development that is understandable but not usual and is not found in the Mishnaic Hebrew.

Finally, we note that if the verb is masculine, then the subject should also be masculine. This would make sense if God were the sub-

---

27   Note that here the second radical is not doubled with the *dagesh*; the doubling is normative (and assumed, hence the short patah): "The formal and prominent characteristic of Piel is the doubling of the second radical": JOÜON/MURAOKA, Grammar 151. One wonders if the Masoretic grammarians were aware that this is the only evidence for the breaking of a covenant in the passive voice.

28   PETERS, Buch 380, sees the problem. He thinks that the Vorlage of LXX reads well, but the absolute use of כרת „bleibt auch immerhin hart", and he tries to demonstrate the passive voice, using a quite unusual formulation in German: „Ein ewiger Bund ward mit ihm geschlossen" (377). SAUER, Jesus Sirach 616, uses the correct passive voice and adds – without an additional note – "covenant": „Mit einem ewigen Zeichen wurde ein Bund mit ihm geschlossen". SKEHAN/DI LELLA, Wisdom, switches the relationship by turning the sentence from passive to active: "A lasting sign sealed the assurance to him" (503). He argues that "Heb. *bĕrîtô* (lit., "covenant with him") … is God's commitment to Noah that he would never again destroy bodily creatures …" (505), without mentioning that his basic word does not exist in v. 18. MARBÖCK, Geschichte Israels 177–97 (= 110), maintains that MS B is inferior and Greek, Syriac, and Latin are to preferred and therefore one has to read ברית.

ject. Then we have a reflexive relationship: he (God) includes himself in a covenant, he takes a covenant upon himself. The unusual reflexive form as *passivum divinum* indicates that God takes a covenant upon himself with Noah as his partner. We see a new use of (ברית) כרת in connection with God – God is similar to a human partner. Such a use of כרת can not be found elsewhere.

4.6. Comparison of B and Bm

Bm has as a variant כרת, *Qal,* in place of *Nif'al.* This form is possible and reasonable. In many respects, it appears to be a correction.
A. The reviser's use כרת in the active voice follows the general tendency of OT.
B. If it makes better sense to assume that a longer form (נכרת) was changed to a shorter (כרת); the change from כרת to נכרת brings only difficulties.
C. The reflexive form poses a theological problem, because it portrays God in the same terms as those of a human partner in an alliance. Therefore, כרת should be rejected, as it is an easier, secondary, reading.

4.7. Ancient versions

ܡܩܝܡ ܩܝܡܐ ܘܥܒܪ (ܠܢܘܚ) ܠܗ ܡܢ ܩܝܡܝ܀
ܘܠܐ ܐܝܟ ܕܢܟܪܐ ܒܛܘܦܢܐ (ܠܟܠ ܒܣܪ).

There is no translation corresponding to the prepositional phrase (באות עולם). ܩܝܡܐ cannot be understood as this way. The translation might imply that in Hebrew text the translator had, or understood, perhaps based on כרת ברית. The N-stem is found in the Syriac.

διαθῆκαι αἰῶνος ἐτέθησαν πρὸς αὐτόν
ἵνα μὴ ἐξαλειφθῇ κατακλυσμῷ πᾶσα σάρξ

The verb is active. It is usual to translate a prepositional phrase as a genitive construction (substantive and attributive genitive). Now we see that διαθήκη is singular in the Septuagint, with few exception. There are 336 occurences of διαθήκη in the OT, with one plural (Ezek 16:29); there are five more examples of the plural in the deuterocanonical literature, three of them in Ben Sira (2 Macc 8:15; Wis 18:22 and Sir 44:12, 18; 45:17). It is very doubtful that this rare plural is the translation of אות.

Both versions presuppose כרת ברית in their *Vorlage* and have provided standard translations. Translation from the Syriac or Greek would not arrive at the present Hebrew text, which can hardly, therefore, be a retroversion.

4.8. כרת (Nif'al) and אות עולם in the OT

Ben Sira's "absolute" use of כרת (*Nif'al*) differs from the biblical construction. It should be asked now whether the choice of the remaining vocabulary of 44:18a is influenced by OT usage.

A. We see, that the only contextually comparable use of כרת, in connection with Noah, is in reference to (negated) annihilation (Gen 9:11). However, the expression "make a covenant" is not found there.

B. אות appears in construct phrase אות־הברית, twice in a nominal clauses, זאת אות־הברית Gen 9:12, 17), and twice in prepositional periphrastic constructions, governed by היה (Gen 9:13; 17:11), with "sign of the covenant" used in reference to circumcision.

C. עולם is used in Gen 9:16 to determine ברית;[29] the phrase is the direct object to the infinitive לזכר.

D. אות עולם can not be found in the OT.

E. In Sir 44:18 ברית is suppressed. The noun appears in Gen 9:11 in the construct phrase אות־הברית as direct object to the verb הקמתי. קום is frequently used in connection with ברית.[30] But this phrase is not as widespread as כרת and ברית, being mainly associated with the Priestly Code; cf. Gen 6:18; 17:7, 19.[31]

---

29 For ברית עולם, see Gen 9:16; 17:7, 13, 19; Exod 31:16; Lev 24:8; 2 Sam 23:5; 1 Chr 16:17; Ps 105:10; Isa 24:5; 55:3; 61:8; Jer 32:40; 50:5; Ezek 16:60; 37:26.

30 Gen 6:18; 9:9, 11, 17; 17:7, 19, 21, 32; Exod 6:4; Lev 26:9; Deut 8:18; 31:16; Josh 3:3; 4:9, 18; 2 Sam 3:21; 1 Kgs 8:6, 21; 2 Kgs 23:3; 1 Chr 22:19; 28:2; 2 Chr 5:7; Neh 9:8; Isa 28:18; 49:8; Jer 34:18; Ezek 16:60, 62; 17:16.

31 Cf. הקמתי את־דברי (1 Kgs 6:12; Jer 29:10) as well as הקמתי את־הדבר (Jer 33:14) and והקמתי את־השבעה (Gen 26:3).

4.9. Summary

The phraseology deviates from that found in the OT. I believe that we have here a typical example of Ben Sira's use of the Bible. He employs various elements from the Bible but also formulates new ideas by using traditional terminology. He achieves this by cleverly choosing words from contexts with which he expects the listener/reader to be familiar. Ben Sira alludes to the contents of the underlying biblical passage but only uses one element from it. The listener/reader has to complete the rest from memory. In this way Ben Sira is able to allude in concise form two different ideas, apart from expressing his own intended meaning. I see here a special kind of poetic shorthand as Ben Sira integrates earlier vocabulary into his own intended meaning, transforms it, and builds it up to a new message.

Thus, we may conclude that the formulation of 44:18 is not accidental. It is not the result of a taught, passive, use of language. It seems impossible that a retranslator from Greek or Syriac would have created new phrases. And anyone using expressions they had been taught would have remembered that (ברית) כרת is never used in the passive and is very seldom negated. A good student would know that in a passive clause the subject has to be maintained. The Siracidic formulation implies an independent use of the language and a poet familiar with the handling of Hebrew. The formulation is not be found before and after Ben Sira.

5. Sir 44:20c–d–21a–b

In colon 44:20b we find ברית as the object of the governing verb בוא (44:20b) and in 44:20c כרת is used with חק as its direct object.

4	3	2	1		4	3	2	1	
בכבודו מום	נתן	לא‬		גוים	המון	אב	אברהם	44:19b.a
3	2	1		4	3	2	1		
בברית עמו	ובא		עליון	מצות	שמר	אשר	44:20b.a

The metre of 44:20a.b (4 : 3) is the same as that of the following stichs
(44:20c.d and 44:21a.b). The phrase שמר מצות (20a) is used 28 times,
שמר with the noun in the singular (ה]מצוה]), nine times. Sometimes we
also find combinations of nouns, mostly with מצות/מצוה in first position, rarely in second place.

There are also earlier references for בא בברית. In three of them the
verb is, as in Ben Sira, in *Qal* (1 Sam 20:8; Jer 34:10; Ezek 16:8), once it is
Hif'il; on two occasions ברית is *nomen rectum*, in Jer 11:8 with דברי, in
Ezek 20:37 with מסרת. Both examples express the obligatory character
of the law. If there is an object it is marked with את (1 Sam 20:8; Ezek
16:8;[32] [20:37]); but Ben Sira has עם. The clauses in 44:20 are grammatically and syntactically correct; the phrases are traditional, although
שמר מצות/[ה]מצוה and בא בברית are never found in parallelism. A direct dependence of Ben Sira on a *Vorlage* is very unlikely. – We turn
now to 44:20c.d.

5.1. Metre

3	2	1		4	3	2	1	
נאמן	נמצא	ובניסוי		חק	לו	כרת	בבשרו	44:20d.c
גוים	בזרעו	לברך		לו	הקים	בשנ]ב[ועה	כן על	44:21b.a

There are four stressed syllables followed by three (4 : 3). In this respect, the section fits very well into the context.

5.2. Grammar, semantics, syntax

בבשרו is a prepositional phrase with enclitic possessive pronoun. כרת
is *Qal*, pf. 3rd pers. m. sg. It is uncertain who is the subject: God or
Abraham. The decision depends on the semantic specification of כרת +

---

32   Note the surprising vocalization of אתך, meaning here "with".

(direct object) + indirect object (introduced by ל). לו is a prepositional
phrase, the exact signifance of which is entwined with the meaning and
valency of כרת, which would mean either "he cuts off" or "he makes (a
covenant/statute" [חק]). כרת ל is a stereotyped/formulaic phrase meaning "make a covenant". Where the meaning of כרת is "cut off" in the
OT the indirect object is never introduced by means of ל, in contrast to
the use of the negative formulation, לא כרת ל- at Sir 50:24c.

The indirect object might be God or Abraham, depending on who it
is decided is the subject, so that if God is subject then Abraham, is indirect object, and *vice-versa*. However, there is also another possibility,
namely that לו be understood as a reflexive object. Then the pronoun -ו
is co-referential with the subject of כרת.

חק is the direct object of כרת. The noun has the same syntactical
function as ברית in many other texts.

5.3. חק and ברית

Whatever the exact meaning of חק is, it seems clear that we are in the
mental context of legal diction. Ben Sira speaks about a (cultic ?) tradi-
tion/practice – something has been done to the body of Abraham, re-
sulting in a sign that shows there is a legal relation between him and
God. In the following I attampt a list of the different possible relationships.

5.3.1.

In/on his (Abraham's) flesh/body he (God) cuts a binding sign for him
(Abraham);
in/on his (Abraham's) flesh/body he (God) cuts a binding sign for himself (God);
in/on his (Abraham's) flesh/body he (Abraham) cuts a binding sign for
him (God);
in/on his (Abraham's) flesh/body he (Abraham) cuts a binding sign for
himself (Abraham).

5.3.2. כרת + ל- is a formulaic phrase and there are many examples of ברית as the direct object. In Ben Sira ברית is not the direct object, but the noun חק. The question arises as to whether the two structures are synonymous, with חק therefore meaning "covenant". But why would the *terminus technicus* be changed? Simple identification is excluded. The proximity in meaning of ברית and חק may derive from the frequency of the parallelism fact of both terms. The solution may be in the intention of Ben Sira: he wants to stress the obligatory nature of circumcision. If so, this indicates a crisis concerning a mark on the body, that is, circumcision. Ben Sira shows that this mark is a part of Jewish self-identity as can be seen with Abraham. In this way the sentence can be seen in another light.

In/on his (Abraham's) flesh/body he (God) made an obligatory covenant for him (Abraham);

in/on his (Abraham's) flesh/body he (God) made an obligatory covenant for himself (God);

in/on his (Abraham's) flesh/body he (Abraham) made an obligatory covenant for him (God);

in/on his (Abraham's) flesh/body he (Abraham) made an obligatory covenant for himself (Abraham).

5.3.3. The choice of words suggests that the author was aiming at ambiguity: Ben Sira attempts to combine the meanings "cut off" and "make a covenant" into one expression; thus he achieves a poetic shorthand (an example of the Siracidic style as seen above; Sect. 4.9.). He compresses in one word what would otherwise have to come one after the other, as, for example, in Jer 34:18, where, in the same verse, we find כרת meaning both "cut off" and "make a covenant": And the men who transgressed my covenant (העברים את־ברתי) and did not keep the terms of the covenant (לא־הקימו את־דברי הברית) which they made (כרתו) before me (לפני), I will make like the calf which they cut in two (כרתו לשנים) and passed (ויעברו) between its parts (בין בתריו).

5.4. Stereotyped phrases

5.4.1. כרת בבשרו

The phrase יכרת כל־בשר in Gen 9:11 is, at the phonetic level, the clos-
est to what we find in Ben Sira. But in Genesis the context is of extermi-
nation.

In the OT there is no example of בבשר and כרת in a positive context. But this can be found in connection with other verbs combined
with ב + בשר,[33] in texts dealing mostly with circumcision. Ben Sira
should be compared with Gen 17:13 in respect of phonetics, termi-
nologicy, and contents: "Both he that is born in your house and he that
is bought with your money, shall be circumcised (המול ימול). So shall
my covenant be (והיתה בריתי) in your flesh (בבשרכם) an everlasting
covenant (לברית עולם)".

5.4.2. כרת ל־

In the OT, the combination כרת ל־ means exclusively on "to make a
covenant/an alliance with someone". On 27 occasions ברית is specified
as the direct object. There are many occurrences in which God is not included expressly. In eight instances is said that God makes a covenant;[34] otherwise a human being wants to make an alliance with (before) God. If there is a direct object, one would therefore, assume it to
be ברית. Besides a great many references with direct object ברית there
is one (1 Sam 11:2)[35] in which ברית does not occur as direct object but
there is an indirect object introduced with ל.

---

33 On four occasions, ב before בשר functions as an object-marker (Lev 8:32; 6:20; 15:7;
    Judg 6:21); in five cases, it is a normal preposition (Gen 17:13; Lev 15:19; 19:28; Ps
    38:4, 8).

34 2 Chr 21:7; Isa 55:3; 61:8; Jer 32:40; Ezek 34:25, 26; Hos 2:20; Ps 89:4.

35 ויאמר אליהם נחש העמוני בזאת אכרת לכם בנקור לכם כל־עין ימין ושמתיה
    חרפה על־כל־ישראל "But Nahash the Ammonite said to them, On this condition I
    will make a treaty with you, namely that I gouge out everyone's right eye, and thus
    put disgrace upon all Israel".

5.4.3. כרת לו חק

Although ברית is the direct object of כרת in many places, there are two instances of other nouns are used as direct object: כרתים אמנה (Neh 10:1) and את־הדבר אשר־כרתי אתכם (Hag 2:4). But there is no example with חק.

5.5. Parallels

The verbs כרת and מצא are used in the parallel colons 44:21a.b. In the OT כרת and מצא appear in parallel hemistichs or in close proximity in five places.[36] But apart from Neh 9:8 this co-occurrence is not meaningful. Neh 9:8, a reference familiar to Ben Sira, mentions כרת (ברית) and נאמן מצא, in a context that also deals with Abraham. One reads, that the LORD chose Abram, he led him out of Ur, and gave him the name Abraham (Neh 9:7): "And thou didst find his (Abraham's) heart faithful before thee (ומצאת את־לבבו נאמן לפניך), and didst make with him the covenant (וכרות עמו הברית) to give to his descendants (לזרעו) the land (לתת את־ארץ) of the Canaanite, ...". One is left the definite impression that Neh 9:7f finds an echo in Ben Sira. The usual, basic, sources (Gen 17:9–14; 22:1–14) are filtered through a Nehemianic interpretation.

5.6. Content

5.6.1. Circumcision

"You shall be circumcised (ונמלתם) in the flesh (את בשר) of your foreskins (ערלתכם), and it shall be a sign of the covenant (והיה לאות ברית) between me and you (ביני וביניכם)" (Gen 17:11). At the ripe old age of ninety-nine years, it came about that Abraham "was circumcised (בהמלו) in the flesh of his foreskin (בשר ערלתו)" (Gen 17:24). But "his son Ishmael was thirteen years old when he was circumcised in the flesh of his foreskin (בהמלו את בשר ערלתו)" (Gen 17:25). Abraham took "every male among the men of ... (his) house, and he circumcised

---

36   Exod 12:19; Deut 19:5; 1 Kgs 18:5; Neh 9:8; Prov 24:14.

the flesh of their foreskins (וימל את־בשר ערלתם) that very day" (Gen
17:23). As a general legal obligation, it is stated that "On the eighth day
the flesh of his foreskin (בשר ערלתו) shall be circumcised (ימול)" (Lev
12:3). Compare: "Any uncircumcised male who is not circumcised
(לא־ימול) in the flesh of his foreskin (את־בשר ערלתו)", can not be a
member of the people of Israel (Gen 17:14). The same verb is also used
with figurative meaning: "Circumcise (מלתם) therefore the foreskin of
your heart (את ערלת לבבכם)" (Deut 10:16).

The choice of the verb is consistant: מול, never כרת. In the equal
regularity the part of the body to be circumcised is named בשר, which
appears everywhere as direct object.

5.6.2. כרת and circumcision

Regarding the circumcision the basic reference for the use of כרת is
Exod 4:25: "Zippora took a flint and cut off (ותכרת) her son's foreskin
(את־ערלת בנה)". It is noteworthy that the indirect object (בנה) is not
morphologically specified as such but appears as *nomen rectum*. This is
the only instance of כרת in reference to circumcision.

5.6.3. כרת in Gen 17

In view of the importance of the circumcision in Gen 17 many scholars
maintain that this chapter has influenced Ben Sira. One wonders, therefore, which role כרת fulfils in Gen 17. An uncircumcised man has to be
extirpated because he has broken the covenant of the LORD: he "shall
be cut off from his people (ונכרתה הנפש ההוא)" (Gen 17:14).

5.7. Ancient versions

ܟܒܝܫܘ ܐܘܪܚܗ (ܐܝܩܪܗ) ܠܗ ܡܛܠ	44:20c
ܘܒܟܘܠܗܝܢ ܐܬܓܠܝ ܡܗܝܡܢ	44:20d

The Syriac version employs a passive or reflexive stich, which cannot
be derived from present Hebrew text. The translator follows the common understanding of כרת in reference to the covenant.

ἐν σαρκὶ αὐτοῦ ἔστησεν διαθήκην
καὶ ἐν πειρασμῷ εὑρέθη πιστός

The Greek text employs the same (active) verb that, compounded, is standardly employed in rendering כרת ברית (see above, Sect. 1.4.).

5.8. Summary

In some respects, the phraseology of 44:20c is the same as of the biblical tradition, but it differs slightly in a central point. Ben Sira says, following Gen 17, that of all God's commandments the most important to observe is circumcision. Ben Sira chooses the term "statute/order" (חק) to demonstrate that circumcision is not voluntary but is ordered by God himself and its observance is a matter of life and death. Non-performance is a grave deviation from the law of God.

Ben Sira's formulation is allusive. It seems to be presuppose that circumcision is a controversial issue, with some people rejecting it more and more, as evidenced by the literature of the Maccabees: "In those days lawless men (υἱοὶ παράνομοι) came forth from Israel, and misled many, saying, Let us go and make a covenant (διαθώμεθα διαθήκην) with the Gentiles round about us, for since we separated from them many evils have come upon us. [12] This proposal (ὁ λόγος) pleased them, [13] and some of the people eagerly went to the king. He authorized them to observe the ordinances (τὰ δικαιώματα) of the Gentiles. [14] So they built a college of physical education (γυμνάσιον) in Jerusalem, according to Gentile custom (κατὰ τὰ νόμιμα τῶν ἐθνῶν), [15] and removed the marks of circumcision (καὶ ἐποίησαν ἑαυτοῖς ἀκροβυστίας), and abandoned the holy covenant (ἀπέστησαν ἀπὸ διαθήκης ἁγίας). They joined with the Gentiles and sold themselves to do evil" (1 Macc 1:11–15).

From this passage it appears that the negative development begun in the time of Ben Sira has achieved a kind of inglorious climax. From the viewpoint of meaning, we can see that ברית is developed in direction of, on the one hand, *circumcision* and, on the other hand, *religion*. In the earlier period ברית denoted a strong link between God and men; in the period before the Maccabees the traditional customs were becoming described obsolete and new forms of linguistic expressions, for example νόμος, were required; Ben Sira is a witness of this change.

6. Sir 50:24

6.1. Metre

In each stich of 24a.b there are four stresses (4 : 4). If one varies the present arrangement of the stichs in MS B by attributing ולזרעו to stich d,
in stich 24c there are three stresses. In 24c the negation and the verb
comprise one stress (3 : 3). The metre thus yields no problems.

4	3	2	1	4	3		2	1	50:24
פינחס	ברית	לו	ויקם	חסדו	שמעון		עם	יאמן	b.a

	3	2	1		3	2	1	
	שמים	כימי	ולזרעו		לו	יכרת	לא	אשר	d.c

6.2. Grammar and semantics

Detailed analysis (see below, Sect. 6.5.) shows that Ben Sira is deliber-
ately ambiguous to the extent that even the grammar is affected. On my
preferred reading the relative particle אשר in 24c has an antecedent
ברית, the direct object in the preceding clause, with the relative clause
forming a single sentence with the main clause, ויקם לו ברית (24b). If,
however, one understands לא יכרת לו as "his descendents should not
be cut off", then אשר is a conjunction introducing a consecutive
clause.[37] לא negates the verb יכרת (Nif'al impf. 3rd pers. m. sg.). Probably the imperfect is intended to suggest temporal duration including
the future. The verb requires a direct object, which is elliptically provided by ברית in the preceding stich. ל introduces the indirect object,
announcing the person spoken about, as in biblical usage, in reference
to Simeon and his descendents, in 24d where זרע is collective. כימי
שמים specifies the temporal extension already indicated by the imperfect – the same phrase can be found in Deut 11:21[38] and Ps 89:30.

---

37 I am grateful to Dr ELWOLDE for pointing out this second possibility.
38 BRAULIK, Deuteronomium 1–16,17, 94: „Meint einen immerwährenden Aufenthalt";
     BRAULIK connects this perspective with cosmic elements.

6.3. Parallelism

In 24 there is a synthetic parallelism (a.b begin with verbs and in each colon a personal name is used). But 24c.d are only metrically parallel.

6.4. Formal references from the OT

כרת ברית + -ל is a common set-phrase (cf. above on 44:20c.d). However, there are few references with negation (cf. Judg 2:2). ל- + לא־יכרת is a frequently-occuring stable combination. In the context of this phrase the subject איש regularly occurs: a man (i.e. descendent) will not become cut off for someone; in other words, there will be a descendent for ever: -ל איש לא־יכרת.[39]

6.5. Parallels of content in the OT

A valuable contribution to the understanding of this passage is made by John ELWOLDE, who treats the אשר-clause as relative and regards this "an interesting contrast with BH phraseology". How quickly semantics force their way into syntactic discussion is illustrated by EL-WOLDE'S remarks, so that in Sir 50:24c לא כרת [ברית] (we prefer to stress the negative particle, which ELWOLDE does not, and at the same time place כרת in brackets) means, contrary to standard OT usage, "abrogate a covenant":[40] thus the author expresses the wish that God will never break the covenant with Simeon. There is no example of the active phrase לא כרת ברית in this meaning. If reference is made to Judg 2:2, one must first discuss important differences, as according purely formal criteria this text appears to be a straightforwarded parallel to the negated phrase in Ben Sira: וְאַתֶּם לֹא־תִכְרְתוּ בְרִית לְיוֹשְׁבֵי הָאָרֶץ הַזֹּאת. This negation of כרת ברית, which is remarkable in itself, is active and not passive. Moreover, it does not say that an *existing* covenant should not be broken (cf. Judg 2:1) but expresses a general prohibition on en-

---

39   Cf. 1 Kgs 2:4 ("there shall not fail you a successor on the throne of Israel"); 9:5; 2 Chr 6:16; 7:18; Jer 33:17, 18; 35:19.

40   ELWOLDE, Developments 33.

tering a covenant relationship. ELWOLDE'S claim[41] that Ben Sira's usage emplifies "a striking example of idiolectal loss of figurative meaning, presumably because of perceptual mismatch between the idiomatic and analytical meanings of the collocation" does not seem compelling. I see instead, as I shall show below, combinations with another phrase and, therefore, an indication of a quite inspirational poetic union of two very different elements. However, compared with classical usage the linguistic result is unusual and perhaps even incorrect: conventionally, one cannot לא כרת ברית for the breaking of an extant covenant; nonetheless, this is exactly what occurs in Ben Sira. This raises the question of why Ben Sira chose this formulation, when it was surely known to him that for a normal listener it would not be possible to add לא to כרת ברית to indicate thereby that a is broken. Such a listener would have been led to a different meaning by this negative phrase: descendents will not be destroyed. And this meaning also fits the context very well.

Once we realize that it is impossible to negate כרת ברית in the sense of "make a covenant", it is evident that a ברית has to be established before it can be negated, i.e. broken. The constant use of an active verb indicates that the establishing of a covenant is viewed as a deed that is consciously intended and responsibly observed. If כרת ברית expresses these essential elements in the establishing of a covenant, this expression cannot be negated, because we cannot say of something that does not yet exist that it is "disestablished".

Because of this, in connection with breaking a covenant/alliance we find a different phraseology, namely עבר ברית (23 times),[42] on the one hand, and almost as often פרר/פור ברית (22 times)[43]; on the other; in addition to these, we might also mention ולא שמרת בריתי (1 Kgs 11:11).

24c.d represents a twofold intention: it is said that the ברית will never be broken and at the same time that there will always be a descendant. Thus Ben Sira combines two very different usages. In the

---

41   ELWOLDE, Developments 33f.
42   Deut 17:2; 29:11; Josh 3:6, 11, 14, 17; 4:7; 6;8; 7:11, 15; 23:16; Judg 2:20; 2 Sam 15:24; 2 Kgs 18:12; Isa 24:5; 28:15, 18; 33:8; Jer 34:18; Ezek 16:8; 20:37; Hos 6:7; 8:1.
43   Gen 17:14; Lev 26:15, 44; Deut 31:16; 31:20; Judg 2:1; 1 Kgs 15:19; 2 Chr 16:3; Isa 24:5; 33:8; Jer 11:10; 14:21; 31:32; 33:20, 21; Ezek 16:59; 17:15, 16, 18; 17:19; 44:7; Zach 11:10.

freedom with which phraseological relationships are manipulated and in the use of language that is ambiguous yet clearly comprehensible for the listener of reader who interacts with the author, I see an indication of the originality and poetic skill of the writer who composed these words.

6.6. Ancient versions

ܠܚܝܠ ܠܗܘܢ ܡܫܒܚܝܢ ܕܒܗ   ܘܥܡܝܐ ܟܠܗ ܒܚܝܠܝܟܘܢ

ܘܥܬܝܩܘ ܠܐܢ ܥܡܟܘܢ ܡܚܝܢ   ܘܡܢ ܝܘܡܝ ܐܝܟ ܥܠܡܐ ܕܒܝܥܐ

Syriac offers no additional evidence for Hebrew of these stichs.

50:23   δῴη ἡμῖν εὐφροσύνην καρδίας   καὶ γενέσθαι εἰρήνην ἐν ἡμέραις
ἡμῶν   ἐν Ισραηλ κατὰ τὰς ἡμέρας τοῦ αἰῶνος

50:24   ἐμπιστεῦσαι μεθ᾽ ἡμῶν τὸ ἔλεος αὐτοῦ   καὶ ἐν ταῖς ἡμέραις ἡμῶν
λυτρωσάσθω ἡμᾶς

The Greek deviates so far from the Hebrew that comparison seems impossible.

6.7. Summary

Retranslation from the Greek version is ruled out. Independence from traditional use of phraseology shows the author's individuality. The author also seems to enjoy varying traditional phrases, combining different meanings, and so on. There is not a straightforward relationship to the biblical sources. This means that we cannot interpret Ben Sira's use of language as merely representing the repetition of a taught vocabulary. The easiest way to classify this free-thinking and poetically compact verse is as the work of a skilled author.

7. Conclusion

Our conclusions are based on the analysis of five texts containing כרת: 40:17, 18, 20; 41:11; 50:24. The meanings of כרת in these texts differs greatly. The different meanings are derived from the OT, especially from the use of כרת in special phrases. Thus, כרת means "cut off"; איש לא-יכרת ל- means "there will be a descendant"; כרת ברית means "make a covenant": לא כרת ברית is not used in classical Hebrew to mean that an existing covenant will not be broken; (passive) לא יכרת [ברית] means, however, precisely this.

כרת in 40:17 and 41:11 is used in the traditional sense of "cut off". Typical of Ben Sira is that he includes rare formulations, as in the phrase חסד לא תן[י]כרת (40:17). The absolute use of כרת with the meaning "make a covenant" is very rare; the passive form לא יכרת without a subject is unique. The phrase כרת חק has no parallel in the OT. That לא יכרת is used to express "not to break a covenant" may be labelled a curiosity.

In sum, Ben Sira's use of כרת cannot merely be derived from traditional usage and the idea of retroversion seems quite impossible. We have seen that Ben Sira knew the traditional vocabulary, but was able to use the language in an extremely clever and independent way. His high degree of poetic skill and the freedom he employs in fashioning new applications out of traditional meanings and set-phrases may indicate a very creative author.

Bibliography

BRAULIK, Georg, Deuteronomium 1–16,17 (NEB 15), Würzburg 1986.

ELWOLDE, John F., Developments in Hebrew Vocabulary between Bible and Mishnah, in: T. Muraoka/J.F. Elwolde (eds.), The Hebrew of the Dead Sea Scrolls and Ben Sira: Proceedings of a Symposium held at Leiden University, 11–14 December 1995 (STDJ 26), Leiden 1997, 17–55.

JOÜON, Paul/MURAOKA, Takamitsu, A Grammar of Biblical Hebrew I (SubBi 14/I); Rom 1993.

KÖNIG, Eduard, Die Originalität des neulich entdeckten hebräischen Sirachtextes, textkritisch, exegetisch und sprachgeschichtlich untersucht, Freiburg/Leipzig/Tübingen 1899.

KÖNIG, Eduard, Professor Margoliouth and the "Original Hebrew" of Ecclesiasticus: ET 10 (1898/1899) 512–516.564ff.

KÖNIG, Eduard, Professor Margoliouth and the "Original Hebrew" of Ecclesiasticus: ET 11 (1899/1900) 31f.69–74.170–176.

MARBÖCK, Johannes, Die „Geschichte Israels" als „Bundesgeschichte" nach dem Sirachbuch, in: E. Zenger (ed.), Der neue Bund im Alten. Studien zur Bundestheologie der beiden Testamente (QD 146), Freiburg/Basel/Wien 1993, 177–197 (= in: Gottes Weisheit unter uns. Zur Theologie des Buches Sirach, hrsg. v. I. Fischer [Herders Biblische Studien 6], Freiburg/Basel/Wien u.a. 1995, 103–123).

MARGOLIOUTH, David Samuel, The Hebrew Ecclesiasticus: ET 10 (1899) 528.567f.

MARGOLIOUTH, David Samuel, Observations on the Fragment of the Original of Ecclesiasticus Edited by Mr. Schechter: Exp. 5,4 (1896) 140–151.

MARGOLIOUTH, David Samuel, The Origin of the "Original Hebrew" of Ecclesiasticus, London 1899.

MEYER, Rudolf, Hebräische Grammatik. Mit einem bibliographischen Nachwort von U. Rüterswörden, Berlin/New York 1992.

PETERS, Norbert, Das Buch Jesus Sirach oder Ecclesiasticus (EH 25), Münster 1913.

REITERER, Friedrich V., Text und Buch Ben Sira in Tradition und Forschung. Eine Einführung, in: F.V. Reiterer (ed.), Bibliographie zu Ben Sira (BZAW 266), Berlin/New York 1998, 17–25.

SAUER, Georg, Jesus Sirach (Ben Sira) (JSHRZ III,5), Gütersloh 1981.

SCHECHTER, Salomon, A Fragment of the Original Text of Ecclesiasticus: Exp. 5,4 (1896) 1–15.

SKEHAN, Patrick William/DI LELLA, Alexander Anthony, The Wisdom of Ben Sira (AncB 39), New York 1987.

Erstveröffentlichung in: T. Muraoka/J.F. Elwolde (Hg.), Sirach, Scrolls, and Sages. Proceedings of a Second International Symposium on the Hebrew of the Dead Sea Scrolls, Ben Sira, and the Mishnah, Held at Leiden University, 15-17 December 1997, Leiden/Boston/Köln 1999, 253-277.

Markierte und nicht markierte direkte Objekte bei Ben Sira

1. Präliminaria zur Untersuchung der Hebraizität Siras anhand der Verben mit את-Verwendung

Es ist eine Tatsache, daß für Ben Sira weniger Grundlagenforschungen vorliegen als für andere biblische Bücher. Ein Stiefkind sind die grammatischen Untersuchungen, für die ein Teilaspekt im folgenden thematisiert werden soll. Ausgangspunkt sind jene Verben, die ein dO[1] regieren, das mit את markiert wird. Bei diesen soll bei den fV, beim Ptz und beim Inf das Faktum (oder Fehlen) eines dO, die Markierung oder Nichtmarkierung an den anderen Belegstellen überprüft und die Art, wie dies geschieht, notiert werden.

Die Untersuchung soll die Arbeit eines vorbildlich loyalen, in seiner Arbeit durch Präzision und Einsatzwillen überzeugenden Forscher ehren. Vor allem möchte sie einen kleinen Beitrag in seiner Forschungsrichtung leisten, die mit seinen methodischen Fragen begann und sich intensiv auf die Grundlagen der Grammatik[2] und der Verbvalenzen[3] konzentrierte. Auf der Ebene der Objektsrektion ist das letzte Wort noch lange nicht gesprochen. – Bei Sira wird Neuland beschritten, was dem forschenden Geist meines Lehrers vielleicht auch einige Anregungen anbieten kann.

---

1   Hier seien die fachlichen Abkürzungen vorgestellt: A; B; Bm; C; D; E; Ma; Q sind Handschriftensigeln für den hebräischen Sira; abs absolutus; act aktiv; BHK steht für BHK³; BHS Biblia Hebraica Stuttgartensia; cs constructus; CsV Constructusverbindung; D Doppelungsstamm; dO direktes Objekt; ePP enklitisches Personalpronomen; EÜ Einheitsübersetzung; fV finites Verb; G Grundstamm; Gr Griechische Version Ben Siras; H Kausativstamm; Inf Infinitiv; LXX Septuaginta (ausgenommen Jesus Sirach); N N-Stamm; O Objekt; OE Objektseinführung = Markierung (z.B את, ב, ל); pass passiv; Präp Präposition; Ptz Partizip; st status; tD reflexiver D-Stamm; VAdj Verbaladjektiv; VS Verbalsatz; ZV Zustandsverb.

2   Vgl. die Ausführungen zum Objekt bzw. zur Objektsmarkierung bei RICHTER, Grundlagen I 183, bes. Anm. 609; ders., Grundlagen III 19f.55.115 u.ö.

3   Vgl. RICHTER, Untersuchungen (1985); (1986).

2. Der Befund[4]

Bei Sira wird bei 43 Verben die Objektsmarkierung את gesetzt. Dem Alphabet entsprechend handelt es sich um folgende Worte: אבד; אהב; אשר; לקח; למד; כלם; כלם; כבד; יסר; חשף; חלק; חלם; חלל; חטא; זכר; הלל; הדף; ברך; קום; קדש; צריך; צרין; צפן; צוה; ⁵עשה; עטר; עזב; סבב; נתן; נצל; נחל; נגע; מצא; מלא; קנא; קפץ; קשה; ראה; רום; רפא; שים; שוב; שלח; שמע und שנה.

3. Einzeluntersuchung

3.1. Das Objekt beim Verb אבד

I. Zehn Belege bietet Sira für אבד. Die G-Stellen fallen aus, weil z.T. intransitive Verwendung vorliegt (8,2 [A]; 30,40 [E]; 11,12 [A]), der Text lückenhaft ist (41,6 [Ma])[6] oder das Ptz pass steht (41,2 [B; Ma])[7].
I.1. Im D-Stamm regiert das fV in 46,18 (B) ein nicht markiertes dO. Das Ptz lenkt in 20,22 (C) das mittels את eingeführte dO. Ohne OE steht das dO in 14,9 (A). Das als Substantiv in 8,12 (A) eingesetzte Ptz hat kein Objekt. Bei der absoluten Verwendung des Inf in 49,7 (B) geht es um die Zerstörung an sich.

3.2. Das Objekt beim Verb אהב

I. Sira gebraucht אהב 39mal. Davon unterliegen der substantivische Gebrauch (immer ohne dO; 6,1.5.7.8.9.10.13.14a[8].15.16; 7,18.35; 9,10;

---

4   Als Textausgabe wird ספר, zugrundegelegt. Die Rezensionsabkürzungen folgen den dort gebrauchten. Die Zählung folgt Reiterer, Zählsynopse (vgl. besonders für 33,13b bis 36,16b Ziegler, Sapientia).

5   In 43,33a (B) und 48,22a (B) ist der Text unvollständig, wenn auch את deutlich erhalten ist. Gr (jedesmal ποιεῖν) spricht für die Vorlage עשה; vgl. Hartom, בֶּן סִירָא 164.183; Segal, ספר 280.334.

6   Der Text in Ma ist unvollständig, so daß dieser Beleg ausfällt.

7   Der Text birgt eine Menge von Problemen; vgl. zur Diskussion Yadin, מגילת 17; Baumgarten, Notes 324; Liebermann, הוראות 89f; mutmaßlich ist mit Ma 41,2 in B und Bm defektive Schreibweise anzunehmen; vgl. Reiterer, Deutung 221 Anm. 59.

12,8; 14,13 [alle A]; 30,28 [E]; 34,2 [B]; 36,6 [E]; 37,1a [B; D].1b 2mal.4 [Bm; D].5 [B; D] ; 41,22 [B; Ma]) und die Stellen im N-Stamm (N 3,13 [A; C]; 4,7 [A]; 7,35 [A]) nicht den Untersuchungskriterien.

I.1. Das fV lenkt nur in 13,15 [A] ein mit את markiertes dO: כל הבשר יאהב מינו (a) וכל אדם את הדומה לו (b). Die weiteren dO stehen ohne OE (4,12 [A]; 7,30 [A]; 13,15 [A]; 7,21 [C]) vor dem fV. In 37,1 (B; D) ist das dO virtuell aus dem vorhergehenden Satz zu ergänzen. – Das Ptz ist in 4,12 (A); 9,8 (A); 47,22 (B) mit einem ePP verbunden. Viermal wird ein dO ohne OE vom Ptz gelenkt: 3,26 (A); 34,5 (B); 46,13 (B); 47,8 (B).

3.3. Das Objekt beim Verb אשר

I. Von den sieben Belegen scheidet D pass (11,27 [A]) aus, an den anderen Stellen begegnen durchwegs dO. Mit der OE את markiert das fV in 25,23 (C) das dO: אשה לא תאשר את בעלה. Als ePP steht das dO in 4,18 (A); 11,27 (A); 34,9 (B)[9]; 37,24 (B; C; D). Unmarkiert folgt das dO dem fV in 11,28 (A).

3.4. Das Objekt beim Verb ברך

I. Die beiden passiven Verwendungen (G Ptz pass 51,30 [B] und D Ptz pass 51,30 [B]) und der unvollständige Stichus 36,9 (E) fallen als Untersuchungsgegenstand aus. Die verbleibenden elf Stellen bieten je ein dO. Die OE wird überdurchschnittlich oft verwendet: in 45,15 (B) ולברך את עמו בשמו meint das dO das Volk Gottes, sonst ist immer JHWH das dO:

51,12	(B)	ואברכה את שם ייי
39,35	(B)	וברכו את שם הקדוש
45,25	(B)	ועתה ברכו נא את ייי הטוב
50,22	(B)	עתה ברכו נא את ייי אלהי ישראל

---

8   Während z.B. VIGOUROUX, L'Écclésiastique 32; HARTOM, בֶּן סִירָא 28, keine Einwendungen gegen den Text haben, wird von vielen Auslegern anstelle אוהב (תקוף) mit Gr אוהל gelesen; vgl. RÜGER, Text 99; SAUER, Jesus Sirach 519; SKEHAN/DI LELLA, Wisdom 186f. PETERS, Text 330 schlägt מכון vor.

9   Die Variante in Bm תאשרנו verändert die Bezüge und entspricht dem Kontext nicht.

In 34,10 (B) fungiert das ePP als dO. Zweimal geht das dO dem fV voran (34,23 [B]; 41,1 [B]); zweimal 35,13 (B); 43,11 (B; Ma) folgt es diesem; in 44,21 (B) dem Inf.

3.5. Das Objekt beim Verb חלל

Von den neun Belegen für חלל sind zwei – nämlich 3,? (nach ספר, 128; wegen der Unvollständigkeit) und 8,7 (wegen des tD-Stammes) – nicht Untersuchungsgegenstand. Das fV regiert in 44,1b (B; Ma) (אהללה [a] את mit ein (... את שם ייי) (B) 51,12a.b und (נא ... [את] אבותינו בדורותם markiertes dO; der Inf lenkt eines in 47,10 (B) (בהל]לו א[ת שם קדשו). Dem fV wird in 51,1 (B) ein ePP in dieser Funktion angefügt. Das dO folgt dem fV in 11,2 (A; B); 44,1a (B); 51,11 (B).12 (B).

3.6. Das Objekt beim Verb זכר

I. Bei Sira sind 21 Belege gegeben. Der N-Stamm (3,15 [A; C]) ist nicht Untersuchungsgegenstand.
I.1. Im G-Stamm wird in 51,8 (B) das dO mittels את markiert: ואזכרה את רחמי ייי. Das ePP bildet in 15,8 (A); 16,17 (A); 38,21 (B); 51,11 (B) das an das fV gefügte dO. Nicht markierte dO regiert das fV in 7,16 (A).36 (A); 8,7 (A); 38,20 (B).22 (B); 41,3 (B; Ma); 42,15 (B; Ma). Relativ häufig wird das dO durch einen, dem fV folgenden כי-Satz gebildet, so in 7,11 (A); 8,5 (A); 9,12 (A); 14,12 (A); 34,13 (A).
I.2. Im D-Stamm lenkt das fV in 49,9 (B) mittels der OE את das dO: וגם הזכיר את איוב נ[ב]יא. Der Inf im H-Stamm (50,16 [B]) ist absolut gebraucht.

3.7. Das Objekt beim Verb חטא

I.1. Im G-Stamm werden die fV und der Inf intransitiv – mit fließendem Übergang zur reflexiven Nuance – gebraucht: 5,4 (A; C); 16,21 (A);

47,23 (B); Inf in 15,20 (A)[10]. Die Ptz fungieren als Substantive: 25,19 (C); 38,15 (A).
I.2. Die einzige Stelle im H-Stamm belegt ein dO: 47,23 (B) (וֹ[יֹ]חֹ[טֹ]אֹ
אֵת יִשְׂרָאֵל).

3.8. Das Objekt beim Verb חלל

I.1. Bei Sira sind drei Belegstellen gegeben. Der N-Stamm in 42,10 (Ma) und 49,2 (B) liegt außerhalb des Untersuchungsinteresses.
I.2. Der einzige Beleg – im D-Stamm – verwendet zugleich auch את,
nämlich 47,20 (B): ותחלל את יצועיך.

3.9. Das Objekt beim Verb חלם

I. Die zwei Belegstellen stehen im H-Stamm. In 49,10 (B) markiert את das
dO (אשר החלימו את יעקב). Ohne OE regiert das fV in 15,20 (A) das dO.

3.10. Das Objekt beim Verb חלק

Von den 10 Vorkommen bleiben nach Abzug der N-Stellen (7,15 [A]; 15,9 [A]; 34,23 [B]) sieben im G-Stamm zur Untersuchung; an allen – ausgenommen der unvollständig überlieferte Vers 39,25 (B) – steht ein dO, das jeweils dem fV vorangeht. In 38,1 (B; Bm) steht die OE את und ein ePP: כי גם אתו חלק אל. Die restlichen dO sind nicht markiert: 16,16 (A); 34,13 (B); 40,1 (B); 44,2 (B; Ma); 45,22 (B).

3.11. Das Objekt beim Verb חשף

Beim zweimal bei Sira im G belegten Verb wird in 6,9b (A) das dO mittels את markiert: ואת ריב חרפתך יחשוף. – Der Inf in 42,1b (B; Ma) lenkt ohne OE ein dO.

---

10 In B ist nur לחטא erhalten.

3.12. Das Objekt beim Verb יסר

Bei Sira ist יסר 4mal belegt, einmal davon im N-Stamm. Die restlichen Stellen im D-Stamm lenken je ein dO. In 7,23 wird die OE את beim ePP gesetzt: בנים לך יסיר (C יסר) אותם (A 7,23a). In 4,17 lenkt das fV ein ePP, in 30,13 ein dO. Letztere Stelle ist deswegen interessant, weil sie – wie 7,23 – die Kindererziehung thematisiert und das gleiche Verb das gleiche dO verschieden behandelt.

3.13. Das Objekt beim Verb כבד

I. Die Verbwurzel כבד wird von Sira 26mal gebraucht; 20 Stellen – adjektivisch verwendetes VAdj, die N- und tD-Belege – fallen als Untersuchungsgegenstand aus[11].
I.1. Das fV regiert im D-Stamm unmarkierte dO in 3,8 (A); 7,31 (A); 10,28 (A; B); 10,29 (A; B). – Das D-Ptz lenkt in 3,6 (A) ohne OE ein dO. – Vom Inf wird in 10,23 (A; B) ein unmarkiertes dO regiert.
I.2. Im H-Stamm wird das dO beim fV in 8,15b (A) mittels את markiert: תכביד את רעתך [פן]; ohne OE steht das dO in 30,13 (B).

3.14. Das Objekt beim Verb כלם

Bei Sira stehen von den fünf Vorkommen der Wurzel כלם drei im N, zwei im II-Stamm, nämlich 3,13 (A); 8,5 (A). Das fV regiert in 3,13b[12] (A) ein mit את markiertes ePP: ואל תכלים אותו כל ימי חייו. An der zweiten Stelle folgt dem fV ein unmarkiertes dO.

---

11   Vgl. die Belege G VAdj 3,26 (A).27 (A); 13,2 (A); 16,17 (A); 40,1 (B) (adjektivisch); N 10,24 (A); 44,7 (B; Ma); 33,4 (B); 10,19 (A).20 (A).30 (A).31 (A); 11,6 (A); 47,18 (B); 48,6 (B); tD 3,10 (A); 10,26 (B).27 (A; B).31 (A; B) 2mal.
12   Die Buchstaben bei den Verszahlen (z.B. 4,1a; 4,1b usw.) beziehen sich auf die Stichen, die die bei Sira, der durchwegs in Parallelismen schreibt, leicht abzugrenzen sind. Damit ist keine Entscheidung über die Satzabgrenzung gefällt!

3.15. Das Objekt beim Verb למד

I. Von den 10 Belegen fällt das substantivierte Ptz des D-Stammes (51,17 [B; Q]) als Untersuchungsgegenstand aus.
I.1. Im G-Stamm lenkt das fV in 8,8 (A); 9,1 (A); 13,1 (A) ein dO, in 51,15 (B) geht es dem fV voran.
I.2. Beim fV findet sich im D-Stamm die einzige OE, und zwar in 45,17 (B) (וילמד את עמו חק). Ein ePP steht in 15,10 (A). In 4,11 (A); 15,20 (B) lenkt das fV unmarkierte dO. Ohne OE regiert der Inf in 45,5 (B) ein dO.

3.16. Das Objekt beim Verb לקח

I. Die Verbwurzel לקח ist 16mal bei Sira – im G- wie im N-Stamm (14,14 [A]; 44,16 [B]; 49,14 [B]; 48,9 [B]) – belegt.
I.1. Die Textüberlieferung ist häufig ungesichert. Soweit zu bearbeiten (40,6[13] ist zu bruchstückhaft) steht oft ein dO. In 9,13 (A) wird es mit der OE ta markiert: פן יקח [א]ת נשמתך; an folgenden Stellen steht beim fV ein unmarkiertes dO: 8,9[14] (A); 16,24 (A); 35,14 (B; 2mal).18c[15] (B; E). 18d[16] (E); 34,22[17] (B). Absolut findet sich das fV in 32,14. – Das Ptz regiert in 14,9 (A) ein unmarkiertes dO. – Der Inf in 4,31[18] (A) ist absolut gebraucht.

3.17. Das Objekt beim Verb מלא

I. In 15 Versen ist bei Sira מלא belegt. Im Rahmen der vorliegenden Untersuchung fallen der intransitive (G: 11,30 [A]; 50,6 [B]; D: 46,6.10 [B])

---

13 Beleg in Bm unsicher; vgl. SMEND, Weisheit 38.
14 Zur Bedeutung von לקח שכל vgl. RÜGER, Text 99.
15 Damit wird die textkritische Frage nicht geklärt, ob als dO שחד (B) oder שכל (Bm) vorzuziehen ist. PETERS, Buch 269, setzt sich mit den textlichen Schwierigkeiten auseinander; für ihn sind die Stichen 18b und 18c sekundär; allerdings tauscht er חכמה in 18a (B; Bm; E) gegen das in Bm und E stehende שכל aus. In diesem Fall wird כסה zum dO regierenden Verb.
16 Der Text ist unsicher (SAUER, Jesus Sirach 584: Text – überladen und Dubletten; SKE-HAN/DI LELLA, Wisdom 395: von den vielen Varianten nur Gr verläßlich); nach B ישמר תורה; nach E fV יקח מצוה.
17 Während SMEND, Weisheit den B; E Text als Ausgangspunkt für die Verlesung im Gr sieht, halten z.B. SAUER, Jesus Sirach 582; SKEHAN/DI LELLA, Wisdom 386 (sehen mittelalterliche Entwicklung), den Vers für überladen und tilgen 18c.d.
18 In C steht als Inf לשאת; allerdings ist entsprechend dem Kontext A vorzuziehen.

und passive Gebrauch (N: 4,17 [A]; D pass: 45,11 [B]) sowie unvollständige Texte (G: 11,30 [A]; D: 30,25 [E]) aus.

I.1. Im G-Stamm regiert das VAdj 10,13 (A); 48,8 (B) je ein dO.

I.2. Die OE את ist im D-Stamm 2mal zu belegen, in: 45,15 (B) (מלא)[⁹⁹]
in ;(מלא ציון את הודך ומכבודך את היכלך) 36,19 (B) (משה את ידו);
4,17 (A) leitet ב das dO. Ohne Markierung folgt das dO in 37,3 (B; D)
dem Inf.

3.18. Das Objekt beim Verb מצא

Von den 34 Vorkommen stehen sieben im N-Stamm (6,10 [A]; 12,17 [A];
34,8 [B]; 44,16 [B].17 [B; Ma].20 [B]; 46,20 [B]). Im G-Stamm ist das ePP
in 51,18 (B).20 (B).27 (B) an das fV angefügt. Meist jedoch begegnet man
einem dO: 3,18¹⁹ (A; C).31 (A); 4,13 (A); 6,14 (A).28 (A; C); 11,19 (A);
12,2 (A).16 (A); 34,6 (B; Bm).8²⁰ (Bm).21 (B).22 (B); 42,1 (B; Bm); 44,23
(Bm). In 15,6 (A; B) geht das dO dem fV voran, in 11,10 (A; B) wird מצא
absolut gebraucht. – Beim Ptz in 51,26 (B) wird einmal את zur Markierung des dO eingesetzt (ונתן נפשו מוצא אתה). Neben dem ePP (6,14
[A]) regiert das Ptz vor allem unmarkierte dO: 40,18 (B; Ma).19 (B; Ma);
44,23 (B).

3.19. Das Objekt beim Verb נגע

I. Von den 12 Belegen bei Sira sind vier im G- und fünf im H-Stammm.

I.1. Die dO im G sind durchwegs markiert. Beim fV geschieht dies in
34,22 (B) mittels 3., in 51,6 (B) durch j. 32,21 (Bm²¹) setzt als dO jenes des
vorhergehenden Satzes voraus; man hat mit virtueller Aufnahme zu
rechnen. – Das Ptz regiert in 13,1 (A) ein mit Hilfe von ב markiertes dO.

I.2. Einmal wird im H-Stamm beim fV zur Markierung des dO את verwendet: ואת שבלו עד עב יניעו (13,23). Häufiger wird das dO als Prä-

---

19   Ein dO liegt vor, unabhängig davon, daß A רחמים und dagegen C חן in liest. Nach
     RÜGER, Text 30, ist C die ältere Textform; ohne Argumente entscheidet sich ספר 16f,
     für A.

20   Mutmaßlich ist die B-Version נמצא vorzuziehen.

21   Da B (ועד תגיע כי לא תנוח) das Gegenteil des aus dem Kontext geforderten Sin-
     nes ergibt, wird in ספר (1973) 27, das לא in eckige Klammern gesetzt.

positionalausdruck gesetzt, dessen Einführung ist אל (12,5 [A]; 37,12 [B].30 [B]). In 50,19 (B) geht das dO dem fV ohne OE voran; in 32,21 (B) ist das dO zur Erlangung einer sinnvollen Aussage virtuell aus dem vorhergehenden Satz zu ergänzen. Absolut ist der Gebrauch in 11,10 (A; B). – Das Ptz regiert in 37,2 (B; D) ein mit אל markiertes dO.

3.20. Das Objekt beim Verb הדף

Die vier Belege stammen aus dem G-Stamm. Nur im Inf ist eine OE, nämlich את in 47,5 (B), gegeben: להדף את איש יודע מלחמות. An das fV fügt sich in 12,12 (A) und 13,23 (A) je ein ePP. In 33,9 (B) folgt dem fV ein dO. – Das fV הדף regiert im G-Stamm 1mal ein ePP. Das dO geht 1mal dem fV voran.

3.21. Das Objekt beim Verb נחל

I. Die acht Belege für נחל haben nicht den gleichen Belegwert; 36,16 (B) im tD-Stamm fällt nicht in den Untersuchungsbereich.
I.1. Im G-Stamm regiert das fV in 10,17 (A); 37,26 (D) je ein dO. 45,22 (B) könnte für den absoluten Gebrauch zeugen, ist allerdings nicht vollständig erhalten. Das Ptz in 37,5 (Bm) wird gegen das kontextgerechte לחם getauscht, wodurch der Sinn nicht mehr recht zu erheben ist. Allerdings sind Änderungen in Richtung Sinnlosigkeit eher unwahrscheinlich.
I.2. Im H-Stamm steht das fV in 30,32 (E) ohne dO, wodurch die Sinnerfassung deutlich erschwert wird[22]. Der Inf steuert die einzige OE, nämlich את in 46,1 (B); ולהנחיל את ישראל; in 44,21 (B) wird an den Inf ein ePP gefügt.

---

22 Obwohl in H kein dO erhalten ist, wird es in der Übersetzung durchwegs ergänzt: vgl. SNAITH, Ecclesiasticus 163: "your estate"; SKEHAN/DI LELLA, Wisdom 402, "your inheritance"; ohne Possessivpronomen SAUER, Jesus Sirach 587, aber mit Klammern; in der EÜ fehlt „das Erbe".

3.22. Das Objekt beim Verb נצל

Wenn man den Beleg im N-Stamm (34,6 [B; Bm]), das H-Ptz als Substantiv in 8,16 (A) und das ungesicherte Vorkommen (יצילו) in 40,24 (B)
wegnimmt, bleiben vier Stellen im H-Stamm. Das fV regiert in 4,10 (A)
ein ePP, in 51,2 (B) ein unmarkiertes dO. Das Ptz lenkt in 51,8 (B) ein
durch את markiertes dO: המציל את חוסי בו. An den Inf in 12,15 (A) ist
ein ePP angefügt.

3.23. Das Objekt beim Verb נתן

I. Von den 66 Belegen fallen die passiven Stellen von 7,6 (A); 11,6 (A
bzw. B); 15,17 (A; B 2mal); 26,3 (C); 44,19 (B) und der unvollständig er-
haltene Stichus 47,22e (B) aus.
I.1. Einmal (36,21 [B]) ist die Markierung את gegeben: תן את פעלת קוויך.
Auch das ePP wird selten verwendet: 15,14 (A; B); 44,22 (B). In den meisten
Fällen regiert das fV ein unmarkiertes dO, das in 5,5 (A); 7,31 (A); 7,33 (A);
8,3 (A); 9,6 (A); 10,28 (B; A [ergänzt]); 11,31 (A); 12,11 (A); 13,12 (A); 30,21
(B).28 (E).31 (E); 36,20 (B).25 (B); 38,6 (B); 42,12 (B); 44,23 (B); 45,5 (Bm)[23].7
(B).17 (B).20 (B) (2mal).26 (B); 46,9 (B); 47,5 (B).7 (B).8 (B).11 (B).19 (B).20
(B).23 (B); 49,5 (B); 50,18 (B).23 (B); 51,17 (B; Q).22 (B) dem fV folgt und die-
sem in 12,5 (A; 2mal); 14,13 (A); 15,17 (B); 51,20 (B) vorangeht. – In 15,17
(A) bildet der vorangehende אשר-Satz das dO; virtuell ist dies in 32,12 (B);
37,27 (B; D) der vorangehende Satz, in 14,16 (A) virtuell der vorangehende
Kontext. Das Ptz lenkt unmarkiert ein dO in 3,17 (A); 7,20 (A; C); 51,26
(B).30 (B); in 50,28 wird das dO virtuell vom vorangehenden Kontext eingebracht. Ohne OE folgen dem Inf in 41,19 (Bm; Ma); 45,9 (B) dO. – Absoluter Gebrauch liegt in 12,4 (A; fV); 32,13 (B; Ptz) vor.

3.24. Das Objekt beim Verb סבב

I.1. Im G-Stamm wird סבב bei Sira sowohl reflexiv (10,8 [A]; 35,1 [B])
als auch transitiv verwendet. Als transitives fV regiert סבב in 9,6 (A)

---

23   In B steht וישם, was auch einen guten Sinn ergibt.

ein mit את markiertes dO (פֶּן תָּסוּב אֶת נַחֲלָתְךָ); in 9,9 (A) wird beim dO keine OE gesetzt.

1.2. Die Belege im D-Stamm (36,31 [C][24]) und H-Stamm (34,16 [B]) sind reflexiv.

3.25. Das Objekt beim Verb עזב

Das Verb עזב ist 11mal zu finden; kein Untersuchungsgegenstand sind Belege von N (1mal) und D pass (1mal). Das fV regiert in 7,30b (A) ein mit את markiertes dO: וְאֶת מְשָׁרְתָיו לֹא תַעֲזֹב. Als ePP folgt es dem fV in 3,12 (A); 11,19 (A); 37,6 (B; D). Das fV regiert in 14,15 (A); 47,23[25] (B); 49,4 (B) unmarkierte dO. – Das Ptz lenkt in 3,16 (C); 41,8 (Ma) je dO.

3.26. Das Objekt beim Verb עטר

Die beiden Vorkommen, je im D-Stamm, regieren dO, in 45,25 (B) das Ptz ein durch את markiertes ePP (הַמְעַטֵּר אֶתְכֶם כָּבוֹד), in 6,31 (A; Q) ein ePP, während dem fV ein 2. dO vorangeht.

3.27. Das Objekt beim Verb עשה

Die Verbwurzel עשה wird 42mal meist im G-Stamm bezeugt. Die objektlosen Verwendungen im N-Stamm (5,4 A) und des Ptz als Substantiv (10,12 [A]; 35,13 [B]; 46,13 [B]; 47,8 [B]) sind ebensowenig Unter-

---

24 Dieser Vers ist nur bedeutsam, wenn יסביב (man beachte die mater lectionis י!) (C) zu lesen ist, und nicht יערב (B; D); doch registrieren viele die Differenz nicht und schließen sich B; D an; vgl. HARTOM, בֶּן סִירָא 132f; סֵפֶר 230.234. DI LELLA, Text 68-70, bespricht zwar die Stelle länger, scheint aber die hebräischen Versionen für gleichwertig zu halten. Beide Verba passen zum Kontext; Gr (ὀψίζειν) und Syr (ܢܥܒܕ) scheinen Deutungen, wobei insbesondere Syr auf den Schutz der unberührten Frau anspielt und so des unsteten jungen Mannes eigenes Leben gefährdet sieht; vgl. PENAR, Philology 61, wonach אשר (place) "is a construct governing the Verb y'rb"; SAUER, Jesus Sirach 593; zur Deutung SKEHAN/DI LELLA, Wisdom 431.

25 SMEND, Weisheit (1906b) 457, behandelt die Stelle und erkennt B als ursprünglich, obwohl Gr (ἐκ τοῦ σπέρματος αὐτοῦ) keine Unterstützung dafür abgibt.

suchungsgegenstand wie die unvollständig erhaltenen Belege (42,24 [B; D]; 36,4 [E]; 36,13 [E nach Gr zu vervollständigen?]).

I.1. Das fV regiert im G in 15,11 (A); (15,11 [B]) ein durch den vorangehenden אשר את-Satz gebildetes dO: כי את אשר שנא לא עשה. Das ePP fungiert in 50,22 (B) als dO. Ohne Markierungszeichen folgt dem fV das dO in 7,1 (A; C); 8,18 (A); 11,23 (A); 15,1 (A; B); 32,22 (B); 38,8 (B); 46,7 (B); 48,14 (B).16 (B); 49,3 (B); dem fV vorangestellt ist es in 12,3 (A); 14,16 (A); 43,5 (Bm); 51,30 (B); in 33,10 (B) übernimmt der vorangestellte Fragepartikel diese Funktion.

I.2. Als ePP ist das dO dem Ptz angefügt in 7,30 (A); 33,13c (E)[26]; das Ptz regiert das unmarkierte dO in 15,20 (A; B); 16,3 (A; B).14 (A); 20,4 (B); 32,22 (Bm); 35,23 (B); 38,15 (B); 43,5 (B; Ma).11 (B)[27]. – Nach 38,27 (B) wird das Ptz absolut gebraucht („arbeiten"[28]). - Vom Inf wird in 10,26 (B); 15,15 (A; B)[29] ein dO gelenkt; in 14,16 (A) steht der Inf im ש-Satz, dem das dO vorangestellt ist. Absolut verwendet wird der Inf in 34,9 (B) und 50,22 (B).

3.28. Das Objekt beim Verb צוה

Fünfmal ist die Verbwurzel צוה[30] belegbar. Der unvollständig erhaltene Vers 46,14 (B) fällt ebenso für die Untersuchung weg wie D pass in 7,31 (A). Die fV lenken dO, in 45,3 (B) als ePP, in 15,20 (A) als unmarkiertes dO. Der Inf regiert in 39,31 (B) ein mit את eingeführtes ePP: בצותו אתם ישישו.

---

26 Von diesem Stichus ist עושהו erhalten, womit das Ptz und das enklitische Pronomen gesichert sind, aber nicht geklärt ist, ob es sich um dO in Form eines ePP oder eines Possessivpronomens an einem Substantiv handelt; wenn man Gr heranzieht, fällt die Entscheidung zugunsten eines dO.

27 Nach Bm ist עושה zu lesen, so daß das dO aus dem vorangehenden Satz zu übernehmen ist.

28 Zur Thematik vgl. REITERER, Stellung 259-289.

29 Vgl. zu Text und Textkritik SCHIRMANN, דף חדש 440-443; DI LELLA, Authenticity 160.162; PETERS, Text 87; SMEND, Weisheit (1906b) 143; FUCHS, Untersuchungen 38; PETERS, Buch 131; DI LELLA, Text 125-129.

30 Vgl. dazu RICKENBACHER, Weisheitsperikopen 158, der aber von ganz anderen Belegzahlen ausgeht; immerhin findet sich bei ihm (159) eine Notiz zu den Objekten; allerdings argumentiert er inhaltlich und berücksichtigt den formalen Aspekt nicht.

3.29. Das Objekt beim Verb צפן

צפן ist zweimal im H-Stamm belegt. In 4,23 (A) regiert das fV ein durch את markiertes dO: אל תצפין את חכמתך. – Das Ptz in 41,15b (B; Ma) lenkt das dO ohne OE.

3.30. Das Objekt beim Verb צריך

Von den fünf Belegen für צריך scheiden der substantivische (39,16[31] [Bm]) wie der adjektivische (34,4 [B]) Gebrauch aus. Das auf צריך folgende O (ePP) wird in 32,7 (B) mittels את eingeführt (דבר נער אם צריך אתה [אתך Bm]), in 42,21[32] (B) durch ל und in 13,6 (A) durch den Präp-Ausdruck mit עם.

3.31. Das Objekt beim Verb קדש

קדש ist 5mal bezeugt, davon einmal im N-, der Rest im H-Stamm. Aufgrund der bruchstückhaften Überlieferung fallen 36,9.12 (E) aus. In 7,29b (A) geht dem fV ein mittels את markiertes dO voran: ואת כהניו הקדיש. Ohne OE folgt dem fV das dO in 32,11b (B).

3.32. Das Objekt beim Verb קום

I.1. Von den 15 Belegstellen scheiden jene aus, die reflexiv bzw. intransitiv orientiert sind; das gilt für G in 34,20 (B); 37,9 (D); 47,23 (B); 48,1 (B); für Ptz in 51,2 (B); für D in 11,9 (A; B); 35,9 (B), für tD in 41,22 (Ma); für H in 44,21 (B).
I.2. Im größeren Teil der H-Stellen ist ein dO gegeben. Beim fV ist es immer ohne Markierung (44,22 [B]; 45,24 [B]; 50,24 [B]). Beim H-Ptz ist in 49,13 (B) die OE את belegt: המקים את חרבתינו; in 48,5 (B) regiert das Ptz ein unmarkiertes dO.

---

31 Nach B ist צורך zu lesen.
32 Bm sieht das Substantiv צרך gegeben.

3.33. Das Objekt beim Verb קנא

I. Im erhaltenen Siratext finden sich acht Belege für קנא, durchwegs im
D-Stamm.
I.1. Beim fV steht ein O, das für den Sinn unverzichtbar ist; es zeigt an,
weswegen קנא aktuell wird. In 9,1 (A) wird dieses O mittels אל (את
חיקך אשת את תקנא), an den übrigen Stellen durch ב markiert (9,11
[A]; 30,39 [E][33]; 45,18 [B]; 51,18 [Q]). – Das Ptz wird in 37,10 (D) als Sub-
stantiv (ohne O) verwendet; in 37,11 (B; D)[34] bedeute: קנא „erwerben".
Beim Inf 45,23 (B) steht ein mit ל eingeführtes O.

3.34. Das Objekt beim Verb קפץ

Nach der Handschrift C wird anstelle צפן in 4,23b קפץ gelesen: ואל
חכמתך את [35]תקפוץ. Die beiden restlichen Belege stehen in 4,31 (A) als
Ptz pass und 35,19 (E) in reflexiver Verwendung (tD-Stamm), fallen also für den syntaktischen Vergleich aus.

3.35. Das Objekt beim Verb קשה

Von den drei Stellen fällt das intransitive VAdj im G (8,1[36]) aus. Das fV
lenkt in 16,15a (A) ein mit את markiertes dO: פרעה לב את הקשה ייי[37];
ohne OE regiert das Ptz ein dO (16,11 [A]).

---

33 Dieser Vers ist bruchstückhaft erhalten, zeigt aber noch das ב an.
34 Es liegt entweder Verschreibung vor (statt קנה steht קנא) oder es wurde in der Spät-
    zeit die unterschiedliche Orthographie nicht mehr präzise getrennt, so daß „kaufen"
    mit „eifern" verwechselt werden könnte.
35 RÜGER, Text 34, verweist auf Gr und entscheidet sich für תצפין, da „תקפוץ ... aus
    4,31b eingedrungen" sein soll. Nun steht in 4,31a קצופה, aber in der Handschrift A
    Wie gerade dieses Wort eine Abweichung in C gegenüber von A (der Text weicht in
    4,31b C stark von A ab) veranlaßt haben soll, die Abweichung aber in 31b (C) beibe-
    halten bleibt, wird schwer zu begründen sein. Syr (ܟܘܠ) stützt C, so daß man mit
    gleichwertigen unabhängigen Traditionen wird rechnen müssen; OESTERLEY, Wis-
    dom 32, folgt C bzw. Syr.
36 Wenn die Annahme von RÜGER, Text 14, richtig ist (eine Doppelüberlieferung, in der
    1b.c sekundär sind), dann ist der Vers auch keine Verweisstelle für die untersuchte
    Wurzel.
37 Vgl. zur Ausdrucksweise WALKENHORST, Gotteserfahrung 380f Anm. 15.

3.36. Das Objekt beim Verb ראה

Die Verbwurzel ראה läßt sich 25mal nachweisen. Ausgenommen (50,7 [B]; 16,16 [A]), H pass (3,23 [A]) und die verderbte Stelle 34,28[38] (B) regiert ראה durchwegs dO. In 33,3 (B) wird das dO durch את markiert: ויראו את גבור[ת]יך. Als ePP erscheint es in 13,7 (A); 15,7 (A); 16,21 (A); 48,11 (B). Unmarkiert folgt das dO dem fV in 11,30 (A); 15,19 (A); 20,6 (C); 36,22 (Bm)[39]; 43,11 (B; Ma); 49,8 (B); in 16,8 (A); 43,32 (B) geht es dem fV voran. Der vorangehende Satz fungiert in 7,22 (A); 37,27 (B; D); 45,19 (B), der nachfolgende in 6,36 (A); 30,26 (E) (כי-Satz); 51,27 (B) (כי-Satz) als dO. – Das Ptz regiert in 37,24 (D) ein ePP.

3.37. Das Objekt beim Verb רום

I. Es finden sich 16 Belege. Die unvollständige Überlieferung in 39,30 (Bm) und die Stellen im H-pass (10,25 [A]; 47,2 [B]) werden nicht untersucht.

I.1. Im D-Stamm regieren alle Vorkommen dO. Dem fV sind in 15,5 (A; B) und 11,13 (A) ePP angefügt; ein unmarkiertes dO folgt in 51,10 (B). Das Ptz lenkt in 43,30 (B) ein ePP.

I.2. Im H-Stamm-trifft man zweimal auf die OE את. Das fV regiert so das dO in 45,6 (B): וירם קדוש את אהרן למטה לוי, der Inf in 47,5 (B): ולהרים את קרן עמו. An den übrigen Vorkommen folgt das dO dem fV: 38,3 (B); 43,30 (B); 47,11 (B;) 49,12 (B); 51,9 (B).12 (B). – Das Ptz in 7,11 (A) wird entweder absolut gesetzt oder substantiviert.

3.38. Das Objekt beim Verb רפא

I.1. Im G-Stamm wird in 38,9 (B) das fV absolut und das Ptz als Substantiv (10,10 [A]; 38,1 [B; Bm; D].2 [B].3 [B].7 [B].15 [B]) verwendet.

---

38 ראי ergibt keinen erkennbaren Sinn („aber ורא paßt nicht in den Zusammenhang", PETERS, Text, 122; vgl. mit anderen Argumenten SMEND, Weisheit, 284); SKEHAN/DI LELLA, Wisdom 387, begründen ihre Emendation "wine enough"; SNAITH, Ecclesiasticus 154, bringt "when to stop".

39 B liest וידעו, das in Bm ersetzt wird; nach PETERS, Text 141, ist die Randlesart von Jes 52,10 beeinflußt; vgl. so auch SEGAL, ספר 329.

I.2. Von den zwei Belegen im D-Stamm ist in 49,13 (B) das dO durch die OE את markiert: וירפא את הריסתינו, in 3,28 (A) regiert der Inf ein unmarkiertes dO.

3.39. Das Objekt beim Verb שים

I. In 13 Versen trifft man auf שים; jedesmal wird ein dO verwendet.
I.1. Einmal (33,11 [E]) ist das ePP durch את eingeführt: וישם אותם דרי הא[ר]ץ. Als OE wird in 33,9 (E) ל verwendet. Nicht gesondert markiert, sondern an das fV gefügt steht das ePP in 45,7 (B). Der größere Teil der Stellen agiert mit unmarkierten dO: 5,12 (C)[40]; 6,32 (A); 14,26 (A); 16,20 (A).24 (A); 33,2 (B); 45,5 (B)[41]. In 34,16 (B) steht das fV im ש-Satz, als dO fungiert virtuell der vorhergehende Satz. Das Ptz regiert in 14,21 (A) ein unmarkiertes dO. – 45,7 ist auch jene Stelle, in der ein 2. dO, eingeführt mit ל, belegt ist.
I.2. Dem H-Ptz folgt in (11,30 [A]) ein mit ל markiertes dO.

3.40. Das Objekt beim Verb שוב

I. Da die Bedeutungsbreite bei שוב, 27mal bezeugt, zu berücksichtigen ist, ergibt sich, daß die Wirkrichtung der dem Verb inhärenten Bedeutung oft auf das Subjekt zurückbezogen wird (reflexiv oder intransitiv); zu notieren ist, daß dieses Wort auch zur Anzeige einer Wiederholung verwendet wird. Als Handlungsverb bezeichnet es „um/zurück/abkehren" wie „zurückführen".
I.1. Fast durchwegs fallen die G-Verwendungen – 37,1 (Bm) ist unvollständig erhalten – aus dem Untersuchungsbereich, so die reflexive für das fV in 8,1 (A); 40,11a (B); 40,11b (Bm); 48,15 (B); für das Ptz in 8,5 (A); für den Inf in 4,26 (A); 5,7 (A), die intransitive für das fV in 41,10 (B; Ma); 51,18 (Q); für den Inf in 8,7 (C); 40,1 (B), die wiederholende für das fV in 4,18 (A); für den Inf in 30,28 (E). – Nur in 36,1 (E) ist ein dO gegeben, das der vorangehende Satz bildet.

---

40   Die Lesart A läßt das שים weg.
41   Sollte die Lesart von Bm (ויתן) richtig sein, fällt der Vers als Beispiel aus.

I.2. Im D-Stamm ist nur ein Beleg gegeben; das fV regiert ein durch ‫ב‬ markiertes dO (38,25 [B]).

I.3. Im H-Stamm regiert das fV in 4,8 (A); 36,25 (B) ein ePP; an beiden Stellen ist ein 2. dO gegeben. Das dO folgt meist dem fV (5,11 [A]; 11,8 [A; B]; 12,6 [A]; 32,23 [B].24 [B]; 38,20 [B]), geht ihm 51,19 (Q) voran. Absoluter Gebrauch liegt in 32,13 (B) vor.

I.4. Beim Inf steht in 41,21 (Ma) ‫את‬[42] als OE: ‫ומהשיב את פני שארך‬. In der Parallelversion B, die z.T. unterschiedlich ist, steht nur ein dO; auf die gleiche Gegebenheit trifft man in 4,31 (C); 8,9 (A); 46,7 (B); 48,10 (B). In 49,7 (B) begegnet man dem Inf in absoluter Verwendung.

3.41. Das Objekt beim Verb ‫שלח‬

I.1. Das Ptz pass (43,4 [Ma]) ist nicht Untersuchungsgegenstand. Der einzige Beleg für die OE ‫את‬ findet sich im G-Stamm, nämlich 48,18 (B): ‫וישלח את רבשקה‬. In der zweiten Stelle mit einem fV regiert dieses ein unmarkiertes dO: 15,16 (A; B). Ohne OE lenkt das Ptz in 43,4 (B) ein dO.

I.2. Dem Ptz im D-Stamm folgt in 37,18 (Bm; D) ein mit ‫ב‬ markiertes dO.

3.42. Das Objekt beim Verb ‫שמע‬

I. Nicht für die vorliegende Untersuchung dienen die unvollständig überlieferte Stelle 42,23 (B) und die N-Stamm-Belege (46,17 [B]; 12,11 [A]; 42,23 [B]).

I.1. Die Markierung im G-Stamm ist unterschiedlich. ‫ב‬ begegnet man beim fV in 4,6[43] (A); 48,20 (B); ‫ל‬ in 12,11 (A) und beim Ptz in 4,15 (A). –

---

42   Nach SAUER, Jesus Sirach 608 Anm. 21 a, der B-Version vorzuziehen.

43   Vgl. zum Subjekt ‫צורו‬ GINZBERG, Randglossen 612; SMEND, Weisheit 37, „man wird (nach Syr und Gr) ‫יוצרו‬" lesen müssen (allerdings relativiert er sein Argument, dem sich viele anschlossen, selbst: „übrigens haben die Juden ‫צור‬ früh als Schöpfer verstanden"; ebd.; OESTERLEY, Wisdom 27; SNAITH, Ecclesiasticus 25; SAUER Jesus Sirach 514 Anm. 6a); SKEHAN/DI LELLA, Wisdom 163, bes. Anm. 6b; PETERS, Text 9f, belegt, daß die „Bedeutung des Bildens" der Wurzel zumindest im Samaritanischen, Aramäischen, Syrischen und Arabischen inhärent ist. SEGAL, ‫ספר‬ 22, hält ὁ ποιήσας αὐτόν das Gr für eine deutende Übertragung; an „sein Fels" halten z.B. VIGOUROUX,

Häufiger sind die Stellen, an denen das dO nicht markiert wird. Das fV regiert ein folgendes dO in 36,22 (B); 41,14 (B; Ma); 42,25 (Ma); 51,11 (B).28 (B); das dO geht beim fV in 16,5 (A; B); 32,16 (A); 42,1 (B; Ma), beim Inf in 6,35 (A; C) voran. – Der vorangehende Satz bildet in 11,8 (A; B) und 8,9 (A) das dO, wobei im letzten Beleg das fV von שמע in einem אשר-Satz steht. – Verhältnismäßig häufig wird שמע absolut gebraucht: das fV in 16,24 (A); 30,27 (E); 34,22 (B) (2mal) und der Inf in 6,33[44] (A). I.2. Im H-Stamm findet sich der Beleg mit את als OE, nämlich das ePP in 45,5 (B): וישמיעהו את קולו; es steht ein 2. dO. Das fV lenkt in 50,16 (B), der Inf 45,9 (B) ein unmarkiertes dO.

3.43. Das Objekt beim Verb שנה

I. Von den neun Vorkommen scheiden der intransitive (G: 43,10 [Bm][45]; 36,7 [E] [Ptz]), der reflexive (tD in 43,8 [B]) und passive (D-pass 9,18 [A]) Gebrauch aus.
I.1. Das G-Ptz lenkt in 42,24 (B) ein dO.
I.2. Im D-Stamm lenkt את in 36,11 (E) das dO: [וישנ[ה] את דרכיהם]. An den weiteren Stellen sind die dO nicht markiert: 12,18 (A); 13,25 (A); 33,6 (B).

4. Zusammenfassung und Schlüsse

Das Vorkommen von dO neben dem absoluten Gebrauch des gleichen Verbs ist des öfteren beobachtbar. Bei Sira sind im Rahmen der untersuchten Verbwurzeln die unmarkierten dO der Regelfall (sowohl beim fV, beim Ptz wie beim Inf), die Markierung verhältnismäßig selten, wobei die Einschränkung auf את nicht berechtigt ist, da sowohl ב als auch ל die gleiche Funktion ausüben können. Auch die Tatsache, daß die Personalpronomina zumeist als ePP am Verb, Ptz und Inf angefügt unvergleichlich häufiger belegbar sind als die markierten ePP, ist zu notieren. Weiter läßt sich hinsichtlich der Position der alleinstehenden

---

L'Écclésiastique 24; PETERS, Buch 37-39; HARTOM, סִירָא בֶּן 222; PENAR, Philology 12, fest.

44 Vgl. RÜGER, Text 42f.

45 Die Lesart von B und Ma (ישח) scheint sicherer als die Bm-Lesart zu sein.

dO feststellen, daß dO sowohl dem fV vorangehen als auch nachfolgen, wobei die erstgenannte Position seltener gegeben ist.

Nun ginge es darum, dieses Ergebnis mit anderen biblischen Büchern zu vergleichen, wobei besonders folgende in Betracht gezogen werden müßten: Weisheitsbücher wie Spr, Ijob, Koh, dann lyrische Literatur, die auch den Parallelismus bevorzugen, wie z.B. die Ps und Hld und dann späte Literatur, wie z.B. Dan. Würde sich eine entsprechende Art der Gleichbehandlung der dO wie im protokanonischen Vergleichmaterial erweisen lassen, wäre das ein Beleg dafür, daß es sich bei den hebräischen Sirahandschriften um kein „Schulhebräisch", das zu registrierbaren Besonderheiten führen dürfte, handelt. Es ergäben sich gewichtige Argumente für die Originalität und Qualität des Hebräischen, was auch Rückwirkungen auf die Diskussion über eine spätere Rückübersetzung ins Hebräische aus dem Griechischen – oder anderen Sprachen[46] – (die in wenigen Einzelversen nicht ausgeschlossen werden kann) zur Folge hätte.

Bibliographie

BAUMGARTEN, J.M., Some Notes an the Ben Sira Scroll from Masada: JQR 58 (1967/68) 323-327.

FUCHS, A., Textkritische Untersuchungen zum hebräischen Ekklesiastikus (BSt 12,5), Freiburg 1907.

DI LELLA, A.A., Authenticity of the Geniza Fragments of Sirach: Bib. 44 (1963) 171-200.

DI LELLA, A.A., The Hebrew Text of Sirach. A Text-critical and Historical Study (Studies in Classical Literature 1), London, Paris 1966.

GINZBERG, L., Randglossen zum hebräischen Ben Sira, in: Bezold, C. (Hg.), Orientalische Studien, FS Th. Nöldeke II, Gießen 1906, 609-625.

HARTOM, E.Sh., (הַסְּפָרִים הַחִיצוֹנִים) בֶּן סִירָא מְתֻרְגָּם מְתֻרְנָם בְּחֶלְקוֹ וּמְפֹרָשׁ), Tel Aviv 1963.

LIEBERMAN(N), S., הוראות נשכחות: Leš. 32 (1968) 89-102.

OESTERLEY, W.O.E., The Wisdom of Jesus the son of Sirach or Ecclesiasticus in the Revised Version with Introduction and Notes (CBSC), Cambridge 1912.

---

46 Vgl. den Abschnitt: "Retroversion from Syriac in the Cairo Hebrew" in: DI LELLA, Text 106-147.

PENAR, T., Northwest Semitic Philology and the Hebrew Fragments of Ben Sira (BibOr 28), Rom 1975.

PETERS, N., Das Buch Jesus Sirach oder Ecclesiasticus (EHAT 25), Münster 1913.

PETERS, N., Der jüngst wiederaufgefundene hebräische Text des Buches Ecclesiasticus, untersucht, herausgegeben, übersetzt und mit kritischen Noten versehen, Freiburg 1902.

REITERER, F.V., Deutung und Wertung des Todes durch Ben Sira, in: J. Zmijewski (Hg.), Die alttestamentliche Botschaft als Wegweisung, FS H. Reinelt, Stuttgart 1990, 203-236.

REITERER, F.V., Die Stellung Ben Siras zur „Arbeit". Notizen zu einem kaum berücksichtigten Thema sirazidischer Lehre, in: ders. (Hg), Ein Gott – Eine Offenbarung. Beiträge zur biblischen Exegese, Theologie und Spiritualität, FS N. Füglister, Würzburg 1991, 257-289.

REITERER, F.V./EGGER-WENZEL, R./KRAMMER, I./RITTER-MÜLLER, P., Zählsynopse zum Buch Ben Sira (FoSub 1), Berlin/New York 2003.

RICKENBACHER, O., Weisheitsperikopen bei Ben Sira (OBO 1), Freiburg/Göttingen 1973.

RICHTER, W., Grundlagen einer althebräischen Grammatik. A. Grundfragen einer sprachwissenschaftlichen Grammatik. B. Die Beschreibungsebenen: I. Das Wort (Morphologie) (ATS 8), St. Ottilien 1978.

RICHTER, W., Grundlagen einer althebräischen Grammatik. B. Beschreibungsebenen. III. Der Satz (Satztheorie) (ATS 13), St. Ottilen 1980.

RICHTER, W., Untersuchungen zur Valenz althebräischer Verben. 1. 'RK (ATS 23), St. Ottilien 1985.

RICHTER, W., Untersuchungen zur Valenz althebräischer Verben. 2. GBH, 'MQ, QSR II (ATS 25), St. Ottilien 1986.

RÜGER, H.P., Text und Textform im hebräischen Sirach. Untersuchungen zur Textgeschichte und Textkritik der hebräischen Sirachfragmente aus der Kairoer Geniza (BZAW 112), Berlin 1970.

SAUER, G., Jesus Sirach (Ben Sira) (JSHRZ 3,5), Gütersloh 1981.

SCHIRMANN, H., דף חדש מתוך ספר בן־סירא העברי: Tarb. 27 (1957/58) 440-443.

SEGAL, M.S., ספר בן־סירא השלם, Jerusalem ³1972.

ספר בן סירא/The Book of Ben Sira. Text, Concordance and an Analysis of the Vocabulary (The Historical Dictionary of the Hebrew Language), Jerusalem 1973.

SKEHAN, P.W./DI LELLA, A.A., The Wisdom of Ben Sira (AncB 39), New York 1987.

SMEND, R., Die Weisheit des Jesus Sirach. Hebräisch und deutsch. Mit einem hebräischen Glossar, Berlin 1906a.

SMEND, R., Die Weisheit des Jesus Sirach, Berlin 1906b.

SNAITH, J.G., Ecclesiasticus or the Wisdom of Jesus Son of Sirach (CNEB), Cambridge 1974.

VIGOUROUX, R., L'Écclésiastique. – Isaie. – Jeremie. – Les Lamentations. – Baruch (La Sainte Bible Polyglotte V), Paris 1904.

WALKENHORST, K.H., Gotteserfahrung und Gotteserkenntnis, in: F.V. Reiterer (Hg), Ein Gott – Eine Offenbarung. Beiträge zur biblischen Exegese, Theologie und Spiritualität, FS N. Füglister, Würzburg 1991, 373-395.

YADIN, Y., מגילת בן־סירא ממצדה עם מבוא, השלמות ופירושים, Jerusalem 1965.

Ziegler, J., Sapientia Jesu Filii Sirach (Septuaginta. Vetus Tescamentum Graecum auctoritace Sociecatis Litterarum Gottingensis editum 12,2) Göttingen 1965.

Erstveröffentlichung in: W. Groß/H. Irsigler/Th. Seidl (Hg.), Text, Methode und Grammatik, FS W. Richter, St. Ottilien 1991, 359-378.

Ben Sira – Zur Übersetzungsmethode
alter Versionen

Die von mir durchgeführten Sprachforschungen setzten sich zum Ziele, auch an solchen Stellen die ursprüngliche Absicht eines Autors fassen zu können, wo der originalsprachliche „Urtext" nicht mehr erhalten, sondern nur noch über alte Übersetzungen zugänglich ist. Dafür wählte ich das in der sprachlichen Überlieferung schwierigste, inhaltlich aber so wertvolle Buch des Alten Testamentes, das man nach dem hebräischen Original „Ben Sira" oder nach der griechischen Tradition „Sirach" nennt.

Nicht nur im katholischen, sondern auch im protestantischen und jüdischen Bereich ist derzeit das Interesse am Buch Jesus Sira besonders groß, im deutschsprachig-katholischen u.a. bei kirchenoffizieller Seite, da eine normative Einheitsübersetzung geschaffen wurde, die im liturgischen, schulischen und sonstigen pastoralen Einsatz zugrundeliegen wird. Die größten Schwierigkeiten im Laufe der Übersetzung hatte man mit Ben Sira. Das allein wäre noch nicht als wichtig anzuführen, denn das Buch ist auch inhaltlich von großer Bedeutung. Es ist nicht nur eines der umfangreichsten Werke, die in der Bibel enthalten sind, es ist auch jenes Buch, das – entsprechend der Absicht der weisheitlichen Literatur überhaupt – die konkretesten Antworten für die Gestaltung des Lebens auf dem Fundament der Bibel bietet. So findet man, soweit ich sehe, die entscheidende Antwort auf die Frage, ob und warum der Mensch einen freien Willen besitzt, in Kapitel 15,11–20, behandelt. Die sich in diesem Zusammenhang notwendig ergebende Frage, wo denn das Übel, das Böse seinen Ursprung habe, wird ebendort aufgegriffen.

Aber nicht nur Fragen grundsätzlicher Natur in dieser Hinsicht werden behandelt, sondern unter vielen anderen etwa auch das „Generationenproblem". Wie haben sich die Nachkommen zu den Vorfahren zu verhalten? Vorausgeschickt mag werden, daß sich Sira um das Verhältnis Erwachsener untereinander (also nach unserer Ausdrucksweise:

Eltern und Großeltern) kümmert. Dort liest man nun in der Einheitsübersetzung folgende Worte, die man jährlich am Familiensonntag in
der Weihnachtszeit zu hören bekommt: „... der Herr hat den Kindern
befohlen, ihren Vater zu ehren, und die Söhne verpflichtet, das Recht
ihrer Mutter zu achten" (Sir 3,2). Berechtigterweise wird man sofort mit
dem Finger auf dieses Wort deuten und die patriarchale, starre Ord-
nungsstruktur sanktioniert sehen.

Geht man nun aber von der Übersetzung weg und versucht die alten Textquellen zu befragen, stellt sich die Situation völlig anders dar.
Alle wichtigen alten Übersetzungen (Syrisch, Griechisch und Latein)
des in hebräischer Sprache verfaßten Sira lauten an dieser Stelle anders:
„Der Herr nämlich ehrt den Vater bei den Kindern und er bekräftigt
den (berechtigten) Anspruch der Mutter bei den Söhnen." Man liest
nichts von einem Befehl Gottes, man liest nichts von einer „Unterordnung". Man sieht vielmehr, daß in einer Gesellschaft, in der es kein uns
nur annähernd entsprechendes Sozialwesen gab, durch den Autor die
natürliche und zugleich von Gott gewollte Ordnung berücksichtigt
werden muß, wonach zuerst die Eltern, dann die Kinder kämen; dies
auch und besonders dann, wenn der Wunsch drängend wird, wegen
der eigenen Familie die alten Eltern abzudrängen. Das geht nicht, dagegen wehrt sich die von Gott gesetzte, schon durch die Geburt angezeig-
te Priorität. – Diese Forderung zu umgehen, ist auch heute, gerade aufgrund des (mißbrauchten) Sozialwesens, wieder auf neue Art möglich:
Man schiebt gar häufig lästige Verwandte in Altersheime ab. Zwar sind
sie dort sicherlich menschlich und körperlich bestens „versorgt", aber
ist dies wohl auch die menschlichste Vorgangsweise?

Nun, wie dem auch sei, uns geht es hier darum, was für Christen, die
sich um die Bibel kümmern, die Ausgangsnorm ist. In der angeführten
Stelle leitet die deutsche Übersetzung in die Irre. – Kann dies denn nicht
genauso für die alten Versionen zutreffen? Leicht zu beantworten wäre
die Frage, wenn man auf den Urtext, in unserem Falle auf das hebräische
Original, zurückgreifen könnte. Nun ist aber leider an dieser Stelle das
hebräische Original nicht erhalten. Um aber auf die Absicht des Autors
zu treffen, muß es doch einen Weg geben! Damit ist das Zentralproblem
aufgeworfen: Wie sind die alten Übersetzungen zu werten?

Hier nun setzte meine methodische Arbeit an. – Es ist verwunderlich,
daß bis jetzt keine Versuche unternommen wurden, systematisch und
systematisierend dieses Problem in der vorgenommenen Weise aufzurol-

len. Schwierigkeiten ergeben sich im Zusammenhang dieses Unterfangens dadurch, daß man es mit zwei vollständig verschiedenen Sprachsystemen zu tun hat: Einesteils zählen Hebräisch wie das Syrische zu den semitischen Sprachen, Griechisch und Latein zu den indogermanischen. Als einer neben vielen anderen wesentlichen Unterschieden ist die Tatsache anzuführen, daß es in den semitischen Sprachen Zeitstufen beim Zeitwort, wie sie etwa im Griechischen, Lateinischen und auch Deutschen Selbstverständlichkeiten sind, überhaupt nicht gibt. Dort besteht u.a. nur die Möglichkeit, die Gesichtspunkte der Abgeschlossenheit (Affixkonjugation) bzw. der Unabgeschlossenheit (Präfixkonjugation) beim finiten Verb zum Ausdruck zu bringen.

Mein Forschungsvorhaben versuchte nun Kriterien zu erarbeiten, wonach man Bewertungen vornehmen kann. Als erstes wurde deshalb eine Textgruppe (Kapitel 44,16–45,26) ausgewählt, die in allen entscheidenden und zur Erreichung des Arbeitszieles notwendigen Sprachen überliefert ist. Für diese Stelle wurde der Text der Ausgangssprache genau in seinen formalen Elementen beschrieben, jeder Satz Wort für Wort. Darunter wurden jeweils die syrische, griechische und die lateinische Version gesetzt. Interessanterweise ergab sich, daß fast durchwegs das entsprechende Wort an der positionsentsprechenden Stelle zu finden ist. Wie sich aus dem sprachlichen Verwandtschaftsverhältnis ergibt, trifft diese Übereinstimmung für das Hebräische und Syrische noch häufiger zu als für die indogermanischen Vergleichssprachen. Weiters wurde die Behandlung der sprachlichen Eigenheiten des Hebräischen in den Übersetzungen gesammelt und verglichen. Es ergab sich, daß immer das gleiche Schema zugrundegelegt worden war. Was die Wortwahl betrifft, zeigt sich, daß die syrische Übertragung für die gleiche Vorlage regelmäßig dasselbe Übersetzungswort verwendet. Aber mit wenigen Ausnahmen trifft dies vor allem auch für die griechische Übersetzung zu, wenn auch hier häufiger verschiedene Wörter aus dem gleichen Bedeutungsfeld gewählt werden. Latein hat im Großen und Ganzen als Wiedergabe der griechischen Übersetzung zu gelten.

Von diesem Ergebnis aus konnte der Vergleich mit dem übrigen Buch in Angriff genommen werden. Die vergleichbaren Stellen ergaben eine überraschende Gleichförmigkeit der Vorgangsweise. – So kann man als Summe vorerst einmal festhalten, daß die Übersetzungen nach einem klar greifbaren Schema durchgeführt worden sind. Daher ist

man befähigt, ziemlich genau, wenn schon nicht den gesicherten ursprünglichen Wortlaut, so doch die als sehr wahrscheinlich zugrunde-
liegende Ausgangswortwahl und Syntax zu erahnen. Demnach stellt
sich der Fall so dar: Auch dort, wo man den hebräischen Urtext nicht
mehr zur Verfügung hat, ist er über den Weg der Übersetzungen inhaltlich mit Sicherheit greifbar. Weiters sind die Übersetzungen eine
Transposition, eine Über-„setzung" in die jeweilige Übersetzersprache
bei Beibehaltung der Grundstruktur des Ausgangstextes. Scharf formuliert könnte man sogar überspitzt sagen, daß nur soweit als notwendig
der jeweiligen Übersetzungssprache angepaßte, lediglich nicht in hebräischen Worten verfaßte, „hebräische", zumindest „hebraisierende"
Texte vorliegen. Weichen nun die verschiedenen Texttraditionen untereinander ab, gehen sie auf verschiedene Urtexte zurück und stellen
selbst nur ganz selten „Deutungen" dar.

Nach diesem Ergebnis stellte sich die Frage, wie diese Art der Text-
behandlung durch die Übersetzer im Verhältnis zu jenen Übersetz-
ungsarten steht, die uns im übrigen Alten Testament vorliegen. Der
dahingehende Vergleich ergab, daß die gleiche Art der Wiedergabe,
wie sie in Sira zu finden ist, auch in der Übertragung des übrigen syrischen Alten Testamentes (Peschitta) gegeben ist. Abweichend davon
gilt für die griechische Übertragung des hebräischen Alten Testamentes, wie sie in der ältesten und verbreitetsten Form, nämlich der
Septuaginta, vorliegt, daß der Enkel des Sira, der das Werk seines
Großvaters in die griechische Sprache übertrug, sich in der Wortwahl
nicht nach der „Septuaginta"-Tradition richtete.

Wenn nun auch in der Übersetzung des Alten Testamentes bei Texten, von denen die hebräische Vorlage bekannt ist, und in Sira der gleiche griechische Wortgebrauch gegeben ist, ist es trotzdem zumindest
problematisch, meist sogar ausgeschlossen, mit Hilfe eines Analogie-
schlusses, den „Urtext" sprachlich rekonstruieren zu können. Für jenes
Drittel von Sira, wo kein hebräischer Text erhalten ist, kann man nur
mit Hilfe innersirazidischer Querverweise zu einem annehmbaren Ergebnis kommen. Führen die innersirazidischen Vergleiche nicht zum
Ziel, kann man den syrischen Text als Hilfe heranziehen. In diesem Zusammenhang sei jedoch erwähnt, daß es offensichtlich zwei – möglicherweise von Sira selbst stammende – Ausgangstexte gegeben haben
muß. Dies bezeugen die innerhebräischen abweichenden Parallelverse,
aber auch die Rückschlüsse, die sich durch die Übersetzungen aufdrän-

gen. Die beiden hebräischen Ausgangstexte sind jedoch nicht vollständig verschiedene Texttraditionen, sondern der eine, nämlich die Vorlage für die griechische Übersetzung, scheint eine verbesserte, ausgefeiltere Überarbeitung der gleichen Vorlage zu sein.

Sonach ergibt sich zusammenfassend: Durch die Formalisierung war es möglich, die Übersetzungstechnik herauszuschälen. Es zeigte sich ein in sich konsequent angewandtes System, von dem ausgehend Rückschlüsse erlaubt sind. Da der hebräische Text nicht an allen Stellen erhalten ist, kann und darf er über den Übersetzungsvergleich inhaltlich greifbar gemacht werden. In der syrischen Sprache ist dies formal leichter möglich, doch waren offensichtlich zwei zum Teil voneinander abweichende Ausgangswerke vorgelegen. Die syrische Version folgt dem in vielen Passagen weniger guten. Der besseren hebräischen Vorlage folgt die griechische Übertragung. Die Arbeit mit dieser hat aber immer im Auge zu behalten, daß man die Übersetzung des übrigen hebräischen Alten Testamentes nicht bzw. nicht ohne weiteres als Vergleichsbasis heranziehen kann. Die Textauslegung muß inhaltlich und sprachlich innersirazidische Argumente beibringen können. Für den lateinischen Text ergab sich, daß man es mit einer Übertragung des griechischen zu tun hat, die an wenigen Stellen nach einem hebräischen Ausgangstext überarbeitet worden ist.

So gilt, daß zumindest im Syrischen und Griechischen keine deutenden Übertragungen, schon gar nicht Nachdichtungen, angefertigt wurden, sondern hebraisierende Werke vorliegen, die nach einem vorgegebenen Übertragungsschema möglichst getreu dem hebräischen Original folgen wollen. Sinnänderungen bei diesem Vorgang, wie dies bei dem oben angeführten Beispiel der deutschen Übertragung der Fall ist, scheinen nicht beabsichtigt und auch nicht vorgekommen zu sein. Wollte man eine solche behaupten, muß man derartige Thesen mit sehr gewichtigen Argumenten inhaltlicher Art unterstützen können. Der Regelfall ist diese Möglichkeit jedoch keineswegs.

Erstveröffentlichung in: Almanach '80 der Österreichischen Forschung, Wien 1980, 157-162.

Bibelübersetzung: Wiedergabe oder Deutung?

1. Einführung[1]

1.1. Vorbemerkungen zur Problematik

Jede Übersetzung hat verschiedene Aufgaben und Voraussetzungen.

Von allen Informationsquellen über die Bibel und Interpretationen dieser (z.B. Kommentare, Einzeluntersuchungen) ist die Übersetzung die wichtigste.

- Sie ist im Verhältnis zu allen Untersuchungen die verbreitetste,
- sie ist eine Auslegung, die ohne jede Fachterminologie auskommt, sie braucht nicht im einzelnen begründet zu werden, da ein gewöhnlicher Leser mit Unbekümmertheit oder zumindest mit Vertrauen auf die Verläßlichkeit des Übersetzers an den Text herangeht.
- Ein wichtiger Beleg für die faktische Hochschätzung von Übersetzungen ist z.B. die Argumentation mit den alten Versionen im Rahmen der Textkritik. Stellt sich im Falle von verschiedenen, untereinander abweichenden Handschriften innerhalb einer al-

---

1   Die Abkürzungen der Reihen und Zeitschriften erfolgen nach S. SCHWERTNER, Theologische Realenzyklopädie. Abkürzungsverzeichnis, Berlin, New York ²1992. Die grammatischen Abkürzungen sind: 1. Syn = 1. Syntagma (Subjekt); 2. Syn (Prädikat); Akk = Akkusativ; Anm. = Anmerkung; Atk = Artikel; Bm = Randlesart der Handschrift B; CsV = Constructus Verbindung; D = Doppelungsstamm; Dat = Dativ; EB = Echter Bibel; ePP = enklitisches Possessivpronomen; EÜ = Einheitsübersetzung; fem = femininum; Γ = Griechische Übersetzung des Buches Ben Sira; G = Grundstamm; gen.obj = genetivus objectivus; H = H-Stamm; H = Hebräischer Text Ben Siras (Unterscheidung ergibt sich aus dem Kontext); H-A = Handschrift A; H-B = Handschrift B; H-D = Handschrift D; Hs(s) = Handschrift(en); Inf = Infinitiv; Konj = Konjunktion; LXX = Septuaginta; mask = maskulinum; N = N-Stamm; nom.rec = nomen rectum; nom.reg = nomen regens; NS = Nominalsatz; Pass = Passiv; Pl = Plural; PräpV = Präpositionalverbindung; Ptz = Partizipium; Sg = Singular; SK = Suffixkonjugation; sPP = selbständiges Personalpronomen; st.cs = status constructus; Subst = Substantiv; Syr = Syrische Übersetzung; VS = Verbalsatz.

ten Sprache nicht die Frage, welche von den Übersetzungslinien
Zeuge für den richtigen Grundtext sei, welche der verschiedenen
Textfamilien auf diese Weise greifbar werden bzw. welche Auf-
gabe die Abweichungen zu erfüllen haben?

Für den durchschnittlichen Verwender einer Übersetzung in einer mo-
dernen Sprache gilt diese als das Original der Offenbarung. Kaum ein
Bibelleser ist der Ansicht, daß die Übersetzung nicht identisch mit der
Offenbarung ist: ob diese hebräisch, aramäisch, griechisch, syrisch oder
z.B. deutsch ist, kann doch keinen solchen Unterschied machen, ist weit
verbreitete Ansicht.[2]

Diese Beobachtungen sollten dazu veranlassen die Übertragung in
eine moderne Sprache besonders sorgfältig zu bedenken und auszu-
führen. Ein Übersetzer wird zuerst den *Ausgangstext* genau analysieren,
wobei hier mitunter wegen der Tradierungsstränge schon erhebliche
Probleme bewältigt werden müssen. Die *Übersetzung* hat auf die Nuan-
cen der Zielsprache und das jeweilige Sprach-, oft auch Sozial- und
Kulturempfinden besondere Rücksicht zu nehmen. Ist dies nicht der
Fall, wird das Verständnis des übersetzten Textes von vornherein – z.T.
unbewußt – in eine bestimmte Richtung gelenkt, mitunter dadurch belastet oder gar in die Irre geführt.

1.2. Kriterien für die Auswahl der Untersuchungstexte

Die Verse bzw. Phrasen sind nach verschiedenen Gesichtspunkten ausgewählt worden:

– Sir 11,15f ist in H, Γ und Syr erhalten. Die Belegbarkeit in Γ beschränkt sich auf unbedeutendere Hs(s). Darauf fußt das Argument, daß die Verse sekundär seien. Sollte auch das Urteil für die
griechische Tradition richtig sein, entbindet dies nicht davon, die
Abzweckung und die literarische Qualität in der hebräischen
Überlieferung zu untersuchen. Die Etikette „Zusatz" läßt das
weitere Interesse schwinden und eine detaillierte Behandlung
wird anhin unterlassen. Wie weit dies berechtigt ist, soll überprüft werden. Es könnten sich Argumente ergeben, wonach die

---

2   Vgl. dagegen den konsequenten Rekurs auf den arabischen Text des Koran durch
die Muslime.

hebräische Überlieferung den Vorrang zu genießen hat und die Übersetzungen durch die Auslassung von Stichen eine tendenziöse Interpretation vornehmen.

– Mit Sir 3,1f wird der Beginn einer größeren Einheit, die sich mit dem Verhältnis zwischen den Eltern und Kindern beschäftigt, herausgegriffen. Die programmatischen Verse am Beginn legen die Verständnisausrichtung für das ganze Gedicht fest: in diesem Fall weichen die Übersetzungen z.T. weit voneinander ab. Welche jene ist, die am nächsten den nur in Γ und Syr überlieferten Übersetzungen kommt und von welchem Vorverständnis die unterschiedlichen Übertragungen geleitet sind, soll an diesem Beispiel erhoben werden.

– Der dritte Abschnitt widmet sich einem Wortpaar, das in einem Konstruktusverhältnis steht, nämlich בני ישראל. Es geht um die Sinnerhebung und die Frage nach der Übersetzung. In einer Zeit, in der sich im Alltag mit großem Nachdruck das Bewußtsein durchsetzt, daß Frauen, wenn sie gemeint sind, auch genannt werden wollen, und da Kollektivumschreibungen mit betont „männlicher" Ausrichtung nicht mehr verantwortbar erscheinen, hat man die Übersetzung in einem solch sensiblen Bereich besonders vorsichtig vorzunehmen. Zum einen ist anzufragen, wen diese Worte bezeichnen, und weiter, wie man den Inhalt so formuliert, daß er der deutschen Sprache gemäß am treffendsten angepaßt wird. Denn durch die Sensibilität für geschlechtsorientierte Formulierungen können Emotionen geschürt werden, die sich langfristig zu schwer lenkbaren Vorurteilen entwickeln.

Durch die Häufigkeit und das Vorkommen im Kontext von sehr zentralen biblischen Themen wird das Anschauungsbeispiel zu einem Musterfall weitreichender Wirkung kleiner Textpassagen.

2. Untersuchung von 11,14–16 nach der H-, Γ- und Syr-Version

Als die hebräischen Fragmente des Buches Ben Sira entdeckt wurden, schloß sich eine rege Diskussion über deren Originalität an[3]. Sie ist im

---

3   Vgl. die heftige Diskussion, für die einige Literaturhinweise geboten werden: KÖNIG, Evidence 234f; ders., Evidence Really 139f; ders., Origin 170–176; ders. Originalität;

Kern dahingehend entschieden, daß die H-Handschriften im Laufe der Tradierung noch Überarbeitungen erfahren haben können. Aber grundsätzlich hat man davon auszugehen, daß bei Vorliegen eines H-Textes bewiesen werden muß, es handle sich *nicht* um die ursprünglichere Version. Nun wird der H-Text in den Vv11,15f nicht intensiver untersucht, weil sich die griechische Belegung nur auf weniger gewichtige Textzeugen stützen kann. In diesem Fall scheint die Beweiskette umgeschichtet: Es steht nicht zur Debatte, wie manche Γ-Handschriften zu deren Lesart kommen und welche Gründe es für die Auslassung von Stichen geben kann; vielmehr wird H-A als (nachträglicher) Überhang qualifiziert. Es werden dann noch Hinweise angefügt, V14 schließe glatt an V17 an, sodaß man die innere Dynamik von 14–16 schon gar nicht mehr in den Blick zu bekommen sucht. Ist aber ein geschlossener Aufbau in H-A aufzuzeigen und ist die H-Vorlage in der jetzigen Form nicht von den Übersetzungen bzw. deren H-Vorlagen abzuleiten, wird es nötig sein, das Urteil über die Ursprünglichkeit zu überprüfen.

2.1. Analyse des hebräischen Textes (H-A)

2.1.1. Die Stichen 14a und 14b

V14a besteht aus einer Aufreihung von drei antithetischen Wortpaaren, von denen die beiden ersten aus einem verwandten Wortfeld – mit Position und Opposition – stammen (חיים ומות טוב ורע); sie dienen der Basisargumentation. Das dritte Paar (ריש ועושר) stammt aus dem Besitzbereich und liegt somit auf der *Anwendungsebene*. Zusätzlich ist zu beobachten, daß je der positive Ausdruck in den beiden ersten Paaren an erster (חיים; טוב), der negative (מות; רע) an zweiter Stelle steht. Damit werden die beiden ersten vier Worte auch formal sehr nahe aneinander gerückt. Im dritten Paar ist die Reihung gegenteilig: negativ –

---

ders., Professor Margoliouth (1898/99), 512–516.564–566; ders., Professor Margoliouth (1899/1900) 31f.69–74; MARGOLIOUTH, Destruction 26–29; ders., Cairene Ecclesiasticus 45f; ders., Ecclesiastes 118–126; ders., Evidence 90–92.191f; ders., Language 295–320.381–387; ders., Origin; NÖLDEKE, Original Hebrew 247–364; RYSSEL, Fragmente 363–403; STORR, Bedenken 203–231; TAYLOR, Originality; TORREY, Hebrew 585–602; TOUZARD, L'original Hebreu (1897) 271–282.547–573; (1898) 33–58; DI LELLA, Authenticity 171–200.

positiv. Eine chiastische Anordnung der Paare ist wegen der Dreizahl nicht möglich, weswegen die Umordnung im dritten Paar stört (vgl. die Umstellung, die Syr vorgenommen hat).

Syntaktisch erfüllen alle sechs Substantiva die Aufgabe des 1. Syn Die einfache Beschreibung läßt sechs Akzente angegeben, wodurch der Vers sehr lang erscheint[4]. Die Thematik רע וטוב bzw. מות חיים sind sirazidische Zentralthemen:

12,4	תן לטוב ומנע מרע
13,25b	אם לטוב ואם לרע
37,18c; vgl. neben H-D auch H-B und Bm	טוב ורע וחיים מות
39,25a	... לטוב חלק מראש
39,25b	כן לרעים ורע (Bm לרע) טוב
30,17a; bzw. die Überarbeitung	טוב למות מחיי שוא
30,17c	טוב למות מחיים רעים
15,17a	לפני אדם חיים ומות
33,14a.b	טוב ... ונוכח חיים מות ...
33,14c.d	חשם נוכח איש טוב רשע ונוכח האור

Allerdings gibt es keine Reihe, die mehr als vier Termini so nennt, daß sie in einem Stichus vorkommen. Zudem wird das Thema Leben/Tod mit Armut bzw. Reichtum im Bereich der Diskussion von Grundsatzfragen nie in engere Verbindung gebracht. Dies ist besonders notierenswert, da beide Themenblöcke im Buch Ben Sira eine herausragende Rolle spielen; vgl. z.B. die Konkretion in 4,1.

V14b bringt eine PräpV, womit die Herleitung der Substantiva aus V14a aufgezeigt wird (מיי); darauf folgt ein sPP. Beide Worte bilden keinen Satz; sondern fungieren als 2. Syn zu den Sustantiva aus 14a. Metrum des Stichus: zwei Akzente.

Die angeführten Beobachtungen weisen darauf hin, daß der Text in 14a erweitert bzw. auf einen bestimmten Bereich hin angewendet worden ist. Nimmt man nun die Worte ועושר ריש aus dem Text, ergibt sich ein Parallelismus, der keineswegs überlang ist und keine metrischen (4:2), noch thematischen Spannungen aufweist:

מיי הוא	11,14b	ורע חיים ומות	11,14a

---

4   Wenn – was aber ungewöhnlich ist – das die Wortpaare verbindende ו eine Akzentzusammenziehung erreicht, dann liegen drei Hebungen vor.

Für die Interpretation des Textes ist zu beachten, daß der Einschub
(ריש ועושר) – in allen Versionen belegt – schon sehr früh vorgenommen
worden sein muß, sodaß er die erste Stufe der Aktualisierung darstellt.

2.1.2. Die Stichen 15a und 15b

V15a setzt sich wie 14a aus einer Substantivaufreihung, bestehend aus
zwei Wortpaaren, die aus dem gleichen Wortfeld stammen, zusammen;
eine stilistische Variante ist insofern zu registrieren als חכמה ושכל einander beigeordnet werden (entspricht auch der inhaltlichen Gleich-
stellung der beiden Termini in Sira), während והבין דבר eine CsV darstellt und als ganze durch die Konj eingeleitet wird[5]. Für die Ursprünglichkeit von דבר spricht die eher seltenere Wortwahl. Die Phraseologie
ist typisch sirazidisch: vgl. die bei Sira בין zugeordneten direkten Objekte: מבין אל (38,4); יבין דבר (33,3a: ἐμπιστεύσει λόγῳ; trotz des mangelhaft
erhaltenen Textes ist sicher, daß 3b mit תורה beginnt: καὶ ὁ νόμος; יבן
לבם (6,37); יבין משלי חכמים (3,29); יבין משפט (32,16). Die Beeinflussung
durch 1Sam 16,18 (נבון דָּבָר[6]) ist möglich. Man kann damit rechnen, daß
ein für Sira typischer Bezug zu protokanonischen Bibelteilen vorliegt.
Der Stichus hat vier Hebungen. V15b ist identisch mit 14b.

Von der Metrik (4:2) und thematischen Geschlossenheit (auch die
Themen selbst sind für Sira kennzeichnend) und dem innersirazidischen Valenzvergleich בין, ist nach der Überprüfung des Textes kein
Emendationsvorschlag berechtigt. Daran ändert sich auch nichts, wenn
man die Übersetzungen berücksichtigt, da man deren Wortwahl inhaltlich und stilistisch erläutern kann:

11,15a חכמה ושכל והבין דבר   11,15b מייי הוא

2.1.3. Die Stichen 15c und 15d

V15c besteht aus einer Reihe von drei Substantiva. Diese stehen insofern in
Antithese; als sich das erste Nomen (חטא) in Opposition zum nom.reg
(ישרים) der folgenden CsV (דרכים ישרים) befindet. Notierenswert erscheint die Form der CsV, da דרכים (mask pl) nicht im st.cs דרכי steht.

---

5 Man könnte die Frage aufwerfen, ob nicht vor דבר eine Konj ausgefallen ist und zudem הבין nicht Inf H ist, sondern als Atk und Subst einzustufen ist.
6 Skehan/Di Lella, Wisdom 237.

Man kommt durch die volle Form von דרכים statt דרכי auf ein Wortpaar mit zwei Akzenten; auf diesem Weg bleiben in 15c drei Akzente erhalten.

חטא hat bei manchen Exegeten Anstoß erregt: „würde direkt 15,11ff. (vgl. 10,18 Lat) widersprechen"[7]. Die Argumente für die Emendationsvorschläge sind direkt oder indirekt von der Γ-Version (ἡ ἀγάπησις) beeinflußt. SMEND[8] vermutet eine Verschreibung aus חבה oder חיבא; חיבה (!)[9] sei zu Unrecht von חוב (Schuld; Subst hapax legomenon in Ez 18,7; Verb in Dan 1,10) abgeleitet und durch das sinngleiche חֵטְא ausgetauscht worden. – V15d ist identisch mit 14b.

Die Antithese formuliert ein sirazidisches Kernproblem, liegt auf der Ebene von 14a (טוב ורע), ist aber durch die Wortwahl doch herausfordernder. Man mag die Frage stellen, ob hier der monotheistische Glaube, für den JHWH den Souverän schlechthin darstellt, in einer Schärfe zu Ende gedacht wird, daß man als Leser geradezu zurückschreckt. Diese Formulierung – Gott und Sünde – übersteigt bei weitem den indirekten Weg, Gott und Unheil in Verbindung zu bringen, wie es z.B. im Falle von Versuchungstexten geschieht. Siras Argument liegt auf der theologischen Ebene der Grundlagendiskussion, wie Jes 45,7. Allerdings wird die *theo*logische Brisanz noch gesteigert, indem Gott nicht nur „das Böse schafft", sondern sogar „die Verfehlung" von Gott hergeleitet wird. Der Rhythmus (3:2) zeigt durch die Verkürzung eine argumentative Steigerung gegenüber den breiteren Metren (4:2):

11,15d מייי הוא	11,15c חטא ודרכים ישרים

2.1.4. Die Stichen 16a und 16b

Das V16a einleitende שכלות (Klugheit) ist wohl nur orthographische Variante zu סכלות (Torheit; vgl. סכל in 51,23; von שכל sind bei Sira nur Verbformen belegt). Damit ergibt sich ein Parallelismus mit חושך, der im Satzganzen sinnvoll ist.

---

7   PETERS, Buch 98.
8   SMEND, Weisheit 106; im Anschluß daran auch PETERS, Buch 98; RÜGER, Text 110 Anm. 20.
9   Vgl. die Orthographie bei PETERS; wenn man dieses stille Umschwenken dulden darf, dann muß man Varianten wohl auch biblischen Autoren bzw. Abschreibern biblischer Texte zugestehen und darf z.B. assonantisch erklärbare Abweichungen nicht sofort anders als eben solche bewerten.

Analog zur Funktion von מייי kann man die PräpV לפשעים verstehen, wobei die inhaltliche Antithese zu beachten ist. Die erste PräpV sagt, woher die in 14–15 aufgezählten Gegebenheiten stammen, 16 führt aus, worauf sie hingeordnet sind; das N Ptz von יצר bringt durch das Pass den Hinweis auf Gott ein. Syntaktisch läßt N Ptz נוצרה deutlich werden, daß סכלות (שכלות) das Bezugswort darstellt, das wie z.B. מלכות fem ist; חושך dagegen ist mask.

Die von SAUER vertretene „Kinderlosigkeit"[10] – שכל G + H kinderlos; שְׁכֻלִים kinderloser Zustand – ist eine ziemlich singuläre Deutung. Für kinderlos ist nur[11] עֲרִירִי in 16,3 belegt; ebendort wird die Kinderlosigkeit für den Fall, daß die Kinder mißraten sind, als Positivum hingestellt.

Da sich מייי הוא (14b.15b.15d) und לפשעים נוצרה funktional entsprechen (fungiert als 2. Syn), sind jene Worte als 16b zu werten. Für die syntaktische Bestimmung und im weiteren stilistische Zuordnung spricht die Analogie zu 14a.b; 15a.b und 15c.d, da je aus diesen beiden Stichen der Satz gebildet wird; der gleiche Fall scheint auch in 16a.b vorzuliegen.

2.1.5. Der überzählige Satz in V16

Am Ende von V16 findet sich noch ומרעים רעה עמם (16b*) und es stellt sich die Frage, wie diese Worte inhaltlich bzw. stilistisch einzuordnen sind. Der Satz ist wie die anderen ein NS, der sich dadurch gravierend unterscheidet, daß nicht Abstrakta das 1. Syn bilden, sondern das H Ptz (מרעים), bei dem die Handlungsfunktion durch das H hervorgehoben wird (vgl. ähnlich 37,4): „die Übelwirkenden". Vom 1. Syn wird als 2. Syn ausgesagt: רעה עמם, „Schlechtigkeit mit ihnen", d.h. „Die Übelwirkenden (haben) die Schlechtigkeit mit ihnen (bei sich)". Das kann so verstanden werden, daß die schlecht Handelnden unerschöpflich schlecht sind. Jedoch kann man den Satz auch reflexiv verstehen, wonach jene, die Schlechtes bewirken, von diesem wiederum selbst betroffen sind (es ist also eine „Tat-Folge" anzunehmen). Beide Verständnisarten unterscheiden sich von den vorangehenden ins Grundsätzliche weisende Aussagen, sodaß man an-

---

10   SAUER, Jesus Sirach 532.
11   In 16,4 ist der Text mit „kinderlos" nicht gesichert.

nehmen wird müssen, daß 16b* eine spätere Zufügung darstellt, die eine
konkrete Schlußfolgerung aus den vorangehenden Feststellungen ziehen
möchte, wodurch sich das Verständnis auf die „Tat-Folge" einschränkt. –
Der Ausgangsvers hat das Metrum 2:2:

11,16a שכלות וחושך   11,16b לפשעים נוצרה

Zusatz und Aktualisierung: 11,16b* ומרעים רעה עמם

2.1.6. Gesamtstruktur und der Text im Wortlaut

In H liegt eine wohlgeformte, thematisch in sich geordnete Stilfigur
vor: 14a.b bringt je grundlegende Gegensätze des Positiven wie Negativen, und die Herleitung von Gott; das erste Wort von a (טוב) weist
schon darauf hin, daß V15 positiv (חכמה) weiterlaufen wird.

15a bietet Positives und die Herleitung von Gott; 15c ist wieder von
der Opposition negativ – positiv geprägt, und nennt die Herleitung von
Gott; das erste Wort von c (חטא) weist schon darauf hin, daß V16 negativ (סכלות/ש) fortgeführt wird.

16a spricht vom Negativen und führt die Hinordnung dessen an
(bildet demnach eine Opposition zu den vorangehenden Herleitungen):

מייי הוא	11,14b	טוב ורע חיים ומות	11,14a
מייי הוא	11,15b	חכמה ושכל והבין דבר	11,15a
מייי הוא	11,15d	חטא ודרכים ישרים	11,15c
לפשעים נוצרה	11,16b	שכלות וחושך	11,16a
Aktualisierende Konkretionen:		ריש ועושר	11,14a
		ומרעים רעה עמם	11,16b

Ergänzende Überleitung zu der aktualisierenden Antithese Vv17(–19):

		מתן ייי	11,17a
ורצנו יצלח לעד	11,17b	דיק לעד יעמד	11,15a

2.2. Analyse des Γ-Textes

2.2.1. Der Text

Mittels „ " wird auf die Unterschiede zum H-A Text hingewiesen; diese
werden anschließend im Detail besprochen.

14   ἀγαθὰ καὶ κακά (Pl), ζωὴ καὶ θάνατος,   παρὰ κυρίου „ἐστίν".
      [πτωχεία καί πλοῦτος]
15a.b σοφία καὶ ἐπιστήμη καὶ γνῶσις „νόμου"   παρὰ κυρίου „ ",
15c.d „ἡ ἀγάπησις" καὶ ὁδοὶ „καλῶν ἔργον"   παρ' αὐτοῦ εἰσιν.
16   πλάνη καὶ σκότος ἁμαρτωλοῖς συνέκτ„ισται"

      [„τοῖς δὲ γαυριῶσιν ἐπι" κακίᾳ „συγγηρᾷ"
      κακία]

2.2.2. Untersuchung

V14 reiht 6 Substantiva auf, die inhaltlich H-A entsprechen, inklusive
der paarweisen Verknüpfung durch die Konj καί. Im Unterschied zu H-
A stehen die beiden ersten Nomina jedoch im Plural; die Pluralsetzung
entspricht der Eigenart des Γ[12]. Auch das Satzende folgt H-A, wobei für
הוא in ἐστίν nur z.T. eine sachentsprechende Übertragung stattfindet.

In Γ fällt die stichische Strukturierung nicht ins Auge. Die Länge
des Satzes durch die sechs Substantive ist auffällig

Die Vv15.16 sind von vielen guten Handschriften nicht belegt und
werden gewöhnlich ΓII zugeschrieben[13]. Auffällig ist, daß H-A und Γ
(vielleicht ΓII) großteils übereinstimmen. Durch Anpassung an die
griechische Stilistik, in der das mehrfache Vorkommen ganz gleicher
Wortverbindungen in so kurzen Abständen innerhalb einer Argumentationskette kaum als besondere Kunstform gelten kann, ist der Parallelismus und die Stichometrie nicht mehr so klar zu erkennen.

V15a.b kann auf H-A bzw. einen ähnlichen Text als Vorlage zurückgehen. Zu notieren ist, daß γνῶσις den Inf הבין wiedergibt (es gibt
zuwenige Belege, als daß dessen Übereinstimmung mit dem Übersetz-
zungsusus in Zweifel gezogen werden könnte). דבר mittels νόμου zu
übertragen scheint nicht ausgeschlossen, obwohl von den 30 νόμος-Vor-
kommen[14], von denen bei weitem nicht immer ein H-Text erhalten ist,
8x תורה die Vorlage ist[15]; דבר ist aber nicht ungewöhnlich[16]. Wenn

---

12   Vgl. die Belege bei REITERER, Ben Sira 160f.
13   Vgl. so SKEHAN/DI LELLA, Wisdom 235; vgl. dagegen SEGAL, ספר בן 71; belegt bei
      O-V L' 248-672-694-743 339 La Arm.
14   REITERER, Urtext 194 Anm. 4; manche fordern תורה als Ausgangswort; so PETERS,
      Buch 98.
15   REITERER, Urtext 139 Anm. 4.

1Sam 16,18 (נָבוֹן דָּבָר) die terminologische Vorlage gebildet haben soll-te[17], die in der LXX als σοφὸς λόγῳ übetragen wird, kann man aufgrund der Unterschiede bei der Übertragung und darüber hinaus wegen der Eigenart des Sira-Übersetzers דבר nicht als Vorlage für νόμος zurück-weisen.

Zu beachten ist, daß – anders als in 14b – kein Wort anstelle von הוא steht; dies dürfte aber mit dem 15d abschließenden εἰσίν zusam-menhängen und erreicht eine im Griechischen bessere Stilistik, wobei die im Hebräischen wohlklingende Trias nur noch z.T. (παρὰ κυρίου) er-halten ist.

15c.d formuliert ausschließlich positiv, sodaß die Unterschiede zwi-schen H und Γ erheblich sind: ἀγάπησις und חטאא können nicht auf-einander zurückgeführt werden. Ohne sich genau festzulegen, verwei-sen SKEHAN/DI LELLA auf "some such term as 'aḥăbâ"[18], der ursprüng-lich gewesen sein dürfte. Die Positionen der Exegeten divergieren: in jüngerer Zeit halten immer mehr am H fest[19], andere vermuten auf-grund von Γ eine andere Vorlage bzw. schließen sich Γ an[20]. Dem Über-setzer scheint ein Text mit einem Schreibfehler vorgelegen zu sein, der anstelle eines ט ein ב (also statt חטאא den Aramaismus חבא las, wo-durch die Identifizierung mit חבא/ה möglich wurde.

Es ist nicht ausgeschlossen, daß für καλῶν ἔργον ישרים Vorlage ge-wesen ist. Der H-Text spricht von einer Personqualifizierung, während Γ auf objektiv feststellbare Fakten weist. Letzteres fügt sich aber weit weniger gut zu ὁδοί, da wohl anzunehmen ist, daß „Wege, Lebens-wandel" auf Personen und nicht auf Taten zu beziehen sind. Γ scheint zwar auf eine – mutmaßlich einer dem erhaltenen H-Text ähnlichen – Vorlage zurückzugehen; in diesem Falle ist die Übersetzung als zu-mindest nicht gelungen zu bewerten.

מייי הוא wird παρ' αὐτοῦ εἰσιν zugrundeliegen. Daß ייי durch ein Pronomen ersetzt wurde, entspricht griechischer Stilistik, wie auch die Variation zwischen ἐστίν (V14b) und εἰσίν (V15d).

16 „.... erscheint originell gegenüber dem γνῶσις νόμου", SMEND, Weisheit 106; als späte sekundäre Zufügung ist 19,19 zu beurteilen γνῶσις ἐντολῶν.
17 So SKEHAN/DI LELLA, Wisdom 237.
18 SKEHAN/DI LELLA, Wisdom 237.
19 Vgl. u.a. SAUER, Jesus Sirach 533.
20 Z.B. HAMP, Buch 599; SNAITH, Ecclesiasticus 61.

Die verschiedenen Elemente 14b (παρὰ κυρίου ἐστίν), 15b (παρὰ κυρίου) und 15d (παρ' αὐτοῦ εἰσιν) weisen auf das im H gleichbleibende Element מיי הוא, jedoch sind die verbale wie metrische Ebenmäßigkeit in der Übersetzung gestört; an deren Stelle tritt ein dem Griechischen gut entsprechender Text.

Die Substantiva in 16a+ haben in H-A eine Entsprechung. Der Dat ἁμαρτωλοῖς entspricht der mit ל eingeführten PräpV. In Γ würde man bei der Übersetzung des Verbums den Plural erwarten; allerdings weist dies auf eine Sg H-Vorlage, die in נוצרה gegeben ist.

Daß 16b+ schon früh dazugefügt wurde, zeigt auch Γ. Es ist nicht gewiß, ob H-A vorgelegen ist. Dies ist dann naheliegend, wenn man in der Übersetzung eine Deutung sieht. Τοῖς δὲ γαυριῶσιν weist auf ein Ptz. in der Funktion eines Objekts; jenes in H-A (מרעים) fungiert aber als 1. Syn „sich brüsten" von Γ entspricht auch inhaltlich nicht dem „Übles betreiben" von H-A. Wer in ἐπὶ κακίᾳ die Aufnahme von רעע sieht, muß die Akzentverschiebung in der Aussage erklären: nach H sind es „die Übelwirkenden" (z.B. κακοποιεῖν; vgl. Γ in 19,28), während in Γ das Tun des Schlechten nicht so direkt ausgedrückt wird: „den sich über die Schlechtigkeit Rühmenden". Zudem wird der Text im Verhältnis zu H um vieles gedehnt; dies könnte auf mehrere Worte als Vorlage für συγγηρᾷ nur als Deutung verständlich. Die grammatischen Bezüge sind anders verteilt: κακία übernimmt die Rolle des 1. Syn und ist nicht Bestandteil des 2. Syn. Insgesamt scheint es, daß dem Übersetzer von 16b* ein Text vorlag, der mit einer PräpV begann, der teils mit H-A übereinstimmt, aber nicht gleich gewesen ist. Da diese Vorlage kaum bedeutend umfangreicher als H-A gewesen ist, dürfte sie keinen ursprünglichen Parallelismus zu 16a.b dargestellt, sondern eine Auslegung von לפשעים gebildet haben. Sie bricht das Metrum und weist auf Weiterarbeit am Text hin. Diese dürfte allerdings schon früh stattgefunden haben, jedenfalls vor der Aufnahme durch den Überarbeiter der Γ-Vorlage.

<h2 style="text-align:center">2.2.3.</h2>

Als Beurteilung von Γ ergibt sich demnach, daß eine Übersetzung gegeben ist, die vermutlich (schon mit den Erweiterungen in 14a.16b*) H-A oder eine sehr ähnliche Version vor sich hatte. Die Unterschiede haben also vermutlich nur zum geringen Teil in einer abweichenden

Textbasis ihre Anlässe; wahrscheinlicher ist, daß die Übersetzung sich dem griechischen Stilempfinden anpaßt und zudem interpretierende Absichten verfolgt. In diesen Kontext fügt sich auch die Änderung, die die theologisch provokante Formulierung in 15c erfährt. Auf diese Weise ist auch die Argumentationskette nicht mehr so klar gegeben, wie sie in H-A vorliegt.

2.3. Analyse des Syr-Texte

2.3.1. Der Text

Mittels fetter Formatierung wird auf die Unterschiede zum H-A Text hingewiesen; diese werden anschließend im Detail besprochen.

14a	ܛܒܬܐ ܘܒܝܫܬܐ ܚܝܐ ܘܡܘܬܐ ܥܘܬܪܐ ܘܡܣܟܢܘܬܐ	14b	ܡܢ ܐܠܗܐ ܗܘ̈ܝܢ ܐܢܝܢ
15a	ܚܟܡܬܐ ܘܣܘܟܠܬܐ ܘܝܕܥܬܐ ܕܢܡܘܣܐ	15b	ܡܢ ܠܘܬ ܡܪܝܐ ܗܘ
15c	ܚܘܒܐ ܘܐܘܪܚܬܐ ܕܟܐ̈ܢܐ ܠܛܒ̈ܐ	15d	ܡܢ ܠܘܬܗ ܐܢܝܢ
16a	ܣܟܠܘܬܐ ܘܚܫܘܟܐ	16b	ܠܚܛܝ̈ܐ ܐܬܒܪܝܘ

16b* ܘܡܢ ܐܝܠܝܢ ܕܡܬܪ̈ܘܡܝܢ ܒܒܝܫܬܐ ܒܝܫܬܐ ܥܡܗܘܢ ܡܩܝܡܐ

2.3.2. Analyse von Syr

In 14a des Syr finden sich die gleichbedeutenden 6 Substantiva von 14a wie in H und Γ (setzt also schon die längere Version voraus); jeweils sind sie paarweise durch die Konjunktion ܘ verknüpft. Syr stellt entsprechend der Qualifikation „positiv – negativ“ die „richtige“ Folge her: je steht in erster Position das Positive, so im Gegensatz zu H-A und Γ auch im dritten Paar: ܬܪ̈ܝ. Es sind kaum Zweifel angebracht, daß Γ jene Wortfolge, wie sie H-A bezeugt, voraussetzt. Syr jedoch zeigt, daß es dem natürlichen Gedankenrhythmus entspricht, wenn alle Paare thematisch analog angeordnet sind. Da Syr im Gegensatz zu Γ den semitischen Sprachen angehört, ist aus diesem Bereich ein Beleg gegeben, daß das Stilempfinden für eine gleichbleibende Folge spricht, d.h. eine Umstellung nicht naheliegt. Dies mag man als einen innersemitischen Hinweis zur Kenntnis nehmen, daß das letzte Paar in H-A auf eine sekundäre Hand zurückgeht und nicht aus dem ersten dichterischen Fluß stammt[21].

14b, ܡܛܡ ܐܠܗܐ ܝܥܩ ܐܘܢ, stimmt nur bedingt mit H-A wie Γ überein, wenn auch eine ähnliche Vorlage gesichert erscheint. ܡܛܡ ist nicht Entsprechung von מִן und zeigt eine unterschiedliche Intention an: die aufgezählten Inhalte *stammen* nicht *von* Gott, sondern *befinden* sich *vor* ihm. ܝܥܩ ܐܘܢ ist ein Überhang der die Funktion einer Interpretation ausübt.

Daß Syr deutet, ist auch in 15a belegt. ܩܕܝܫܘܬܐ (Anständigkeit; Heiligkeit) steht an der Position von שֵׂכֶל, vgl. ἐπιστήμη. Die engere Auslegung von דבר setzt ܢܡܘܣܐ voraus, wie dies auch in Γ (vgl. νόμος) geschehen ist. Dieses Wort kann darauf hinweisen, daß Γ Syr bekannt war, ohne daß man an der grundsätzlichen Beobachtung zu rütteln braucht: „Syr geht nicht auf Γ, sondern auf H zurück"[22].

Bei der Formulierung ܡ ܕ ܠܘܬ ܗܘ ܗ (15b) entspricht Syr H-A. Im Gegensatz zu H stimmt der Autor das sPP mit dem ersten Bezugswort (ܚܟܡܬܐ) überein. H-A dagegen bleibt dem System des stilistischen Gleichklanges treu, obwohl היא חכמה erwarten ließe.

In 15c (ܘܣܒܟ ܘܐܘܪܚܬܐ ܕܟܐܢܐ ܠܗ) läuft Syr zu H-A parallel, wobei festzuhalten ist, daß Syr ישרים mittels ܐܘܪܚܬܐ ܕܟܐܢܐ im Sinne von H-A und nicht von Γ verdeutlicht. – Die Ableitung des ersten Wortes ist für die Traditionszuweisung entscheidend: wenn, wie hier ܣܘܟܐ[23] angenommen wird[24], ist חטא Vorlage. Sollte ܣܘܚܒܐ (Liebe; vgl. aber das Fehlen der Verdoppelung) zu lesen sein, ist die Übereinstimmung mit ἡ ἀγάπησις in ΓΙΙ („Liebe und die Wege der Rechthandelnden" anstelle von „Vergehen und die Wege der Rechthandelnden") auffällig.

In 15d ist bei ܡ ܠܘܬܗ ܐܢܘܢ die Übereinstimmung mit ΓΙΙ παρ' αὐτοῦ εἰσιν auffällig. Aus der Eigenart des Syr ist ܐܢܘܢ erklärbar: schon in 15b hat er richtig mit dem Bezugswort aus 15a die Übereinstimmung hergestellt; in 15d liegen nun scharfe Gegensätze vor, sodaß sich für die Zusammenfassung der Pl nahelegt. Es scheint nicht ausgeschlossen, daß ein teilweise von H-A unterschiedlicher Text Syr zugrundeliegt, da

---

21 Allerdings ist diese Einfügung auch schon sehr früh anzusetzen; gemeinhin rechnet man V14 zu ΓΙ, also der vom Enkel stammenden Version.

22 ZIEGLER, Sapientia 31.

23 BROCKELMANN, Lexicon 218.

24 Vgl. ausdrücklich dagegen PETERS, Buch 98.

die Verwendung des sich auf Gott beziehenden ePP anstelle der Gottes-
bezeichnung ungewöhnlich erscheint.

Die Übereinstimmung von 16a.b mit H-A ist gegeben; die Ausnahme ist die Satzform: in H-A steht ein NS, in Syr ein VS.

Der Satz 16b* ist wie in H-A und in wenigen Hss von Γ belegt.
Während in H *ein* Satz vorliegt, bietet Syr deren zwei, die ineinander ver-
schachtelt sind, wodurch sich die Bezüge flüssiger ergeben. Aus dem 1.
Syn ומרעים wird eine vorgezogene, einführende PräpV, die durch einen
NS – inhaltlich im Sinne von H – erläutert wird: ܘܡܢ ܟܠ ܕܡܘܗܒܬ (von ܐܕ
war in H nichts zu lesen, doch ist das Kausativ des H gut getroffen)
ܕܒܝܫܬܐ. Die Fortsetzung ܕܒܝܫܐ ܝܬܪ ܗܘܐ ist identisch mit H, das folgende
ܡܘܣܦ vermag als durative Form die Intention gut zu formulieren, hat aber
in H-A keinen Ansatz. Die Parallelität zu συγγηρᾷ ist offensichtlich. Γ und
Syr unterscheiden sich: Syr bleibt auf der Beschreibungsebene jener Folgen, die sich einstellen, wenn man der Schlechtigkeit huldigt. Γ formuliert
distanzierter und zugleich moralisierender. Im Kontext der bisherigen
zum Grundsätzlichen neigenden Argumente dürfte Syr die ursprünglichere Intention der Erweiterung erhalten haben.

2.4. Summe für den „Urtext", seine frühe Überarbeitung und die Deutung durch die Übersetzungen in Γ wie Syr

2.4.1. Ausgangstext und überlieferter Text

Kein vorliegender Text kann mit Sicherheit für sich allein in Anspruch nehmen, mit Gewißheit der Urtext gewesen zu sein. Die Konvergenz der Versionen in H, Γ und Syr weist aber unzweideutig darauf hin, daß es eine Origi-
nalvorlage gegeben hat. Vom heutigen Überlieferungsbestand ausgehend
zeigt sich, daß einzelne Satzteile nicht als originär ausgewiesen werden.
Nach deren Ausgliederung entsteht allerdings nur ein z.T. metrisch glatter
Text. Die Kompaktheit spricht dafür, daß dieser Text nahe an den ältesten
Bestand herankommt. Man mag Vermutungen darüber anstellen, warum
die Γ-Tradition so schwach belegt ist. Es ist nicht ausgeschlossen, daß die
theologisch provokante Formulierung dazu führte, daß von einem Standpunkt „tieferer" bzw. „höherer" Sichtweise aus diese Dimension im Gottes-
bild nicht mehr Platz hatte; an einigen Stellen kann man unzweideutig
christliche Einfügungen bzw. Interpretationen belegen. H-A und Syr sprechen für sehr ähnlich lautende Überlieferungen. Daneben steht die abwei-

chende und sehr schwache Γ-Bezeugung. Kann die bessere Bezeugung einer Übersetzung den ursprachlichen Text an den Rand drängen, sodaß man der breiter belegten Lesart der Übersetzung zu folgen hat? Die literarischen und inhaltlichen Argumente sprechen für die Ursprünglichkeit des H-Textes.

2.4.2. Stilunterschiede und interpretative Elemente in der Übersetzung

Deutlich tritt in der Version von Γ hervor, daß die stichometrische Klarheit, wie sie H-A beherrschte, verloren gegangen ist. Wenn דבר mittels νόμος übersetzt wird, muß man mit einer Akzentverschiebung rechnen. Im Falle von ἀγάπησις wird man eine Umdeutung vor sich haben, da das kunstvoll strukturierte Gebilde in H für Ursprünglichkeit spricht. Ebenso ist καλῶν ἔργων als Deutung, die eine Objektivierung einträgt, einzustufen.

Syr hält sich an die Wortfolge: positiv – negativ und stellt wohl deshalb auf ܐܠܗܐ ܘܚܛܗܐ um. Der Stichus 14b wird in der Ausrichtung geändert. Daß eine interpretierende Hand den Übersetzer leitete, zeigt sich an ܕܚܛܗܐ wie auch an der Übertragung von דבר mittels ܚܟܡܬܐ. In 15b bringt Syr durch ܗܝ eine Verbesserung, da sich das Wort auf ܚܟܡܬܐ bezieht (vgl. הוא und חכמה).

Der Überblick zeigt, daß die Versionen doch nicht so glatt mit H-A in eins gehen, daß man alsogleich davon ausgehen könnte, sie bildeten eine wörtliche oder gar sklavische Übertragung. Es scheint ausgeschlossen, mit Rückübersetzungen in H von Γ oder Syr aus zu rechnen, sodaß auf diese Weise H-A in der jetzt vorliegenden Form zustandegekommen sei. All dies spricht für die Ursprünglichkeit von H-A und dessen frühe Überarbeitung, die schon in Γ und Syr ihren Niederschlag gefunden hat.

2.5. Anmerkungen zu den deutschen Übersetzungen

Gewöhnlich wird V14 in den deutschen Text genommen, bei V15f[25] zeigen viele an, daß es sich um einen „Zusatz"[26] handelt, mitunter dadurch, daß die Verse sofort in die Fußnoten kommen.

---

25 Vgl. so PARSCH, Die heilige Schrift, die sich vermutlich nach und für V15f ausdrücklich nach der Vulgata richtet: „Glück und Unglück, Tod und Leben, Armut, Reichtum sind vom Herrn." „Weisheit, Bildung und Gesetzeskenntnis stammen vom Herrn. Liebe und rechter Wandel sind bei ihm. Irrtum und Finsternis ist für die Sünder geschaffen. Die an

V14 folgt gewöhnlich dem H-Text, bei V15 schwankt die Wahl zwischen Γ und H. Besonders fallen nachdrücklich interpretierende Übertragungen auf: „Es kommt alles von Gott: Glück und Unglück, Leben und Tod, Armut und Reichtum. Den Frommen gibt Gott Güter, die bleiben; und was er verleiht, das gedeiht immer und ewig"[27].

Die Einheitsübersetzung bietet:

> „Gutes und Böses, Leben und Tod, Armut und Reichtum kommen vom Herrn. [Weisheit, Einsicht und Kenntnis des Gesetzes sind vom Herrn, Liebe und Rechtschaffenheit kommen von ihm. Irrtum und Finsternis sind für die Sünder erschaffen; wer sich des Bösen rühmt, mit dem wird das Böse alt.]"

Diese Übersetzung ist eine Mischübersetzung. Der V14 fußt auf H, genauso 15a.b, wobei „Gesetz" als Übernahme aus Γ anzusehen ist. In 15c–16 folgt der Übersetzer Γ. Da keine Argumente angegeben sind, kann man lediglich die Inkonsequenz registrieren. Im Gegensatz zu anderen Bibelausgaben ist der Text vollständig, wenn auch die Klammern deutlich auf einen „Einschub" hinweisen. Die Verquickung der verschiedenen Textvorlagen eröffnet dem Übersetzer ein großes Feld an „Deutungsmöglichkeiten", ohne daß er begründen muß, wie seine Entscheidung zustande kam. Man kann nur Vermutungen darüber anstellen, nach welchen Kriterien der Übersetzer die Auswahl getroffen hat.

3. Notizen zu 3,1f

3.1. Die Textbasis anhand von Γ und Syr

Für 3,1f wurde keine H-Handschrift gefunden; die Untersuchung hat von Γ und Syr auszugehen. Die Versionen gehen weithin parallel, so-

---

der Bosheit sich erfreuen, werden darin alt"; HENNE, Die Heilige Schrift; HAMP, Buch; HAMP/STENZEL/KÜRZINGER, Die Heilige Schrift; ARENHOEVEL/DEIßLER/VÖGTLE, Bibel.

26 Vgl. die wohltuende Vorsicht von SAUER, Jesus Sirach, und die Übersetzung in Die Heilige Schrift (Zürich), die allerdings ohne Belegung Emendationen in H folgt bzw. Elemente aus Γ übernimmt: „Gutes und Schlimmes, Leben und Tod, Armut und Reichtum – vom Herrn kommen sie. Weisheit und Einsicht und Erkenntnis des Gesetzes – vom Herrn kommen sie. Liebe und rechtschaffener Wandel – vom Herrn kommen sie. Torheit und Finsternis sind mit den Sündern zugleich geschaffen, und altern die Übeltäter, so altert das Übel mit ihnen".

27 So Die Bibel nach der Übersetzung Martin LUTHERS.

daß man mit Sicherheit annehmen kann, daß sie eine gemeinsame hebräische Grundlage besitzen:

ἐλεγμὸν πατρὸς ἀκούσατε, τέκνα, καὶ οὕτως ποιήσατε, ἵνα σωθῆτε ὁ γὰρ κύριος ἐδόξασεν πατέρα ἐπὶ τέκνοις καὶ κρίσιν μητρὸς ἐστερέωσεν ἐφ' υἱοῖς.

Da die alten *Versionen* die ältest greifbaren Zeugen für den „Urtext" bilden, ist besonders auf diese das Augenmerk zu legen. Hierbei zeigt sich alsogleich, daß die Γ-Überlieferung in deren ältesten Bestand schwer festzumachen ist. Die verschiedenen Vorschläge für den Beginn von V1 belegen dies.

3.1.1. Anmerkungen zu V1

Schon 1893 forderte NESTLE[28] – gefolgt von vielen[29] –: ἀκούσατε τέκνα κρίσιν πατρὸς καὶ οὕτως ποιήσατε ἵνα σωθῆτε. In seiner Textausgabe bietet RAHLFS[30]: ἐμοῦ τοῦ πατρὸς ἀκούσατε, τέκνα, ..., und ZIEGLER gibt nach ausführlicher Begründung[31] seiner textkritischen Entscheidungen an: ἒ λεγμὸν πατρὸς ἀκούσατε, τέκνα, ...

Auf den ersten Blick ist deutlich, daß die unterschiedlichen Sätze am Beginn des Verses das Verständnis entscheidend beeinflussen. Die Probleme werden noch schwerer zu lösen, da jede der drei griechischen Varianten für sich in Anspruch nimmt, sie sei Zeugnis für den ursprünglichen Text. Inhaltlich bieten sich nicht nur unterschiedliche, sondern unverbindbare Alternativen an: eine *Anrede* des Weisheitslehrers (SMEND), oder Aussagen insbesondere über den (*Rechts*)anspruch des Vaters (diese Lesart wird durch Syr unterstützt: ܚܬܢ ܗܝ ‎ ‎(ܐܬܗܕܘ ܥܒܪ ܘܝܥܩ ܡܗܡܘ ܗܝܐ ܗܬܠܐ ‎) oder eine *Ermahnung/Ermunterung, Anleitung* durch den Vater[32]. Da es sich um Übersetzungen handelt, begegnet man den Problemen der Übersetzung

---

28   NESTLE, Marginalien 48f.
29   RYSELL, Sprüche Jesus' 266f; KNABENBAUER, Commentarius 61; SMEND, Weisheit 23; PETERS, Buch 29; HAMP, Buch 578; FUSS, Tradition 47 Anm. 9; STADELMANN, Ben Sira 133.
30   RAHLFS, Septuaginta.
31   ZIEGLER, Lesarten 638f; ders., Sapientia.
32   Dieses Verständnis setzt die Bestimmung von πατρὸς und ܪܡܐ als gen.obj bzw. als PräpV der Herleitung voraus; vgl. so auch SCHILLING, Buch 22; HARTMANN, Sirach 448; BOHLEN, Übersetzung 151.

schon am Untersuchungsbeginn. Die Lage verschärft sich deshalb, weil die kritisch erstellten Textgrundlagen dann die Basis für die Übertragungen in moderne Sprachen bilden und ihrerseits kaum mehr hinterfragt werden (können). – Die Fragen, welche Textbasis anzunehmen und wie sie zu übertragen ist, hat auf der Ebene der Untersuchung alter Versionen entschieden zu werden. Es ist nämlich nicht zu übersehen, daß durch die Entscheidung für eine der Rezensionen eine markante inhaltliche Lenkung des Lesers erreicht wird; dazu kommt noch die Klärung der Bedeutungsebenen, wie z.B. bei σωθῆτε und ܢܬܚܠܡܘܢ ܕܚܠܬܐ.

3.1.2. Anmerkungen zu V2

Wie aktuell die Frage nach der Übersetzung ist, kann für jenen Leser, der nur die Übersetzung zur Hand bekommt anhand des in den alten Übersetzungen relativ gut bewahrten Textes des V2 dargestellt werden: ὁ γάρ κύριος ἐδόξασεν πατέρα ἐπὶ τέκνοις καὶ κρίσιν μητρὸς ἐστερέωσεν ἐφ' υἱοῖς. bzw. ܡܪܝܐ ܓܝܪ ܝܩܪ ܠܐܒܐ ܥܠ ܒܢܝܐ ܘܕܝܢܐ ܕܐܡܐ ܥܠ ܒܢܝܗ̇ ܫܪܪ. – Aufgrund der belegbaren Übersetzungen erweisen sich als neuralgische Punkte die grammatischen Bezüge im ersten Stichus (a), vor allem in Stichus a die Präposition ἐπί (b), die Übersetzung von τέκνοις bzw. ܒܢܝܐ (c) und in geringerem Maß κρίσιν (d).

(a) 1. Syn ist ὁ κύριος bzw. ܡܪܝܐ; das Präd steht im Aor (ἐδόξασεν) bzw. in der SK (ܝܩܪ); das direkte Objekt zum Verb bildet πατέρα bzw. ܠܐܒܐ und die Objektsrelation gilt in Hinsicht auf ἐπὶ τέκνοις wie ܥܠ ܒܢܝܐ: Gott allein ist Handlungsträger, die Handlung richtet sich auf den Vater, Bezüge zu den Kindern werden hergestellt. Jede Übersetzung, welche die Kinder zu aktiven Handlungsträgern macht, verändert die grammatischen Vorgaben und bringt eine durch keine Version bezeugte Dimension ein.

(b) Die nächste Fragestellung betrifft ἐπί. Guten Sinn ergeben die lokale Bedeutung „bei", die temporale „vor"[33] und die übertragene, die nach BAUER[34] „den Grund, auf dem e. Zustand, e. Handlung od. Folge" be-

---

33 REITERER, Ben Sira 157ff.
34 BAUER, Wörterbuch 568.

ruht, anzeigt. Für die letzte Alternative entscheidet sich BOHLEN[35] auf dem Weg der Empfehlung; doch könnte man durch den Verweis auf Syr (ܠܝ) eine gute argumentative Absicherung finden. Im ersten Fall wird gesagt, daß die Ehrung Gottes auch „bei den Kindern" spürbar wird. Die zeitliche Variante hält fest, daß vor den Kindern der Vater Ehre erfährt (es ist also keine Wertung, sondern eine Abfolge gegeben). Die dritte und wahrscheinlichere Deutung läßt die Ehre des Bezug auf dem Umweg der Kinder Realität werden. Damit wird ein enger Bezug zu V11 hergestellt: „Die Ehre des Mannes ist die Ehre seines Vaters, aber es macht groß die Sünde, wer seine Mutter verächtlich macht"[36].

Unter diesen inhaltlichen Voraussetzungen ist es nicht erlaubt, ἐπί mit Akk[37] zu fordern, da ein fremder Zug der Über- und Unterordnung eingebracht wird; die Übersetzung mit „in" verkürzt, indem die Betroffenen die Ehre zur Kenntnis zu nehmen haben; die Nichtberücksichtigung von ἐπί muß neue Bezüge herstellen und entfernt sich vom Text.

c) Die Wiedergabe von τέκνοις müßte klar sein: es handelt sich um Kinder, unabhängig vom Geschlecht. ܒܢܝܐ setzt in diesem Zusammenhang keinen neuen Akzent (vgl. dazu die Hinweise im Rahmen von בני ישראל unten 4.), wo gezeigt wird, daß viele Leser und Hörer in der Gegenwart Vorurteile verfestigen, die in Wirklichkeit aber auf den Hebraismus [zu Unrecht als „wörtliche Übersetzung" ausgegeben] zurückgehen). Sachentsprechend wird man die im Parallelstichus (2b) stehenden [ἐφ᾽] υἱοῖς bzw. ܒܢܘܗܝ [ܠܝ] versuchen geschlechtsneutral wiederzugeben, weswegen hier „Sprößlinge" vorgeschlagen wird.

d) Das Substantiv κρίσις geht gemäß dem sirazidischen Gebrauch auf משפט zurück[38]. Die Bedeutung in Richtung „Anspruch" wird durch GAMBERONI[39] glaubhaft mit dem Verweis auf Dtn 18,3 abgesichert.

---

35 BOHLEN, Ehrung.
36 Übersetzung von BOHLEN, Ehrung 40.
37 SMEND, Weisheit 23.
38 Vgl. REITERER, Urtext 142.
39 Vgl. GAMBERONI, Elterngebot 179; schon früher hatten z.B. KNABENBAUER, Commentarius 61, und KENWORTHY, Nature 230, ausdrücklich diese Ansicht vertreten.

3.2. Übersetzung

Unter Berücksichtigung der eben aufgeführten Argumente ergibt sich als Übertragung:

„Die Anleitung des Vaters hört, Kinder,
und so handelt, damit ihr Wohlbefinden erfahrt.
Denn der Herr gab Ehre dem Vater aufgrund der Kinder,
und den Anspruch der Mutter machte er fest (Syr: ܬܐ)[40] bei den Sprößlingen".

3.3. Vorstellung der wichtigsten deutschen Bibelübersetzungen aus diesem Jahrhundert

ARENHOEVEL/DEIßLER[41] richten sich nach der RAHLFS Ausgabe. In V2 werden die Zeiten nicht berücksichtigt und ἐπί bzw. ܠ nicht entsprechend wiedergegeben: „ehrt ... in seinen (= ergänzt) Kindern" wie „er stellt ... über die Söhne" (setzt Akk voraus).
HAMP hat sich mehrfach mit Übersetzungen Siras abgemüht. In der EB[42] bringt er in 2a mit „vor den Kindern" eine überlegenswerte Übersetzung, wobei sich „Ehre zuerkennen" sehr indirekt gegenüber dem direkten Atk des Ehrens darstellt. In 2b werden die Bezüge unbegründet verschoben: „das Gebot von der Mutter den Söhnen ... vorgeschrieben". Die Tendenz zur Vergesetzlichung[43] zeigt sich in der Wiedergabe

---

40 Die unterschiedliche Valenz der verschiedenen Verba läßt für ἐπί eine andere Bedeutungsnuance relevant werden.

41 „Höret, ihr Kinder, auf mich, den Vater, und handelt danach, daß ihr das Heil erlanget. Denn der Herr ehrt den Vater in seinen Kindern, und er stellt das Recht der Mutter über die Söhne sicher"; ARENHOEVEL/DEIßLER/VÖGTLE, Bibel.

42 Vgl. „Vernehmet, ihr Söhne, das Recht des Vaters und handelt danach, damit es euch wohl ergehe! Denn der Herr hat den Vater zu ehren den Kindern geboten und das Recht der Mutter festgesetzt vor den Söhnen"; HAMP/STENZEL/KÜRZINGER, Die Heilige Schrift.

43 Diese Tendenz ist in vielen Übersetzungen zu verfolgen und vollständig konfessionsübergreifend, weniger oder mehr schroff formuliert: „Ihr Kinder, merket auf das Recht des Vaters und handelt so, daß Heil ihr findet. Den Vater ehren heißt der Herr die Kinder und stellt den Söhnen das Recht der Mutter vor"; PARSCH, Die heilige Schrift; „Liebe Kinder, gehorcht der Weisung eures Vaters und lebt nach ihr, damit es euch gut geht. Denn der Herr will den Vater von den Kindern geehrt haben und das Recht der Mutter von den Söhnen geachtet wissen"; LUTHER, Die Bibel; „Vernehmt, ihr Söhne, was des Vaters Recht ist, und tut darnach, auf dass es euch

von κρίσις mittels „Gebot" (1a.2b) wie jener von ἐστερέωσεν bzw. ἴιᴢ.. In einer anderen Übersetzung führt die legistische Sicht soweit, daß in 2a eine Verbänderung vorgenommen („hat den Vater zu ehren … geboten") und zudem ἐπί weggelassen wird.

Die Wiedergabe von HENNE[44] „hat … Ehre verliehen bei den Kindern" und „für die Söhne" festgelegt" ist philologisch vom Griechischen aus möglich. Bei Einbeziehung des Syr sind Änderungen zu erwarten.

Nahe an den gemeinten Sinn kommt SAUER[45] heran; bei der Wiedergabe von ἐπί hat er zuwenig die syrische Version berücksichtigt.

3.4. Die Einheitsübersetzung

Die EÜ[46] (HAMP) bietet im vorgenommenen Übersetzungsvergleich die Spitze der Vergesetzlichung. Die Dimension der rechtlichen Abzweckung wird in 1a dadurch, daß ein Nebensatz gebildet wird, herausgestrichen. Die Aufforderung „danach" (anstelle von οὕτως) zu handeln, verstärkt die Schärfe. „Den Kindern befohlen, ihren Vater zu ehren" entzieht Gott die Handlungsebene und hebt den Befehlscharakter durch die Konstruktion mit Hauptsatz und Infinitivgruppe hervor. Diese Linie wird in 2b fortgesetzt: „verpflichtet" wird zur Wiedergabe von ἐστερέωσεν bzw. שרר verwendet, betroffen sind „die Söhne", welche demnach im Gegensatz zur Textvorlage als direktes Objekt behandelt werden. In diesem Fall bleibt die Funktion der vorliegenden PräpV (ἐπὶ τέκνοις wie ܪܟܝܐ ܠܝ) unberücksichtigt. Zudem wird „achten" eingeführt, ein Verb, das weder durch Γ noch durch Syr gedeckt werden kann.

---

wohlgehe. Denn der Herr will, dass Kinder den Vater ehren, und das Recht der Mutter hat er für die Söhne festgesetzt"; Die Heilige Schrift (Zürich).

44 „Höret, Kinder auf das Recht des Vaters ist, und handelt danach, damit es euch wohl ergehe. Denn der Herr hat dem Vater Ehre verliehen bei den Kinder und das Recht der Mutter für die Söhne festgestellt"; HENNE, Die Heilige Schrift.

45 „Das Gebot des Vaters hört, ihr Kinder, und handelt danach, damit ihr gerettet werdet. Denn der Herr hat in Ehren gesetzt den Vater bei den Kindern, und das Recht der Mutter hat er festgestellt bei den Söhnen"; SAUER, Jesus Sirach 511.

46 „Hört, ihr Söhne, was das Recht des Vaters ist, und handelt danach, damit es euch gut geht. Denn der Herr hat den Kindern befohlen, ihren Vater zu ehren, und die Söhne verpflichtet, das Recht ihrer Mutter zu achten"; Einheitsübersetzung.

3.5. Zusammenfassung: Übersetzung oder Interpretation?

Es ist keinesfalls anzunehmen, daß die Übersetzer die sprachliche Basis nicht beherrscht hätten. Darum verwundert, daß die Unterschiede doch so gravierend sind. Man wird den Eindruck nicht los, daß Vorentscheidungen, Absichten und Einstellungen, die den Übersetzer beeinflußten, auch den Text im gleichen Licht erscheinen ließen. Es ist mitunter nicht nachvollziehbar, wie man zu der vorliegenden Übersetzung ins Deutsche kommt. – Bezüglich der Einheitsübersetzung scheint jedoch klar zu sein, daß die untersuchte Stelle von einem „christlichen Erziehungsbild" ausgeht, welches das Verhältnis zwischen Eltern und Kindern regelt und in dem Texte eine zentrale Rolle spielen bzw. zu spielen haben. Die Bibel fungiert als Grundlage für eine autoritative, von Gesetz und Überordnung der Eltern gegenüber den Kindern geprägten, durch die Bibel abgesicherten Erziehungslehre. Auf diese Weise wird das Vorurteil, daß die Verkündigung „brave Christen" hervorbringen möchte, nicht nur bestätigt, sondern überhaupt erst ermöglicht. Weiters wird unterschwellig unterlegt, der Text richte sich an kleine, zumindest jüngere Kinder – sehr deutlich wird dies am Beginn des V1 in der revidierten Luther-Übersetzung. Aufgrund der Lektüre der Übersetzung und der allgemeinen Erziehung wird kaum jemand von sich aus zu der Erkenntnis gelangen, daß sich der obige Bibeltext an Erwachsene richtet, und zwar an Erwachsene, die in einem Alter stehen, in dem diese ihrerseits wieder Kinder haben. Diese sind schon relativ selbstständig; vgl. 3,5.12. Die interpretative Übersetzung läßt die Vv1.2 – gegen die Intention des Gesamttextes – als eine Kinderunterweisung erscheinen. Diese Beobachtung dürfte darauf hinweisen, daß vorausgesetzt wird, daß der Text in dem katechetisch-didaktischen Rahmen des Erziehungs- und Schulbereichs seinen Platz hat, wo das Verhalten der Kinder den Eltern gegenüber „beigebracht" wird. Es ist fraglich, ob die Probleme und Gefahren der Interpretation anläßlich der Übersetzung genügend berücksichtigt worden sind.

4. Probleme im Rahmen der Übersetzung von בני ישראל

4.1. Allgemeine Beobachtungen

Im Bibelhebräischen gibt es eine sehr große Anzahl von Wortverbindungen, in denen בֶּן/בְּנֵי das nom.reg bildet. Das nom.rec kommt zumeist aus dem menschlichen Bereich; darunter ist בני ישראל am zahlreichsten, nämlich 631x. Für das Verständnis dienlich sind vor allem auch jene Stellen, wo nicht-menschliche, so z.B. בֶּן בָּקָר (33x) bzw. unbelebte nom.rec genannt werden (בֶּן חַיִל [4x]; בֶּן מָוֶת [2x]; בְּנֵי שְׁלֵשִׁים [8x]; בְּנֵי קֶדֶם [2x]; בֶּן לַיְלָה [1x]; בֶּן שֶׁמֶן [je 1x]; בֶּן/בְּנֵי עַוְלָה [1x]; בְּנֵי שֵׁם [3x]). Diese Beispiele, die noch um viele erweitert werden könnten, zeigen, daß בֶּן/בְּנֵי sehr häufig die Zugehörigkeit zum Ausdruck bringt. Wie die Verbindung mit הָעָם meint בְּנֵי in der CsV mit ישראל zumeist jene, die zum Volk bzw. zu Israel gehören, ohne Differenzierung zwischen Frau und Mann, alt und jung; es handelt sich um „ganz Israel"; vgl. כָּל יִשְׂרָאֵל (194x); כָּל נֶפֶשׁ (13x); כָּל עָם/הָעָם (104x). Daraus ergibt sich, daß בָּנִים und בֶּן nicht auf Kinder, häufig noch viel weniger auf Söhne eingeschränkt werden dürfen.

4.2. בני ישראל bei Ben Sira

Die nächste Frage geht dahin, wie sich das Problem bei Ben Sira, wo diese CsV relativ selten ist, darstellt.

Nach 45,16 entsühnt Aaron: [ו]לכפר על בני ישראל (45,16d). Dafür setzt Γ περὶ τοῦ λαοῦ σου und Syr ܟܠ ܕܒܝܬ ܐܝܣܪܐܝܠ. Die Annahme ist nicht erforderlich, Γ sei ein anderer als der H-Text vorgelegen; es mag eine interpretierende Übersetzung vorliegen, welche die Ganzheit des Volkes besser zum Ausdruck bringt als die wörtliche Übertragung von בני ישראל. Auch Syr legt Wert darauf, daß die Sühne alle Israeliten erreicht ܟܠ ܕܒܝܬ ܐܝܣܪܐܝܠ. Beidemal wird auf die wörtliche Wiedergabe von בני verzichtet.

Nach 45,17c.d vermittelte Aaron Rechtssatzungen, und zwar an עמו, dem בני ישראל parallel steht. In Γ finden sich positionsgleich τὸν Ιακωβ und Ισραελ. In Syr sind diese Stichen nicht überliefert. Sowohl die

Parallele von עם und בני ישראל wie Ιακωβ und Ισραελ sind in der Tradition geprägt. Hier interessiert, daß בני in Γ unberücksichtigt bleibt. Offensichtlich genügt Ισραελ, um das Volksganze zu bezeichnen.

Im Rahmen der Beschreibung des Pinhas wird kundgetan, daß er Sühne erwirkte: ויכפר על בני ישראל (45,23f). In Γ liest man: περὶ τοῦ Ισραελ und Syr bringt ܘܚܣܝ ܥܠ ܐܝܣܪܐܝܠ. Festzuhalten ist, daß Syr terminologisch H entspricht, während Γ בני nicht berücksichtigt.

Γ meidet offensichtlich die Wiedergabe von בני. Man mag sich fragen ob die Phraseologie allein so fremd klingt, oder ob eine zu wörtliche Übersetzung den Effekt, wie im Hebräischen, nicht erreicht hätte, wo mittels בני die Zugehörigkeit aller Israeliten/innen, ob alt oder jung auf diese Weise umschrieben wird[47]. Im Falle einer „wörtlichen" Übersetzung reduziert בני die Adressaten auf Kinder[48].

Obwohl Syr selbst eine semitische Sprache ist, wird die H-Phraseologie nur beiläufig übernommen; WINTER[49] belegt ܐܝܣܪܐܝܠ ܒܢܝ nur in 46,1f).

4.3. Übersetzung ins Deutsche

ARENHOEVEL/DEIßLER/VÖGTLE bieten in 45,16 „um so zu entsühnen das Volk" und schließen sich Γ an. Dies wird durch die restlichen Stellen untermauert. „Um Jakob seine Zeugnisse zu lehren und Israel sein Gesetz zu erklären" (45,17) läßt sich nur auf Γ zurückführen. Für 45,23 („so erlangte er Sühne für Israel") gilt das gleiche.

Die EÜ folgt H: „Er hat ihn erwählt ..., damit er ... für die Söhne Israels Sühne erwirke" (45,16d). „So unterwies Aaron sein Volk im Gesetz und Israels Söhne im Recht" (45,17). „.... als er dem Antrieb seines Herzens folgte und für die Söhne Israels Sühne erwirkte" (45,23). „Söhne Israels" ist Semitismus/Hebraismus und bleibt in seiner – im Ver-

---

47 HAAG, בֵּן 673: „Der Ausdruck בני ישראל bezeichnet die gegliederte Gemeinschaft Israels als Einheit und ist nicht als Betonung eines einzigen leiblichen Stammvaters des Volkes aufzufassen".

48 KÜHLEWEIN, בֵּן 316–325, formuliert sehr vorsichtig: „Der Plural des Wortes läßt sich nicht immer mit ‚Söhne' (im Unterschied zu den ‚Töchtern') wiedergaben, sondern meint gelegentlich ‚Kinder'" (319). Im Rahmen von בני ישראל wird es klarer: es ist eine „Bezeichnung der Angehörigen des Volkes" (320).

49 WINTER, Concordance.

gleich zur deutschen Ausdrucksweise – Fremdheit stehen. Verwunderlich ist dies zu einer Zeit, da man versucht, die auswuchernden -ismen, z.B. „Amerikanismen" aus dem klassischen Hochdeutsch zu verdrängen. Da es sich um verbreitete religiöse Texte handelt, in denen die Wortwahl mit besonderer Feinfühligkeit getroffen werden muß, ist diese Form der Wiedergabe nicht gut zu heißen.

4.4. Die Übersetzung im Rahmen des gegenwärtigen Sozial- und Religionsbewußtseins

Es fragt sich, ob es unter dem Gesichtspunkt des heutigen Sprachempfindens und der gegenwärtigen Sensibilität für bestimmte Fragen klug ist, solche Übersetzungen auf breitester Basis zu vertreten, ja als für eine große Konfession als verbindlich festzulegen.

Gar viele Gespräche zeigen, daß die Fremdheit des in der Bibel verwendeten Bildmaterials abschreckend wirkt. Wenn man nun eine Wortverbindung wie בני ישראל, die ohnedies zumeist alle Israelitinnen und Israeliten meint, als Semitismus[50] stehen läßt, unterstützt man das Vorurteil, daß es schwer ist, das Alte Testament richtig zu lesen.

Bedeutsamer ist in der Gegenwart aber ein anderes Faktum: In der feministischen Diskussion gilt das Alte Testament als „ein", für manche als „der" Schlüssel dafür, daß das Patriarchat alle Lebensbereiche unter seine Kontrolle gebracht hat. Ansätze dafür bieten mehrere Gegebenheiten. Das erste ist der männliche, alles beherrschende, zu Krieg und Grausamkeit neigende Gott. Es ist also die Frage des Gottesbildes, welche von hier aus „ausgeschlachtet" wird. Nun gibt es ohnedies schon ein weitverbreitetes Vorurteil gegen den „Gott im Alten Testament", das sich bestens in die übrigen Vorurteile (Gesetzesreligion usw.) einfügt und diese verstärkt. Nicht unbedeutend für die Verfestigung und Pflege solcher Irrtümer ist auch die kirchliche Verkündigung, die immer wieder die „Vollendung des Neuen Testamentes" gegen die Vorläufigkeit und Begrenztheit des Alten Testamentes ausspielt. Auch wenn alttestamentliche Texte oft aus Unsicherheit des Verkünders (dies trifft für Kleriker wie Laien in gleicher Weise zu) gemieden und an de-

---

50   „בן gehört zu den in der hebr. Bibel am häufigsten vorkommenden und für die semit. Kulturwelt charakteristischsten Begriffen"; HAAG, בֵּן 670.

ren Stelle neutestamentliche gewählt werden, so wird – wenn auch ungewollt – die alttestamentliche Botschaft diskreditiert. Dies ist umso
bedauerlicher, als viele neutestamentliche Texte so ausgelegt werden
(vgl. gar manche Paulusstellen), daß man innerbiblische (nicht wie es
historisch richtig wäre: zeitbedingte pharisäisch – judenchristliche) Gegensätze zu finden meint. Trifft eine derartige Aussage auf vorur-
teilsgeschulte Ohren, findet sie sofort geneigte Aufnahme. In diesem
Rahmen wird das theologische Vorurteil nun hunderte Male auch auf
die anthropologische Ebene ausgedehnt, nämlich überall dort, wo בני
ישראל vorkommt und Gesamtisrael gemeint ist. So scheint sich zu bestätigen: Das Alte Testament ist frauenfeindlich, wie man doch daran
sieht, daß wichtige Texte a priori nur mit Männern rechnen.

Oben wurde festgehalten, daß dies innerhalb des Hebräischen
Textbestandes nicht richtig ist, da z.B. die vorgenannte Wortverbindung eben alle Israeliten meint. Es ist auch nicht richtig, von einer
„wörtlichen" Übersetzung zu sprechen, da doch בן/בני zumeist die Zugehörigkeit, dagegen keine Aussage über Geschlecht oder Alter beinhaltet. – Ohne moderne gesellschaftliche Empfindsamkeiten in die Zeit
der Bibelentstehung zurück zu projizieren, ist doch festzustellen, daß
die Allgemeinheit der Aussage sowohl in Syr als auch in Γ dazu führte,
die Phrase dem jeweiligen Sprachempfinden anzupassen. Dies würde
auch heute dringend gefordert sein: Man sieht, daß ein einziges Wortpaar für die Einstellung zur Bibel äußerst wichtig werden kann, wenn
auch die Urteilsbildung nur subtil und unterhalb der Ebene des Be-
wußtseins erfolgt.

Um der Bildung von Vorurteilen auszukommen bzw. diese nicht
weiterhin zu tradieren ist eine geschlechtsorientierte Übertragung eine
falsche Übersetzung. Es handelt sich um einen klassischen Fall, wo die
Übersetzung eine Deutung darstellt, die bis in profane gesellschaftliche
Kreise, wenn man dort auch die Bibel selbst nicht studiert oder ehrt,
hineinwirkt.

Ein anderer Aspekt ist jener, daß die Übersetzung ins Deutsche erwiesen hat, daß man sich vielfach ohne Bedenken auf den Γ-Text stützt.
Dies läßt die Frage deutlich hervortreten: hat der vermutliche Urtext als
Offenbarungsträger oder eine Übersetzung als solcher zu gelten? Wenn
diese Stellen, an denen es als gesichert angenommen werden darf, daß

H die originale Form darstellt, trotzdem aus einer Übersetzung[51] in eine moderne Sprache übertragen wird, dann fragt es sich, wie man überzeugend das Gewicht *einer* Übersetzung als bedeutsamer gegenüber *einer anderen* beweisen kann. Dann kommt man aber zum Ergebnis, auch eine Übertragung ins Deutsche ist in Vollform „Offenbarungsträger", also nicht „interpretierter und interpretierender Offenbarungsvermittler": demnach genügt es, sich ausschließlich mit einer Übersetzung zu beschäftigen. Die Mühe um den Urtext kann man dann getrost „Orchideen im Garten" der Religionsgemeinschaften überlassen – Orchideen bringen doch auch überaus schöne Blüten, wunderschön anzusehen, sind allerdings ausgenommen zum Bestaunen zu keinerlei Verwendung nütze. Die Frage nach der Basis der Übersetzung wird somit zur Frage, wieweit sich Wissenschaftler und Gläubige auf den Ursprung einzulassen haben.

Bibliographie

ARENHOEVEL, D./DEIßLER, A./VÖGTLE, A. (Hg.), Die Bibel. Die Heilige Schrift des Alten und Neuen Bundes. Deutsche Ausgabe mit den Erläuterungen der Jerusalemer Bibel, Freiburg 1968.

BAUER, W., Griechisch-Deutsches Wörterbuch zu den Schriften des Neuen Testaments und der übrigen urchristlichen Literatur, Berlin/New York ⁵1971.

Die Bibel. Einheitsübersetzung der Heiligen Schrift, Stuttgart 1980.

BOHLEN, R., Die Ehrung der Eltern bei Ben Sira. Studien zur Motivation und Interpretation eines familienethischen Grundwertes in frühhellenistischer Zeit (TThSt 51), Trier 1991.

BOHLEN, R., Zu einer neuen Übersetzung des Buches Jesus Sirach: TThZ 92 (1983) 149–153.

BROCKELMANN, C., Lexicon Syriacum, Hildesheim/Zürich/New York ²1982.

DI LELLA, A.A., Authenticity of the Geniza Fragments of Sirach: Bib. 44 (1963) 171–200.

EVANGELISCHE KIRCHE IN DEUTSCHLAND/BUND DER EVANGELISCHEN KIRCHEN IN DER DDR (Hg.), Die Bibel nach der Übersetzung Martin Luthers. Mit Apokryphen, Stuttgart 1985.

---

51 Wäre aufgrund der Ausbildung nicht Griechisch sondern Syrisch verbreiteter, würden die Übersetzer mutmaßlich eben die syrische Übersetzung wählen, wie ja lange Zeit auch Latein als Ausgangssprache verwendet worden ist.

FUSS, W., Tradition und Komposition im Buche Jesus Sirach, Tübingen 1962 [Diss.].

GAMBERONI, J., Das Elterngebot im Alten Testament: BZ NF 8 (1964) 161–190.

HAAG, H., בֵּן, in: ThWAT I, 670–682.

HAMP, V., Das Buch Sirach oder Ecclesiasticus, in: Die Heilige Schrift in deutscher Übersetzung (EB IV), Würzburg 1959, 569–717.

HAMP, V./STENZEL, M./KÜRZINGER, J. (Hg.), Die Heilige Schrift des Alten und Neuen Testamentes, Aschaffenburg ¹⁵1963.

HARTMAN, L.F., Sirach in Hebrew and in Greek: CBQ 23 (1961) 443–451.

HENNE, E., Die Heilige Schrift des Alten und Neuen Testamentes. Das Alte Testament II, Paderborn ¹²1936.

KENWORTHY, A.W., The Nature and Authority of Old Testament Wisdom. Ethics, with Special Reference to Proverbs and Sirach, Melbourne 1974 [Diss.].

KIRCHENRAT DES KANTONS ZÜRICH (Hg.), Die Heilige Schrift des Alten und des Neuen Testaments, Zürich 1955.

KNABENBAUER, J. Commentarius in Ecclesiasticum cum appendice: textus "Ecclesiastici" Hebraeus descriptus secundum fragmenta litterali Latina (CSS II,6), Paris 1902.

KÖNIG, E., Is the External Evidence Really against the Cairene Ecclesiasticus? I.: ET 11 (1899/1900) 139f.

KÖNIG, E., The External Evidence Is Not against the Cairene Ecclesiasticus: ET 11 (1899/ 1900) 234f.

KÖNIG, E., Die Originalität des neulich entdeckten hebräischen Sirachtextes, textkritisch, exegetisch und sprachgeschichtlich untersucht, Freiburg/Leipzig/Tübingen 1899.

KÖNIG, E., The Origin of the New Hebrew Fragments of Ecclesiasticus: ET 11 (1899/1900) 170–176.

KÖNIG, E., Professor Margoliouth and the 'Original Hebrew' of Ecclesiasticus: ET 10 (1898/1899) 512–516.564–566.

KÜHLEWEIN, J., בֵּן bēn Sohn, in: THAT I, 316–325.

MARGOLIOUTH, D.S., The Cairene Ecclesiasticus: ET 12 (1900/1901) 45f.

MARGOLIOUTH, D.S., The Destruction of the Original of Ecclesiasticus: ET 16 (1904/1905) 26–29.

MARGOLIOUTH, D.S., Ecclesiastes and Ecclesiasticus: Exp. 7,5 (1908) 118–126.

MARGOLIOUTH, D.S., The External Evidence against the Cairene Ecclesiasticus: ET 11 (1899/1900) 90ff.191f.

MARGOLIOUTH, D.S., The Language and Metre of Ecclesiasticus. A Reply to Criticism: Exp. 4,1 (1890) 295–320.381–387.

MARGOLIOUTH, D.S., The Origin of the 'Original Hebrew' of Ecclesiasticus, London 1899.

NESTLE, E., Marginalien und Materialien, Tübingen 1893.

NÖLDEKE, Th., The Original Hebrew of a Portion of Ecclesiasticus: Exp. 5 (1897) 347–364.

PARSCH, P. (Hg.), Die heilige Schrift des Alten Bundes II, Klosterneuburg 1934.

PETERS, N., Das Buch Jesus Sirach oder Ecclesiasticus (EHAT 25), Münster 1913.

RAHLFS, A. (Hg.), Septuaginta. Id est Vetus Testamentum graece iuxta LXX interpretes I.II, Stuttgart ⁹1979.

REITERER, F.V., Ben Sira – Zur Übersetzungsmethode alter Versionen, in: Almanach '80 der Österreichischen Forschung, Wien 1980, 157–162.

REITERER, F.V., „Urtext" und Übersetzungen. Sprachstudie über Sir 44,16–45,26 als Beitrag zur Siraforschung (ATSAT 12), St. Ottilien 1980.

RÜGER, H.P., Text und Textform im hebräischen Sirach. Untersuchungen zur Textgeschichte und Textkritik der hebräischen Sirachfragmente aus der Kairoer Geniza (BZAW 112), Berlin 1970.

RYSSEL, V., Die neuen hebräischen Fragmente des Buches Jesus Sirach und ihre Herkunft: ThStKr 73 (1900) 363–403.

RYSSEL, V., Die Sprüche Jesus', des Sohnes Sirachs, in: E. Kautzsch (Hg.), APAT I: Die Apokryphen des Alten Testaments, Hildesheim 1962, 230–475.

SAUER, G., Jesus Sirach (Ben Sira) (JSHRZ III,5), Gütersloh 1981.

SCHILLING, O., Das Buch Jesus Sirach (HBK VII,2), Freiburg 1956.

SEGAL, M.Z., ספר בן סירא השלם, Jerusalem ³1972.

SKEHAN, P.W./DI LELLA, A.A., The Wisdom of Ben Sira (AncB 39), New York 1987.

SMEND, R., Die Weisheit des Jesus Sirach, Berlin 1906.

SNAITH, J.G., Ecclesiasticus or the Wisdom of Jesus Son of Sirach (CNEB), Cambridge 1974.

STADELMANN, H., Ben Sira als Schriftgelehrter. Eine Untersuchung zum Berufsbild des vor-makkabäischen Sōfēr unter Berücksichtigung seines Verhältnisses zu Priester-, Propheten- und Weisheitslehrertum (WUNT 2/6), Tübingen 1980.

STORR, R, Einige Bedenken gegen die Echtheit des hebräischen Jesus Sirach: ThQ 106 (1925) 203–231.

TAYLOR, W.R., The Originality of the Hebrew Text of Ben Sira in the Light of the Vocabulary and the Versions, Toronto 1910 [Diss.].

TORREY, Ch.C., The Hebrew of the Geniza Sirach, in: Alexander Marx Jubilee Volume (English Section), New York 1950, 585–602.

TOUZARD, J., L'original hebreu de l'Ecclésiastique: RB 6 (1897) 271–282.547–573.

TOUZARD, J., L'original hebreu de l'Ecclésiastique: RB 7 (1898) 33–58.

WINTER, M.M., A Concordance to the Peshitta Version of Ben Sira (MPIL II), Leiden 1976.

ZIEGLER, J., Sapientia Iesu Filii Sirach (Septuaginta. Vetus Testamentum Graecum auctoritate Societatis Litterarum Gottingensis editum XII,2), Göttingen 1965 (²1980).

ZIEGLER, J., Ursprüngliche Lesarten im griechischen Sirach, in: ders., Sylloge. Gesammelte Aufsätze zur Septuaginta (MSU 10), Göttingen 1971, 634–660.

Erstveröffentlichung in: H. Pavlincová/D. Papoušek (Hg.), The Bible in Cultural Context, Brünn 1994, 263-283.

3. Teil:
Exegetische Untersuchungen

Die immateriellen Ebenen der Schöpfung bei Ben Sira

Anregung für die folgende Untersuchung gab neben dem Interesse an der Bedeutsamkeit der Schöpfungsthematik für das Buch Ben Sira die Beobachtung, daß zwischen der Erschaffung der Schöpfung und jener der Weisheit unterschieden wird. Dieser Differenzierung nachzuspüren, ist Ziel der folgenden Untersuchung.

1. Vorbemerkungen

(1) Mit vielen Themen zu Ben Sira hat sich der Jubilar beschäftigt, insbesondere sind es theologische. Zentrum stellt für ihn die Weisheit dar, wie die zahlreichen einschlägigen Beiträge kundtun. Es zeigt sich nun, daß sich bei Kernfragen über die Weisheit immer wieder Aussagen über die Schöpfung in den Mittelpunkt drängen. Sie besitzt für das Verständnis des Denkens Ben Siras ein großes Gewicht. Daher erhebt sich die Frage, welche Funktion die Schöpfung erfüllt. Wie ist sie einzuordnen? Hat sie vornehmlich theologische Relevanz, wie sie GILBERT für die Weisheit bis in die christliche Interpretation hin[1] nachzeichnet, oder ist es richtig, daß "this creation faith affirmed the ethical responsibility of the learners"?[2].

(2) Die Untersuchung wird dadurch erschwert, daß der hebräische Text nicht vollständig erhalten ist und bei Vorliegen von mehreren Rezensionen nicht selten erhebliche Abweichungen gegeben sind. Im folgenden wird ein

---

1 "Peut-on donner, à la lumière de ... faits toponymiques, une lecture chrétienne de *Sir* 24,10, qui respecte l'intention profonde du texte biblique?" (GILBERT, Lecture 539). Und er fährt fort: "Pour le chrétien, la Révélation de Dieu ne s'achève pas avec la Bible hébraïque; elle culmine, – c'est notre foi, – dans la personne même de Jésus de Nazareth, reconnu comme Christ Messie, Parole même de Dieu faite chair et venue planter sa tente au milieu des siens, Emmanuel, Sagesse de Dieu jadis annoncée et enfin venue, comme le diront les Pères de l'Église, en poursuivant sur la lancée de saint Paul une théologie de Jésus-Sagesse de Dieu" (ebd. 540).

2 EAKIN, Wisdom 230.

erster Überblick geboten, wobei alle Stellen berücksichtigt werden, auch solche, bei denen man diskutieren kann, ob sie als ursprünglich anzusehen sind. Ziel ist eine repräsentative Auflistung der gesamten Textbasis.

2. Das Belegmaterial

Für die nachfolgende Untersuchung wurden folgende Stellen herangezogen:

1,4a	κτίζειν, πάντα	18,26b(?)	πάντα	40,1a	חלק, κτίζειν
1,9a	κτίζειν	23,20a	κτίζειν	40,10a	ברא, κτίζειν
1,9c	ἔργον	24,8a	κτίστης, ἄπαντα	40,15	יצר
1,14b	συνκτίζειν	24,8b	κτίζειν	42,2a	κτίζειν
3,16b	ברא	24,9a	κτίζειν	42,15a	מעשׂה, ἔργον
4,6b	ποιεῖν	36,1	כל, πάντα	42,15c	ἔργον
5,14c	ברא	31,13b	κτίζειν	42,16b	מעשׂה, ἔργον
7,15b	חלק, κτίζειν	31,13d	ברא	42,22a	מעשׂה, ἔργον
7,30a	עשׂה, ποιεῖν	31,13f	חלק	42,24b	עשׂה, ποιεῖν
10,12b	עשׂה, ποιεῖν	31,27d	יצר, κτίζειν	43,2b	מעשׂה, ἔργον
10,18a	κτίζειν	31,27f	חלק	43,5a	עשׂה, ποιεῖν
11,4e	מעשׂה, ἔργον	32,13a	עשׂה, ποιεῖν	43,11a	עשׂה, ποιεῖν
11,4f	ἔργον	33,10b	יצר, κτίζειν	43,14a	ברא
11,14b	מן	33,13a	יצר	43,25a	מעשׂה
11,15bd	מן	33,13c	עשׂה, ποιεῖν	43,25b	κτίσις
11,15d	מן	33,15	ἔργον	43,26b	פעל
11,16a	יצר	33,15a	מעשׂה	43,28b	מעשׂה, ἔργον
11,16a	κτίζειν	37,3a	יצר	43,32b	מעשׂה, ἔργον
15,9b	חלק	38,1b	חלק, κτίζειν	43,33a	ποιεῖν, הכל, πάντα
15,11a	מן	38,4a	ברא, κτίζειν	44,2a	חלק
15,11b	עשׂה, ποιεῖν	38,8b	מעשׂה, ἔργον	45,23c	כל
15,14a	ברא, ποιεῖν	38,12a	κτίζειν	46,1c	יצר
15,19a	מעשׂה	38,15a	עשׂה, ποιεῖν	46,13a	עשׂה
16,17	κτίσις	39,5b	ποιεῖν	47,8c	עשׂה
16,26a	ברא, מעשׂה, ἔργον, κτίζειν	39,14d	ἔργον	47,8d	ποιεῖν
16,26b	ποίησις	39,16a	מעשׂה, ἔργον	48,13b	ברא
16,27a	ἔργον	39,21b	κτίζειν	49,7b	יצר
17,1a	κτίζειν	39,25a	חלק, κτίζειν	49,14a	יצר, κτίζειν
17,3b	ποιεῖν	39,28a	κτίζειν	49,16b	κτίσις
17,8b	ἔργον	39,28d	ποιεῖν	50,15d	παμβασιλεύς
17,9	ἔργον	39,29b	ברא, κτίζειν	50,22a	πάντα
18,1a	κτίζειν, τὰ πάντα	39,30c	ברא	50,22d	עשׂה,
18,4a	ἔργον	39,33a	מעשׂה, ἔργον	51,12k+	הכל, יצר

(1) In 97 Kola[3] sind Schöpfungstermini belegt[4]. Wie sich aus der Häufigkeit des Vorkommens der verschiedenen Worte ablesen läßt, durchzieht das Thema der Schöpfung das gesamte Buch Ben Sira, wird es doch in 31 Kapiteln aufgenommen.

In keinem biblischen Buch spielt σοφία eine dermaßen herausragende Rolle wie bei Ben Sira: fast in jedem Kapitel wird das Wort verwendet und die 60fache Erwähnung spricht allein aufgrund der Belege für sich. Wenn man deren Vorkommen mit dem der Schöpfungstermini vergleicht, tritt der überragende Stellenwert noch verdeutlicher hervor, übertrifft doch die *Schöpfung* (97) die *Weisheit* (60).

(2) Als terminologische Basis zeigen sich folgende Daten: ברא, עשׂה, חלק, יצר, מעשׂה, מן (von [Gott]), פעל, κτίζειν, ποιεῖν, ἔργον, (ἅ)παντα, παμβασιλεύς. Die syrischen Termini werden nur insofern berücksichtigt, als einschlägige Stellen ausführlicher behandelt werden.

3. Die Erschaffung der Weisheit und der übrigen Schöpfung

Sowohl im ersten wie im 24. Kapitel stößt man auf die Erwähnung der Schöpfung, wobei zwischen jener der Weisheit und der übrigen unterschieden wird. Diese Erscheinung veranlaßt dazu, die Texte unter einer Rubrik zu behandeln.

3.1. Gott – Weisheit – übrige Schöpfung

Bei dem häufigen Vorkommen der Themen Schöpfung und Weisheit, ergibt sich automatisch die Frage nach dem Verhältnis untereinander.

---

3   Terminologisch wird grundsätzlich folgende Differenzierung vorgenommen: als kleinste formal-poetische Einheit gilt das Kolon (ein Halbvers; vgl. dagegen z.B. 32,1.2.3.4.6.7 [ein Kolon bildet je der Zählung nach einen Vers] = nach der Doppelzählung 35,1a.b. 2a.b. 4a.b), da diese meist paarweise vorkommen, wird vom Stichos gesprochen (diese Unterscheidung nimmt darauf Rücksicht, daß auch drei Kola einen Stichos bilden können). Die kleinen Buchstaben markieren die Kolonunterteilung (a.b.c.d. usw.). Acht zu geben ist auf f bzw. ff, das zumeist als traditionelle Bezeichnung für *folgend* bzw. *folgende* vorkommt, also in wenigen Fällen mißverständlich sein könnte.

4   Von den 46 Versangaben, die BURTON, Sirach 234f, aufreiht, sind 16,14 und 39,19 zu eliminieren, da dort von menschlichen Taten die Rede ist.

Man kann sich nicht nur mit dem Thema Schöpfung beschäftigen, sondern muß wohl auch zur Kernfrage nach der Weisheit vorstoßen: was ist die Weisheit, wie sie Sira meint, und wie ist ihre Rolle in der Schöpfung: "Current biblical scholarship has excelled in providing more her (= wisdom) pedigree than her identity"[5]. Eine Ausnahme bildet VON RAD, der sich in seinem viel beachteten Buch mit der Schwierigkeit beschäftigt, die Weisheit zu greifen. Er sieht richtig, daß die Definitionen als Hypostase und Personifikation[6] einer Eigenschaft Gottes nicht wirklich angemessen ist[7]. Er tut sich auch schwer, den schöpfungsmäßigen Ort zu bestimmen. "Diese Weisheit ist irgendwo in der Welt zu suchen; sie ist da, aber nicht zu fassen. ... Andererseits ist sie – und das ist freilich merkwürdig – auch wieder etwas von den Schöpfungswerken Abgehobenens. Diese „Weisheit", „Vernunft" muß also etwas wie den von Gott der Schöpfung eingesenkten „Sinn", ihr göttliches Schöpfungsgeheimnis bedeuten, wobei nur zu bedenken ist, daß ... weniger an etwas Ideeles, sondern eher fast an etwas Dingliches"[8] zu denken ist. Ist es richtig, wenn VON RAD sie nachdrücklich als etwas Innerweltliches klassifiziert? Oder soll man ZIENER folgen, wonach Weisheit eine Größe darstellt, „die alle Beziehungen zwischen Gott und dem Frommen umfaßt"?[9] – Ich frage mich, ob hier nicht die für das richtige Verständnis eigentlich entscheidende Frage zuwenig scharf in den Blickpunkt gestellt wird. Es zeigt sich innerhalb des sirazidischen Weisheitsverständnisses eine – wie in der Literatur mehr oder weniger durchwegs nicht vorgenommene – Unterscheidung zwischen zwei Präsenzformen der Weisheit: jener, wie sie der Schöpfung vorausgeht und sich dann als innere Ordnung in der Schöpfung zeigt, und jener, wie sie in prak-

---

5   MURPHY, Wisdom 8.
6   So z.B. HRUBY, Torah 65 Anm. 4; SCHOONENBERG, Reading 407.
7   Wenn man auch immer wieder dahingehende Äußerungen liest, wurde schon lange die Ablehnung laut: „Sie als eigene, personale ‚Hypostase' anzusprechen, geht zu weit", HAMP, Buch 632; vgl. FRITZSCHE, Weisheit 125; ZÖCKLER, Weisheit 301; BOX/OESTERLEY, Book 307.
8   VON RAD, Weisheit 193f; wie nicht anders zu erwarten, hat sich auch MARBÖCK, Weisheit, in seiner gewichtigen Untersuchung dazu geäußert, wenn er auch schreibt: „nach unserem Urteil (eine) durchaus nicht allzu wichtige Frage"; er hält fest: „Weisheit ist nach den vielfach wechselnden Bildern zu schließen eher [keine Hypostase, sondern] eher eine dichterische Personifikation für Gottes Nähe und Gottes Wirken und für Gottes persönlichen Anruf" (130; vgl. 62.66).
9   ZIENER, Begriffssprache 113.

tischen Gegebenheiten anzutreffen ist, also „die Weisheit von unten"[10]. Noch deutlicher fühlt HAMP die Spannung, beschreibt richtig, findet aber keinen Ansatz, das ihn bedrängende Problem zu lösen: „Je aktiver, je persönlicher, je allmächtiger der Hauch, das Wort oder die Weisheit auftreten, um so mehr kann man beobachten, daß ihr ganzes Sein und Wirken mit der Person Gottes zusammenfällt". Gerade eine weitere Befragung der Schöpfungsebenen im Buch Ben Sira kann weitere Punkte zur Klärung herbeischaffen und damit Zusammenhänge in der gesamten Schöpfung, also auch der Weisheit, erheben.

(1) Das erste Kapitel (1,1–30) stellt die Weisheit (σοφία; σύνεσις) und die Gottesfurcht (φόβος κυρίου) als zentrale Themen vor. In diesem Zusammenhang wird die Herleitung der Weisheit behandelt.

1,4a.b	προτέρα πάντων ἔκτισται σοφία καὶ σύνεσις φρονήσεως ἐξ αἰῶνος
1,8a.b	εἷς ἐστιν σοφός φοβερὸς σφόδρα καθήμενος ἐπὶ τοῦ θρόνου αὐτοῦ
1,9a	(1) κύριος αὐτὸς ἔκτισεν αὐτὴν
1,9b.c	(2) καὶ εἶδεν καὶ ἐξηρίθμησεν αὐτὴν (3) καὶ ἐξέχεεν αὐτὴν ἐπὶ πάντα τὰ ἔργα αὐτοῦ.

(2) Nach 1,4a ist sie vor allem (προτέρα πάντων) geschaffen worden. Das Passivum erweist sich im Blick auf 1,8f als passivum divinum, wird dort doch ausdrücklich κύριος als Schöpfer angeführt.

Beachtenswert ist die Betonung des Monotheismus, der das Denken Ben Siras prägt. – Es besteht ein innerer Zusammenhang zwischen dem einen schlechthin Weisen, nämlich Gott selbst, und jener Weisheit, die Sira meint. Wie an anderen Stellen vorausgesetzt wird, daß Gott die Fülle des Lebens in sich impliziert, er als Herr des Lebens dieses will und weitergibt, so ist er hier der Weise, gibt sein Weisesein in der Weisheit weiter und stellt den Herrn der Weisheit dar. Wenn damit die sirazidische Vorstellung von Weisheit auch noch keineswegs umfassend beschrieben ist, so zeigt sich schon, daß sie in keiner innerweltlichen Gegebenheit aufgehen kann. Hier deutet sich u.a. das Besondere der Weisheit an.

(3) In Verbindung mit V1 (πᾶσα σοφία παρὰ κυρίου καὶ μετ᾽ αὐτοῦ ἐστιν εἰς τὸν αἰῶνα) ergeben sich interessante Beobachtungen. Da der Übersetzer im Gebrauch der Satztypen weitgehend der hebräischen Vorlage folgt, ist anzunehmen, daß er Nominalsätze vor sich hatte, wie es auch in Syr der Fall ist: ܚܠ ܡܢ ܚܟܡܬܐ ܡܢ ܡܪܡ ܗܘ, ܘܗܘ, ܗܘ ܥܡܗ ܡܢ ܚܠܝܬܐ. –

---

10   MARBÖCK, Weisheit 131.

Ein Nominalsatz beschreibt Fakten, Gegebenheiten, die unabhängig von Zeitkategorien existieren. Es stellt sich nun die Frage, wie diese Feststellung zur in V9 erwähnten Schöpfung (κύριος αὐτὸς ἔκτισεν αὐτὴν) steht: ist anzunehmen, daß die Weisheit im Rahmen der allgemeinen Schöpfung existiert und von jenem Moment an für immer gegeben ist? Dann hat man aber Probleme damit, daß der Autor schon mit Gott als dem Weisen rechnet, vor bzw. unabhängig von dem Faktum der Schöpfung der Weisheit und zudem ist diese προτέρα πάντων erschaffen.

Oder meint der Autor mit der Erwähnung des göttlichen *Schöpfungsaktes*, daß die im einzigen Gott, dem Weisen, – nach unserer Vorstellungsmöglichkeit – präexistente Weisheit durch den Schöpfungsakt für die übrige bzw. verglichen mit der Entstehung der übrigen Schöpfung[11] in eine *innerweltliche* Qualität übergeführt wird: Schöpfung ist in diesem Fall eine göttliche Transformation und keine Frage des Beginnes, denn der liegt ja seit je in Gott. Dann hat die Schöpfung, die auf alle Werke ausgegossen wird (πάντα τὰ ἔργα αὐτοῦ[12]), ihren bestimmten Platz und ihre Aufgabe. Der Platz der *geschaffenen Weisheit* ist die Vorordnung gegenüber der anderen Schöpfung: sie geht allem anderen voraus. Hier (προτέρα πάντων) wie in 24,8 (ἀπάντων) fungieren die Genetivobjekte als Schöpfungstermini zur allgemeinen Bezeichnung einer zu unterscheidenden Schöpfungsebene, eben jener der materiellen Welt.

3.2. Schöpfung der Weisheit und die übrige Schöpfung

(1) Sir 24,1–22 – in H nicht erhalten – stellt eine besondere Art eines Selbstlobes dar, welches die Weisheit über sich anstimmt. Dieses hymnische Gedicht ist sorgfältig durchkomponiert und gliedert sich in zwei größere Abschnitte: der erste beschreibt den Ausgangspunkt und die Wohnungssuche der Weisheit (Vv1–12). Hauptanlaß für den Preis ist die Herkunft der

---

11   Diesen Bereich der Schöpfung verstehe ich im Sinne von MURPHY, Wisdom 6: "By creation the Bible understands the whole range of existing things, from humans to ants, not excluding the abyss and Leviathan".

12   Syr kann für den ganzen V9 der großen Abweichungen wegen nicht zu Rate gezogen werden, bestätigt aber doch das Vorkommen aller Schöpfungswerke: ܚܝܘܬܐ ܒܪܡܐ (10a) ܒܪܡܘܬܐ ܘܚܝܘܬܐ.

Weisheit, die aus Gottes Mund hervorging (ἐγὼ ἀπὸ στόματος ὑψίστου ἐξῆλθον; V3a) und ihre Überlegenheit über die kosmischen Gegebenheiten (καὶ ὡς ὁμίχλη κατεκάλυψα γῆν; V3b[13]; καὶ ὁ θρόνος μου ἐν στύλῳ νεφέλης; 4b; γῦρον οὐρανοῦ ἐκύκλωσα μόνη καὶ ἐν βάθει ἀβύσσων περιεπάτησα; 5)[14]. In den Versen 24,8–9 erreicht diese allumfassende Wirkung durch konzentrierte Schöpfungsaussagen ihren Höhepunkt:

24,8a.b	τότε ἐνετείλατό μοι ὁ κτίστης ἁπάντων	καὶ ὁ κτίσας με κατέπαυσεν τὴν σκηνήν μου
24,8c.d	καὶ εἶπεν Ἐν Ιακωβ κατασκήνωσον	καὶ ἐν Ισραηλ κατακληρονομήθητι
24,9a.b	πρὸ τοῦ αἰῶνος ἀπ᾽ ἀρχῆς ἔκτισέν με	καὶ ἕως αἰῶνος οὐ μὴ ἐκλίπω

ܐܚܪܢܐ ܡܦܩܕ ܟܕ ܡܢܥܡܐ ܦܩܪ   ܠܟܠ ܐܚܝܕ ܘܢܦܩ ܩܡ ܠܝ 24,8b.a

ܘܐܪܟܬܝ ܒܐܝܣܪܝܠ.   ܘܒܝܥܩܒ ܠ ܐܝܪ 24,8d.c

ܘܡܠܦ ܡܠܦܢ ܠܐ ܟܠܝܬܝ ܒܥܠܡܐ   ܡܢ ܩܕܡ ܟܠ ܒܪܐܢܝ 24,9b.a

(2) Dreimal wird hier die Wurzel κτίζειν verwendet. Wie sich vielfältig zeigt, sind Dreier-Gruppen verschiedenster Art[15] für Sira – vgl. u.a. 4.1. (1); 5.2. (3) – bezeichnend. Mit diesem Stilmittel werden Schwerpunkte markiert. – Wenn man Syr befragt, sieht man sich bestätigt, da ὁ κτίσας με und ܒܪܐܢܝ, wie ἔκτισέν und ܐܬܒܪܝ (passivum divinum) auf die

---

13 CONZELMANN, Mutter 228f, sieht hier Vorstellungen aus der ägyptischen Theo- und Kosmologie. Wenn CHRIST, 4. Kapitel 34, auch nur eine kurze Anfrage stellt, ob hier eine Emanationsverstellung vorliegt, so zeigt er, daß er Tiefendimensionen im Text spürt, die genauer erhoben werden sollten. Tatsächlich könnte man, wie der Grundtenor der gesamten Untersuchung deutlich macht, Sira in die angefragte Richtung mißverstehen: erst wenn man sieht, daß der Autor genau die Frage klären will, wie sich vor- bzw. immaterielle Schöpfungsgegebenheiten sowohl zum Schöpfer wie zur materiellen Schöpfung verhalten, beschreitet man den Lösungsweg.

14 Wenn die Weisheit als innerweltlich bestimmt wird und die Differenzierung zwischen materieller und immaterieller Schöpfungsebenen nicht vorgenommen wird, stehen der Auslegung große Schwierigkeiten entgegen, wie sich selbst an einem Autor wie VON RAD (Weisheit 209) zeigen läßt. „Daß sie wie ein Nebel die Erde bedeckte, muß man wohl als eine gewagte Exegese von 1 Mos 2,6 verstehen. Auf alle Fälle ist damit etwas über die enge Zugehörigkeit der Weisheit zur Erde gesagt. Spricht sie von einem Thron, so kann damit nichts Außergeschöpfliches gemeint sein". Man fragt sich, warum wohl gerade der Nebel die innerweltliche Verbindung zwischen Weisheit und Geschaffenem zum Ausdruck bringen soll; der Autor verrät sich selbst mit seiner Qualifikation „gewagt". Noch problematischer erscheint die Negation der Parallele zwischen dem Thron Gottes und jenem der Weisheit (vgl. 1,8 mit 24,4); vgl. auch das in 6.1. (5) Ausgeführte.

15 Vgl. REITERER, Freundschaft 138ff.

gleiche Vorlage zurückgehen und die Entsprechung von ὁ κτίστης [ἁπάντων] mit verschiedenen Epitheta ([ܠܐ] ܒܪܐ) durchaus gängig ist[16].
(3) Zufolge V8 hat der Schöpfer (ὁ κτίστης) von allem (ἁπάντων = die gesamte sichtbare Schöpfung) auch die Weisheit geschaffen (ὁ κτίσας με). Entscheidender Nachdruck liegt also in 8a.b auf dem Faktum der Schöpfung an sich, wobei differenziert wird: jene der gewöhnlich als Schöpfungswerke bezeichneten Schöpfung und jene der Weisheit. Im Zusammenhang mit der Weisheit hat man nun weitere Dimensionen zu bedenken, welche das pure Faktum an sich übersteigen: *Vor* dem Aion (V9) – αἰών bezeichnet bei Sira retro- wie prospektiv die unbegrenzte Zeit – wurde die Weisheit geschaffen. Die Angabe αἰών gilt aber nur innerhalb der Schöpfung als Zeitangabe. Das bedeutet, daß die Weisheit schon vor der übrigen Schöpfung geschaffen wurde, letztere aber erst ab deren Entstehung benannt werden kann: ἀπ' ἀρχῆς[17].
(4) In Sira bezeichnet ἀρχή wie gewöhnlich in anderer Literatur *einen Beginn*, zumeist im Sinne *des allerersten Anfanges*, wobei vielfach immaterielle Gegebenheiten gemeint sind: Als Anfang (ἀρχή) des Hochmutes gilt der Trotz (10,12), die Verfehlung (10,13), Ausgangspunkt (ἀρχή) für die Verfehlung die Frau.

Im Kontext von Schöpfungsaussagen allerdings geht es um den *ersten* Anfang von materieller Schöpfung: כברא אל מעשיו מראש bzw. ἐν κτίσει[18] κυρίου τὰ ἔργα αὐτοῦ ἀπ' ἀρχῆς (16,26). Festzuhalten ist, daß Gott (a) schuf und (b) dadurch ein radikaler Ausgangspunkt gesetzt ist, wie dies auch Syr gut zeigt: ܟܕ ܒܪܐ ܐܠܗܐ ܥܒܕܘܗܝ، ܡܢ ܒܪܫܝܬ ܦܠܓ ܐܢܘܢ.

Vom *Anfang* kann man also erst sprechen, wenn Gott die materielle Welt in actu setzt. In diesem Moment geschieht für das Funktionieren der Schöpfung Zentrales: Gott gibt die innere Ordnung mit: ἐκόσμησεν εἰς αἰῶνα τὰ ἔργα αὐτοῦ καὶ τὰς ἀρχὰς αὐτῶν εἰς γενεὰς αὐτῶν (16,27). Gott hat die Anfänge (Plural wegen der Mehrzahl der Werke) für alle kommenden Zeiten (von innen) geordnet (τὰς ἀρχὰς αὐτῶν εἰς γενεὰς

---

16 Vgl. REITERER, Urtext 96f.

17 Der syrische Übersetzer hat diese tiefsinnige Differenzierung nicht erkannt und eine einfache Verdoppelung gesehen und diese wie vielfach bei als Verdoppelung angesehenen Fällen weggelassen: ܡܢ ܩܕܡ ܥܠܡܐ.

18 RAHLFS: κρίσει.

αὐτῶν)[19]. Hier erweist sich, daß Gott auch in Bereichen noch wirkt, die dem Menschen nicht mehr zugänglich sind, weswegen dieser auch nicht versuchen sollte, jene Ebenen zu ergründen (3,20–23).

Ziel der Aussage ist also nicht nur das Faktum der Schöpfung, sondern die Mitteilung, daß der Beginn an sich inhaltlich entscheidend ist[20]: da werden die Regeln gegeben, die fürderhin den gelungenen Ablauf gewährleisten. *Anfang* ist also *nicht nur eine zeitliche,* sondern vor allem *eine qualitative* Aussage.

(5) Bestätigt wird diese Beobachtung durch 15,14, eine kompliziert formulierte Angabe: אלהים מבראשית (מראש :H-B) ברא אדם (H-B: מראש) und ܐܠܗܐ[21] ܐܢܫܐ ܟܕ ܗܘܐ ܒܪܝܗܝ ܡܢ wie αὐτὸς ἐξ ἀρχῆς ἐποίησεν ἄνθρωπον. Die eigenartige Formulierung in H-A wird in H-B auf jene Phrase reduziert, wie man sie auch in den anderen Angaben über den Schöpfungsbeginn bei Sira findet (16,26; 36,20). Die Wortwahl ist offensichtlich dem Beginn der Bibel entnommen: בְּרֵאשִׁית בָּרָא אֱלֹהִים. Ihr folgt entsprechend H-A Syr. Sie dürfte auch in Γ vorauszusetzen sein, allerdings konnte Γ מן und ב nicht in der Art semitischer Sprachen kombinieren. Deutlich hebt 14a hervor, daß ein Ausgangspunkt (מן) gegeben ist, ab dem (ב) der Mensch als geschaffene Gegebenheit existiert, und daß es sich um einen Neueinsatz, einen Anfang (ראשית) im radikalen Sinne handelt. Daß

---

19 Die Übersetzungen verraten nicht selten Ratlosigkeit: für ἐκόσμησεν εἰς αἰῶνα τὰ ἔργα αὐτοῦ καὶ τὰς ἀρχὰς αὐτῶν εἰς γενεάς bietet die Herderbibel: *Da ordnete er seine Werke für immer, von ihren Anfängen an bis zu ihrer fernen Zukunft.* Aus dem direkten Objekt zum Verb wird eine präpositionslose Zeitangabe. HAMP in der Einheitsübersetzung *(hat er ihre Aufgabe für immer festgelegt und ihren Machtbereich für alle Zeiten)* gibt für τὰς ἀρχὰς αὐτῶν als Bedeutung *ihren Machtbereich* an, was sich durch den sirazidischen Wortgebrauch keineswegs untermauern läßt. SAUER, Jesus Sirach, scheint diesem Verständnis zu folgen: *Er ordnete seine Werke für immer, und setzte ihre Bereiche auf Generationen hinaus fest.* Neben der nicht zu belegenden Bedeutung von τὰς ἀρχὰς für *Bereiche,* sieht sich der Übersetzer auch veranlaßt, ein Verb zu ergänzen. – Offensichtlich merken alle, daß man mit dem banalen *Anfang* nicht das Auslangen findet, hat aber die eigentliche Absicht, die dann keiner Veränderung bedarf, nicht erhoben.

20 Zurecht stößt man bei GLASSON, Colossians 214ff, bei der Formulierung in Kol 1,18 (καὶ αὐτός ἐστιν ἡ κεφαλὴ τοῦ σώματος τῆς ἐκκλησίας· ὅς ἐστιν ἀρχή, πρωτότοκος ἐκ τῶν νεκρῶν, ἵνα γένηται ἐν πᾶσιν αὐτὸς πρωτεύων) auf Sira, wobei die obigen Ausführungen zeigen, daß die Diskussion um V6 kein vollständiges Bild ergibt. Der Gesamtbefund ist noch um vieles überzeugender.

21 Vgl. die Variante ܐܡ.

zugleich qualitative Folgen damit verbunden sind, zeigt die Feststellung des freien Willens: וישתיהו ביד חותפו ויתנהו ביד יצרו.

Ein weiterer Beleg steht im Kontext des Bittgebetes 36,1–13a; 36,16b–22, nämlich in V20: Gott wird bestürmt, für seine Machwerke Zeugnis abzulegen. Gemeint ist ein konkreter, unterstützender Eingriff, wie man sich erzählt, daß ihn Gott in der Frühzeit vorgenommen hatte. Es liegt wieder eine schwierige *Zeitangabe* vor: למראש מעשיך; τοῖς ἐν ἀρχῇ κτίσμασίν σου. Als Partikel der Zuordnung fungiert ל, wobei das enklitische Pronomen ך- auf Gott zu beziehen ist. Gewichtiger für die Untersuchung ist aber die Angabe מראש, die sich mit 16,26 deckt. In Kurzform wird darin zusammengefaßt, daß die Mitglieder des Volkes Israels Schöpfungswerke sind, die von Gott den qualifizierten *Anfang* herleiten. Schöpfung wird dadurch zur Basis des Beistandes. – Syr durchschaute die Bezüge nicht und verdeutlichte den schwierigen Ausgangstext folgend: ܣܡܣܘܬܐ ܣܗܕܘܬܐ ܕܡܢ ܩܕܝܡ ܐܝܬ ܕܐܝܟ ܗܢܐ ܗܘܐ[22]. Syr geht es um Beistandszeugnisse, wie man sie schon seit langer Zeit kennt, nicht – wie H und Γ meinen – um Implikationen am Schöpfungsbeginn.

Auf den ersten Blick scheint es sich im Unterschied zu den bisherigen Beispielen in 39,25 um immaterielle Gegebenheiten zu handeln: לטוב חלק מראש כן לרעים טוב ורע. Syr setzt H voraus: ܠܛܒܬܐ ܡܢ ܫܘܪܝܐ ܚܠܩ ܛܒܬܐ ܠܛܒ̈ܐ. ܗܟܢܐ ܐܦ ܠܒ̈ܝܫܐ ܛܒ̈ܬܐ ܘܒܝ̈ܫܬܐ. Auch der Γ-Text setzt H voraus, bringt aber eine ausgefeiltere Antithese, die dazu führt, daß im zweiten Glied die Erwähnung des Guten weggelassen wird: ἀγαθὰ τοῖς ἀγαθοῖς ἔκτισται ἀπ' ἀρχῆς οὕτως τοῖς ἁμαρτωλοῖς κακα. – Es geht nicht um die Schöpfung des Guten oder Bösen, sondern um jene guter und böser Menschen, denen die Abstrakta zugewiesen werden können. Es liegt also hinsichtlich der Fixierung des Schöpfungsbeginns und seiner Gewichtung der gleiche Inhalt wie in 36,20 vor.

(6) Die Untersuchung des sirazidischen Wortgebrauches bestätigt, daß die komplizierte Formulierung in 24,9 einen schwierigen Tatbestand festhalten will. MARBÖCK weist mehrfach darauf hin, daß es um die Feststellung des Alters der Weisheit geht[23], welches aber nur beiläufig für die Argumentation Gewicht besitzt[24], in V9 aber eine der zentralen

---

22   Vgl. die Variante ܣܗܕܘܬܐ.
23   Vgl. MARBÖCK, Weisheit u.a. 73; ders., Gottes Weisheit 55–65.
24   Vgl. MARBÖCK, Weisheit 56.

Aussagen darstellt[25]. Zurecht verweist er zum Vergleich auf Aussagen
in verschiedenen Fassungen der Isis-Aretalogie, wo das Alter betont
wird[26]. Solche Gedichte und das Fluidum seiner geistigen Umwelt
kannte Sira gut und geht auf diese Vorstellungen ein. Er konzentriert
sich auf diesem Hintergrund allerdings auf weitere Aspekte, die mit
der Relation zum Schöpfer in Verbindung zu bringen sind. Es ist richtig, wenn der Autor festhält, daß in 1,4 und 24,9 „von der Existenz der
Weisheit vor der übrigen Schöpfung die Rede ist"[27]. Allerdings ist auch
die Präexistenz nicht das wirkliche Thema.

Da MARBÖCK die Bedeutsamkeit der Dimensionen des *Anfanges*
nicht untersucht hat, ist ihm entgangen, daß es hier um einen Versuch
geht, die Abfolge des Schöpfungswirken Gottes darzustellen. Wenn
sich diese Phasen auch der korrekten Beschreibbarkeit entziehen, rechnet Sira mit einer Reihenfolge. Die göttliche Schöpfung beginnt vor jeglicher Zeitdimension: da wird die Weisheit – und vermutlich auch alle
anderen Elemente, die die materielle Schöpfung von innen her durch-
wirken (vgl. u.a. 11,14–16 im Verein mit 16,27) – aktualisiert[28]. Darauf
folgt die übrige Schöpfung. Ab da kann man dann von unbegrenzter
Zeit sprechen, übrigens auch eine Vorstellung, die sich dem mentalen
Zugriff letztlich entzieht.

Aufgrund dieser Beobachtungen wird man zwischen einer *immateriellen* und einer *materiellen Phase* der Schöpfung unterscheiden. Ab der
zweiten kann man erst wirklich von einem *Anfang* sprechen, konkretisiert in greifbaren, Raum und Zeit konstituierenden Gegebenheiten. –
In der Phase immaterieller Fakten (*Faktum* von *facere*) wird die Weisheit, von dem *Weisen* (Gott) stammend, als wichtigste weltumgreifende
Gegebenheit[29] gebildet. Wenn man sie nach 24,3a (ἐγὼ ἀπὸ στόματος

---

25 Vgl. MARBÖCK, Weisheit 64.
26 Vgl. MARBÖCK, Weisheit 52; LANG, Göttin Isis 152ff, bemüht sich um den Nachweis,
    wonach die Frau Weisheit und nicht die Göttin Isis Vorbild für die Vorstellung Ben
    Siras ist.
27 MARBÖCK, Weisheit 19.
28 Die Schwierigkeit, die Rolle der Weisheit zu fassen, wurde dahin verstanden, daß sie
    eigentlich gar keine Bedeutung besitzt: "Ben Sira closely links Dame Wisdom with
    the creator and with the cosmos, but it is not clear that she has any specific role to
    play in the genesis fo the cosmos"; ROGERS, Wisdom 154.
29 Eine notierendwerte Anmerkung bietet CONTI, Origine 14, da er im Nebel (V3a) ein
    "segno visibile della potenza creatrice di Dio" sieht.

ὑψίστου ἐξῆλθον) als eine wie das Wort (Jes 55,9–11) aus dem Munde Gottes hervorgehende Realität (vgl. Jes 9,7; Jer 2,31; 23,29) versteht, ereignet sich in dieser Schöpfung anderes als in der übrigen: Gott wird partiell in der Weisheit eben als Weisheit präsent[30]. Dieses *Präsentwerden* ist eine *spezielle Form von Schöpfung*.

(7) Die Erwähnung des Schöpfers wie auch seiner Schöpfertätigkeit unterscheidet die zwei Ebenen. Einesteils bezieht sie sich auf das Gesamt der Schöpfung: ὁ κτίστης ἁπάντων (24,8a), andernteils auf jene der Weisheit: ὁ κτίσας με (24,8b). Sie ist die zentrale Gegebenheit für die übrige Schöpfung, aber besonders auf Israel (Zion bzw. Jerusalem) hingeordnet. Die enge Verbindung mit Israel zeigt, daß die Schöpfung der Weisheit auf Menschen ausgerichtet ist.

4. Weitere immaterielle Schöpfungsgegebenheiten

Wenn man sich nach anderen Beispielen von Realitäten aus dem immateriellen Bereich umsieht, trifft man auf 11,14–16 und 31,16.

4.1. Sir 11,14–16

Im Abschnitt 11,10–19 beschäftigt sich Sira mit übereifrigen Bemühungen (modern: Manager-Syndrom), die letztlich auf keiner Ebene effektiv sind. Die Gefahr, die von solchen hektischen Aktivitäten ausgeht, besteht darin, in der Hast nicht nur nicht erfolgreich zu sein, sondern auch noch Unrecht zu begehen (Vv10–12). Im Gegensatz dazu wird der Rechtschaffene von Gott seinen Lohn erhalten, der in Reichtum und Ruhe besteht (Vv17–19).

---

30 Unter diesem Gesichtspunkt ist die Zusammenfassung von SCHIMANOWSKI, Weisheit, „zum ersten Redeteil, der Ursprung und kosmische Funktion der Weisheit zum Thema hatte" (53) von großem Interesse. Es ist festzuhalten, „daß ... der Ort der Weisheit in zwei Schritten beschrieben wird: 1. Vor der Schöpfung bei Gott, 2. Bei den Schöpfungswerken. Hier in Sir 24 sind beide Schritte weiter expliziert worden. Der Gedankenfortschritt liegt aber bei dem, was man das ,Wesen' Der Weisheit nennen könnte, denn in Kap. 24 erhält man eine Antwort auf die Frage, was die Weisheit ist – der Epiphanieglanz, der göttliche כבוד. Konsequent wird in großer Zurückhaltung das weiter ausgefaltet, was in Ijob 28, Spr 8 und Sir 1 angelegt war".

(1) Im Übergang zwischen diesen Teilen wird Gottes Fürsorge beschrieben (11,13). Daran fügt sich eine ins allgemeine ausgedehnte
grundsätzliche Feststellung:

מייי הוא	טוב ורע חיים ומות ריש ועושר	14b.a (HS A)
מייי הוא	חכמה ושכל והבין דבר	15b.a
מייי הוא	חטא ודרכים ישרים	15d.c
ומרעים רעה עמם	שכלות וחושך לפשעים נוצרה	16b.a

Auf den ersten Blick zeigt sich, daß dieser Abschnitt – nur in der HS A
erhalten – in einer wohl durchdachten metrischen Gestalt vorliegt:

- Von 14a zu 15a und 15c findet eine Steigerung statt, die durch
  akzelerierende Verkürzung gebildet wird. In 14a stehen 3 Hebungen: 1 (ריש ועושר) 3 : (חיים ומות) 2 : (טוב ורע).
- 15a besteht aus zwei Hebungen mit je zwei Worten: 1 (חכמה
  ושכל) 2 : (והבין דבר).
- Darauf folgen in 15c drei Worte, die ihrerseits je eine Hebung
  bilden. Die Verschärfung rückt dieses Kolon in das Zentrum.

Der metrischen Konzentrierung entspricht eine inhaltliche Akzentset-
zung: am positiven Höhepunkt (15a) geht es um Dimensionen der
Weisheit. Die Setzung von ו spricht dafür, daß שכל und הבין דבר pa-
rallelisiert werden wollen. – Von der Verwendung der Substantiva aus
gesehen, kann man den poetischen Weg der Akzentuierung weiter aus-
falten: 6 Abstrakta in 14a, 4 Abstrakta in 15a und 3 Substantiva in 15a.

Als fixierender Halt steht der gleichbleibende Zweier מייי הוא in
jedem Stichos dem ersten Kolon gegenüber. Da das erste Kolon immer
verkürzt wird, verlängert sich relativ die Phrase מייי הוא, so daß diese
an Gewicht gewinnt. Schrittweise, aber doch sehr nachdrücklich, tritt
hervor, daß die immateriellen Gegebenheiten einzig und allein auf
JHWH zurückzuführen sind. Endgültig unterstrichen wird die Schwer-
punktsetzung durch das *drei*malige Vorkommen. Diese Beobachtungen
weisen darauf hin, daß ein schon von Anfang an poetisch fein durch-
strukturierter Abschnitt vorliegt.

In geradezu schriller Opposition steht V16 diesem Part gegenüber.
Schon metrisch fehlt der Gleichklang (4 : 3) im Vergleich zum Vorangehenden. Es zeigt sich darin, daß der Autor die Vv14–15 als eine geschlossene – wenn auch antithetisch angeordnete – Gruppe sieht. Dieser stehen jene gegenüber (V16), die dann tatsächlich im Leben dafür

sorgen, daß das Schlechte – sogar im Übermaß, wie die Länge und die Anhäufung potentiell negativer Termini: שכלות, חושך, פשעים, מרעים, רעה anzeigt – in Taten umgesetzt wird: das Schreckliche in den schlechten Taten ahmt der Autor auch poetisch meisterhaft nach[31]. Der Autor bleibt insofern konsequent, als er auch hier festhält, daß diese negativen Gegebenheiten geschaffen (יצר) wurden, wobei das Passivum (נוצרה) auf Gott verweist. – Es sei inhaltlich auf die Spannung innerhalb des Buches hingewiesen, die sich beim Vergleich mit 15,11–13 ergibt. – Für die vorliegende Untersuchung von großer Bedeutung ist, daß die Verwendung von יצר bekräftigt, daß es sich bei מייי הוא auch um Schöpfungsaussagen handelt.

(2) Der Syrer unterstützt in 11,14–15 alle Argumente zum H-A Text und bestätigt damit, daß er öfter gemeinsam mit jener Linie geht, zu der H-A gehört, als mit jener, die auch durch H-B, der Γ näher steht, repräsentiert wird. Auffällig ist, daß V16 in Syr nicht geboten wird. Dies kann darauf zurückgehen, daß Syr dort eine inhaltliche Wiederholung von 15c.d erkannte und sie daher weg ließ. Daß Syr – im Gegensatz zu Γ – nicht die gleiche Sorgfalt bei der Berücksichtigung der poetischen Feinheiten walten läßt, ist eine allgemeine Beobachtung.

ܛܒܬܐ ܘܒܝܫܬܐ ܚܝܐ ܘܡܘܬܐ ܥܘܬܪܐ ܘܡܣܟܢܘܬܐ	ܡܢ ܩܕܡ ܐܠܗܐ ܥܒܝܕܝܢ ܐܢܘܢ	14b.a
ܚܟܡܬܐ ܘܣܘܟܠܬܐ ܘܐܫܬܡܠܝܘܬܐ ܕܢܡܘܣܐ	ܡܢ ܠܘܬ ܡܪܝܐ ܗܝ	15b.a
ܚܘܒܐ ܘܐܘܪܚܬܐ ܕܥܒܕܐ ܛܒܐ	ܡܢ ܠܘܬܗ ܐܢܝܢ	15d.c

Die Abweichungen in Γ sind gravierender als in Syr, da nur V4 in der älteren Version belegt ist, während Vv15f durch ΓII repräsentiert wird.

14a.b	ἀγαθὰ καὶ κακά ζωὴ καὶ θάνατος πτωχεία καὶ πλοῦτος	παρὰ κυρίου ἐστίν
15a.b	σοφία καὶ ἐπιστήμη καὶ γνῶσις νόμου	παρὰ κυρίου
15c.d	ἀγάπησις καὶ ὁδοὶ καλῶν ἔργων	παρ' αὐτοῦ εἰσιν
16a.b	πλάνη καὶ σκότος ἁμαρτωλοῖς συνέκτισαι	τοῖς δὲ γαυριῶσιν ἐπὶ κακίᾳ συγγηρᾷ κακία.

Das Drastische und Kompromißlose in den Aussagen werden veranlaßt haben, daß nur Teile davon in ΓI aufgenommen worden sind bzw. in der jüngeren Fassung von Γ [ΓII] doch wieder in einige Hss Eingang gefunden haben. Im großen und ganzen bestätigt Γ aber die H-

31 Da ich eine geschickte poetische Gestaltung entnehmen kann, vermag ich DI LELLA, Wisdom 237, nicht zu folgen: "The uneven lengths of the Heb lines go to show that the two verses are an expansion of Ben Sira's text."

Tradition. Ein bedeutender Unterschied ist in 15c gegeben, wo anstelle von חטא ודרכים ישרים ἀγάπησις καὶ ὁδοὶ καλῶν ἔργων zu lesen ist. Daß die Ausgangstexte einander nahe gestanden sind, wird daran erkennbar, daß דרכים ישרים und ὁδοὶ καλῶν ἔργων von gleichen Gegebenheiten handeln, wobei die griechische Version als eine Interpretation von H verstanden werden kann. Dagegen kann ἀγάπησις nicht auf חטא[32] oder eine ähnliche Vorlage zurückgeführt werden.

Aus poetischen wie innersirazidischen Beobachtungen wird man aber damit rechnen, daß Γ schon sehr früh gegeben war. Es entspricht Siras Argumentation, daß ἀγάπησις als ein inneres Bestimmungsziel zu sehen ist; vgl. 48,11. In 35,1–2 (= 32,1–4[33]) findet sich ein instruktives Beispiel subtiler Gewichtungen, wo Opfer, Gesetzeserfüllung und Liebestaten einander zugeordnet werden:

35,1	Ὁ συντηρῶν νόμον πλεονάζει προσφοράς	35,2	θυσιάζων σωτηρίου ὁ προσέχων ἐντολαῖς
35,3	ἀνταποδιδοὺς χάριν προσφέρων σεμίδαλιν	35,4	καὶ ὁ ποιῶν ἐλεημοσύνην θυσιάζων αἰνέσεως

In 35,1.2 zeigt die chiastische Konstruktion (Außenglieder: ὁ συντηρῶν νόμον und ὁ προσέχων ἐντολαῖς; Innenglieder: πλεονάζει προσφοράς und θυσιάζων σωτηρίου), daß die Opferdarbringung und die Gesetzeseinhaltung aufeinander hin geordnet sind und zugleich die erstere von der zweiten umschlossen wird. Wie die Steigerung in 35,3.4 zeigt, ist damit eine Akzentuierung gegeben. Das besagt, daß die Darbringung von Opfern nicht von solchem Gewicht ist, wie das Halten der göttlichen Vorschriften. Geht man nun zu 35,3f weiter, trifft man auf einen parallelen Aufbau. Die Liebestat wird zu dem in den Vv1–2 Bedeutsamen in Relation gesetzt: Danach gelten ἀνταποδιδοὺς χάριν und ὁ ποιῶν ἐλεημοσύνην als Überbietung von Opfern. Nun gehören χάρις und ἐλεήμοσύνη zum gleichen Bereich wie ἀγάπησις. Man kann aus dem Vergleich

---

32 PETERS, Buch 98, führt eine Reihe von Gründen an, weswegen seiner Meinung nach „die Stelle ... aber auch in ihrer ursprünglichen Form sekundär" ist. Besonders stört ihn aber חטא; er vermutet, daß es auf חיבָה zurückgeht; dieses wurde zu חוב verlesen und dann in das gebräuchlichere חטא geändert. DI LELLA (Wisdom 237) wiederum meint, daß ursprünglich 'ahăbā gestanden hatte. Es verwundert, daß unbemerkt eine solche Malversation vorgenommen worden war, die sich, obwohl sie theologische Probleme macht, auch noch durchgesetzt hat.

33 Zum Problem der Zählung im Buch Ben Sira vgl. REITERER, Review 34f; ders. Zählsynopse.

vielleicht entnehmen, daß ἀγάπησις die abstrakte, immaterielle Vorgabe der Dimension Liebe ist, die sich in Liebestaten (χάρις, ἐλεημοσύνη) konkretisiert. – Wenn man also in 11,15c anstelle von Sünde von der Liebe liest, zeigt sich, daß ein für Sira zentrales Thema aufgenommen wurde. Es ist nicht auszuschließen, daß schon von Anfang an beide Versionen gegeben waren: das eine Mal geht die Argumentation antithetisch (in H erhalten), das andere Mal auf positiver Ebene steigernd vor (in Γ erhalten). Dann würde die Liebe auch noch die Weisheit überbieten, wenngleich nach 40,20 die Liebe zur Weisheit (ἀγάπησις σοφίας; vgl. aber H und Syr: Freundesliebe: דודים אהבת; ܪܚܡܘܬ ܚܒܪ̈ܘܬܐ) berauschende Festfreuden übertrifft, also selbst eine eigene Zielvorstellung in der Werthierarchie darstellt.

(3) Für die gegenständliche Fragestellung ist notierenswert, daß sich die Schöpfung hier auf immaterielle Gegebenheiten bezieht. In radikaler Art wird das in der weisheitlichen Argumentation Wesentliche so auf Gott zurückgeführt, wie es im Alten Testament kein zweites Mal vorkommt, wenngleich Jes 45,7 nahe heran reicht[34]. Man wird zwischen dem Faktum der Herkunft und dem Ziel dieser Schöpfungsgegebenheiten unterscheiden. – Für Sira bündeln sich die Fülle der Macht und Möglichkeiten Gottes in seiner *Schöpfertätigkeit*.

Von einem konsequenten monotheistischen Standpunkt aus ist die Position verständlich, daß die zentralen positiven Gegebenheiten auf immaterieller Ebene ausschließlich auf JHWH zurückgeführt werden. In die Augen sticht dabei, daß außergewöhnlich konsequent argumentiert wird. Für einen neuzeitlichen Leser sind die positiven Ebenen ohne Probleme mit Gott zu verbinden: Gutes, Leben, Reichtum, Weisheit, Einsicht, Verstehen des Wortes, Liebe (nach Γ; vgl. H) und das Schicksal der Rechtschaffenen. Geradezu schockierend kann dagegen die gleiche Konsequenz auf der negativen Ebene wirken: Übel, Tod, Armut, Sünde (vgl. Γ), Torheit, Finsternis, Schlechtes werden ebenso auf Gott zurückgeführt.

Während man noch Übel, Tod, Finsternis aus den Klagen der Beter in den Verfügungsbereich Gottes stellt und diese von ihm zumindest insofern herleitet, als er der Souverän in der Handhabung bleibt, bereiten Armut und Schlechtes – wohl als böse Tat zu verstehen – größere Probleme.

---

34 Die Parallelität zum Wort hebt CONTI, Origine 11–14.

Daß man Armut von Gott direkt herleitet, ist bei Sira so zu verstehen, daß sie eine selbstverständliche Existenzform darstellt, mit der man einfach zu rechnen hat. Es kommt darauf an, was man damit macht[35]: sie kann also als eine Aufgabe wie auch als eine Herausforderung von Gott her verstanden werden. Schlechtes und Sünde auf Gott zurückzuführen, provoziert das religiöse Gefühl und man neigt dazu, derartige Gedanken spontan abzulehnen. – Bei Sira ist dies eben anders.

(4) Bei der Frage nach der Intention der Schöpfungsaussagen ist zu differenzieren. Einmal geht es um deren Funktion im Gedicht, das andere Mal um die Erhebung der Funktion im Denken Ben Siras.

Aus dem Kontext des Gedichts ergibt sich, daß die Allmacht Gottes dem rastlosen Zielstreben der Menschen gegenüber gestellt wird. Ähnlich hatte schon Deuterojesaja im Zusammenhang mit der Rettung aus dem Exil argumentiert: „Weißt du es nicht, hörst du es nicht? JHWH ist ein ewiger Gott, der die weite Erde erschuf. Er wird nicht müde und matt, unergründlich ist seine Einsicht. Er gibt dem Müden Kraft, dem Kraftlosen verleiht er große Stärke. Die Jungen werden müde und matt, junge Männer stolpern und stürzen. Die aber, die JHWH vertrauen, schöpfen neue Kraft, sie bekommen Flügel wie Adler. Sie laufen und werden nicht müde, sie gehen und werden nicht matt" (Jes 40,28–31). Die dort in weltgeschichtlich-soteriologischem Kontext stehende Aussage wird von Sira auf das individuelle Bemühen angewandt und die gleiche Dynamik festgestellt.

Mit diesem Hinweis auf das schöpfungstheologische, prophetische Argumentationsmodell verläßt man aber die Leistungsfähigkeit einer einzelnen Einheit und stößt in den Bereich der Denkkategorien vor. Die Schöpfungsaussagen stellen einen zentralen Zugang zu den Denkkategorien Ben Siras und seiner Art des Weltverständnisses dar. Die Basis für seine konkrete Argumentation im Kontext liegt in den von Gott vorgegebenen Schöpfungszusammenhängen. Damit wird die Aussage über die immateriellen Schöpfungsgegebenheiten zur Information über die Ausrüstung der materiellen Schöpfung. Die immateriellen Vorgaben gewährleisten das Funktionieren der materiellen Schöpfung.

Hauptziel der Schöpfungsaussagen ist es zu zeigen, daß Gott der Souverän in allen Bereichen vor dem und in dem menschlichen Leben ist und bleibt.

---

35 Vgl. zur Thematik des Armen REITERER, Freundschaft 147–151.

4.2. Sir 37,18 nach Syr

Im Kontext von 37,18 geht es um das rechte Wort und dessen Herkunftsort, nämlich nach H-B und Γ, das menschliche Herz. Dieses wird wohl als Geburtsort des Wortes für so gewichtig gehalten, daß es nahezu auf die Ebene Gottes gestellt wird. Derartige Vorstellungen befremden, wenn man auch Sira nahezu alles zutraut. Wie der Syrer allerdings deutlich macht, geht er mutmaßlich, wie in 11,14f, auf H-A zurück. Dort nehmen טוב ורעה וחיים ומות natürlich von Gott den Ausgang. Oben wurde in einem Nominalsatz der Bezug zu Gott hergestellt (מייי הוא). Hier in 37,18 verwendet Syr den terminus technicus: ܒܪܐ. Die Berücksichtigung des ganzen Buches weist darauf hin, daß Syr die ältere Tradition bewahrt hat. In dieser Meinung kann man sich auch durch Γ bestätigt fühlen, da es zu einer Umstellung der Kola im Verhältnis zur in sich doch stark unterschiedlichen innersemitischen Belegung kommt.

37,18	טוב ורעה וחיים ומות	ומושלת בם כליל לשון
	ܡܢܐ ܒܪܐ ܟܠ ܠܒ ܘܛܒ ܫܢܐ ܘܡܘܬܐ	ܘܫܠܝܛ ܒܠܫܢܗ ܢܦܩܐ ܡܢ ܦܘܡܐ

37,18 τέσσαρα μέρη ἀνατέλλει
καὶ ἡ κυριεύουσα ἐνδελεχῶς αὐτῶν ἀγαθὸν καὶ κακόν ζωὴ καὶ θάνατος
γλῶσσά ἐστιν

Im Blick auf die Ausführungen zu 11,14–16 findet sich kein inhaltlich neuer Aspekt.

4.3. Das Übel in 31,13a

Wenn auch in 31,13a das böse Auge im Zentrum steht, ist doch ganz eindeutig, daß man nur so, wie in 13b.e gesagt, formulieren kann, wenn man auch Schlechtes von Gott geschaffen sieht.

13b.a	רע עין שונא אל	ורע ממנו לא ברא
13d.c	כי זה מפני כל דבר תזוע עין	ומפנים דמעה תדמע
13f.e	רע מעין לא חלק אל	על כן מפני כל נס לחה
13b.a	ܡܛܠ ܕܒܝܫܘܬ ܥܝܢܐ ܣܢܐ ܐܠܗܐ	ܘܕܒܝܫ ܡܢܗ ܠܐ ܒܪܐ
13d.c	ܡܛܠ ܗܢܐ ܡܢ ܩܕܡ ܟܠܡܕܡ ܙܥܐ ܥܝܢܐ	ܘܡܢ ܐܦܐ ܕܡܥܐ ܕܡܬܐ
13f.e		

13a.b μνήσθητι ὅτι κακὸν ὀφθαλμὸς πονηρός πονηρότερον ὀφθαλμοῦ τί ἔκτισται
13c διὰ τοῦτο ἀπὸ παντὸς προσώπου δακρύει

Trotz der schwierigen Lage der Textüberlieferung ist ersichtlich, daß der Autor nicht die geringste Berührungsangst hat, wenn es darum geht, auch das Böse auf die Schöpferkraft Gottes zurückzuführen.

Weil Gott das Böse geschaffen hat, ist er auch in der Lage, darüber Autorität auszuüben, so daß es keine unkontrollierbare Eigenwirkung entwickeln kann.

5. Abfolge in der immateriellen und materiellen Schöpfung

In 15,11–20 beschäftigt sich Sira mit dem Thema der Verantwortung des Menschen. Den Ausgangspunkt der Argumentation bildet die Ausrede, wonach auch das menschliche Fehlverhalten auf Gott zurückzuführen und von ihm zu verantworten ist. Da er der Schöpfer ist, ist er somit selbst für das Geschaffene und die davon ausgehenden Folgen verantwortlich. Nicht verwundern wird es daher, daß in diesem Kontext Gewichtiges über die Schöpfungsthematik zu erheben ist. – Zwei Stufen sind zu unterscheiden: die immaterielle Ebene (Vv11ff) und die materielle (V14), die sich hier auf den Menschen konzentrieren.

5.1. Sir 15,11ff

אל תאמר מאל פשעי כי את אשר שנא לא עשה

ܠܐ ܬܐܡܪ ܓܝܪ ܡܢ ܩܕܡ ܐܠܗܐ ܥܘܠܬܐ ܕܝܠܝ ܡܛܠ ܕܟܠ ܕܣܢܐ ܗܘ ܠܐ ܥܒܕ.

μὴ εἴπῃς ὅτι Διὰ κύριον ἀπέστην ἃ γὰρ ἐμίσησεν οὐ ποιήσει.

(1) Gleich eingangs (15,11a) weist der Autor eine vorgeschobene Entschuldigung zurück, die die Eigenverantwortlichkeit ausschließen würde. Die Formulierung מאל, also מן + GN, fungiert bei Sira, wie schon im Zusammenhang von 11,14f gesehen, als nominale Schöpfungsaussage.

(2) Vergleicht man Syr mit H, stellt sich die Frage ob מן und ܡܢ ܩܕܡ gleich zu verstehen sind, hat man doch den Eindruck, daß ܩ�dܡ – als vor eingefügt – den Inhalt stark verändert: denn die Relationen stellen sich ganz anders dar, wenn ich vor Gott sündige oder von Gott her sündige. Wenn es auch nur wenige Vergleichstexte (מן + GN) gibt, in denen zumindest formal vergleichbare Bezüge vorkommen, zeigt der Übersetzungsusus, daß Syr H folgt. In Psalm 37,39 scheint von H aus gese-

hen die nächst verwandte Stelle zu stehen: וּתְשׁוּעַת צַדִּיקִים מֵיְהוָה. Allerdings läßt Syr die Rettung nicht von Gott ausgehen, sondern nennt JHWH *selbst* als Rettung: ܦܘܪܩܢܐ ܕܙܕܝܩܐ ܡܪܝܐ, verändert also die grammatischen Bezüge, so daß *von* wegfällt. Die Überprüfung der Ausdrucksweise mag dies untermauern: In Ijob 32,2 steht: „Wegen des sich selbst Gerecht-Haltens gegenüber Gott". Der sehr *wörtlichen* Übertragung liegt zugrunde: עַל־צַדְּקוֹ נַפְשׁוֹ מֵאֱלֹהִים. In Syr steht: ܥܠ ܕܙܕܩ ܢܦܫܗ ܛܒ ܡܢ ܐܠܗܐ. In der Bedeutung von *gegenüber, im Verhältnis, gemessen an* steht also in Ijob 32,2 für מן ܡܢ. In Ijob 35,2 geht: „du hast gesagt: meine Gerechtigkeit gegenüber Gott" auf אָמַרְתָּ צִדְקִי מֵאֵל zurück und wird übersetzt ܕܐܡܪܬ ܐܙܕܕܩܬ ܡܢ ܐܠܗܐ. Es verbleibt noch Ijob 20,29: זֶה חֵלֶק־אָדָם רָשָׁע מֵאֱלֹהִים וְנַחֲלַת אִמְרוֹ מֵאֵל. Hier nun findet man die gleiche Präposition wie in Sir 15,11: ܗܢܐ ܗܘ ܡܢܬܗ ܕܓܒܪܐ. ܪܫܝܥܐ ܡܢ ܩܕܡ ܐܠܗܐ. Es ergibt sich also, daß Syr und H in diesem Punkt gleich zu verstehen sind. – Die griechische Version hebt noch stärker als Syr Gott als Verursacher der Verfehlung hervor: διὰ κύριον.

(3) Deutlich ist, daß sowohl Vergehen, als auch Gott und Mensch durch diese Argumentationsweise in engen Zusammenhang gebracht werden. Es gilt nun zu klären, wie dies zu verstehen ist. Der Nominalsatz in H ist am klarsten: מאל פשעי. Es ist und bleibt des Menschen Vergehen, wie das enklitische Possessivpronomen deutlich zeigt. מאל kann also nicht im Sinne des direkten Verursachers (= Γ) gemeint sein, denn dann müßte es zu *seinen*, nämlich Gottes, Vergehen werden, also ungefähr: פשעו עלי.

(4) Wenn auch der Inhalt im Allgemeinen verbleibt, ergibt sich soviel, daß die Sünde als Ergebnis von Gott *gehaßt* (את אשר שנא) wird. – Deutlich ist, daß Sira damit rechnet, daß es sich bei פשע um eine Realität handelt, die Gott im Sinne der Möglichkeit in der Schöpfung *grundgelegt hat*: Darauf gestoßen wird man durch die Verwendung von עשה (11b), dem auch ܥܒܕ wie ποιεῖν entsprechen. Allgemeines *Tätigen* scheint schon von da her auszuschließen, daß man Gott nicht so naiv gezeichnet sieht, daß er etwas bewerkstelligt, was er selbst ablehnt. Der Blick auf die Wortverwendung z.B. in 7,30 (עושך; τὸν ποιήσαντά σε; ܒܪܐ), 38,15 (עושהו; τοῦ ποιήσαντος αὐτόν; ܐܠܗܐ), 42,24 (עשה; ἐποίησεν; ܒܪܐ) und 43,5 (עושהו; ὁ ποιήσας αὐτόν; ܕܥܒܕܗ) zeigt, daß es sich um

Schöpfungstermini handelt, wobei zwischen H und Γ die Wortwahl gleich bleibt, während Syr je eigene Akzente setzt und so zu Erkennen gibt, daß für ihn *Gott*, der *Schöpfer* und der *Machende* austauschbar sind. – Danach ist klar, daß פשע nicht von Gott selbst als schlechte Tat begangen wird.

(5) Bevor noch die Fragestellung über die Herkunft aufgrund von weiteren Bezügen innerhalb des Buches in den Mittelpunkt rückt, soll der weitere Kontext innerhalb des Perikope dargestellt werden. Es wird eine Meinung zitiert, welche Gott subtil unterstellt, daß ja *er* den Menschen verführt habe, wenn Gewalttaten geschehen: באנשי חמס (H-B חפץ; H-A) פן תאמר הוא התקילני כי אין צורך (V12) und dagegen (H-B אלהים; H-A) רעה ותועבה שנא ייי (V13a). Es geht also um ganz konkrete verbrecherische Taten, die aber nicht mehr direkt mit Gottes Schöpfungshandeln in Verbindung gebracht werden.

(6) Die Frage läßt sich nicht umgehen, wie sich diese Worte zu 11,14a.15c verhalten, wo טוב ורע und חטא direkt auf Gott zurückgeführt werden (מייי). Kann man denn annehmen, daß weder der Autor, noch der Redaktor diese Spannung bemerkt haben sollten? – Unbestritten, eine Schwierigkeit, zumindest eine Möglichkeit, verkürzt zu argumentieren, bleibt, auch wenn man folgend begründet: Wenn Gott die Potenz zum Schlechten geschaffen hat, dann relativiert sich der Gegensatz. Das Problem liegt dann darin, daß trotzdem nicht gesagt werden kann, daß die konkrete böse Tat von Gott vollzogen wird: wenn sie nicht geschieht, ist das eine positive Bewältigung der Herausforderung durch Gott; vgl. ähnlich die Rolle von Satan im Ijobprolog. – Für dieses Verständnis spricht auch der zitierte Vorwurf – zugleich eine Ausrede –, der im erwirkenden Kausativum (15,12a) enthalten ist und wodurch die Spannung noch erhöht wird: התקילני – *er erwirkte* [im Sinne von: *vollbrachte*] *das mich Stolpern, Versuchen*. Also vollzieht nach dieser vorgeschobenen Argumentation der Kontrahenten nicht der Mensch, sondern Gott selbst die schlechte Tat, während der Mensch – wehrloses – Werkzeug ist. Es ist oben gezeigt worden, daß Sira damit rechnet, daß Gott die Potenz zum Schlechten in der Schöpfung anlegte. Richtig wäre also der Satz im Qal, wodurch Grundgegebenheiten in Sprache gefaßt werden: es existiert faktisch die durch Gott bewerkstelligte Vorgabe zum Stolpern/Versuchen, die sich als eine Herausforderung erweist.

Abzulehnen ist nur die Formulierung der Gegner im Kausativ, die Gott die praktische Umsetzung des Scheiterns unterlegt und sich gleichzeitig aus der Eigenverantwortung des Menschen stiehlt. Damit ist mitgegeben, daß Gott solche Rahmenbedingungen gesetzt hat, daß der Mensch Übel erfahren (vgl. auch die Schreckensbotschaften im Prolog des Ijob-Buches) und im Falle des falschen Verhaltens auch selbst Übel vollbringen *kann*. Noch herausfordernder wird dieses Thema am Schluß des Herrengebetes formuliert: καὶ μὴ εἰσενέγκῃς ἡμᾶς εἰς πειρασμόν, ἀλλὰ ῥῦσαι ἡμᾶς ἀπὸ τοῦ πονηροῦ (Mt 6,13) und καὶ μὴ εἰσενέγκῃς ἡμᾶς εἰς πειρασμόν (Lk 11,4b).

Interessanterweise wird dieses Thema abgehandelt, bevor Sira – jetzt nachträglich begründend – von der Menschenschöpfung spricht. Dies kann als Hinweis verstanden werden, daß der Autor zwischen der immateriellen und der materiellen Phase unterscheidet, wie dies in 1,4.9 und 24,8f gezeigt werden konnte.

5.2. Sir 15,14–20

"We now have before us a third crucial aspect of what might well be called Sirach's triune theology: God, wisdom and man", faßt BURTON[36] zusammen und hebt damit die Probleme wie die Bedeutung gleicherweise hervor. In 15,14 bietet Sira die schöpfungstheologische Begründung, weswegen es nicht möglich ist, mit dem Argument des Geschaffenseins die Verantwortung für Vergehen auf Gott abzuschieben. Auffallend ist die poetische Gestaltung als Trikolon, in dem das erste Element herausgehoben wird und die anderen beiden – einen Parallelismus bildend – erläuternd und zugleich konstitutiv in der Aussage folgen:

(1)

אלהים מבראשית ברא אדם		14a
ויתנהו ביד יצרו	וישתיהו ביד חותפו	14c.b
ותבונה לעשות רצונו	אם תחפץ תשמר מצוה	15b.a
גם אתה תחיה	אם תאמין בו	15d.c

(2) H-B bestätigt den vorliegenden Text aus H-A, hat aber folgende Abweichungen. In 14a setzt der Text ein: הוא מראש. Im Verhältnis zu

---

36   Vgl. BURTON, Sirach 194.

H-A handelt es sich bei מראש um eine Glättung, die eine ungewöhnliche Formulierung leichter macht und zudem innerhalb des Buches eine Übereinstimmung vornimmt, so daß die – trotz der ungewöhnlichen
Formulierung – gegebene Verständlichkeit für H-A spricht. Daß man in
15b eine Constructus-Verbindung (רצון אל) anstelle eines Pronominal-
ausdruckes (רצונו) findet, ist die Folge des unterschiedlichen Einsatzes
in 14a: הוא steht anstelle von אלהים. Die Veränderung dient der aufgrund des Fehlens des Gottesnamens notwendig gewordenen Klarstellung, daß es sich in 15b nicht um den Willen des Menschen handelt,
von dem in 14c (יצרו) die Rede war.

Zu beachten ist der parallele Aufbau von 14b.c: Narrativ – Präposi-
tionalsausdruck – davon abhängiges Objekt, je mit einem enklitischen
Possessivpronomen so versehen, daß eine Assonanz entsteht. Zudem
strafft der Präpositionalausdruck ביד die Verhältnisgleichheit. Das
Metrum 3:3 ist die bei Sira vorherrschende Verteilung der Hebungen
und rückt im Verhältnis zu den vier Hebungen in 14a in das zweite
Glied, obwohl im Trikolon von V14 dem ersten Kolon (14a) zwei in
14b.c gegenüberstehen.

Hinzuweisen ist, daß 14b nicht selten als ein Zusatz aufgefaßt wird,
der nach DI LELLA "makes flagrant nonsense in this place"[37]. Die Beurteilung dieser Frage führt schon weit in die Deutung hinein. Unter
חותף sieht PETERS eine später eingefügte Erwähnung des Teufels[38]. –
Derlei Interpretation scheint ausgeschlossen: das würde bedeuten, daß
die Schöpfung des Menschen dafür geschehen war, daß der Geschaffene unter den Teufel gestellt wird, – eine absurde Interpretation: sie
paßt einfach nicht zur monotheistischen Argumentation Ben Siras. A-
ber man kann sich auch nicht vorstellen, wer einen solchen Gedanken
hätte eintragen wollen. – Wenn man allerdings die Folgen von negativen Entscheidungen (vgl. die dramatischen Bilder in 16–17: Feuer und
Tod als wählbare[39] Alternativen zu Wasser und Leben) vor Augen hat,
dann sieht man schon, daß in der Fähigkeit zur negativen Entscheidung auch die Potenz zur Lebensberaubung enthalten ist. – Versteht

---

37   DI LELLA, Book 269.
38   Vgl. PETERS, Buch 130: „Gemeint ist in der Glosse der Teufel".
39   Das Element der Wahl findet sich auch in Dtn 30,15.19; Jos 24,15.

man nun das Kolon in diesem Sinne, paßt es ausgezeichnet zum Kontext.

(3) Vom poetischen Standpunkt aus gesehen, bedient sich Sira bei der Aufnahme des Trikolons gehobener Stilistik, die auch andernorts für die Vermittlung gewichtiger Inhalte eingesetzt wird: In Ps 29 kann man zeigen, wie die Verwendung poetischer Mittel das Lied strukturiert: durch die drei Trikola in den Vv3 und 7–9 zeigt der Poet die Schwerpunkte an[40]. Ähnlich stellt sich Ps 24,7–10 dar, wo durch מֶלֶךְ הַכָּבוֹד die Gewichtungen innerhalb der Kola vorgenommen werden: auf diese Weise wird in den Vv7 und 9 je das dritte Kolon, in den Vv8 und 10 das erste Kolon herausgehoben:

(I) 7 שְׂאוּ שְׁעָרִים רָאשֵׁיכֶם (II) וְהִנָּשְׂאוּ פִּתְחֵי עוֹלָם

(III) וְיָבוֹא מֶלֶךְ הַכָּבוֹד:

(I) 8 מִי זֶה מֶלֶךְ הַכָּבוֹד

(II) יְהוָה עִזּוּז וְגִבּוֹר (III) יְהוָה גִּבּוֹר מִלְחָמָה:

(I) 9 שְׂאוּ שְׁעָרִים רָאשֵׁיכֶם (II) וּשְׂאוּ פִּתְחֵי עוֹלָם

(III) וְיָבֹא מֶלֶךְ הַכָּבוֹד:

(I) 10 מִי הוּא זֶה מֶלֶךְ הַכָּבוֹד

(II) יְהוָה צְבָאוֹת (III) הוּא מֶלֶךְ הַכָּבוֹד

Sira greift diese Art der Akzentuierung auf. Die kunstvolle Gestaltung gibt nun auch die Abfolge der Interpretation vor: Kolon 14a wird man

---

40 Es wird hier keine weitere Behandlung der poetischen Feinstruktur (wie z.B. Vorkommen gleicher Worte, Wechsel vom Grundstamm zum D-Stamm, metrische Verkürzung als Steigerungsmittel) geboten, sondern nur der gegliederte Text:

(1) הָבוּ לַיהוָה בְּנֵי אֵלִים   הָבוּ לַיהוָה כָּבוֹד וָעֹז:

(2) הָבוּ לַיהוָה כְּבוֹד שְׁמוֹ   הִשְׁתַּחֲווּ לַיהוָה בְּהַדְרַת־קֹדֶשׁ:

(3) קוֹל יְהוָה עַל־הַמָּיִם   אֵל־הַכָּבוֹד הִרְעִים
יְהוָה עַל־מַיִם רַבִּים:

(4) קוֹל־יְהוָה בַּכֹּחַ   קוֹל יְהוָה בֶּהָדָר:

(5) קוֹל יְהוָה שֹׁבֵר אֲרָזִים   וַיְשַׁבֵּר יְהוָה אֶת־אַרְזֵי הַלְּבָנוֹן:

(6) וַיַּרְקִידֵם כְּמוֹ־עֵגֶל לְבָנוֹן   וְשִׂרְיוֹן כְּמוֹ בֶן־רְאֵמִים

(7) קוֹל־יְהוָה חֹצֵב לַהֲבוֹת אֵשׁ: (8) קוֹל יְהוָה יָחִיל מִדְבָּר
יָחִיל יְהוָה מִדְבַּר קָדֵשׁ

(9) קוֹל יְהוָה יְחוֹלֵל אַיָּלוֹת   וַיֶּחֱשֹׂף יְעָרוֹת
וּבְהֵיכָלוֹ כֻּלּוֹ אֹמֵר כָּבוֹד

(10) יְהוָה לַמַּבּוּל יָשָׁב   וַיֵּשֶׁב יְהוָה מֶלֶךְ לְעוֹלָם

(11) יְהוָה עֹז לְעַמּוֹ יִתֵּן   יְהוָה יְבָרֵךְ אֶת־עַמּוֹ בַשָּׁלוֹם

als These nehmen und die Kola 14b.c als eine parallel strukturierte weitere Information.

(4) Die alten Versionen weisen beträchtliche poetische Abweichung auf und scheinen untereinander Querverbindungen zu besitzen, zumindest eine sehr ähnliche Vorlage. Da man kaum annehmen kann, daß es einem späteren Überarbeiter eingefallen wäre aus V14 ein Trikolon, aus V15 zwei Parallelismen zu machen, wird man den Grundbestand in H für ursprünglich annehmen. – Es fällt auf, daß H-B (הוא) und Γ (αὐτὸς) gleich beginnen und diese Version durch den jüngeren Beleg in Syr (ܗܘ) unterstützt wird. In diesem Kontext sei einmal in Erinnerung gerufen, daß die griechischen Handschriften die ältesten sind, die syrische Version in den HSS ab dem 7. Jh. bezeugt ist, was wohl darauf hinweist, daß beide auf alte Zeugnisse zurückgehen, innerhalb Syr ܗܘ allerdings von Γ beeinflußt ist. H-A dagegen stammt aus dem 11., H-B vermutlich aus dem 12. Jh.; beide Zeugen sind also deutlich jünger als Γ und Syr.

ܘܐܠܗܐ (ܗܘ) ܡܢ ܒܪܫܝܬ ܗܘ ܒܪܐ ܐܢܫܐ ܘܫܒܩܗ ܐܝܕ ܒܝܬ ܕܝܢܘܗܝ		15,14b.a
ܘܐܢ ܨܒܐ ܗܘ ܬܛܪ ܦܘܩܕܢܘܗܝ̈, ܘܗܝܡܢܘܬܐ		15b.a
14a.b	αὐτὸς ἐξ ἀρχῆς ἐποίησεν ἄνθρωπον	καὶ ἀφῆκεν αὐτὸν ἐν χειρὶ διαβουλίου αὐτοῦ
15a.b	ἐὰν θέλῃς συντηρήσεις ἐντολὰς	καὶ πίστιν ποιῆσαι εὐδοκίας

(5) Über die Aussagen hinsichtlich der *Schöpfungsphasen* wurde diese Stelle oben schon befragt: Jetzt geht es um weitere Aspekte. In 14a – durch die in einem Trikolon unterstrichene Position angezeigt – wird nachdrücklich die *Schöpfung* des *Menschen* durch *Gott* hervorgehoben אלהים ברא (ἐποίησεν) אדם אלהים (Gott hat – beginnend mit dem Anfang – den Menschen erschaffen)[41]. Diese Formulierung erinnert stark an Gen 1,1 (בְּרֵאשִׁית בָּרָא אֱלֹהִים אֵת הַשָּׁמַיִם וְאֵת הָאָרֶץ) in Verbindung mit Gen 1,27 (וַיִּבְרָא אֱלֹהִים אֶת־הָאָדָם)[42]. Es zeigt sich darin,

---

41 In seinem Beitrag beschäftigt sich BAUER, Schöpfungshymnus 1–9 [vgl. ders., Sir. 15,14] 243f, sowohl philologisch wie thematisch mit diesem Text. Wenn ich dem auch nicht folgen kann, daß es sich in H-A ausschließlich um eine Übernahme aus dem syrischen Bereich handelt (2), ist seine Sensibilität für die Absicht richtig. Wenn er gesehen hat, daß es eine Schöpfungsphase vor der materiellen Welt gibt, kann man mit Einschränkungen folgen: „Von da an, da Er den Menschen schuf ..." (3).

42 Ich halte es auch für keinen Zufall, daß Gen 1,27 wie ein Trikolon gestaltet ist:

בְּצַלְמוֹ	אֶת־הָאָדָם	אֱלֹהִים	וַיִּבְרָא	a
אֹתוֹ	בָּרָא	אֱלֹהִים	בְּצֶלֶם	b
אֹתָם	בָּרָא	וּנְקֵבָה	זָכָר	c

210 Die immateriellen Ebenen der Schöpfung bei Ben Sira

daß Sira den Inbegriff von *Schöpfung* in der des Menschen sieht.[43] Mit ihr kann man die irdische Zeitrechnung beginnen lassen; vgl. oben 3.2. (4).

(6) Es ergibt sich daraus, daß die Periodisierung des Schöpfungsgeschehens wesentlich eine qualitative und weniger eine temporale Untergliederung darstellt.

(7) Im nächsten Schritt geht es um die Klärung, welches Ziel der Schöpfungsakt für den Menschen beinhaltet. Dieses wird in den Verben von 14b.c (ויתנהו; וישתיהו) und den davon abhängigen Präpositionalausdrücken (ביד יצרו; ביד חותפו) mitgeteilt[44].

Während die Phrase שית ביד nie belegt ist, ist נתן ביד häufig bezeugt. Der Präpositionalausdruck beschreibt in wenigen Fällen einen Überlieferungs- oder Vermittlungsprozeß (z.B. „weitergeben durch Mose ... (נָתַן ... בְּיַד־מֹשֶׁה])[45]. Viel wichtiger ist der militärische Verwendungsbereich, wonach jemand in die Gewalt eines anderen gegeben wird, wobei auf Seiten des Unterlegenen ein hohes Maß an Hilflosigkeit eingeschlossen ist. Ein eindrückliches Beispiel dafür stellt Jer 44,30 dar: „So spricht der JHWH: Seht, ich liefere den Pharao Hofra, den König von Ägypten, in die Hand seiner Gegner (אֹיְבָיו) und Todfeinde (מְבַקְשֵׁי נַפְשׁוֹ) aus (נֹתֵן ... בְּיַד), wie ich Zidkija, den König von Juda, in die Hand Nebukadnezzars, des Königs von Babel, seines Geg-

---

Es sticht die dreimalige Verwendung von ברא hervor, der die Erwähnung von אֱלֹהִים (in c im Verb enthalten) und אָדָם (in b und c je im enklitischen Pronomen enthalten) entspricht.

43 Die herausragende Bedeutung der Menschenschöpfung läßt die Vermutung laut werden, daß derart wichtige Passagen auch für die Buchstruktur Bedeutung besitzen; allerdings wird man Zweifel anmelden, ob eine Stelle wie 16,24–17,20, wie SMITH, Praise 196, annimmt, nur eine Überleitung von 16,18–20 zu 17,21–18,14 sein will.

44 In diesem Kontext ist zu notieren, daß auch an anderen Stellen "Ben Sira offers us a deep reflection on man – or upon the position of man in creation" (ALONSO SCHÖKEL, Vision 235); wenn der Autor darlegt, daß in seiner untersuchten Stelle allgemein Gültiges für die Menschen an sich formuliert ist (ebd. 242f), dann müßte man ergänzen, daß das sirazidische Bild erst vollständig ist, wenn man alle bedeutenden Stellen zur Kennzeichnung heranzieht.

45 Lev 16,21; vgl. 26,46; 1Chr 16,7; 2Chr 29,25; 34,16, Dan 9,10.

ners (אִיבוֹ) und Todfeindes (מְבַקְשֵׁי נַפְשׁוֹ), ausgeliefert habe (... נָתַתִּי בְּיַד)"[46].

Wie der Vergleich des Raubenden mit einer Prostituierten (Spr 23,28) zeigt, weiß man zwar nicht, wo man auf ihn trifft, man kann ihm schwer, aber doch entkommen. חוֹתֵף ist kein Räuber, der unwiderstehlich zuschlägt, wie dies bei Horden angenommen wird. Ist die Beobachtung richtig, dann fügt sich der Stichos geschmeidig in den Kontext: Potentiell kann das Böse immer seine verheerende Wirkung hervorbringen; allerdings gibt es keine regelhafte Dynamik, daß die negativen Folgen eintreffen müssen. Dazu gehört mehr, nämlich die willentliche Zustimmung, wie 15,14c dann sagt. Gott ist es, der vom Menschen diese Entscheidung herausfordert: man kann ihr an sich nicht entrinnen, dem Negativen muß man aber nicht erliegen. Es ist auch beobachtbar, daß der Mensch seine Entscheidungsmöglichkeit weithin dazu mißbraucht, sich selbst – zumindest indirekt – zu schädigen. "Il male è una consequenza dell'abuso di libertà da parte dell'uomo"[47].

In der Bibel gibt es keinen Terminus für Selbstzerstörung, ein Wort, welches man heute immer wieder hört. Die Sache aber, daß man sich selbst schädigt, scheint es zumindest zur Zeit der hellenistischen Herausforderung massiv gegeben zu haben.

Unter dieser Voraussetzung hält V15,14 fest, daß der Mensch ebenso, wie schon früher die Potenz zum Bösen, von Gott geschaffen ist. Darin inkludiert ist der unentrinnbare Auftrag, seine Entscheidungsfähigkeit (יֵצֶר) so zu steuern, daß man sich nicht – wie allzuhäufig – selbst beraubt (חוֹתֵף), was wohl als Lebensminderung zu verstehen ist. Sira wird sowohl aufgrund der negativen Erfahrungen im alltäglichen Leben, als auch vor allem aufgrund der allgemeinen Verunsicherung im Rahmen der beginnenden politischen Wirren unter den Seleukiden die Phrase „dem eigenen Willen ausgeliefert sein" gewählt haben. Er sieht einerseits die Faktizität, andererseits das große Risiko, welches damit verbunden ist.

Wenn – also nach vorausgehender willentlicher Zustimmung – man sich nach dem *Auftrag* Gottes und nach *dessen Willen* ausrichtet, was ist dann? – Nun fehlt der eigentliche Inhalt, wenn man, wie z.B.

---

46 Vgl. 1Sam 14,12; 2Sam 10,10; 1Kön 18,9; 22,12.15; 2Kön 18,30; 19,10; 1Chr 19,11; 2Chr 18,11; 28,5; Jes 36,15; 37,10; Jer 21,10; 29,21; 32,3.4.28; 34,2; 37,17; 38,3; 39,17.
47 FESTORAZZI, Creazione 18.

PETERS und DI LELLA, 15c.d als von Hab 2,24 veranlaßtes (הִנֵּה עֻפְּלָה
לֹא־יָשְׁרָה נַפְשׁוֹ בּוֹ וְצַדִּיק בֶּאֱמוּנָתוֹ יִחְיֶה) Addendum ansieht. Im Haba-
kuk-Text wird moralisches Verhalten Grundlage für die Lebenserhal-
tung: Im weiteren Sinne mag dies auch für Sira zutreffen. Im engeren
Sinne geht es aber um viel weiter Reichendes: שמר מצוה meint die
Achtsamkeit auf das, was Gott angeordnet hat – Gebotserfüllung ist für
Sira keine oberste Norm (vgl. oben 4.1. [2]) –, und zwar bezogen auf die
Regeln, die der Schöpfung zugrunde liegen. Das paßt gut dazu, daß
man Gottes Willen als ganzen einhalten sollte (עשות רצון), also auch
schon vor der konkreten Tat hellhörig zu sein hat.

In Hab 2,4 geht es wie in Sir 15,15c.d um Existenzgefährdung: solche Thematik findet man auch in Jes 7,9: אִם לֹא תַאֲמִינוּ כִּי לֹא תֵאָמֵנוּ. –
Allen Stellen eignet ein gemeinsamer Kern: das *sich selbst Festmachen*
(Kausativ von אמן) in Gott, gewöhnlich einfach mit *Glauben* umschrieben. So bleibt Gott die innere Mitte, nicht das menschliche Verhalten,
wobei die aktive Mitwirkung des Menschen (vgl. wiederum das Kausativ) konstitutiv ist. Das auf Gott Vertrauen, sich an ihn Klammern führt
zum bzw. erhält das Leben (אתה תחיה). – Das konkrete menschliche
Verhalten ist zwar bedeutsam, tritt aber hinter Gott zurück: Gottes Le-
benswille für – den Menschen und nicht des Menschen gutes Verhalten
sind letztlich entscheidend. – Der Vergleich in den Vv16–17 formuliert
auf neue Weise den gleichen Inhalt.

(8) Gleichsam als Zusammenfassung dienen 15,19f: Gott kennt seine
Werke und befiehlt niemandem, zu sündigen. Aus dem vorher Ausge-
führten wird die Intention der Worte klar, daß er um alle seine Werke
Bescheid weiß: Gott ist und bleibt Souverän, ist er doch mit seinen Augen überall: עיני אל יראו מעשיו והו יכיר עַל כל מפעל איש (19);
vgl. so auch ܡܚܠܬܗܡ ... Got-
tes Werke meint keineswegs den Menschen oder seine Taten allein,
sondern all das Geschaffene. Es muß sich nicht auf die für Menschen
sichtbare Schöpfung beschränken.

Angemerkt sei, daß Γ auf der Ebene der Ethik verbleibt und sich so
als Interpretation erweist: καὶ οἱ ὀφθαλμοὶ αὐτοῦ ἐπὶ τοὺς φοβουμένους
αὐτόν καὶ αὐτὸς ἐπιγνώσεται πᾶν ἔργον ἀνθρώπου. Allerdings zählt die
Gottesfurcht, die auch die grundlegende, die Einzeltat bei weitem ü-
bersteigende positive Haltung zu Gott bedeutet, zu den großen Themen Ben Siras, so daß die Deutung dem Geist des Buches entspricht.

5.3. Summe

Die Schöpfung bezieht sich in V11 auf die Sünde, in V19 (vgl. dagegen V14) auf nicht näher fixierbare, wahrscheinlich materielle Gegebenheiten. Die Aussage dient dem Ziel, den freien Willen wie das Versagen des Menschen und die in jeder Lebensphase (von der Erstschöpfung bis zur Lebensgestaltung) anwesende Gegenwart des Schöpfers zu verbinden. Seit Beginn untersteht der Mensch dem Schöpfer. Dies bedeutet keine personale Vergewaltigung durch den Schöpfer, sodaß in jener die individuelle Verantwortlichkeit aufgehoben würde. Schlechte Handlungen kann man nicht auf Gott zurückführen. Dieser wollte die Freiheit des Menschen, der sich der Mensch oft sogar *ausgeliefert* weiß. Trotzdem bleiben Verhalten und deren Folgen unter der Aufsicht und Obhut des Schöpfers. Wenn auch nicht näher bestimmbare Gegebenheiten unter Schöpfungstaten subsumiert werden, ist der Bezug zum Menschen immer gegeben.

6. Immaterielle Elemente der Weltausstattung

Die zentrale Begründung, weswegen 7,15 und 40,1.10 gemeinsam behandelt werden, liegt darin, daß je das Verb חלק vorkommt. 40,1.10 werden deswegen vorgezogen, weil sich dort die Zusammenhänge sehr deutlich zeigen.

6.1. Sir 40,1.10

In 40,1–11 spricht Sira von der großen Mühsal, die das menschliche Leben auszeichnet. Sie beginnt beim Verlassen des Mutterschoßes und endet, wenn der Mensch zur Erde zurückkehrt. Die für die Untersuchung wichtigsten Verse lauten:

(1)	ועול כבד על בני אדם	עסק גדול חלק אל (עליון) (Bm)	40,1b.a
	עד יום שובו אל אם · כל חי	מיום צאתו מרחם אמו	40,1d.c
	ובעבור תמושכלה	רשע נבראה רעה ל[.]	40,10b.a
	ואשר ממרום אל מרום	כל מארץ אל ארץ ישוב	40,10b.a

Aus dem Vergleich dieser beiden Verse ergibt sich, daß חלק und ברא grundsätzlich die gleiche Aufgabe erfüllen: sie sagen, was Gott für

Menschen geschaffen hat. Die unterschiedliche Wortwahl weist allerdings auf Nuancierungen.

(2) Die Übersetzungen bieten hier schon von vorneherein Schöpfungsaussagen. In Syr ist jedoch V10 nicht überliefert:

ܥܢܝ̈ܢܐ ܪܘܪ̈ܒܐ ܒܪܐ ܐܠܗܐ	ܘܢܝܪܐ ܝܩܝܪܬܐ ܥܠ ܒܢ̈ܝ ܐܢܫܐ	40,1b.a
ܡܢ ܝܘܡܐ ܕܢܦܩܘ ܡܢ ܟܪܣܐ ܕܐܡܗܘܢ	ܘܥܕܡܐ ܕܡܬܩܒܪܝܢ ܠܐܪܥܐ ܕܚܝ̈ܐ	1d.c
ܟܠ ܡܕܡ ܕܡܢ ܐܪܥܐ ܗܘ ܠܐܪܥܐ ܗܦܟ	ܘܕܡܢ ܢܗܪܐ ܠܢܗܪܐ	11a.b

1a.b	Ἀσχολία μεγάλη ἔκτισται παντὶ ἀνθρώπῳ	καὶ ζυγὸς βαρὺς ἐπὶ υἱοὺς Αδαμ
1c.d	ἀφ᾽ ἡμέρας ἐξόδου ἐκ γαστρὸς μητρὸς αὐτῶν	ἕως ἡμέρας ἐπιστροφῆς εἰς μητέρα πάντων
10a.b	ἐπὶ τοὺς ἀνόμους ἐκτίσθη ταῦτα πάντα	καὶ δι᾽ αὐτοὺς ἐγένετο ὁ κατακλυσμός
11a.b	πάντα ὅσα ἀπὸ γῆς εἰς γῆν ἀναστρέφει	καὶ ἀπὸ ὑδάτων εἰς θάλασσαν ἀνακάμπτει

Auf den ersten Blick fällt auf, daß Γ stärker praktisch argumentiert und vermutlich auch naturphilosophische Argumente in 11b vor Augen hat. Erde und Wasser sind zudem eine gebräuchliche Opposition.

(3) Der Einleitungssatz verwendet חלק, ein Terminus für qualifiziertes Schaffen: die Zuweisung des Geschicks ist damit gemeint[48]. Wenn man sich an der obigen Untersuchung orientiert, erscheint es einsichtig, daß der sehr sensibel differenzierende Autor verschiedene Phasen mitteilen will: jetzt geht es nicht um die Voraussetzung der materiellen Schöpfung – Menschenschöpfung als Zentrum der Schöpfungstat wurde schon herausgestellt – sondern um deren Ausstattung. Diese geschieht ganz am Anfang, noch vor der Geburt: ab dieser treten die Wirkungen voll in Kraft. – In den Augen der Übersetzer (ἔκτισται und ܒܪܐ) fallen diese beiden Ebenen zusammen.

(4) Beispielhaft werden als erste Lasten das Dahinsinnieren und die innere Verunsicherung (τοὺς διαλογισμοὺς αὐτῶν καὶ φόβον καρδίας und ܕܠܒܗܘܢ ܬܚܫܒܬܗܘܢ ܘܬܘܪ ([der Vers ist in H nicht erhalten]) angeführt: man kommt nie zur Ruhe. Man erinnert sich an das Gilgameschepos[49], wo sich der Held auf den Weg macht, um die Pflanze gegen die innere

48 Vgl. REITERER, Deutung 223f.

49 Hier wie in 6.2. (3) verstehe ich die Parallelität zu mythischen Texten nicht als eine direkte Aufnahme desselben. Vielmehr zeigt es sich, daß Mythen für die Sinnfindung zentrale Themen so darstellten, daß die dort vertretene Position Kultur prägend wurde und auch dort erhalten ist, wo man möglicherweise die einschlägigen Mythen überhaupt nicht mehr kannte.

Unruhe zu finden. Dieses Kraut, das Kraut des Lebens findet der Heros zwar, doch raubt ihm dieses wiederum eine Schlange. Daraufhin erklärt ihm die Göttin Schenkin: „Gilgamesch, wo läufst du hin? Das Leben, das du suchst, wirst du nicht finden! Als die Götter die Menschheit erschufen, teilten den Tod sie der Menschheit zu, nahmen das Leben für sich in die Hand"[50].

Hier trifft man also auch bei Sira auf das zentrale Problem quer durch alle Kulturen und Zeiten: Wie kann man das Leben gewinnen und vor allem so sichern, daß es nicht mehr gefährdet ist? Nicht umsonst wird als letzte und wohl auch größte Bedrohung in 9b der Tod (מות) genannt[51]. Daneben werden von 5–9 verschiedene Schrecknisse (Eifersucht, Sorge, Furcht, Todesangst, Zank, Streit, Alpträume; Pest, Blutvergießen, Glut, Dürre, Verderben, Hunger, Böses) aufgeführt.

In V10 wird nun begründet, welchen Sinn diese bedrohlichen Erscheinungen haben. Sie sind für die Bösen geschaffen: על רשע נבראה רעה (vgl. ἐπὶ τοὺς ἀνόμους ἐκτίσθη ταῦτα πάντα). Es handelt sich also um einen Schöpfungsakt, welcher sich auf eine negativ qualifizierte Gruppe von Menschen richtet. Im Kontext geht es aber nicht um Konstituentia des Menschseins, sondern um eine Reihe von Sanktionsmittel, um die Bösen zur Ordnung zu rufen. Geschaffen werden durchwegs immaterielle Gegebenheiten, die das Leben entscheidend erschweren und z.T. unmöglich machen können.

(5) Zum Schluß ist noch auf die zeitlichen Perspektiven der Schöpfung hinzuweisen. Alles von der Erde Stammende kehrt zu ihr[52] und das aus der Höhe Stammende dorthin zurück. Hier spricht Sira auf den ersten Blick leicht verständlich und doch zugleich verhüllend. Was kehrt wohin zurück? Die verdunkelnde Formulierung drängt den Leser dazu, weiterzufragen und innerhalb der Schöpfungsebenen Differenzierungen vorzunehmen[53]. Das materiell Geschaffene bleibt innerhalb dieser Dimension. Was zur immateriellen Schöpfung zählt, hat auch nach der

---

50 HECKER, Gilgamesch-Epos 665f.
51 Γ hat diese Pointe nicht recht verstanden und beginnt V9, anstelle, daß er damit endet, mit: θάνατος καὶ αἷμα. Aber auch am Kolonende würde αἷμα die Spitze verändern.
52 Vgl. den Hinweis auf den Mythos der Mutter Erde bei REITERER, Verhältnis 423f.
53 ARGALL, Reflections 345, unterscheidet in Sira analog 1Henoch zwischen einer "upper" und einer "lower world".

innerweltlichen Funktion dort ihren Platz. – Nur, was gehört zu dieser
Ebene? Sicher scheint, daß *hier* der Bereich (מרום) Gottes[54] der geschaffenen Welt gegenüber steht. Weiters zählt für Sira z.B. die Weisheit
nicht einfachhin zur irdenen (מארץ) Schöpfung, ja das gilt auch für
Ausstattungselemente, wie עסק und was sonst noch in dieser Perikope
angeführt wurde. Wo sind z.B. Leben einerseits (vgl. in 11,14a unter
den immateriellen Gegebenheiten, in 15,15d ein Ziel des Gotteswillens)
und Tod (in 11,14a unter den immateriellen Gegebenheiten, in 40,10 ein
Ausstattungselement) einzureihen, die auch nicht zum Irdenen gerechnet werden können? – Von dieser Stelle ausgehend kann man keine
Rückschlüsse über Endlichkeit oder Unendlichkeit ziehen, sondern nur
die Zuordnungen vornehmen.

6.2. Sir 7,15b

(1) Der Teil 7,1–17 besteht aus Ratschlägen (z.T. in Verbotsform) für die
Zuhörer bzw. Schüler über Bereiche, von denen man sich klugerweise
fernhalten soll. Innerhalb dieser Anleitungen wird festgehalten, daß
man sich nicht der Mühe der Arbeit entziehen darf. Als Begründung
wird angeführt:

7,15b.a אל תאיץ בצבא מלאכת עבדה   הי כאל נחלקה

Da die textlichen Probleme gravierend sind[55], kann man jene Autoren
verstehen, die sich gleich Γ zuwenden, zumal Syr auch nicht gegeben
ist. Soviel sei aufgenommen[56]: Die Arbeit wird als Mühsal gesehen, was
sie aber nicht abwertet. Die Begründung liegt wohl darin, daß sie Gott
zugeteilt hat (נחלקה).

(2) Der Grieche rechnet offensichtlich mit der inneren Ablehnung der
anstrengenden Ackerarbeit; inzwischen wurde nämlich die allgemeine

---

54 Daß man mit מרום den Bereich Gottes meint, die Höhe (Mi 6,6) in der Gott – im Ge-
    gensatz zu den Menschen – auch wohnt (Jes 33,5; 57,15), ist vielfach belegt; vgl. Ps
    10,5; 71,19; 92,9; Jes 40,26; Jer 17,12; 51,53; Ez 20,40. Allerdings wird nicht überall
    מרום im gleichen Sinn gebraucht. Man liest z.B. davon, daß – Himmel und Erde wie
    bei Sira in Opposition – Gott gegenüber nicht unendlich sind: „Die Erde (הָאָרֶץ)
    welkt, sie verwelkt, die Welt (תֵבֵל) zerfällt, sie verwelkt, die Höhe (מְרוֹם) und Erde
    (הָאָרֶץ) zerfallen" (Jes 24,4).
55 BEENTJES, Book 30, ordnet den Stichos zwischen 7,8 und 7,10 ein.
56 Vgl. REITERER, Stellung 282f.

עבדה konkretisiert: μὴ μισήσῃς ἐπίπονον ἐργασίαν καὶ γεωργίαν ὑπὸ ὑψίστου ἐκτισμένην. Allerdings verschärft er die Problematik, da er sie auf einen Schöpfungsakt zurückführt. So wird, das geht aus der Begründung hervor, nicht nur die Ackerarbeit an sich, sondern auch der Schöpfer dieser negiert.

(3) PETERS geht an der Absicht des Texte vorbei, wenn er erstens davon ausgeht, daß, weil „der Ackerbau ... in der ganzen antiken Welt als die ehrenhafteste Arbeit beurteilt" wurde, sich die „Spitze gegen den Handelsgeist der Juden"[57] richten soll. „Die Hochschätzung der körperlichen Arbeit"[58] läßt sich bei Sira gut belegen. Man kann allerdings nicht behaupten, daß sie immer als besonders faszinierend dargestellt wird. Die Sprecherin im Hohenlied sieht nämlich darin das Ideal, eben nicht auf dem Feld arbeiten zu müssen; obwohl sie dazu gezwungen ist und das auch in ihrem Teint erkennbar ist, hält sie sich trotzdem für schön und anziehend (vgl. Hld 1,5). Aber es geht hier überhaupt nicht vordringlich um die Arbeit, sondern um deren Einordnung in das Schöpfungsganze[59].

Wiederum wird man an frühe altorientalische Vorstellungen erinnert, nach denen die Menschen *dazu geschaffen* wurden, um die Götter zu entlasten. Diese haben an deren Stelle den Tragkorb zu schleppen: „Eure schwere Mühsal habe ich (damit) abgeschafft; euren Tragkorb legte ich dem Menschen auf"[60]. – Bei Sira spürt man nichts von den fatalistischen Aspekten des Mythos, doch scheint er sich trotz all der positiven Konnotationen mit der Arbeit den altorientalischen Denkkategorien nicht zu entziehen.

---

57 PETERS, Buch 68.

58 REITERER, Stellung 277.

59 Nach PERDUE, Earth, dient diese Stelle neben 5,14 dazu, "to point to providence as the continuation of originating acts of creation" (ebd. 255f); unter dem Aspekt der Vorsehung sieht er auch die ganze Geschichte Israels (ebd. 284f); vgl. GAON, Creation 83.

60 Entnommen aus VON SODEN, Tafel 50–94; vgl. Tafel VI,26: „Aus seinem Blute mischte (?) er die Menschen, Legte ihnen auf die Dienste der Götter, die Götter ließ er frei. Als die Menschen geschaffen waren, rettete (?) Ea (die Götter). Den Dienst der Götter legten sie ihm auf", in: SCHÄFER, Texte 108–129; PETTINATO, Enki 69–73; ders., Nr. 2: KAR 4-Mythos 74–81.

6.3. Sir 44,2

Der folgende Beleg dient als Zeugnis dafür, daß Ben Sira eine Vorliebe für Termini aus dem Schöpfungskontext hatte. Er verwendet sie auch dann, wenn er Vorgänge, die schöpfungsähnlich verstanden werden können, meint. In der Wortwahl (חלק) zeigt er an, daß er eine abgeschwächte, vielleicht analoge Form des Schöpfungsaktes zur Sprache bringen will. Der Syrer hat das richtig erkannt und nimmt ein Verb, das nur noch für *Handeln* gebraucht wird:

וגדלה מי	רב כבוד חלק עליון	Ma 44,2b.a
וגדלו מימות עולם	רב כבוד חלק עליון	B
ܡܘܠ ܘܐܝܩܪܗܘܢ ܓ̈ܠ ܙ̈ܢܐ ܘ̈ܠ	ܣܓܝ ܐܝܩܪ̈ܐ ܝܗܒ ܠܗܘܢ	
πολλὴν δόξαν ἔκτισεν ὁ κύριος	τὴν μεγαλωσύνην αὐτοῦ ἀπ᾽ αἰῶνος.	

Wenn es sich hier, wie gesagt, auch nicht um die Schöpfung im eigentlichen Sinne handelt, wird doch die Aktivität Gottes scharf herausgekehrt. Die Herrlichkeit der Vorväter, auf die die Israeliten mit Stolz blicken, war nicht deren Eigenleistung, sondern wurde durch Gott verliehen und war von ihm selbst initiiert worden.

7. Zusammenfassung

Wenn man von Schöpfung bei Ben Sira spricht, muß man sich in Acht nehmen, daß es nicht zu unzulässigen Verallgemeinerungen kommt. Der weisheitliche Autor differenziert wie auch sonst in dieser Frage besonders feinsinnig. Daher wird man versuchen, behutsam die Mehrdimensionalität der Schöpfung darzustellen.

7.1. Da es auf dem beschränkten Raum einfach nicht möglich ist, die Fülle des Materials intensiv zu untersuchen, seien wichtige Aspekt in summarischer Form zusammengetragen.
(1) Sira setzt, wie an einigen Stellen aufgrund der antithetischen Beispiele belegbar ist, einen entschiedenen Monotheismus voraus. Es findet sich – eine rhetorische Anspielung ausgenommen (18,2b) – keine Abhebung gegenüber polytheistischen Glaubensformen, auch spielt ein etwaiger Einfluß des Glaubens an viele Götter keine argumentative

Rolle; dies ist wohl auch deswegen verwunderlich, weil zu Siras Zeit –
Übergang von der ptolemäischen zur seleukidischen Regierung – diese
Fragen ein Politikum darstellten. – Für Sira ist diese Position dermaßen
klar, daß es auch zu keinen indirekten Anspielungen kommt, daß
durch die Schöpfertätigkeit der Einfluß, die Anerkennung oder gar die
Existenz Gottes erst abgesichert werden muß, wie dies z.B. bei den Ar-
gumentationen von Dt-Jes der Fall war.

Daher fällt die Antwort darauf, wer der Schöpfer ist, auch sehr klar
aus: Es ist demnach durchwegs JHWH anzunehmen (בורא in 3,16b;
39,28d; עושה in 7,30a; 10,12b; 32,13a; 33,13c; 38,15a; 43,5a.11a; 46,13a;
47,8c; יוצר 51,12k+; ὁ κτίστης 28,8). Sira vermeidet die Nennung des
klassischen Namens, und umschreibt ihn mittels ייי (11,4.12.14.15 [2x].
17; 36,8.11; 42,16b.17; 43,2b.5; 46,3.6.13.17.19.20; 47,11; 50,22b; 51,12)
bzw. אל (38,4; 42,15a); אלהים (15,14); עליון (43,2 Ma; 44,2a); vgl. צור
(4,6b). In der griechischen Version dominiert κύριος (z.B. 1,8f; vgl. aber
auch ὕψιστος 7,15b).

An vielen Stellen wird durch die passive Umschreibung (passivum
divinum) indirekt auf Gott Bezug genommen, dies gilt für ברא N in
15,14a; 39,28a.29b.30c; 40,10a und 48,13b; יצר N in 11,14g, 31,27d; 33,10b;
37,3a; 39,28a; 40,15; 46,1c; 49,7b.14a; חלק N in 7,15b; 15,9b; 31,27f; von
עשה gibt es keinen N-Beleg.

Auch die Verbverwendung im Rahmen der Schöpfungsaussagen ist
notierenswert: Es fällt auf, daß bei finiten Verbformen (act wie pass; nie
der Imp) fast durchwegs die Grundform in der SK gewählt wurde: ברא
(von 10 Belegen 6 Vorkommen im N-Stamm); יצר (8 Belege; nur pass);
חלק (von 7 Belegen 2 Vorkommen im N-Stamm); עשה (3 Belege; nur
act), in 50,22d steht der Narr (ויעשהו) parallel zum H-Ptz von גדל (22c).
Die einzige sichere PK steht in 43,26b: יפעל. – Dieser Überhang perfek-
tivischer bzw. perfektischer Aspekte unterstützt die Argumentation,
daß für Sira JHWH der einzige und alleinige Souverän der Schöpfung
ist. Gottes Sonderstellung ist ein Faktum, das zwar bis zur Gegenwart
weiterwirkt, aber im Prinzip schon abgeschlossen ist, d.h. nicht mehr
dergestalt in Frage steht, daß jemand die göttliche Position anzweifelt
oder gar bedroht. – Die Wirksamkeit für die Gegenwart wird besonders
durch den häufigen Gebrauch des Ptz, vor allem von עשה, deutlich.

Auf die Frage, auf welchem Weg die Schöpfung vollzogen wird, kann man mit 42,15c antworten, daß sie באמר אדני (durch das Wort des Herrn) realisiert wird.

(2) Nicht an allen Stellen sind die Objekte des Schöpfungsaktes zu präzisieren. In 50,22 wird allgemein von „Wunderbarem" gesprochen, das Gott „nach seinem Willen (כרצונו)" geschaffen hat. Noch unbestimmter ist das Ergebnis des (göttlichen) Willens in 43,26, wo nur die Schöpfertätigkeit festgehalten wird.

Auch der Verweis auf die Schöpfung als ganzes bleibt im Allgemeinen: 18,1a; 23,20a; 24,8 (τὰ πάντα); 39,21b (vgl. H: הכל; aber kein Verb für schaffen); 43,33a; הכל 51,12k+.

Daß es sich um realistische Erscheinungen handelt, bringt der immer noch allgemeine Verweis auf das Werk (11,4f), die Schöpfungswerke (11,19; 16,26; 17,8; 18,4a; 42,15a.c.16b; 43,2b) oder alle Schöpfungswerke (1,9c; 33,15a (כל מעשה); 39,14d.16a.33a; 42,22a.24; 43,25) zur Sprache.

(3) Das wichtigste Konkretum, das Sira nennt, ist der Mensch. Daß Gott אדם geschaffen hat, steht in 11,14a; 33,10b.13c; 50,22c.d; ἄνθρωπος 17,1.3. – Aus dem Kontext, im Regelfall durch ein ePP angezeigt, sind es Menschen, die besonderes Anliegen Siras sind. So ist es in 4,6b der sozial Bedürftige[61]; in 7,30a der die Priester Ehrende; in 48,13b (נברא N!)[62] ein ehemals Toter.

Besonders ist darauf hinzuweisen, daß auch Personen mit negativen Verhaltensweisen in diese Kategorie fallen: in 3,16b ist es jener, der Gott ärgert; in 10,12b der protzend Hochmütige; in 32,13a der (in heimlicher Verärgerung oder betrunken) ein Gastmahl Verlassende; in 8,15a der Arztkritiker/-besucher.

Etwas präziser sind die folgenden Angaben: Gott schafft nach 38,1. 12a (Γ) den Arzt, nach 39,5b (ποιεῖν) den Weisen. Antithetisch dazu kann der böse Mensch (רע) in 37,3a genannt werden.

Andere Stellen listen aus der Geschichte bekannte und bedeutende Eizelpersönlichkeiten auf: angeführt wird in 46,1c Josua; in 46,13a Samuel; in 49,7b Jeremia als Prophet; in 49,14a Henoch; indirekt (ePP) in

---

61 Vgl. so auch im Sprüchebuch den Armen (14,31; 17,5) bzw. Reiche und Arme (22,2).
62 Vgl. 2Kön 13,21.

47,8c David, der seinen Schöpfer preist. Unter diesen ist kein Negativbeispiel anzutreffen.

(4) Menschliche Körperorgane als Ergebnis der Schöpfung sind zu nennen: Mund, Zunge, Augen, Ohren und das Herz (17,6); Auge 31,13c.

(5) Es gibt keine allgemeine Notiz wie z.B in Gen 2, daß neben dem Menschen eben auch Tiere von Gott geschaffen werden. Die Erwähnungen sind vielmehr in den Kontext eingebunden und als Beispiele zu verstehen. Für die Größe Gottes spricht nach 43,25, daß er Meeresgeschöpfe und mächtige Wasserlebewesen geschaffen hat. In relativem Gegensatz dazu ist auf 39,30a zu verweisen, wo reißende Tiere, Skorpione, Ottern als Plagen für die Menschen genannt werden.

(6) Gegebenheiten aus der unbelebten Natur als Ergebnis der Schöpfung sind in 43,2a die Sonne; in 43,14 der Speicher (ברא) für Blitz und Donner; in 39,28a Stürme.

Als Leben erhaltende Gegebenheit ist der Wein in 34,27d zu erwähnen. In 38,4 werden Heilmittel (nach Bm „wohlriechende Heilmittel" mit ברא als Objekt regierendem Verb) erwähnt.

Weiters werden lebensbedrohende Gegebenheiten angeführt. Nach 39,29 zählen Feuer, Hagel, Hunger und Pest dazu; in 39,30b ist es das Racheschwert.

7.2. Neben den eben genannten Realitäten spricht Sira von der Erschaffung von nicht sicht-, hör- oder greifbaren Ebenen, die aber sehr wohl erfahrbar sind, ja noch mehr: *ohne diese gibt es keine* Schöpfung, zumindest trifft dies für die belebte, insbesondere menschliche Existenz zu: man denke an Leben und Tod.

(1) Innerhalb dieser immateriellen Ebenen spielt die Weisheit eine besondere Rolle. Es ist nicht leicht, deren Rolle und Erscheinungsform zu umschreiben: sie geht der materiellen Schöpfung voraus, kommt aber nach dem Schöpfer. Sie strukturiert die Schöpfung, indem sie bei allen weiteren Schöpfungsakten eine besondere Rolle durch ihre Anwesenheit spielt, wobei sie in diesem Fall ähnlich präsent wie Gott selbst beschrieben wird. „Die Beschreibung der Präexistenzvorstellung der Weisheit ist ... ohne zeitliche Kategorien ausgekommen. Trotzdem ist es Sirach gelungen, die präkosmische Existenz der Weisheit herauszustellen. Sie wird durch eine durchgängige Bewegung zum Ausdruck ge-

bracht: aus dem Munde Gottes kommend, erfüllt sie alle transzendenten und immanenten Bereiche, jeden Raum und jede Zeit"[63].
(2) Nahe an unser Ergebnis kommen die Ausführungen von BARBOUR. "Wisdom ... formed a brigde between a transcendent God and the world of human affairs precisely because it could be conceived both as an aspect of God's being and power and as a characteristic of men without blurring the distinction between the two, and at the same time could be personified in a manner which gave it living reality"[64]. – Man wird aber doch dahin verschärfen müssen, daß die Brückenfunktion zu wenig entsprechend ist. Denn die Weisheit setzt die Weisheit des Einen, des einen Weisen *präsent*. So wird klar, daß diese *Weisheit eine für die Schöpfung konzentrierte Präsenzform Gottes* ist. Die Berührung mit der menschlichen Ebene ist nicht konstitutiv, sondern eine Adaption in der und an die materielle Schöpfung: Gott ist mehr als die Weisheit, die Weisheit übersteigt die gewöhnliche Schöpfung, deren innere Strukturierung aber von jener ausgeht. – Die Weisheit wird zu Recht mit Tätigkeiten verbunden, die in der unbelebten Natur nicht vorkommen. Allerdings bleibt die Qualifizierung als Personifikation nur ein Annäherungswert und ist immer unzureichend.
(3) Innerhalb der immateriellen Ebenen werden ohne Scheu auch die negativen Potenzen der Schöpfung angeführt, wie z.B. das Übel, das Böse. Das bedeutet offensichtlich nicht, daß hier auch die konkrete böse Tat inkludiert ist. Diese Ebenen sind vor allem auf den menschlichen Bereich hingeordnet. Sie stellen eine Herausforderung durch Gott dar: mit Hilfe des freien Willens kann der Mensch den Plan Gottes realisieren und sich dem Guten gegen das Böse zuwenden.
(4) Auch im Gefolge der materiellen Schöpfungsgegebenheiten setzt Gott *Realitäten*, die die Schöpfung *begleiten*: so z.B. die Mühsal, die Ehrenstellung usw. Hier handelt es sich nicht um eine Schöpfung im gleichen Sinne wie zuvor dargestellt. Zum Ausdruck kommt, daß Gott und nicht der Mensch der Souverän über die Schöpfung ist und bleibt.

---

63 SCHIMANOWSKI, Weisheit 59. Die Thematik der Präexistenz kennzeichnet den Autor (vgl. u.a. 38.58); da man mit dem Fachausdruck aber – wenn auch unbestimmte – Zeitkategorien unterlegt, fragt es sich, ob die beste terminologische Wahl getroffen worden ist.

64 BARBOUR, Creation 36; vgl. auch die interessanten christologischen Konnotionen ebd. 34, wobei besonders die Notizen zu "Christ as *arche* of creation" im Blick auf 3.2. (4) von großem Interesse sind.

7.3. Die das Denken strukturierende Funktion der Schöpfung

Wenn man sich intensiv mit dem Buch Ben Sira beschäftigt, sieht man nicht nur, daß Hinweise auf den Schöpfer das ganze Buch durchziehen. "The doctrine of creation is developed as an intricate part of Sirach's message. It can be said that Sirach has a distinct doctrine of creation running throughout his whole text ... The whole of Sirach's text is a well planned symphony, every note, every movement is part of the whole. There are subleties and allusions throughout which must be seen as notes which give fullness and harmony to his message"[65]. Diesem Ergebnis kann man aufgrund folgender Beobachtungen grundsätzlich zustimmen. Es ist sogar eine weitere Präzisierung möglich: das Verständnis der Schöpfung steuert das Denken Ben Siras und beeinflußt seine Darstellungsweise.

(1) Es fällt auf, daß Sira bei wichtigen Themen Dreiergruppen wählt, seien das drei auf der gleichen Ebene befindliche Gegebenheiten, seien das drei Kola, seien dies Strophen, die in einem Gedicht aufeinander hingeordnet sind.

(2) Dieser Dreierschritt scheint von seiner Sicht der Schöpfung beeinflußt zu sein: Gott – immaterielle und materielle Ebenen.

(3) Wenn in einer Zusammenfassung auch nur Schlagworte stehen, so sei doch darauf hingewiesen, daß man diesen Dreier-Rhythmus im ganzen Buch verfolgen kann: die Beschäftigung mit der Weisheit als Schöpfungsgegebenheit findet sich nur zwischen den Kap. 1–24.

Im zweiten Buchteil (Kap. 25–43) trifft man auf konkrete Lebensfragen. Das Thema Schöpfung scheint zurückzutreten: Mitnichten! Der längste Text über die unbelebten Schöpfungsgegebenheiten steht in 42,15–43,33[66].

Im dritten Buchabschnitt folgt die *Personwerdung* der in der Schöpfung grundgelegten, auf den Menschen (15,14–20; 16,24–17,10) hingeordneten Ansätze, insbesondere die Weisheit, des Schöpfungshan-

---

65 BURTON, Sirach 219.222.
66 Es ist interessant, daß man aufgrund der Untersuchung dieser Stelle – vor allem unter dem Gesichtspunkt der Herrlichkeit – und im Blick auf das ganze Buch zur Überzeugung kommt, daß Sira die priesterliche Theologie, obwohl er kein Priester war, beschreibt, aber weil er Philosoph ist, sie neben seine Weisheitstheologie stellt, die Schöpfung aber höchstens eine untergeordnete Rolle spielt: so ROTH, Lord's Glory 93f.

delns, paradigmatisch dargestellt in der Geschichte Israels. Es fällt auf, daß in den Kapiteln 1–43 im Rahmen der vielfältigen Notizen zur Schöpfung nie ein konkreter Name genannt wird: ab Kapitel 44 ist das anders. In den großen Ahnen Israels wird jetzt greifbar, was schon in 24,8 gesagt war: „Da gab der Schöpfer des Alls mir Befehl; er, der mich schuf, wußte für mein Zelt eine Ruhestätte. Er sprach: In Jakob sollst du wohnen, in Israel sollst du deinen Erbbesitz haben".

Es gibt demnach folgende Phasen der Schöpfung, die sich am Modell der Weisheit am besten darstellen lassen:

a) *Der nachgöttliche und vormaterielle Abschnitt,* in dem die immateriellen Fakten anzusiedeln sind.

b) *Die materielle Phase der Schöpfung,* die sich wiederum unterteilen läßt in die kosmischen und allgemeinen weisheitlichen Gegebenheiten. Im letzteren Bereich sind als erstes die noch analog der ureigensten Schöpfung von Gott mitgeteilte Ausstattung, als zweites die allgemein gültigen Bezüge des Wirkens und des Verhaltens aufgrund der Weisheit zu nennen.

c) *Zum Schluß folgt noch die personalisierte Phase.* Hier geht es um konkrete, historische Personen, die in ihrem Leben und ihrem Verhalten zu Repräsentanten der anfänglichen Weisheit werden.

(4) Wie immer wieder zu beobachten, waren *drei* Ebenen anzuführen. Ich halte diese Periodisierung in Dreierschritten im Buch Ben Sira nicht für einen Ausfluß z.B. eines stilistischen Systems. Vielmehr argumentiert Sira auf die ihm eigene Weise, weil er grundsätzlich in Kategorien der Schöpfung denkt und natürlich auch in die Schöpfung nachempfindenden Dreierschritten formuliert.

Bibliographie

ALONSO SCHÖKEL, L., The Vision of Man in Sirach 16,24–17,14, in: J.G. Gammie/W.A. Brueggemann/W.L. Humphreys u.a. (Hg.), Israelite Wisdom. Theological and Literary Essays, FS S. Terrien, Missoula 1978, 235–245.

ARGALL, R.A., Reflections 1 Enoch and Sirach: A Comparative Literary and Conceptual Analysis of the Themes of Revelation, Creation and Judgement: SBL.SP 34 (1995) 337–351.

BARBOUR, R.S., Creation, Wisdom and Christ, in: R.W.A. McKinney (Hg.), Creation, Christ and Culture, FS T.F. Torrance, Edinburgh 1976, 22–42.

BAUER, J.B., Der priesterliche Schöpfungshymnus in Gen 1: ThZ 20 (1964) 1–9.

BAUER, J.B., Sir. 15,14 et Gen. 1,1: VD 41 (1963) 243f (= ders. Schola biblica et patristica, Graz 1972, 19f).

BEENTJES, P.C., The Book of Ben Sira in Hebrew. A Text Edition of All Extant Hebrew Manuscripts and a Synopsis of All Parallel Hebrew Ben Sira Texts (VT.S 68), Leiden 1997.

BOX, G.H./OESTERLEY, W.O.E., The Book of Sirach, in: R.H. Charles (Hg.), The Apocrypha and Pseudepigrapha of the Old Testament in English, with Introductions and Critical and Explanatory Notes to the Several Books I. Apocrypha, Oxford (1913) 1976, 268–517.

BURTON, K.W., Sirach and the Judaic Doctrine of Creation, Glasgow 1987.

CHRIST, F., 4. Kapitel: Sir 1; 5. Kapitel: Sir 24, in: ders., Jesus Sophia. Die Sophia-Christologie bei den Synoptikern (AThANT 57), Zürich 1970.

CONTI, M., Origine divina della Sapienza e i suoi rapporti col mondo, coll'uomo e col popolo dell'alleanza (Sir 24,3–22), in: V. Battaglia (Hg.), L'uomo e il mondo alla luce di Cristo, Vicenza 1986.9–42.

CONZELMANN, H., Die Mutter der Weisheit, in: E. Dinkler (Hg.), Zeit und Geschichte, FS R. Bultmann, Tübingen 1964, 225–234 (= BEvTh 65 [1974] 167–176; = The Mother of Wisdom, in: J.M. Robinson [Hg.], The Future of Our Religious Past, New York 1971, 230–243).

EAKIN, F.E., Wisdom, Creation and Covenant: PRSt 4 (1977) 226–239.

FESTORAZZI, F., La creazione nella storia della salvezza: ScC 90 (1962) 3–27.

FRITZSCHE, O.F., Die Weisheit Jesus-Sirach's. Erklärt und übersetzt (Kurzgefaßtes exegetisches Handbuch zu den Apokryphen des Alten Testaments 5), Leipzig 1859.

GAON, S., Creation in Ben Sira: Milltown Studien 36 (1995) 75–85.

GILBERT, M., Lecture mariale et ecclésiale de Siracide 24,10 (15): Marianum 47 (1985) 536–542.

GLASSON, Th.F., Colossians 1,18.15 and Sirach 24: JBL 86 (1967) 214ff (= NT 11 [1969] 154ff).

HAMP, V., Das Buch Sirach oder Ecclesiasticus, in: Die Heilige Schrift in deutscher Übersetzung (EB IV), Würzburg 1959.569–717.

HECKER, A., Das akkadische Gilgamesch-Epos (TUAT III/2), Gütersloh 1994, 646–744.

HRUBY, K., La Torah identifiée à la Sagesse et l'activité du 'Sage' dans la tradition rabbinique: BVC 76 (1967) 65–78.

LANG, B., Ist die Göttin Isis Vorbild der Weisheit? (Sir 24), in: ders., Frau Weisheit. Deutung einer biblischen Gestalt, Düsseldorf 1975.

MARBÖCK, J., Gottes Weisheit unter uns. Sir 24 als Beitrag zur biblischen Theologie, in: Professorenkollegium der Philosophisch-Theologischen Hochschule der Diözese St. Pölten (Hg.), Verbum caro factum est, FS A. Stöger, St. Pölten/Wien 1984, 55–65 (= in: Gottes Weisheit unter uns. Zur Theologie des Buches Sirach, hrsg. v. I. Fischer [HBS 6], Freiburg/Basel/Wien u.a. 1995, 73–87).

MARBÖCK, J., Weisheit im Wandel. Untersuchungen zur Weisheitstheologie bei Ben Sira (BBB 37), Bonn 1971.

MURPHY, R.E., Wisdom and Creation: JBL 104 (1985) 3–11.

PERDUE, L.G., "I Covered the Earth Like a Mist". Cosmos and History in Ben Sira, in: ders., Wisdom and Creation. The Theology of Wisdom Literature, Nashville 1994, 243–290

PETERS, N., Das Buch Jesus Sirach oder Ecclesiasticus (EHAT 25), Münster 1913.

PETTINATO, G., „Enki und Ninmah"-Mythos, 6–38, in: ders., Das altorientalische Menschenbild und sumerischen und akkadischen Schöpfungsmythen (A-HAW.PH 1), Heidelberg 1971, 69–73.

PETTINATO, G., Nr. 2: KAR 4-Mythos, in: ders., Das altorientalische Menschenbild und die sumerischen und akkadischen Schöpfungsmythen (A-HAW.PH 1), Heidelberg 1971, 74–81.

VON RAD, G., Weisheit in Israel, Neukirchen-Vluyn 1970 (^{2}1982).

RAHLFS, A. (Hg.), Septuaginta. Id est Vetus Testamentum graece iuxta LXX interpretes I.II, Stuttgart ^{9}1979.

REITERER, F.V., Deutung und Wertung des Todes durch Ben Sira, in: J. Zmijewski (Hg.), Die alttestamentliche Botschaft als Wegweisung, FS H. Reinelt, Stuttgart 1990, 203–236.

REITERER, F.V., Gelungene Freundschaft als tragende Säule einer Gesellschaft. Exegetische Untersuchung von Sir 25,1–11, in: ders. (Hg.), Freundschaft bei Ben Sira. Beiträge des Symposions zu Ben Sira – Salzburg 1995 (BZAW 244), Berlin/New York 1996, 133–169.

REITERER, F.V., Review of Recent Research on the Book of Ben Sira, in: P.C. Beentjes (Hg.), The Book of Ben Sira in Modern Research. Proceedings of the First International Ben Sira Conference 28-31 July 1996 Soesterberg, Netherlands (BZAW 255), Berlin/New York 1997, 23-60.

REITERER, F.V., Die Stellung Ben Siras zur „Arbeit". Notizen zu einem kaum berücksichtigten Thema sirazidischer Lehre, in: ders., Ein Gott – eine Offenbarung, FS N. Füglister, Würzburg 1991, 257–289.

REITERER, F.V., „Urtext" und Übersetzungen. Sprachstudie über Sir 44,16–45,26 als Beitrag zur Siraforschung (ATSAT 12), St. Ottilien 1980.

REITERER, F.V., Das Verhältnis Ijobs und Ben Siras, in: W.A.M. Beuken (Hg.), The Book of Job (BEThL 114), Löwen 1994, 405–429.

REITERER, F.V./EGGER-WENZEL, R./KRAMMER, I./RITTER-MÜLLER, P., Zählsynopse zum Buch Ben Sira (FoSub 1), Berlin/New York 2003.

ROTH, W., The Lord's Glory Fills Creation. A Study of Sirach's Praise of God's Words (42:15–50:24): Explor 6 (1981) 85–95.

ROGERS, J.F., Wisdom and Creation in Sirach 24: JNWSL 22/2 (1996) 141–156.

SAUER, G., Jesus Sirach (Ben Sira) (JSHRZ III,5), Gütersloh 1981.

SCHÄFER, H., Babylonisch-Assyrische Texte. Das babylonische Weltschöpfungs-lied „Als droben", in: H. Greßmann (Hg.), Altorientalische Texte zum alten Testament, Berlin/Leipzig ²1970 [= ²1926], 108–129.

SCHIMANOWSKI, G., Weisheit und Messias. Die jüdischen Voraussetzungen der urchristlichen Präexistenzchristologie (WUNT 2/17), Tübingen 1985.

SCHOONENBERG, P., A Sapiential Reading of John's Prologue: Some Reflections on View of Reginald Fuller and James Dunn: ThD 33 (1986) 403–421.

SMITH, M., In Praise of Creation. Sir 16:24–23:27, in: L. Johnston/M. Smith (Hg.), Psalms and Wisdom (SDC 6), London 1972, 196–201.

VON SODEN, W., Die erste Tafel des altbabylonischen Atramḫasīs-Mythus. „Haupttext" und Parallelversionen: ZA 68 (1978) 50–94.

ZIENER, G., Die theologische Begriffssprache im Buche der Weisheit (BBB 11), Bonn 1956.

ZÖCKLER, O., Die Weisheit Jesus Sirachs, in: H. Strack/O. Zöckler (Hg.), Die A-pokryphen des Alten Testaments nebst einem Anhang über die Pseudepi-graphenliteratur (KK 9), München 1891, 255–354.

Erstveröffentlichung in: N. Calduch-Benages/J. Vermeylen (Hg.), Trea-sures of Wisdom. Studies in Ben Sira and the Book of Wisdom, FS M. Gilbert (BeThL 143), Leuven 1999, 91-127.

Die Stellung Ben Siras zur „Arbeit"

Notizen zu einem kaum berücksichtigten Thema sirazidischer Lehre

Vorbemerkungen[1]

Seit mehr als einem Jahrhundert wird Arbeit als eines der zentralsten Anliegen der sozialen Diskussion behandelt. Da nun die Bibel zur Zeit ihres Entstehens auf die damals wichtigsten Sinnfragen Antwort geben wollte, erhebt sich die Frage, ob dieses heute weltweit zentrale Thema auch eine Rolle spielt. In diesem Zusammenhang verschärfen Feststellungen wie „‚Arbeit' ist innerhalb des AT kein besonders wichtiges Thema"[2] die Fragestellung. Ben Sira, der sich mit vielfältigen Lebensfragen auseinandersetzt, bietet sich als Untersuchungsgegenstand an.

Die Betonung der Gottesfurcht, des Gesetzes und vor allem der Weisheit durch Sira läßt die Frage aufkommen, ob der biblische Autor aufgrund der theologisch-weisheitlichen Ausrichtung nicht mit Absicht oder vielleicht sogar ungewollt – zu einer Abwertung der händischen Arbeit kommt. Es war ja im zeitgenössischen Griechentum keine Seltenheit[3], daß man sich über die Arbeit abfällig äußerte. Im allgemeinen scheint es so gewesen zu sein, daß sie als die für Sklaven eigentlich entsprechende Lebensform angesehen wurde. Die Aufzählung der Berufe in Sira 38,24–31 gab Anlaß dazu, den Einfall griechischer Denkart[4] oder

---

1 Überarbeitung des Vortrages, gehalten bei International Meeting der Society of Biblical Literature in Wien, August 1990.

2 PREUSS, Arbeit 613.

3 Vgl. z.B. von Aristoteles zu Juvenal: ὁ γὰρ δοῦλος ἔμψυχον ὄργανον, τὸ δ' ὄργανον ἄψυχος δοῦλός ἐστιν; Aristoteles, Nik. Ethik VIII, 13; o demens! ita servus homo est?; Juvenal VI, 221.

4 Neben 38,24–34 belegt für BIENERT, Arbeit, Sir 30,33–38/25–30 „daß auch an einer zweiten Stelle unverkennbar griechischer Ethos in das Sirachbuch eingedrungen ist" (148). „Ben Sira ... und Philo ... schätzen Arbeit hoch; ihre Ablehnung von Landarbeit

eine Parodie auf die Arbeitenden⁵ zu finden, wobei im Text des Cheti, Sohn des Duauf⁶ von manchen eine literarische Vorlage, von anderen eine Parallele ohne direkte Abhängigkeit gesehen wurde⁷.

Trotz der Schwierigkeiten, innere Ordnungskriterien des Buches Sira auszumachen, zeigt sich, daß er Themen, die für ihn bedeutsam sind, in längeren Passagen behandelt. Klassisch dafür sind die Einheit über die Weisheit in Kap. 24, aber auch z.B. Ausführungen über das Verhältnis der mittleren Generation zu Eltern und Kindern in 3,1–16, über die Kinder in 30,1–13, das immer wiederkehrende Thema Tod und Lebensende in 41,1–4. Nun widmet sich Sira in 38,24–39,11 verschiedenen Berufen und dem schriftgelehrten Weisen. In diesem Rahmen begegnen wichtige Aussagen über die Arbeit und bezeugen das eminente Interesse des Verfassers. Nach manchen Untersuchungen könnte man den Eindruck erhalten, daß die Arbeit gegenüber dem Weisen abgewertet werden sollte. Heißt es also für Sira: Arbeit oder Weisheit bzw. Arbeit gegen Weisheit? Dabei sind nun die gesamten Aussagen zu Rate zu ziehen, was im folgenden versucht wird. Zuvor sei aber erwähnt, daß es nicht um die Aufzählung und Beschreibung der von Sira erwähnten Berufe geht; ebenso wird nicht versucht, eine Darstellung der sozialen Gegebenheiten zu erarbeiten⁸, wenngleich Ansätze dafür vorhanden sind.

Die Stellen wurden nach terminologischem Vorkommen gesucht und für die Fragestellung markante im Kontext untersucht. Folgende Worte führen zu den einschlägigen Stellen⁹ im Hebräischen: יגיע

---

und Handwerk für den Weisen zeigt hellenistischen Einfluß, der darin Versklavung sieht" (BROCKE, Arbeit II 618).

5   HERMISSON, Studien 396: „Für die Berufsatire gibt es ja in Israel wenigstens ein spätes Beispiel bei Jesus Sirach"; vgl. HUMBERT, Recherches 125ff.

6   Vgl. die ausführliche Behandlung bei RICKENBACHER, Weisheitsperikopen 186–192.

7   Vgl. SEGAL, ספר 253f.

8   Was BREID, Struktur 74–77, zur Arbeit zu sagen hat, geht über Gemeinplätze nicht hinaus. Er untersucht die Stellen nicht systematisch, obwohl das Thema für sein Untersuchungsziel, die gesellschaftlichen Strukturen bei Sira darzustellen, viel Ertrag erwarten hätte lassen.

9   Allerdings ist aufgrund der Breite hebräischer Wortfelder nicht jedes Vorkommen auch für die Untersuchung nutzbar zu machen. Die Abkürzung der Textrezensionen bzw. Versionen geschieht folgend: H (allgemein die hebräische Tradition), H-A; H-B; Bm (Randlesart zu H-B); H-C; H-D; H-E; Ma und Q/11 für die hebräischen Fragmen-

(14,15); יגע (11,11; 31,4); מלאכה (3,17; 4,29.30; 7,15; 11,20; 33,25; 37,11); עב(ו)דה (4,30; 6,19; 7,15; 27,6); עבד (6,19; 7,20; 10,25.26 [H-A vermutlich verderbt].27; 13,4; 37,11); עמל (Subst ; 13,26; 31,3); עמל (Ver b; 11,11; 31,3.4); פעל (Subst; 14,19; 37,16); פעל (Verb; 19,1; 32,19; 37,11); עסק/עשק (11,10; 38,24); im Griechischen: ἐργάζεσται (7,20; 10,27; 37,11j; 19,14; 20,28; 24,22; 27,9f; 30,13; 33,26; 51,30); ἐργασία (6,19; 7,15; 33,28; 37,11i; 38,29.34); ἐργάτης (19,1; 40,18); ἔργον (9,17a; 11,20.21); κοπιᾶν (31,3.4); κόπος (13,26; 14,15; 22,13c; 29,4; 34,28); πονεῖν (11,11; 13,5); πόνος (11,21; 14,15a; 28,15; 31,20c; 38,7); πρᾶξις (38,24). Syr, der zumeist mittels ܦܘܠܚܢܐ; ܦܠܚ; ܚܒܕ; ܚܕܒ übersetzt, bietet über Γ hinausgehend keine weiteren Belege. Bekanntlich sind die textkritischen Probleme bei Sira groß und lassen in Einzelheiten auch diese Arbeit nicht daran vorbeigehen; sie werden vornehmlich in den Fußnoten behandelt.

Die Untersuchung, je noch untergliedert, wird nach folgendem Raster erstellt: Wer wird mit der Arbeit in Zusammenhang gebracht und wie wirkt sie sich aus (1)? Danach folgen der Vorbildcharakter der Arbeit (2), bedeutsame Konnotationen zur Arbeit (3), Querverbindungen der Bereiche Arbeit und Weisheit (4) und (5) theologische Aspekte der Arbeit.

1. Wen betrifft die Arbeit und wie wirkt sie sich aus?

1.1. Sklaven und Arbeit

In der losen Sammlung längerer Sprüche von 7,18–36 werden Ratschläge als echte oder relative Gegensätze vorgeführt. Positive Beispiele überwiegen. Unter diesen ist nun V20 für die Frage nach der Einstellung zum Arbeitenden relevant. Ab V18 geht es um wichtige Glieder der engeren Umgebung: V18 Bruder; V19 kluge Gattin (אשה משכלת);

---

te; Γ für die griechische Version (die Verszählung folgt REITERER, Zählsynopse), Syr für die syrische Übersetzung. Als wichtige Unterlagen wurden weiters verwendet: ספר בן סירא; VATTIONI, Ecclesiastico; BARTHELEMY/RICKENBACHER, Konkordanz; WINTER, Concordance.

V23 Söhne; V24 Töchter; dazwischen in V22 Tiere[10] und Vv20.21 Haussklaven und Tagelöhner: „Nicht sollst du schlecht behandeln einen
Haussklaven, der treu arbeitet, und so auch den Tagelöhner nicht, der
sich ganz hingibt" (V20).

Wie festgestellt, konzentrieren sich die Vv20f auf den Sklaven, dem
echte Liebe[11] entgegenzubringen ist, bzw. auf den Tagelöhner. Vor dieser im griechischen Umfeld ungewöhnlichen Zuwendung zum „Sklaven" des V21 liest man die Anweisung, einen Sklaven nicht schlecht zu
behandeln[12]. Der Sklave wird noch näherhin beschrieben, und zwar
durch die Betonung, daß er „wirklich, tatsächlich" (אמת) arbeitet
(עובד). Die Arbeit gilt hier als die normale Tätigkeit, der keinerlei zu-
sätzliche Beschwernis zukommt, weil sie eben „Sklavenarbeit" ist[13].
Hinzuweisen ist auf die Erwähnung des Einsatzes (נפש), die vielleicht
andeuten möchte, daß nicht jeder Sklave oder Tagelöhner sich auch
wirklich anstrengt[14].

---

10 Es findet sich also eine Aufreihung der wichtigsten „Familienverbandsmitglieder",
    zu der in der Ackerbaugesellschaft auch die Tiere zählten, wofür die technisierte
    Landwirtschaft kaum einen Verständniszugang besitzt.
11 Ob man H-A (חבב; Syr folgt in der Wortwahl: ܐܬܚܒܒ, was wegen des einmaligen
    Beleges notiert werden sollte, da gewöhnlich ܪܚܡ zur Wiedergabe von אהב steht)
    oder H-C (אהוב) für ursprünglicher hält (die seltenere Wortwahl spricht für H-A;
    anders RÜGER, Text 46), ändert in V21a nichts am Imp zweier Verba, die in der Inten-
    sität, nicht aber in der Aussagerichtung unterschieden werden können: „hange an"
    oder „liebe" (das Verb ἀγαπᾶν kann die Wiedergabe jedes der beiden Worte sein)
    dem/n klugen Sklaven wie am/das Leben (oder wie an dir/dich selbst; allerdings
    würde man in diesem Fall ܢܦܫܟ erwarten).
12 H-C ist der Verschreibung von H-A (תרע) vorzuziehen. Offensichtlich ist die kausa-
    tive Dimension hervorzuheben und auch von den Versionen: κακώσῃς bzw. ܐܒܐܫ be-
    rücksichtigt worden. Ein Blick auf 38,21 (תריע) – dem zweiten Vorkommen von רעע
    H – bestätigt die bewußte Verwendung des H-Stammes.
13 Sie ist aber der Anlaß, dem Sklaven wegen der Arbeit, wegen dieser Leistung, nichts
    „Schlechtes zuzufügen". Daß das Verhältnis zwischen Sklaven und Herrn ein gutes
    ist, wird durch den zweiten Stichus verdeutlicht, da offensichtlich auch dem Tage-
    löhner (שכיר H-C; nach RÜGER, Text 45, ist in H-A gleichbedeutendes, aber älteres
    שוכר zu lesen) nichts Schlechtes zu widerfahren hat, da er „sich ganz hingibt" (נפשו
    נותן; Γ folgt H [διδόντα τὴν ψυχὴν αὐτοῦ], während Syr verstärkt [ܡܚܡܠ, also:
    sich selbst abmüht]).
14 Für jene aber, die Sira im Auge hat, gilt, daß man einen arbeitenden Sklaven nicht
    schlecht behandeln darf. Dies setzt eine positive Einstellung zum Sklaven und seiner
    Arbeit voraus.

Die textkritisch schwierige[15] Passage 33,25–33 beschäftigt sich auch mit dem Sklaven und der ihm zugewiesenen Arbeit: „Futter und Stock und Last sind für den Esel, und Brot und Zucht und Arbeit für einen Sklaven. Laß deinen Sklaven arbeiten, damit er nicht Nichtstun sucht, trägt er seinen Kopf hoch, wird er dir untreu. Laß deinen Knecht arbeiten, damit er nicht müßig ist". Die positionsgleichen Worte im Parallelismus zeigen deutlich, dass klare Unterschiede zwischen dem Arbeitstier und dem עבד[16] gemacht werden, obwohl zu Recht darauf hingewiesen wurde, daß der kantige Vergleich schon allein dadurch gemildert wird, daß „der Esel im Orient kein so verachtetes Tier ist als bei uns"[17].

Über die Art der Arbeit an sich erfährt man relativ wenig, viel jedoch über deren Einstufung. Sie ist kein Erziehungsmittel, denn in V25b stehen παιδεία bzw. מרדות zusätzlich neben der „Arbeit". Eine derartige Einstellung zur Sklavenarbeit ist wohl auch unmöglich, wo gefordert wird, den Sklaven wie sich zu lieben (7,21) bzw. den einzigen Sklaven wie einen Bruder (33,31) zu behandeln. Mögen Nützlichkeitserwägungen bei solchen Empfehlungen mitgespielt haben, so ist doch deutlich, daß sich die Haltung zum Sklaven stark von der in der damaligen Umwelt vertretenen unterscheidet.

Die Arbeit wird aber auch als ein Mittel gesehen, um den Sklaven gefügig zu halten[18]. In diesem Kontext verbindet Sira offensichtlich ei-

---

15 Entgegen Γ und Syr bietet H-E in V25b im zweiten Glied nur zwei Worte (das dritte deutet mit [..]לע möglicherweise עבד an, davor könnte מלאכה gestanden sein), denn mit großer Wahrscheinlichkeit war in 25b gemäß Γ und Syr ein zu 25a parallel, aus vier Gliedern bestehendes Stichenpaar zu finden gewesen. „Futter, Stock, Last, Esel" steht nach Γ „Brot, Zucht, Arbeit (ἔργον; vgl. Syr [ﺤﻤﻠﺴﺎ], der die beiden ersten Worte in 25b umstellt), Hausklave" (οἰκέτης; schon die Wortwahl zeigt ein Naheverhältnis zur Familie, bei der er lebt) gegenüber.

16 So wird wohl E zu ergänzen sein.

17 PETERS, Buch 277. MIDDENDORP, Stellung Jesu 23, sieht eine Entsprechung zu Theogenis 301–302, und damit Berührung mit dem Hellenismus.

18 „Ihn arbeiten zu lassen" עבד H; in V26a eine figura etymologica, nämlich [.]העבן עבדך). In Syr findet weder das zu erwartende Kausativum noch die Stilfigur eine Nachahmung: ﻣﻠﻌﺎ ﺤﺒﺪﻣﻬﻨ. Gemeinsam ist allen Traditionen das Wort „Ruhe" נחת (ἀνάπαυσιν; ﻨﺴﺎ), doch weicht die Argumentation im Kontext nach Γ und H sehr weit von einander ab. Die Arbeit geschieht nach Γ ἐν παιδείᾳ und führt dazu, daß der Herr zur Ruhe kommt (εὑρήσεις ἀνάπαυσιν). Die Handschrift E dagegen läßt den Sklaven arbeiten, damit er nicht „Ruhe" findet (שלא יבקש נחת[.]).

nen pejorativen Inhalt mit der Sklavenarbeit. In V28 findet sich dann
der Rat, dem Sklaven Arbeit[19] zu geben, „damit er nicht müßig sei" (Γ)
oder „damit er sich nicht auflehnt" (H und Syr). Die in Γ und Syr (H
nicht erhalten) gegebene Folge fügt sich nahtlos in den Kontext ein, wo
es heißt, daß die Faulheit vielerlei Böses erzeugt.

Nach allen Versionen ist die Arbeit des Sklaven keine mit Schlägen
oder ähnlichem erzwungene Tätigkeit. Ihre Veranlassung scheint aber
weniger im Erstreben irgendeines „Plansolls" oder Gewinnes zu liegen,
als im Ruhighalten des Sklaven und im Verhindern von Schlechtem. Γ
bringt noch einen anderen Aspekt: wenn der Sklave arbeitet, hat der
Herr Ruhe[20].

Mehrfach beschäftigt sich der Autor im Abschnitt 36,23–37,15 mit
Arbeit. Die Frage, vor wem man sich in acht nehmen und in wichtigen
Angelegenheiten[21] keinen Rat suchen sollte, steht in den 37,10f im Mittelpunkt[22]. In 11g.h werden der פועל שוא[23] bzw. פועל שכיר[24] kontext-
gemäß als Beispiele negativ qualifizierbarer Personen aufgereiht, da sie
keine förderliche Einstellung zur Arbeit besitzen: „(Berate dich nicht)
mit einem Nichtsnutz über sein Werk, (mit) einem Lohnarbeiter über
das Ausstreuen der Saat". Von diesen kann man nur Ratschläge erwarten, die ihre eigene Arbeit erleichtern, nicht jedoch die Effizienz der
Arbeit im Auge haben. Beachtenswert ist, daß der Text voraussetzt, daß
sich der Herr mit dem Sklaven über Arbeitsplanung ausspricht. Diese

---

19 H verwendet die gleichen Worte wie in V28a; Γ weicht von H ab und bringt einen
    verschärften Text: ἔμβαλε αὐτὸν εἰς ἐργασίαν.
20 Damit ist wohl gesagt, daß gewöhnlich der Sklave anstelle des Herrn – wenn auch
    an anderen Stellen klar inkludiert ist, daß dies nicht immer der Fall ist – die Arbeit
    verrichtet.
21 In dieser Einheit geht es um die kluge und weitsichtige Wahl in sehr weit gestreuten
    Lebensbereichen.
22 Es werden der konkreten Thematik entsprechend in diesem Teil nur ausschließlich
    negative Beispiele angeführt, wobei innerhalb der Aufzählung ein stetiges Abgleiten
    in immer Pejorativeres zu verzeichnen ist.
23 Die Lesart „nichtsnutziger Arbeiter" scheint Γ durch μετὰ ὀκνηροῦ zu unterstützen.
24 Zugunsten dieser Lesung spricht Syr: ܐܓܝܪܐ und שכיר שנה, so H-D, Bm und
    Syr gegen H-B; letztere Handschrift ist offensichtlich noch von den Übeltätern aus
    11e.f beeinflußt, wobei man damit zu rechnen hat, daß 11g in H-B doch als Fortset-
    zung von 11e.f gesehen werden möchte; allerdings vermag dann 11h keinen Sinn zu
    ergeben.

Gegebenheit wirft ein interessantes Licht auf den Austausch zwischen Herrn und Sklaven.

Auch das folgende Stichenpaar[25] weist in diese Richtung: „Auch (berate dich) nicht mit einem untätigen Diener über viel Arbeit! Halte dich zurück von diesen bezüglich eines jeden Rates!" (V11i.j). Allerdings wird ein „*träger* Hausklave" angeführt, womit ein weiteres Absinken der Bewertung nach unten gegeben ist[26]. Die Tatsache, daß sich der Herr mit dem „guten" Hausklaven über die Arbeit ausspricht, setzt ein gutes Verhältnis zwischen Herrn und Hausklaven und die positive Wertung der Arbeit voraus. Unterstützen kann man diese Gegebenheit mit dem folgenden Textteil, wo empfohlen wird, daß mit einem „Gottesfürchtigen"[27] ein planender Austausch gepflegt werden sollte. Der Kontext legt nahe, daß redlich arbeitende Sklaven wie Lohnarbeiter unter diese „Gottesfürchtigen", die das Gebot (מצוה; ἐντολάς) beachten, zu rechnen sind.

In der Einheit 10,19–11,6 steht der einschlägige Text in V25: „Für einen verständigen Knecht werden Freie arbeiten, ein Weiser wird darüber nicht klagen"[28]. Da חורים bei Sira nur einmal verwendet wird, ist

---

25 Nur in Γ und – wiederum mit Abweichung – in Syr bezeugt.

26 Man mag vermuten, daß sich diese Hausklaven durch auffallend geringen Arbeitseifer auszeichneten, oder – was durch die Beifügung „fauler" wahrscheinlicher erscheint – daß man von einem Hausklaven eine redliche Arbeitserfüllung als Selbstverständlichkeit erwartete. Daher ist bei einem „faulen" Hausklaven die negative Spitze erreicht. Insgesamt kommt aber in dieser ganzen Aufzählung kein Hinweis auf eine allgemeine Abwertung eines Hausklaven bzw. eines Lohnarbeiters oder der Arbeit vor.

27 Als konträre Qualifikationen werden zuvor איש רע (11e), אכזרי (11f) oder שוא פועל (11g; B) aufgelistet.

28 Der Text von V25 bietet besondere Schwierigkeiten (vgl. VOGT, Textus 185). Deutlich ist, daß nach allen Belegen V25 mit einem „klugen Hausklaven/Diener" (עבד משכיל H-A, H-B; ܥܒܕܐ ܚܟܝܡܐ; οἰκέτῃ σοφῷ) beginnt. Ebenso zeigen Syr und Γ, daß man damit zu rechnen hat, daß der Vers mit einem Objekt einsetzt und Subjekt wie Verb folgen. Syr (ܢܦܠܚܘܢ ܒܢܝ ܚܐܪܐ) wie Γ (ἐλεύθεροι λειτουργήσουσιν) lassen ein Verb in der PK und ein Substantiv, das „Freie" bedeutet, erwarten. Darauf verweist auch H-A הורם trotz der Schreibfehler (ה zu ה; vgl. DELITZSCH, Lese- und Schreibfehler 109 §106a), doch fehlt das Verb. Dieses findet man in einer der vier H-B-Rezensionen: חורים יעבדוהו (Das ו bei חורים ist wie anderswo, z.B. נכוחה in 6,22, als Vokalbuchstabe für langes a bzw. kurzes o verwendet). H-A vertritt eine fehlerhafte (so auch ohne Argumente SKEHAN/DI LELLA Wisdom 228) und nicht, wie RÜGER, Text 60, vermutet, eine jüngere Textform. Bei einem jüngeren Text wäre es sehr verwun-

das Verhältnis „Freier – Diener" von dieser Stelle aus darzulegen. Daß nicht der Hausknecht für Freie arbeitet[29], sondern seine Qualifikation als „klug, verständig" (משכיל) die Bezüge umkehrt, bringt inhaltlich eine interessante Aussage. Auf diese Weise wird der Wert des „Weise-Seins" geradezu drastisch hervorgehoben. Zugleich ist diese „Qualität" nicht für Reiche, Angesehene oder sonstige führende Personen vorbehalten. Aus sich wirkt ein Weiser, auch wenn er ein Sklave ist, so eindrücklich, daß für ihn Freie arbeiten[30]. Aufgrund der „Weisheit" wird also das gängige Sozialgefüge umgestülpt[31]. Demzufolge erscheint die Arbeit wieder als eine Selbstverständlichkeit, die auch keine disqualifizierende und damit abzulehnende Gegebenheit darstellt. – Weisheit und Arbeit schließen sich nicht aus. Das Weise-Sein führt seinerseits zu einer Überlegenheit, sodaß man auch als Haussklave der – selbstverständlich zu erledigenden – körperlichen Arbeit entkommt. Eine Vorordnung der Weisheit gegenüber der händischen Arbeit ist an dieser Stelle nicht zu verkennen.

1.2. Arbeit als Last und menschliche Grenzen der Arbeit

Da eben dargelegt wurde, daß die Arbeit eines Haussklaven mit keinen abwertenden Aspekten verbunden wird, könnte man zur Meinung kommen, Sira vertrete ein unrealistisches Bild von der Arbeit. Daß er nicht nur die angenehmen Seiten der Arbeit thematisiert, soll in folgenden Stellen belegt werden.

---

derlich, daß sowohl mehrfache Verlesung (vgl. noch ' zu ו so schon DELITZSCH, Lese- und Schreibfehler 103 §103]) und Verwechslung infolge des dadurch entstehenden Homoioteleutons und darauf hin noch zusätzlich der Wegfall des nötigen Verbs sich in einem Parallelismus treffen.

29   PETERS, Text 52, sieht die richtige Textversion, zieht aber eigenartigerweise משכיל zum Verb („macht weise"), wodurch er den Sinn verdreht.

30   Interessant ist noch, daß das Verb עבד, dem Syr mit ܦܠܚ entspricht, in Γ als λειτουρ-γεῖν zu lesen ist. Das griechische Verb steht fast durchwegs für den sakralen Dienst (4,14; 7,30; 24,10; 45,15; 50,14); auch 8,8 macht eine Ausnahme, da es – wie in 10,25 – zur gehobenen Beschreibung des Dienstes an Einflußreichen verwendet wird.

31   Mit der Arbeit kann man aber keine abwertende Dimension verbinden, denn dann würden sich die der sozialen Stellung nach Überlegenen sicherlich nicht mit der Arbeit abgefunden haben.

34,21–35,13 beschäftigt sich vornehmlich mit Opfern bzw. einer Art Opferkritik, da diese an die Stelle des rechten sozialen Wohlverhaltens getreten waren. In V28a wird vergleichweise angedeutet, daß einer aufbaut, während der andere vernichtet. Etwas provokant fordert 28b die Entscheidung des Lesers, indem dieser zu antworten gefordert ist, ob der Zerstörende oder der Aufbauende mehr als nur Mühsal erlangen kann: „Der eine baut auf, der andere reißt ein; haben sie mehr Nützliches als mühselige Arbeit".

Es wird also ein Indifferentismus bekämpft: es scheint egal, ob der eine arbeitet oder zerstört, nach 29a betet oder flucht (καταρᾶσθαι)[32]. In der Frage, auf wessen Stimme wohl der Herr höre, mit der 29b endet, ist die Antwort impliziert[33]. Insgesamt ergibt sich, daß jener Mühsal zu erwarten hat, der sich bei der Arbeit, aber ebenso ethisch-religiös falsch verhält. Der Kontext legt nahe, daß in V28 auch Bereiche, die über die körperliche Arbeit hinausgehen, mit κόπος (labor) oder ܪ̈ܚܡܐ ܡܠ̈ܐ angesprochen sind.

Gedanken über vergebliche Mühe sind in 11,10–28 gesammelt[34]. Gleich am Anfang (10a) geht es in H-A um das unsinnige Vermehren von עשק (gewalttätige Übervorteilung; ܣܘܥܪ̈ܢܐ) oder αἱ πράξεις. Γ scheint nur von den Taten, Geschäften zu handeln, wodurch vorsichtig das Thema der rastlosen Arbeit, wie sie anschließend beschrieben ist, vorbereitet wird: „Da ist einer, der sich anstrengt und schwer arbeitet und läuft, aber gerade dementsprechend bleibt er zurück" (11,11). Wenn man sich also noch so anstrengt, solange nicht Gott, der unerwartet einem Darbenden oder Kranken Wohlergehen zu schenken vermag, wirkt, ist die Mühe umsonst (V12).

---

32   Gemeint ist nach PETERS, Buch 287, derjenige, der nach außen betend das Opfer darbringt, das in Wirklichkeit eine dem Armen entrissene und dabei mit dessen Fluch belegte Gabe darstellt. Da jedoch kein Bezug zum Opfer hergestellt wird, erscheint diese Auslegung als willkürlich.

33   Richtig versteht Syr 29b, da er ܐܠܗܐ (deus; vgl. aber δεσπότης) liest. Dieser ist derjenige, der erhört oder ablehnt.

34   Die Abgrenzung am Beginn wird durch markante Elemente ermöglicht, beginnt doch 11,10 mit בני (H-B V10c); ܒܪܝ bzw. τέκνον. Das Ende in V28 anzunehmen, ist eine thematische Festlegung. – Der Abschnitt beschäftigt sich damit, was an Negativem gemieden werden soll.

In V11a werden zwei Verba gebraucht (עמל, יגע; κοπιᾶν, πονεῖν), die „arbeiten"[35] bedeuten. Da jedes Verb für sich genommen mühsames Arbeiten bezeichnen kann, deutet der parallele Gebrauch darauf, daß dieser Bereich der Wortbedeutung herausgestrichen werden soll. Wenn sich jemand in rastloser Hetze unmäßig abrackert, dann muß er zur Kenntnis nehmen, daß noch so angestrengte Arbeit, die ausschließlich im menschlichen Wollen grundgelegt ist[36], zu keinem Erfolg führt. Gott ist und bleibt der eigentlich Wirkende[37].

Bezüglich der Arbeit läßt sich dem V11 zweierlei Wichtiges entnehmen: Es wird deren beschwerlicher Charakter notiert. Wichtiger ist jedoch, daß der Arbeitserfolg nur durch Gottes Beistand erreicht werden kann. Darin erscheint de facto eine tiefgehend positive Wertung der Arbeit, da sich in ihr – eingeordnet in das rechte Gottesverhältnis – auch Gottes Wirken zeigt[38].

1.3. Arbeit: Armer, Reicher und Möglichkeit der Ausbeutung

Der kurze Abschnitt 31,1–4 zeigt auf das paradoxe Auseinanderfallen des Geschicks des Reichen und Armen[39].

---

35 עמל und יגע; κοπιᾶν und πονεῖν; Syr stellt um („eilen" an erster Stelle) und verwendet ܠܡܐܐ und ܐܠܐ.

36 Der negative Akzent liegt nicht allgemein auf der Arbeit, sondern auf der Feststellung, daß die Arbeit an sich zwar mit Mühe verbunden ist, diese jedoch unter bestimmten Bedingungen kaum ertragbar wird.

37 Der V12 faltet die theologische, theozentrische Dimension aus, doch wird dieser Gedanke durch V15 überboten. Dort steigert sich Sira sogar in das dreiste Wort, daß nicht nur Armut und Reichtum, sondern sogar Sünde und redliches Verhalten von Gott stammen, sodaß Gott in unüberbietbar souveräner Weise alles in allem ist, und zwar in einer Art, die an die Grenzen des Vorstellbaren führt (חטא ודרכים ישרים מיי הוא).

38 Von daher wird man fragen, inwieweit Sira überhaupt zu einer Abwertung der Arbeit fähig sein könnte. Setzt eine derartige Argumentation nicht eo ipso eine grundlegend positive Ausrichtung voraus? Weitere Argumente in diese Richtung unten unter 4.

39 Die Versionen gehen in den Vv3.4 nicht weit auseinander. In Stichus 4a verwendet Syr das ungebräuchlichere Wort ܐܬܝܒܐ für Haus; gemeint ist wohl die Familie. Offensichtlich ist der semitische Gebrauch von „Haus" für Familie, Lebensbereich, Lebensgrundlage in Alexandria nicht sehr gebräuchlich, so daß klärend βίος steht; allerdings könnte das auch auf בה als lebensnotwendiger Besitz hinweisen. – Die

Inhaltlich geht es darum, daß sowohl Reiche wie Arme arbeiten und sich mühevoller Beschäftigung hingeben. Die Arbeit selbst ist also weder ein Diskussionspunkt, noch ein Unterscheidungsmerkmal.

Das Problem wird erst aktuell, wenn es darum geht, welche Wirkungen damit erzielt werden. Hier nun fallen die Lebenswelten des Begüterten und jenes, der kaum oder gerade noch das Lebensnotwendigste erarbeiten kann, weit auseinander: „Die mühevollen Arbeiten eines Reichen sind da, um Schätze zu sammeln, und wenn er ausruht, um Freude entgegen zu nehmen. Der Arme müht sich wegen des Mangels in seinem Hause ab, und wenn er ruht, spürt er den Mangel" (Vv3.4). Der Reiche kann sich ausruhen und nimmt dann nur noch Annehmlichkeiten entgegen[40]. Dem Armen bleibt keine Zeit zur Ruhe; selbst wenn er ausrasten muß, führt dies dazu, daß er Lebensnotwendiges nicht mehr besitzt[41]. – Die Arbeit wird an dieser Stelle sowohl für Reiche als auch für Bedürftige als Selbstverständlichkeit angesehen. An sich ist sie positiv zu bewerten, ermöglicht sie doch dem Reichen Genuß, dem Armen den notwendigen Lebensunterhalt; anders ist es mit dem Reichtum, der soziale Unausgewogenheit mit sich bringt.

In 13,1–24 werden Personengruppen angeführt, die für andere gefährlich sein können; insbesondere zählen Reiche und Einflußreiche

---

Frage ist noch offen, wie denn 4c.d im Verhältnis zu 4a.b zu bestimmen sind. PETERS, Text 111f, qualifiziert die Stichen als Dublette von 4a.b und läßt sie weg; vgl. auch EÜ; SKEHAN/DI LELLA, Wisdom 380. SAUER, Jesus Sirach 579 Anm. 4a, bietet 4c.d im Text und notiert: „Die beiden letzten Halbverse bilden offensichtlich eine Dublette zu 4a und b". SMEND, Weisheit 274, hatte in der Reihenfolge 4c.b (H = Γ 4a.b) den ursprünglichen Textbestand angenommen; so auch FUß, Tradition 186 Anm. 4. Beide glauben also auf eine wechselnde Abhängigkeit zu stoßen die auf eine H interne Entwicklung zum vorliegenden Text schließen läßt. Γ und Syr legen es nahe, daß 4a.b ursprünglich sind. 4c.d stellen sich als eine stilistisch gekonnte Antithese zu 3a.b dar. Formvollendet ist die Antithese und die daraus gezogene je gegenteilige Folgerung; dies ist auch strukturell durchgezogen, wenn man (mit SMEND, [Rez.] König, Originalität 130) לאנחה als ein Wort liest. Von der Qualität als Dichtung her gesehen wird man den „Zusatz" nicht gering schätzen, bildet er doch eine gelungene Verfeinerung. Es ist nicht unwahrscheinlich, daß man – wenn überhaupt (HARTOM, בן־סירא 109, äußert keine Bedenken) – eine sehr frühe Korrektur vor sich hat.

40 REITERER, נבל 1143.

41 Der Arme ist also gezwungen, jeder Arbeit nachzuhetzen und sich keine Ruhe zu gönnen. Damit ergibt sich ein soziologisch interessanter Phänomenenunterschied zu den relativ Gesicherten (11,11), die sich aus eigener Kraft nach oben arbeiten wollen und deswegen keine Ruhe mehr finden können; vgl. dazu oben 1.2.

bzw. Fürsten dazu, weswegen man sie klugerweise meidet. Vv3–7 haben das Thema, daß ein Reicher den „Geringen" (דל; Vv2.3) nach Gutdünken ausnützt[42]. In V4 wird nun vorausgesetzt, daß der Geringe bei dem und für den Reichen arbeiten muß: „Wenn du ihm nützlich bist, läßt er dich arbeiten, aber wenn du zusammenbrichst, so läßt er dich im Stich" (13,4).

Nur wenn der Reiche Gewinn erwarten kann, *läßt* er dich arbeiten[43]. Das Kausativum – durch die Versionen gut abgesichert – bringt sehr schön die gönnerhafte und zugleich aktivierende Art des Verhaltens des Reichen zur Sprache[44]. Hinsichtlich der Arbeit ergibt sich, daß sie von manchen (sehr) Reichen nicht verrichtet werden mußte. Über die Notwendigkeit der Arbeit ergibt sich eine Abhängigkeit von dieser reichen Schicht und ermöglicht es jener, willkürlich mit der „niederen Klasse" umzugehen. Bezüglich der Möglichkeit, jemanden zu unterdrücken, weil er arbeiten muß, um zu leben, ist der Text unmißverständliches Zeugnis.

1.4. Allgemeine Ausführungen über Arbeit und Arbeitende

Stilistisch wohlgeformt begegnen 4,29.30 nach H-A; entweder bilden diese Verse eine Einheit oder 29–31 stellen eine solche dar. Vv29.30 bie-

---

42 Der dem עשיר (V3) gegenübergestellte דל kann kein wirklich Armer, also ein besitzloser Bettler sein. Denn wenn er etwas besitzt, will der Reiche das an sich reißen (V5). דל ist also eine Bezeichnung sozial Niedergestellter. Solange der Unterlegene dem Reichen hilfreich sein kann, behandelt dieser jenen nach außen zuvorkommend und recht freundlich (V6).

43 יעבד בך (H); ܟܝ ܒܚܠܡ; Γ hat das Objekt nicht als direktes gewertet. Allerdings läßt sich ב auch instrumental verstehen, wodurch die Sinnspitze verändert wird: „er arbeitet mittels deiner".

44 Noch schärfer ist die Fortführung in 4bα (H-A; Γ und Syr entsprechen sich thematisch): „wenn du aber zusammenbrichst". Dann gehen die Versionen auseinander. Γ und Syr „läßt er dich im Stich" (καταλείψει σε; ܒܚܠܡ). Da in H-A keine Negation angedeutet ist, müßte man eine dahingehende Emendation vornehmen, wenn man חמל im Sinne von „Mitleid haben" versteht und keinen Widerspruch erhalten will (FUSS, Tradition 98, mit der Begründung, לו aus 4a ist nach 4b vor יחמל zu setzen und als לא zu lesen). Ein weiterer Lösungsversuch besteht darin, daß man für חמל eine andere Bedeutung annimmt, wie „Last auflegen" (GINZBERG, Randglossen 621; SAUER, Jesus Sirach 537) oder „selten dabei sein" (PETERS, Text 352). Eines ist gewiß, daß der durch Arbeit geschwächten Person keine Hilfe zuteil wird.

ten zwei Parallelismen, die im ersten Glied einen Vergleich bringen und im zweiten diesen auf die konkrete Fragestellung anwenden. Diese läuft auf מלאכה hinaus[45]: „Nicht sollst du prahlerisch sein mit deiner Zunge, und schlaff und matt in deiner Arbeit. Nicht sollst du sein wie ein Hund in deinem Hause, aber ganz matt und furchtsam bei deiner Arbeit" (4,29.30).

Man erfährt, daß großsprecherische Zungenleistung in der Öffentlichkeit nichts Vorteilhaftes mit sich bringt. Dagegen wird die Arbeit geschätzt. Nach dem außerfamiliären Beispiel wird das Verhalten in der Familie behandelt. Das gefürchtete Verhalten eines mutigen, aber unberechenbaren Hundes[46] wird als Zerrbild für die Arbeitsscheue im Familienbereich verwendet. Besonders spitz ist darob die Notiz, daß man furchtsam ist, wenn es um die Arbeit geht. Die Arbeit wird indirekt hoch eingeschätzt. Es wird vorausgesetzt, daß man außerhalb wie innerhalb des Familienbereiches gleicherweise zu arbeiten hat, und zwar im Sinne: „Schwätze nicht, arbeite!"[47] Entsprechend den im ganzen Buch als Schüler Angesprochenen erscheint naheliegend, daß es sich um „Lebenslehren" für den (männlichen) Normaljudäer handelt.

---

45 In V29a.b stützen Γ und Syr den H-A-Text. 30a folgt Syr H-A, während Γ H-C entspricht. 30b weist die mater lectionis auf עבודה, während ἐν τοῖς οἰκέταις; den Plural von עבד voraussetzt. פהז tD Ptz (sich als überschäumend gebärdend) ist schwer mit φαντασιοκοπῶν in Einklang zu bringen. Γ führt den Parallelismus nicht im Sinne von H-A, Syr und auch nicht H-C weiter. Jedoch ist auch im letzteren Fall die Arbeit und nicht der Haussklave anvisiertes Ziel. Die Parallellesart H-C bietet in 30b nur zwei Worte, wodurch der Rhythmus gebrochen wird. Von RÜGER, Text 34, wird H-C als ältere Textform eingestuft, aber aus dem genannten Grund ziehen PENAR, Philology 18; SAUER, Jesus Sirach 561, H-A zu Recht vor. „Es muß vom Löwen die Rede sein" (SMEND, Weisheit 46) ist eine Behauptung, aber kein Beweis; MIDDENDORP, Stellung 14.172, schloß sich offensichtlich schon wegen einer profangriechisch ähnlichen Stelle an. DI LELLA, Text 23f, sucht mit Hilfe der Textkritik die Nennung eines Hundes bzw. eines Löwen (vgl. die interessante Erklärung PETERS, Text 17, wie es zu אריה gekommen sein könnte) nachzuweisen.

46 Den Hund hält Sira für mutig und angriffslustig, stellt sich doch den Wildtieren (Hyänen) entgegen (13,18); nach 11,30 steht er als Beispiel für jemand Unberechenbaren und Gewalttätigen; solcherart wird das abzulehnende Verhalten beschrieben.

47 PETERS, Buch 50.

Danach gehört die Arbeit zu den alltäglichen Selbstverständlichkeiten[48].

Im Abschnitt 40,18–27 werden besonders hoch zu haltende Werte dadurch hervorgehoben, daß sie einer ohnedies positiven Gegebenheit und diese noch übersteigend gegenüber gestellt werden. Gleich der erste Satz nach Γ ist für die vorliegende Thematik relevant. Die Versionen weichen relativ stark voneinander ab[49]. Nach der textkritischen Untersuchung scheint Γ den Vorzug zu verdienen: „das Leben eines Unabhängigen[50] und Arbeiters macht süß, mehr als beide aber jener, der einen Schatz findet" (18a.b)[51]. Aus dem Kontext ergibt sich, daß die Ackerarbeit hoch eingeschätzt und nur von besonders Wertvollem übertroffen wird. Von hier aus ist es verständlich, daß in V18a auch das

---

48   Die antithetischen Bilder sind Beleg genug für die Annahme, daß nicht jeder, dem die Arbeit ein normaler Teil seines Lebens sein müßte, sich der Arbeit auch recht gewidmet hat. Bloßes Herumreden und „sich in der Familie als Pascha aufspielen" scheinen keine Seltenheit gewesen zu sein.

49   H ist nicht einheitlich überliefert: חיי יין ושכר ימתקו ומשניהם מוצא אוצר (H-B); חיי יתר [ש]כר ימתקו ומשניהם מוצא (Bm); יותר שכל סימה (Ma); ζωὴ αὐτάρκους καὶ ἐργάτου γλυκανθήσεται καὶ ὑπὲρ ἀμφότερα ὁ εὑρίσκων θησαυρόν; Syr? – Handschrift B („das Leben mit Wein und Rauschtrank versüßen"), die zu 18a (dem auch Ma entspricht; YADIN, Ben Sira Scroll 15) in 20a (ושכר יעליצו [יין]) eine fast gleichlautende Parallele aufweist, besitzt eine Randlesart, die besagt: „das Leben in Übermaß und Erfolg (versüßen)"; der Lesart folgt SKEHAN/DI LELLA, Wisdom 463.466. Im Gegensatz zur Annahme SAUERS, Jesus Sirach 604 Anm. 18a, spricht gerade die thematische Gleichheit von 18a und 20a gegen 18a (nach B; Ma), da in 19c Viehzucht usw. erwähnt werden, womit im Kontext die an sich positive Seite der Landwirtschaft in den Vordergrund rückt. Die Argumentation sieht das Argument aus dem Kontext durch Γ unterstützt, da der Enkel offensichtlich statt שכר defektiv geschriebenes שכ(י)ר (ἐργάτης) – so schon ohne Konsequenzen PETERS, Text 180f; ders., Buch 341; von MIDDENDORP, Stellung 101, als Verwechslung bewertet – las. Übrigens spricht auch die dem damaligen griechischen Denken gemeinsame Geringschätzung der Arbeit, die wohl auch Alexandria beherrschte, dagegen, daß dem sorgfältig wählenden Übersetzer ein solcher Fehler unterlaufen hätte können.

50   Vgl. oben 1.1. die Erwähnung des Freigeborenen. Neben 40,18b wurden der schon behandelte Vers 34,3 und andere positive Aussagen als Grundlage benutzt, um Sira dem Geldadel Jerusalems und der "patrician leisure class" zuzuordnen (GORDIS, Background 97–101). Die Schwachstellen dieser Annahmen wurden von STADELMANN, Ben Sira 5–9, überzeugend aufgedeckt.

51   Im Gegensatz zu 18b, wo H-B und Γ sich treffen, bringt Γ in 19c.d keine Parallele zu H, das durch B, Ma und Syr gesichert scheint. Dort wird auf die positive Funktion der Tierzucht und die Saat Bezug genommen, die durch eine geliebte Frau noch bei weitem übertroffen werden.

Leben eines Arbeiters erstrebenswert ist, ja sogar als süß bezeichnet wird. Ohne daß man daraus schließen kann, daß es sich nur um Freie gehandelt hat, werden sie mit dem Stellenwert eines Freien (αὐτάρκης) beschrieben.

Im Abschnitt 10,19–11,6 werden gegensätzliche Verhaltensformen gegenübergestellt und immer die negative abgelehnt, positive, wenn auch überraschende, hervorgehoben[52]. „Es ist nicht erlaubt, einen verständigen Armen zu verachten, ebenso ist es nicht erlaubt, einen gewalttätigen Menschen zu verehren" (V23). „Ehre" (כבד Vv19.20.27; תפארת V22) ist das zentrale Thema, so auch im einschlägigen V27: „Besser (טוב) ist der dran, der arbeitet (עובד; ἐργαζόμενος; ܠܐܚ) und Überfluß an Gütern hat, als der, der sich ehrenvoll gibt (מן[מת]כבד), aber an Gaben/Lohn Mangel leidet".

Sira spricht offensichtlich von Personen, die nicht arbeiten, sich aber „ehren lassen können"; dies hält Sira jedoch für Täuschung. Die Arbeit führt dazu, daß ein (ansehnlicher) Besitz erworben wird. Arbeit lohnt sich, ist die erste Schlußfolgerung; die zweite ist die, daß die Arbeit nichts Anstößiges an sich hat. Der Durchschnittsjudäer zu Siras Zeiten, auch solche, die bei ihm Weisheit erwarben, sind dazuzurechnen. Wem sollte Sira sonst seine Sentenz vorgetragen haben[53]?

In 3,17–31 geht es darum, nicht *mehr* sein zu wollen, als man ist. Diese Haltung hat sich vor Gott und vor einflußreichen Menschen[54] zu bewähren. Im ersten Vers steht das Schlüsselwort für das Grundthema der Einheit, nämlich ענוה: „Mein Sohn, bei all deiner Arbeit verhalte

---

52 Zu 10,25 vgl. oben unter 1.1.

53 Vgl. zu den sozialen Fragen neben Anm. 42 auch SMEND, Weisheit 345f, der eine Kluft zwischen „dem arbeitenden Volke der Bauern, Handwerker und Künstler" und dem Weisheitsschüler sieht. Die eben behandelte Stelle spricht u.a. gegen eine solche Behauptung.

54 Für die gegenständliche Untersuchung fällt der Text aus, wenn H-A, dem Syr folgt, originär ist. Daß בעשרך von Γ oder seinem Vorgänger als מעשך verlesen wurde (SMEND, Weisheit 27), läßt sich aufgrund von H-C (מלאכתיך) kaum als wahrscheinlich erweisen. Es ist aber beachtenswert, daß ܐܒܕ nur in Γ eine Parallele besitzt. Fraglich bleibt, ob man von dem einen Wort allein ausgehend mit RÜGER, Text 30, auf Abhängigkeit schließen kann, wie dies SAUER, Jesus Sirach 512, anzunehmen scheint. RÜGER, Text 30, hält H-C für die ältere Textform; es bleiben aber Fragen offen, etwa die, wie man die metrische Ungleichheit deuten soll.

dich bescheiden, und du wirst geliebt werden von dem, der Gaben austeilt".

Die Bescheidenheit äußert sich aber konkret, hier im Rahmen der Arbeit. Jeder, der ohne Überheblichkeit seine Beschäftigung verrichtet, wird von dem, der Gaben verteilt, geliebt. Es dürfte sich um den, der den Arbeitenden „bezahlt", handeln[55]. – Die Arbeit ist in diesem Kontext mehrfach bedeutsam: für denjenigen, für den sie geleistet wird, da er sonst nichts hat, um die Leistung abgelten zu können. Von vergleichbarer Relevanz ist die Arbeit für den Arbeitenden, da er sich so die Gaben verdienen kann. Zudem zeigt sich in der Hervorhebung der Bescheidenheit das Faktum, daß sich Arbeitende keineswegs immer „bescheiden" gaben[56].

2. Arbeit/Ackerarbeit als Vergleich für den Erwerb der Weisheit

Es wurde oben schon die Frage gestellt, ob sich die Arbeit im Verhältnis zur Weisheit als minderwertig darstelle. Für die Einstellung zur Arbeit und zu den bei Sira vermuteten „höheren" Werten ist nun gerade das Faktum aufschlußreich, daß und wie Sira Arbeit als Symbol einsetzt.

Den Wert und den Vorzug, den παιδεία und חכמה (σοφία) für sich in Anspruch nehmen können, besingt 6,18–37. Es ist jene Einheit bei Sira, die „am ausführlichsten ... den Weg zur Weisheit (zeigt) ... und trotz gewisser Schwierigkeiten zum Wagnis der Weisheitssuche aufruft"[57]. Im Rahmen der Argumentation spielt der Vergleich mit dem Pflüger und Schnitter eine bedeutsame Rolle. Ähnlich diesen soll der Schüler (τέκνον) sich auf die Mühe einlassen[58]: „Denn in ihrem Dienst mußt du

---

55 Daß מתן nur unverdiente Geschenke bezeichnet, scheint eine unbegründbare Hypothese. Der Lohn wird u.a. in Realwerten (vgl. Rut) gegeben worden sein. Wer beliebt ist, kann damit rechnen, auch weiterhin mit und von diesen Gaben leben zu können.

56 Vielleicht kann man daraus sogar erschließen, daß der Arbeitgeber in einer gewissen Abhängigkeit steht. Er braucht den Arbeitenden. Dieser wiederum kann sich durch sein bescheidenes Verhalten einen wohlgesonnenen Geber erhalten.

57 STADELMANN, Ben Sira 302.

58 כי בעבדתה מעט תעבוד (H-A); H-C: בעבדתה; vgl. zum Text PENAR, Philology 20.

dich ein wenig mühen und schon am folgenden Tag wirst du ihre Frucht essen" (6,19).

Zuerst wird man darin einen Hinweis erblicken, daß die Jugend, die Sira anspricht, die Energie zum Durchhalten aufbringt, wie dies für jeden Ackerbauer von der Aussaat bis zur Ernte auch der Fall ist. Obwohl Weisheit ein Geschenk Gottes ist (1,9f), muß man sich anstrengen, will man sie erlangen. Weiters rechnet Sira offensichtlich mit Problemen der Akzeptanz als Weisheitslehrer, fährt er doch fort, daß die Weisheit dem אויל rauh und unerträglich erscheint, jener aber, der sie erreichen will, sich in deren Fußfesseln und Halsjoch begeben muß. Als Rahmen dieses Vergleiches dient der Hinweis auf die Landarbeit dazu, die Hoffnung und freudige Ernteerwartung in den Mittelpunkt zu stellen. Der Erwerb der Weisheit kann erst durch die symbolische Anziehungskraft der Erntefreude – die zugleich eine Chiffre des zum Überleben Notwendigen ist –, werbend vorgeführt werden[59].

Der nächste Vers steht im zusammenfassenden Teil des Abschnittes 27,4-7, der sich um die rechten Überlegungen (חשבון) vor dem Tun dreht. Beispiele in aus dem Leben gegriffenen Vergleichen zeigen Wertungskriterien: durch das Sieb wird der Abfall abgesondert (4a), durch das Brennen die Qualität des Tongefäßes erreicht. Ähnlich dem letzten positiven Beispiel folgt der hier interessierende Vers: „Entsprechend der Pflege eines Baumes (על עבדת עץ [H-A]; ܐܝܟ ܦܘܠܚܢܐ ܕܐܝܠܢܐ; γεώργιον ξύλου) wird die Frucht geraten, so auch der Gedanke gemäß dem Wollen eines Menschen" (27,6).

"The fruit shows how well a tree has been cultivated and tended"[60]. Demnach hat die Arbeit im Obstgarten entscheidende Bedeutung für das Fruchtbringen. Dieser Einsatz wird als Beispiel den Überlegungen[61] vor der Tat vorangestellt[62].

---

59 Das Bild der „Frucht der Weisheit" unterstreicht die Brauchbarkeit des Ackerbauvergleiches. Keinesfalls ist eine abwertende Tendenz auszumachen. So wird man von dieser Stelle aus eine positive Einstellung Siras zur Arbeit erkennen können, der er seinerseits – einfach nüchtern beobachtend – keineswegs die Mühe und Anstrengung absprechen will.

60 SKEHAN/DI LELLA, Wisdom 356.

61 Vgl. dazu HADOT, Penchant mauvais 136ff.134ff.

62 Hinsichtlich der Textbasis bietet V6 allerlei Probleme. H-A könnte unter bestimmten Voraussetzungen als Ausgangspunkt der jetzt vorliegenden Version von Γ gedient haben. Dem Präpositionalausdruck aus H („wegen der Arbeit ...") entspricht ein

Bezüglich der Arbeit zeigen insbesondere H-A und Syr, daß sie sich
hoher Wertschätzung erfreut und sogar der Lebensbewältigung als Anschauungsbeispiel vorgestellt wird. Die Überlegungen sind so zu pflegen wie ein Obstgarten, soll gute Frucht erwartet werden können[63].

3. Bedeutsame Konnotationen mit der Arbeit

Bis jetzt wurde schon deutlich, daß die Arbeit bei Sira ein nicht unbe-
deutendes Thema darstellt. Da Sira aber keine systematische Abhand-
lung über dieses Thema zu schreiben gedachte, sondern allenthalben
seine Gedanken einstreute, kann man sie auch nur unter breitgefä-
cherten Überthemen zusammenfassen. So werden im folgenden auch
verschiedene Gesichtspunkte zur Sprache kommen.

3.1. Arbeit und Erziehung

Sowohl eine in Γ eingefügte Überschrift, als auch die Thematik, da es
um Kinder geht, läßt 30,1–13 als Einheit erkennen[64]. V13 kann nun für
die vorliegende Untersuchung relevant sein, wenn auch die Versionen

---

Subj, das jedoch nicht mehr als aktive Arbeit, sondern als Ergebnis verstanden wird:
„der Boden des Obstgartens". In diesem Sinne ist auch das folgende verändert: die
Frucht geschieht (wächst) nicht, „wird" nicht „hervorgebracht", sondern erscheint.
Syr dagegen sieht einen Vergleich, den er aber auch leicht ändert. Verstärkt wird die
Wirkung der Arbeit, da יהי durch ܐܒܐ gedeutet wird. – Auch in 6b finden sich Differenzen, wobei Syr wiederum H-A stützt, ausgenommen die – aber als Verdeutlichung wertbare – „Entsprechung" אחד (nach SMEND, Weisheit 244, aus אדם verlesen) und ܒܬ ܐܢܫܐ. Etwas sehr frei, durch den Semitismus möglicherweise auf eine
Vorlage mit לב verweisend („lediglich [als] Zusatz" stellt sich nach PETERS, Text
103), Γ dar: ἐνθυμήματα καρδίας ἀνθρώπου). Beachten sollte man, daß Syr und Γ durch
den Bezug auf den „Menschen" eine beachtliche, so in H-A nicht vorliegende, Parallele besitzen.

63   Solch ein Beispiel wehrt sich dagegen, die händische Arbeit über die geistige zu stel-
     len, zumindest insofern als die geistige zur moralischen Entwicklung notwendig ist.
64   Eine strenge Erziehung stellt den Grundduktus dar, doch ist offensichtlich eine gute
     Erziehung (ὁ διδάσκων τὸν υἱὸν ...) das erstrebte Ziel und nicht eine „grausame Züch-
     tigung".

auseinandergehen[65]. Während H und Syr die Qualität der Erziehungsart im Blick haben, scheint Γ eine andere Intention zu verfolgen: ἔργασαι ἐν αὐτῷ. Sollte nicht eine Wiederholung z.B. von V1f vorliegen, wird der Text so zu verstehen sein, daß man sein Kind in die Arbeit der „Eltern" einbezieht: „Erzieh deinen Sohn und arbeite an/mit ihm, damit er in seiner Unerfahrenheit dich nicht verspotte" (30,13). Damals wuchsen die Kinder im engen Umkreis der Eltern auf. Fabriken und vom Wohnort entfernte Arbeitsplätze waren nicht gegeben, sodaß der Arbeitsalltag auch von den Kindern miterlebt wurde. Wie auch heute noch in weiten Teilen der Erde wurden die Kinder sehr früh in den Arbeitsprozeß der Eltern hineingenommen. Dadurch lernen sie realistisch die Schwierigkeiten abzuschätzen und mögen so davon abgehalten werden, dass ἐν τῇ ἀσχημοσύνῃ αὐτοῦ προσκόψῃς, und die Kinder auf diese Weise die überkommene Tradition gefährden. Die letztere Gefahr dürfte bei denen bestanden haben, die durch das Umschwenken zur hellenistischen Lebensform bzw. -einstellung und die dadurch entstehenden Verlockungen die sozialen, familiären und religiösen Bande der überkommen Tradition geringschätzten. Dem Einfluß nach dürften sie ja auch den biederen, vom Hellenismus nicht in Beschlag genommenen Altersgenossen und auch den Eltern überlegen gewesen sein. Erziehung in diesem Kontext dient der Vorbereitung auf die Bewältigung von עול, dem schweren Los der damaligen Juden in der spannungsreichen Zeit des letzten Aufbegehrens der ptolemäischen Machthaber und dem beginnenden Einfluß der Seleukiden[66]. Die Fähigkeit, das Lebensnotwendigste selbst zu erarbeiten, spielte in diesem Zusammenhang eine zentrale Rolle.

---

65 Im Rahmen des Auftrages, das Kind zu erziehen, empfiehlt H-B „sein Joch schwer werden zu lassen" (das Kausativ von כבד sollte nicht übersehen werden); so auch Syr.

66 Zugleich ist der Aspekt nicht zu übergehen, daß das Kind frühzeitig in die Arbeit der Eltern eingeführt wird. Das Arbeiten ist unter diesem Gesichtspunkt jedenfalls eine positive Gegebenheit und befähigt zur Lebensbewältigung. Es wird aber nicht möglich sein, ohne die sozialen Zusammenhänge zur Entstehungszeit den Text zu interpretieren als eine Art „abstrakte Erziehungstheorie", die dann zum Ergebnis kommen kann: "A father should do this not only because he loves his son but also because it is in his self-interest to do so" (SKEHAN/DI LELLA, Wisdom 377).

3.2. Vergänglichkeit des Arbeitsertrages

„Arbeit ist genauso der Vergänglichkeit ausgesetzt wie der Mensch selbst", bildet das Thema der Einheit von 14,11–16[67]. Der H-Text handelt je vom Ergebnis der Arbeit. Mit all seinem Vermögen[68] solle man vor dem Tod anderen und sich wohl tun und sich nichts entgehen lassen (V14). Bevor dieses Thema in V16 wieder aufgenommen wird, steht der uns interessierende Teil. H-A spricht vom Besitz[69], der nach 15b aber kein Erbbesitz ist, sondern als das „Ermühte" (יגיע) hingestellt[70] wird: „Wirst du nicht einem anderen dein Vermögen hinterlassen, und deinen Arbeitsertrag denen, die das Los[71] werfen" (14,15).

Geradezu selbstverständlich wird die Tatsache erwähnt und darauf im Kontext Wert gelegt, daß man auch darauf achten sollte, das Erarbeitete selbst (mit Freunden) zu genießen. Hinsichtlich der Fragestellung ergibt sich, daß nach H und Syr der Besitz durch anstrengende Arbeit erlangt wird. Γ bringt einen deutlich abwertenden Akzent, indem die Belastung ganz allgemein notiert, und nicht nur die Anstrengung mit der körperlichen, wenn auch ertragreichen, Arbeit verbunden wird[72]. Allen Versionen ist aber gemeinsam, daß man durch Arbeit etwas zum Genießen erreicht, weshalb die Arbeit keineswegs abgewertet wird.

---

67 In seltener Einmütigkeit entsprechen sich die Versionen. Ausgenommen sind die für die Untersuchung relevanten direkten Objekte, die in H-A im sg, in Syr und Γ (Lat) im pl stehen, weiters daß Γ in 15a חיל als πόνος (dolores) wiedergibt, und Syr in 15b „für jene" (offensichtlich zur verschärfenden Verdeutlichung) hinzu fügt.

68 V11 „was du hast" H-A; Γ; Syr.

69 חיל; vgl. REITERER, Deutung 214f.

70 Es geht offensichtlich darum, daß der Besitz mit Anstrengung erworben ist. Das heißt aber nicht, daß die Anstrengung an sich als Abwertung beurteilt wird.

71 BOX/OESTERLEY, Book 358, weisen darauf hin, daß im 2. Jh. v.Chr. die Brüder durch Los ihr Erbe verteilten.

72 Während Syr, H-A in 15a gleich gerichtet sind, hat Γ schon im Besitzerwerb den Aspekt der Beschwerlichkeit hervorgehoben, ja spricht überhaupt von „Beschwerde". Dadurch wirkt die Empfehlung des Genießens um so überzeugender, das mögliche Hinterlassen noch uneinsichtiger.

Ein eindrücklicher Spruch über die Vergänglichkeit folgt[73] mit 14,17–19. Wie ein Kleid brüchig wird und zerfällt, so stirbt auch alles Fleisch (בשר; V17)[74]; wie Blätter wachsen, welken und durch junge ersetzt werden, so auch die Generationen. In diesen Kreislauf wird auch das Ergebnis des menschlichen Wirkens, eben seine Arbeit hineingezogen[75]: „Alle seine Werke verfaulen ganz sicher, und die Arbeit seiner Hände zieht er hinter sich her (in den Tod)" (14,19). Der Wert der Arbeits- und Tätigkeitserträge endet mit der Todesschwelle und verliert seine Relevanz. Nichts hört man von Arbeitsergebnissen, die wie Nachkommenschaft und Städtebau aufgrund des dadurch erworbenen Namens die Zeiten überdauern (40,19)[76]. Der Ertrag der alltäglichen oder im besonderen der landwirtschaftlichen Arbeit ist demnach genauso vergänglich wie der Mensch selbst[77].

3.3. Falsche und richtige Einstellung zur Arbeit und deren Ergebnis

Nicht erst die Vergänglichkeit setzt dem langfristigen Wert der Arbeit Grenzen. Diese können schon durch falsches Verhalten gegeben sein, sodaß die Arbeit überhaupt nie effizient wird. Doch ist es das Ziel, mittels der Arbeit Besitz und Genuß zu erreichen.

In dem Abschnitt 18,30–19,3 wendet sich Sira gegen solche, die ἐπιθυμία und ὄρεξις freien Lauf lassen[78]. In diesem Kontext wird nun ei-

---

73 Einen Schwerpunkt besitzt die den Vv17–19 vorangehende Einheit (14,11–16) darin, daß empfohlen wird, vor dem Tod mit dem Besitz noch möglichst viel Gutes zu tun, und zwar sowohl dem Nächsten als auch sich selbst.

74 Vgl. Reiterer, Deutung 224.

75 כל מעשיו רקוב ירקבו ופעל ידיו ימשך אחריו. Die Arbeit und deren Ergebnis werden als eine Ganzheit gesehen. Jeder Mensch kann auf solche am Lebensende zurückblicken.

76 Wegen des Gegensatzes der zeitlichen Wirkung wird man annehmen dürfen, es liege eine Anspielung auf die tägliche Arbeit vor. Vielleicht ist sogar erlaubt mit der Ackerarbeit zu rechnen, da in der Weiterführung des Vergleiches wachsende Bäume erwähnt werden.

77 Vgl. dagegen auch die Wirkung von Weisheit: „Wer für das Volk weise ist, erwirbt Ansehen, und sein Name steht fest im ewigen Leben" (בחיי עולם) 37,26, womit nach Skehan/Di Lella, Wisdom 436f, unsterbliches Andenken gemeint ist, während Syr ewiges Leben meint; vgl. 39,9.

78 Nach 18,32 (Γ) bzw. 33 (H-C) handelt es sich um Völlerei, also um Essen und Trinken. 19,2 erwähnt יין ונשים (οἶνος καὶ γυναῖκες; so auch Syr), spielt also auf aus-

ner erwähnt, der aufgrund seines Lebenswandels nicht reich werden kann[79]: „Ein trunkener Arbeiter wird nicht reich werden, und der, der Kleinigkeiten verachtet, richtet sich selbst zugrunde" (19,1).

Auch der engste Kontext paßt zum „betrunkenen Arbeiter", da sich jener selbst zugrunde richtet, der Kleinigkeiten verachtet. Solche Beispiele gehen nicht von besonders exzessiven Vorstellungen aus, und Arbeiter gehören wohl auch nicht zu einem Stand, in dem „Kleinigkeiten"[80] keine Bedeutung gehabt hätten.

Insgesamt ergibt sich demnach, daß man von einer an sich positiven Erwartung dem Arbeiter gegenüber, ja jedem, der Kleinigkeiten zu schätzen weiß, auszugehen hat. Selbstzerstörung ist es, wenn man seine – zugegebenermaßen bescheidenen – Erwerbserträge für Fressereien und Trinkgelage o.ä. ausgibt.

Die Abgrenzung der Einheit (11,10–28) bereitet keinerlei Schwierigkeiten[81]. Vv14f bezeugt das Ergebnis des in allen Konsequenzen ernst genommenen Monotheismus: Leben, Tod, Armut, Reichtum, Weisheit und Sünde: מיי הוא, überall steht Gott direkt dahinter. Wenn man diese Rahmenbedingungen, die die unumschränkte Vorherrschaft Gottes gegenüber der Machtlosigkeit des Menschen in drastischer Deutlichkeit vorführten, konsequent ernst nimmt, könnte es zu einer vollständigen Aufhebung jeglicher menschlichen Verantwortung kommen. Denn, so legt sich der Schluß nahe, der Mensch kann ohnedies Gott in seiner

---

schweifende Festgelage mit viel Wein und fremden Frauen an; vgl. diese Thematik auch u.a. in 9,9.

79 So 19,1aβ; H-C, Γ, Syr. In V19,1aα weichen jedoch die Versionen ab: ἐργάτης μέθυσος (operarius ebriacus) und Syr: ܚܡܪܐ ܦܠܚܐ sprechen von einem „betrunkenen Arbeiter", während H-C „der dies Tuende" bietet. Letzteres weist abschließend auf die zuvorgehende Warnung vor Völlerei hin, obwohl nach allen Versionen die Thematik weiter ausgefaltet wird. Aus dieser Beobachtung ergibt sich, daß H mutmaßlich den anderen Versionen nachzuordnen ist. Dieses Argument kann im Verweis auf 15,1 (יעשה זאת H-A, H-B) und 32,23 (עושה אלה bzw. זה H-B) eine philologische Unterstützung erfahren, wo je „dieses tun" in traditioneller Phraseologie mit Hilfe von עשה gebildet wird (vgl. z.B. Ez 17,18; Spr 6,3). In diesem Sinne tritt פעל זאת nur selten (Dtn 32,27; Ijob 33,29) auf, und פעל wird im Bibelhebräischen zum größeren Teil der Vorkommen in pejorativem Sinn, also „Schlechtes tun", verwendet.

80 MIDDENDORP, Stellung 27, interpretiert den Text im Sinne des rechten Maßes: „wer nicht Maß hält, kommt in kurzem herunter". Diese Deutung paßt jedoch nicht zu V2, da es undenkbar ist, daß Sira empfohlen hätte, sich „maßvoll" mit fremden Frauen abzugeben.

81 Vgl. oben Anm. 31.

Souveränität nicht berühren, daher wird die eigene Mangelhaftigkeit gewiß keine negativen Folgen haben. Wie würde sich kleinliche Rach- oder Strafsucht mit dem allem überlegenen Gott in Einklang bringen lassen? Und dem zu wehren, fordert V20 (Γ): „Mein Sohn, sei standhaft in deiner Verpflichtung (διαθήκη; חוק[82]) und sei eifrig (ὁμίλει) innerhalb dieser, und in deiner Arbeit (ἐν τῷ ἔργῳ σου) werde alt" (11,20)[83].

Die Hochschätzung der körperlichen Arbeit, für die die Termini עבדה ,מלאכה und ἔργον verwendet werden, ist eindeutig. Ja, es wird darin sogar eine Lebenserfüllung bis ins hohe Alter gesehen[84]. Nicht zu verwundern ist es, daß gerade darin der Gegenpol zu einer ins Apathi- sche tendierenden Relativierung gesehen wird.

In der Einheit 28,13–26 geht es um die rechte und mißbräuchliche Nutzung der Rede. Ab 28,13 werden solche Fälle aufgegriffen, wo sich verleumderisches Wort verderblich auswirkt. Dieses kann die Ordnung zwischen den Völkern, aber vor allem auch den Frieden in der Familie, besonders das Glück der (wehrlosen) Ehefrauen, die als Persönlichkeit (γυναῖκας ἀνδρείας) bezeichnet werden, zerstören, wie auch die Vernich- tung des Besitzes der Einflußreichen Folge sein kann[85]: „Eine dritte Zunge vertrieb Frauen mit Format, und brachte sie um den Erfolg ihrer Arbeiten" (28,15).

---

82 Dieser Terminus ist ein Schlüsselwort für Sira und weist, wie unten unter 4. noch behandelt wird, auf religiöse Implikationen hin.

83 Vgl. auch Syr (ܘܣܟܠܐ ܕܠ ܘܚܟܡܐ) und H-A (חיי[] ה אב[] סלב ובא).

84 Recht wenig Begeisterung ausstrahlend und kaum von Text her berechtigt interpre- tiert – wie schon PETERS, Buch 100, andeutete – EBERHARTER, Buch 50, diese Stelle, da er die Treue zur Mühsal des Berufes als Gegensatz zum Wohlergehen der Übeltäter deutet.

85 Nach 26,2 ist es gerade eine חיל אשת; γυνή; ܐܢܬܬܐ ܚܝܠܬܢܝܬܐ, die ihren Mann erfreut und seine Jahre in Frieden gestalten läßt; sie ist einfach ein Gottesgeschenk (26,3b). TRENCHARD, Ben Sira's View 35, diskutiert die Bedeutungsbreite von ἀνδρεία. Er geht von der Wortwurzel aus und meint „wie ein Mann ausdauernd" sei die Grundbe- deutung. Diese vom neuzeitlichen – insbesondere in der Gegenwart von Frauen- fragen sensibilisierten – Denken ausgehende Bedeutungsbeschreibung überfordert gewöhnlichen Sprachgebrauch. Keine Person wäre zur Abfassungszeit auf die Idee gekommen, derart zu argumentieren. Noch weniger trifft dies dafür zu, wenn „tö- richt", wie euphemistisch in der Profanliteratur bezeugt, in Erwägung gezogen wird. Überdies meint der Autor auch: "it would seem to be positive in this context" (36). Es scheint nicht nur, sondern es ist.

Durch die Verleumdung wird die Familienordnung auf den Kopf gestellt (V15)[86], und durch den Scheidebrief[87] wird die Gemahlin vom Gatten weggeschickt und verliert so auch noch die Frucht ihrer eigenen Arbeit. Wohl dem Kontext ist es zu verdanken, daß das ins Bittere gehende Wort πόνος für Arbeit gebraucht wird[88]. Für die Wertung der Arbeit ist nur der Γ-Beleg zu nutzen. In diesem wird sie hoch geschätzt, bringt Ansehen und Lebenssicherung; deren Verlust zerstört das Lebenswerk der betroffenen Frauen.

4. Arbeit und Anklänge der Weisheitsthematik

Oben (2.) wurde aufgezeigt, daß die Ackerarbeit als Beispiel für den mühevollen, aber zielführenden Weg zur Weisheit hingestellt wird. Aber neben diesen bringt Sira noch an weiteren Stellen die Arbeit in die Nähe der Weisheit.

Die Verse der kurzen Einheit 20,27–28 sind in H nicht erhalten; Syr bringt einen von Γ abweichenden Text[89]. Das Thema ist die Erhaltung

---

86   Aufnahme von Gedanken RYSSELS, Sprüche Jesus' 374, insistiert TRENCHARD, Ben Sira's View 36.60ff.92, darauf, daß Siras Ausführungen Polygamie voraussetzen, sodaß man 26,6; 28,15; 37,11 in diesem Sinne zu deuten hat. Im Zusammenhang von 26,6 schreibt er: "The picture is that of a husband with two or more wives, a situation that inevitably produces jealousy and conflict" (61; vgl. 262 Anm. 311) und wendet sich gegen PETERS, Buch 304, der Polygamie als unwahrscheinlich hinstellt. BREID, Struktur 23f, versucht mit guten Argumenten aufzuzeigen, daß die Polygamie zwar bestanden habe, aber gerade durch Sira zurückgedrängt wurde.

87   HAMP, Buch 645.

88   „Πόνοι bezeichnet hier wie öfter den Ertrag der Arbeiten wie auch יגיע und עמל nicht selten"; PETERS, Buch 232. – Syr kommt nicht auf dieses Familienproblem zu sprechen. Doch dürfte Syr nicht den ursprünglichen Text bewahrt haben. Der Einwand gegen die Ursprünglichkeit von V15b fußt auf der Identität mit 14a. Zwischen Syr und Γ bestehen erhebliche Unterschiede. Syr behält das Thema der völkischen Zerstörung bei, sodaß die Mächtigen in die Gefangenschaft ziehen und dadurch ihren Reichtum verlieren.

89   Syr konzentriert sich auf das weise Wort weiters auf die daraus folgende Bescheidenheit und Akzeptanz bei den Großen (... ܪܒܐ ܘܕܚܠܐ ܚܠܒ). Insoweit geht er mit Γ thematisch parallel (zu Recht schließen sich SAUER, Jesus Sirach 556; EÜ der breiten griechischen Tradition in 27a an: „Der, der in seinen Worten weise ist, ..."; ὁ σοφὸς ἐν λόγοις ...). In 27f sind nach Syr nur drei Stichen erhalten, sodaß der Text verderbt erscheint. Lat – der im übrigen Γ bestätigt – bringt dagegen einen Stichus mehr und fährt auch anders fort: et qui operatur iustitiam ... Zufolge dieser Beobach-

der Eigenständigkeit „Mächtigen" gegenüber[90]. In diesem Zusammenhang ist es die Arbeit, die dieses Ziel erreichen läßt. „Wer das Land bebaut (ὁ ἐργαζόμενος γῆν), wird seinen Erntehaufen hoch aufbauen, und wer den Großen gefällt, wird Ungerechtigkeit sühnen helfen" (20,28)[91]. Die Ackerarbeit wird an dieser Stelle aufgrund der Leben erhaltenden Funktion hoch eingeschätzt[92]. Es sei ausdrücklich auf den Konnex von positiver Wertung der Arbeit mit „weise", wie ihn der Kontext belegt, hingewiesen. Es findet sich also – vgl. oben 1.1. zu 10,25 – ein Hinweis, daß Arbeit und Weisheit zusammen gesehen werden können.

Mit der vorangehenden Einheit verbindet 37,16–18 u.a. auch das Thema der Arbeit (vgl. V11)[93]. Interessant ist, daß die Werke und die Arbeit offensichtlich, bevor man sie erledigte, untereinander besprochen[94] und über deren Durchführung Überlegungen angestellt wurden:

---

tungen wird man Γ als wahrscheinlich ursprünglichere Tradition nehmen, hat sie doch auch die Metrik am besten bewahrt.

90 Es findet sich kein überzeugendes Argument, weswegen dieses Wort Siras ungemäß sein soll (FUSS, Tradition 133) und daher einer älteren Tradition zuzuordnen ist.

91 Offen bleibt, ob damit der Besitz, der relativ unabhängig macht, gemeint – was הון entsprechen würde – sein kann, oder damit das Funktionieren des Gemeinwesens angedeutet ist, da Lebensmittel in großem Ausmaß vorhanden sind. HAMP, Buch 622f, sieht eine bildhafte Einführung für das folgende politische Wort. Dessen Sinn ist, daß jener, der sich bei den heidnischen Landesherren Achtung erworben hat, „Ungerechtigkeiten gegen sein Volk ausgleichen oder abbiegen" kann.

92 Bekräftigt wird die positive Wertung durch V28b, wo eher allgemein das rechte Verhalten gegenüber dem Mächtigen (fremdländischen Oberherren) als so wertvoll eingestuft wird, daß sogar Ungerechtigkeit ausgetilgt wird. Es geht nicht um religiöse Dimensionen, sondern um politische, so richtig HARTOM, בן־סירא 75; SEGAL, ספר 124. SAUER, Jesus Sirach 556, bleibt mißverständlich: „sühnen helfen".

93 Das Äußere wird dem Inneren gegenübergestellt, sodaß es eine (gegenläufige) Weiterführung des Vergleiches ist, wenn das, was aus dem Herzen nach außen dringt, durch die Zunge konkretisiert wird. Demnach bilden דבר in 16a und לשון in 18b eine gelungene stilistische Rahmung. Während die Wiederholung zu den schönen Mitteln hebräischer Dichtung gehört (so ראש in H-B; u.a. entscheidet sich OESTERLEY, Wisdom 248, dafür), trifft dies für Γ nicht zu. Die Änderung des Wortes, wie dies in 16b geschieht, ist demnach zu erwarten. Da jedoch לפני H-D und Bm bezeugt ist, könnte es sich um die ursprüngliche Lesart handeln.

94 Auch SCHILLING, Buch 152, sieht das Entscheidende im Gedankenaustausch. Da keine theologischen Konnotationen gegeben sind, braucht man sich jedoch nicht gegen die johannäische Logos-Theologie abzuheben.

„Der Anfang eines jeden Werkes ist das Wort, und der Anfang eines jeden Tuns ist das Denken (מחשבת H-B; H-D; βουλή)" (37,16)[95].

So wie guter Überlegung gute Arbeit[96], mangelhafter Überlegung aber mangelhafte Arbeit folgt, so bringt auch das Herz durchaus gegensätzliche Ergebnisse, wie Gutes und Böses. Von hier aus rückschließend wird man wohl festhalten, daß auch die Arbeit doppelpolig ist. Gute Arbeit führt zu guten Ergebnissen. Für die Arbeit wird auch eine Anleitung angegeben, wie man das Positive erreichen kann, nämlich zuvorgehende Überlegung. Der Arbeit eignet kein abwertender Aspekt – wenn sie auch bipolar sein kann –, ansonsten könnte sie nicht zu einem derart gewichtigen und weitreichenden Vergleich das Anschauungsmaterial liefern. Denn ähnlich vorsorglich sind auch die Herzensgedanken zu pflegen. Beachtenswert ist, daß die Thematik der „Weisheit" anklingt.

Über Führungskräfte im Volk handelt 9,17–10,5. Kunsthandwerker, Stadtoberhäupter, Richter und Könige zählen dazu. Der eigentliche Souverän ist jedoch Gott selbst. Der einleitende Vers, der textkritische Fragen aufwirft, setzt weise Handwerker und Herrscher parallel: „Zu den mit den Händen Weisen (בחכמי ידים; ܚܟܝܡܐ ܕܐܝܕܝܐ [!]) wird ein Künstler gerechnet, und der Herrscher ist im Volke weise" (חכם; ܚܟܝܡ ܘܡܫܠܛ; σοφὸς ἐν λόγῳ αὐτοῦ) (9,17)[97]. Für die vorliegende Untersuchung ist die Konzentration auf 17a gefordert. Er handelt von klugen[98] Handwerkern, deren Qualifikation Weisheit (חכם)[99] hinsichtlich der

---

95 Syr weicht ab.
96 Dies scheint nicht im Sinne eines Befehls gemeint, sondern als normale Abwicklung sinnvoller Arbeit. Herausgestellt wird, daß es keinen rechten Sinn hat, nur planlos dahin zu arbeiten.
97 Die beiden ersten Worte von 17a sind in den drei Versionen bezeugt, wenn man mit PETERS, Text 58, annimmt, Syr habe ידים mit aramäischer Endung (ין-) vorliegen gehabt und deswegen mit „Richter" verwechselt. Auch 17b ist im ersten Teil parallel, am Ende weichen die Versionen von 17aβ.bβ von einander ab. 17aβ ist nach H-A schwer verständlich. PETERS, Text 341, behält den Text bei, liest יחשך (bewahren); SMEND, Weisheit 88, gibt als Bedeutung von חשך „beherrschen" an. SAUER, Jesus Sirach 528 Anm. 17a, schlägt statt יחשב יחשך N und für יושר ויצר vor.
98 Da man bei uns die Arbeitskunst nicht mehr in solchen Dimensionen ansiedelt, verwundert nicht, daß KNABENBAUER, Commentarius 130, „Hand(fertigkeit)" als Fleiß deutet.
99 HASPECKER, Gottesfurcht 172 Anm. 121, sieht in 38,24–39,11 „im Grunde nur das Distichon 9,17, breit ausgefaltet"; vgl. schon PETERS, Buch 86, der ausdrücklich den

Handfertigkeit angegeben werden kann. In diesen Kontext fügt sich der in H-A erhaltene Text als Deutung gut ein: sie bewahren das Rechte, womit die Tätigkeit selbst beurteilt wird. Γ dagegen legt den Akzent auf das Ergebnis (ἔργον) der Hand des Künstlers. Auf diese Weise wird der Arbeitsertrag selbst stärker hervorgehoben und Anlaß für den Lobpreis. – Beiden Traditionen ist die Hochschätzung der Handarbeit gemeinsam: „Die handarbeitenden Berufe (werden) durchaus respektvoll beurteilt. Ihnen wird die Weisheit der Hände ... mit all ihrem nützlichen Ertrag zuerkannt"[100]. Darüber hinaus ist Di Lella[101] zuzustimmen, der in den redlich und mit Weisheit Arbeitenden ein Vorbild für gute Politiker sieht.

Der Abschnitt 38,24–39,11 ist unzweifelhaft der bedeutendste für die Erfassung der Stellung Siras zur Arbeit (und zu den Berufen), wenn sich auch in der Einheit als zweites Hauptthema der schriftkundige Weise findet[102]. Den Interessen in der Siraforschung entsprechend wurde die Einheit deshalb auch vornehmlich hinsichtlich der Bedeutung für den „schriftgelehrten Weisen"[103] untersucht. Zwar konnte z.B. Marböck das Thema der Berufe und der Arbeit bei Ben Sira nicht ganz übergehen, allerdings hält er diesen Bereich für die Bewertung Ben Siras für nicht sonderlich relevant. Es ist richtig, daß Sira die Worte formuliert מלמד תומך יתחכם מה; ܪܕܘܐ ܘܬܒܐ ܪܝܫܐ ܠܚܫܒܬ ܥܠܘܐ; τί σοφισθήσεται ὁ κρατῶν ἀρότρου ... und damit den Eindruck erweckt, daß חכמה; ܚܒܡܬܐ; σοφία nur dem zugänglich ist, der sich in εὐκαιρίᾳ σχολῆς befindet (24aβ), oder von dem man sagen kann: עסק חסר; ܚܦܝܐ ܪܕܐ ܘܫܦܠܘܬܐ (24b). Doch schon hier zögern Exegeten, da „an und für sich ...

Konnex mit den Weisen hervorhebt. Dagegen geht Rickenbacher, Weisheitsperikopen 145f, wie ein Großteil der Kommentare – das geschieht übrigens auch an den meisten anderen Stellen – „kommentarlos" über die Arbeitsthematik, ja auch über die Verwendung von חסם hinweg. Van den Born, Wijsheid 71, stellt fest: „Vs 17a is niet duidelijk" und bringt dann eine Aufzählung, wo führende Persönlichkeiten mit Weisheit verbunden werden.

100 Haspecker, Gottesfurcht 172 Anm. 121. Gegenteilig argumentiert Snaith, Ecclesiasticus 53. Wie beim Politiker, so macht auch beim Handwerker die Kontrollunfähigkeit deren Leistung suspekt.

101 Skehan/Di Lella, Wisdom 223.

102 Preuss, Einführung 141, betont die Nähe zur hymnischen Sprechweise.

103 Marböck, Sir 38,24–39,11, 293–316.

der Bauernstand hoch eingeschätzt" wird[104]. Noch nachdrücklicher läßt V31b stutzig werden: „Diese alle können auf ihre Hände vertrauen, und ein jeder ist weise in seiner Arbeit" (38,31). In der Parallele zu allen aufgezählten Berufen, die in „ihren Händen" verständig sind (ἐνεπίστευσαν)[105], steht, daß jeder ἐν τῷ ἔργῳ ... σοφίζεται[106], ܐܬܚܟܡ ... ܚܕܒ. Es wird dasselbe Verb wie in 24b.25a gebraucht. Es geht also zwischen Arbeitern und Schriftgelehrten nicht um das Gegenüberstellen von „σοφίζειν", denn in diesen Bereich werden auch die Arbeitenden hineingenommen. Dieser Aspekt wird vielfach und sehr eindrücklich betont: „Nicht, daß die anderen Berufe unwert wären; Jesus Sirach hat alle Achtung vor ihnen und ein feines Mitempfinden für sie ... Man spürt das Wohlwollen, mit dem diese Leute betrachtet werden"[107], und LAMPARTER sieht das Faktum vorbereitet, daß „man ... noch andere Leute (braucht), soll das Gemeinwohl nicht Schaden leiden"[108]. Allerdings fragt man sich, warum er nicht nur einen σοφός, sondern einen γραμματεύς den anderen Berufen gegenüberstellt. Die religiöse Notwen-

---

104 HAMP, Buch 673.

105 Es zeugt von einer deutlichen, wenn auch nicht beabsichtigten Abwertung, wenn man „nur" vor „klug" in der Übersetzung „Sie sind klug in den Berufen ...", so MARBÖCK, Sir 38,24–39,11, 299, setzt.

106 Nicht zu verleugnen ist die Tendenz, die geistige Tätigkeit zu bevorzugen, wenn die EÜ in 24b.25a im Zusammenhang mit dem Schriftgelehrten „sich der Weisheit widmen", in V31b im Kontext der Berufe die gleiche Wurzel dagegen durch „ist erfahren" übersetzt. Diese Tradition hat dort ihre Vorfahren, wo der Aspekt der Weisheit im Zusammenhang mit Arbeit einfach übergangen (z.B. OESTERLEY, Wisdom 255; DUESBERG/FRANSEN, Ecclesiastico 268; VAN DEN BORN, Wijsheid 192) oder der Wert zwar gemäß Sira notiert, aber die Weisheit nachdrücklich nur auf das Arbeitsvermögen eingeschränkt wird. „In sua quisque arte, non in rebus aliis, sapiens est" KNABENBAUER, Commentarius 385f; vgl. PETERS, Buch 321; EBERHARTER, Buch 128f.

107 VOLZ, Weisheit 122f; HAMP, Buch 672; Die „Weisheit, die Kunst der rechten Rede und des Rates wird Mittel zu Einfluß und Erfolg ... Die Weiterverfolgung dieser Auffassung führt direkt zur Gleichsetzung von weise mit geschäftstüchtig oder mit Fachmann" (MARBÖCK, Weisheit 126). SCHILLING, Buch 158–160, sieht sich aufgrund dieser Stelle gehalten, einen Exkurs über die positive Rolle der Arbeit bei Sira im Gegensatz zur griechisch-lateinischen Umwelt einzuschieben, wobei er leider kaum auf sirazidische Stellen genauer eingeht. Über HENGEL, Judentum 147, der Sira als traditionsbewußten Gelehrten insofern am Werk sieht, als er versucht, auch Bauern und Handwerker zu Weisen zu bilden, hinausgehend, sieht STADELMANN, Ben Sira 39.293–298, den Beginn des Auseinanderfallens zweier Bildungsebenen.

108 LAMPARTER, Apokryphen I 167.

digkeit kann es nicht gewesen sein, da in 38,34a.b steht: „Aber die Arbeiten dieser Welt machen sie stark, und ihr Gebet besteht in der Arbeit
(in) ihrer Kunst(fertigkeit)"[109]. Der Nachdruck auf dem schriftgelehrten
Weisen mag als erstes mit der politischen Umschichtung durch die Pto-
lemäer/Seleukiden zusammenhängen, ohne daß man dadurch eine
Übernahme hellenistischer Einstellung zur Arbeit ableiten könnte (vgl.
das oben 1.1. über die Sklaven Festgestellte). Dann spielt auch das Faktum eine Rolle, daß sich die „Schriftgelehrten" oder „Weisheitslehrer
mit Schulhaus" – zweifellos eine Neuerung, die ohne hellenistisches
Vorbild nicht entwickelt worden wäre – noch kaum als repräsentative
Gruppe etabliert haben. Die Annahme, diese Einrichtung zu betonen,
sei Absicht des Autors, liegt deshalb nahe[110]. Dies ändert nichts an der
Tatsache, daß die „Werktätigen" dermaßen wichtig sind, daß kein Ge-
meinwesen ohne solche bestehen kann, und dort, wo sie fehlen, das
Lebensnotwendige abgeht. "But they are not in demand 'for the council
of the people, nor are they prominent in the assembly' (vv32c–33a). The
reason is simple: they are not trained for civic or religious leadership in
general ... Hence they perform an important function in society. It is
noteworthy that Ben Sira accords a place of honor to the artisan"[111].

5. Theologische Notizen im Zusammenhang der Arbeit

Neben dem Bezug zur Weisheit ist inhaltlich besonders die Relation zu
Gott hervorzuheben. Das hat religionsgeschichtliche Bedeutung. Denn
es ist z.B. aus dem Atramḥasis Epos[112] oder aus Enuma eliš[113] bekannt,
daß die Arbeit zur Entlastung der sündigen Gottheiten dem Menschen
auferlegt wurde. Die Arbeit, die von Göttern den Menschen aufgebür-

---

109 SNAITH, Ecclesiasticus 188, bringt "and their daily work is their prayer" leider nur in
     der Fußnote. Δέησις bezeichnet PETERS, Buch 322, gar als Mißverständnis; vgl. HAMP,
     Buch 674; SEGAL, ספר 258. HARTOM, בן־סירא 143, behält Gebet bei, sieht es aber
     "רַק הַצְלָחַת מְלָאכֶת מַחֲשֶׁבֶת".
110 Vgl. ähnlich VOLZ, Weisheit 122: „Vielleicht auch um für den Schriftgelehrtenstand
     zu werben", rühmt Sira seinen eigenen Stand.
111 SKEHAN/DI LELLA, Wisdom 451.
112 Vgl. die Zeilen 240–243.328; VON SODEN, Tafel 66f.70f.
113 Vgl. Enuma eliš VI, Zeilen 35f; EBELING, Texte 122; SCHMÖKEL, Texte 110; vgl. aber
     auch DAVID, Travaux 341–349.

det wurde, stellt sich so als mit dem Wesen des Menschen unabän-
derlich verbundener Sklavendienst dar. Solche Argumente werden z.B.
in Ijob 7,1ff im Rahmen der Auseinandersetzung mit Gott aufgenommen[114]. Oben dagegen wurde ein Wandel in der Argumentation festgestellt, da die Arbeit mit positiven Konnotationen verbunden ist, deren
Gelingen ein Zeichen der Entsprechung mit dem Willen Gottes darstellt
(vgl. nachstehend zu 7,15). Arbeit als Sklavendienst an oder wegen
Gott ist für Sira ausgeschlossen. Welche neuen Gedanken formuliert
nun er?

Die kurzen Merksätze, in denen Verhaltensweisen positiver wie
negativer Art zusammengestellt werden, erlauben es, 7,1–17 als eine lo-
se Einheit einzustufen, wenngleich die Themen sehr weit auseinander
gehen[115]. Entsprechend der gesamten Sentenzensammlung scheint eine
respektierbare, wenn auch nicht zu hoch gestellte Persönlichkeit angesprochen, die auch bei politischen Repräsentanten und dem Königshof
Zugang haben kann. Von dieser Persönlichkeit wird erwartet, daß sie
Arbeit leistet (מלאכת עבדה). Diese soll nicht überhastet, sondern – wie
wohl inkludiert ist – bedächtig sein: „Nicht sollst du hasten beim Tun
der Arbeit, ein Werk ist sie, das von Gott zugeteilt wurde" (7,15). Der
H-A-Text rechnet mit einer grundlegend positiven Einschätzung der
Arbeit, während Γ („Hasse [μισεῖν] die beschwerliche [ἐπίπονος] Arbeit
[ἐργασία] nicht ...") offensichtlich einer pejorativen Tendenz wehren
möchte[116]. Interessant ist die Begründung: sie ist zugeteilt (חלק N) von

---

114 Vgl. POPE, Job 57f; TERRIEN, Job 85.

115 Neben den Empfehlungen, die meist negative Beispiele anführen (wie z.B. nicht Böses zu tun [V1], kein Vergehen zu wiederholen [V8]), stehen positive (z.B. das Wohlverhalten oder Almosen: צדקה V10b) und ambivalente (sich nicht im Gebet [תפלה]
zurückhalten [V10a], und dagegen: nicht durch wiederholtes Gebet [תפלה] lästig
fallen (V14a]). V15 besitzt eine ausschließlich positive Ausrichtung.

116 Der H-A-Text zieht durch מלאכת עבדה das Wort עבדה zu Stichus a. HARTOM,
בן־סירא 30f, ordnet beide Worte b zu; da er צבא mit עליך הַמְטֶּלֶת בָּעֲבוֹדָה
gleichsetzt, erreicht er einen inhaltlichen Parallelismus, jedoch bleibt das Metrum
gestört. Wenn man den status constructus aufhebt, löst sich das Problem; vgl.
SMEND, Weisheit 65; PETERS, Text 31.334, der Einfluß von Γ annimmt. In 15b wird
kaum daran gezweifelt, daß statt כאל als מאל (von Gott) zu lesen ist; GINZBERG,
Randglossen 616; SMEND, Weisheit 65.

Gott[117]. Durchwegs geht es bei der חלק-Verwendung um eine von Gott zugewiesene, für den Menschen zentrale Gegebenheit[118]. „Es ist Sache der Dienstbereitschaft gegenüber dem verfügenden Willen Gottes, harte Arbeit nicht zu verabscheuen"[119], wobei die Schärfe dadurch genommen wird, daß die von Gott zugewiesenen Gaben grundsätzlich positiv orientiert gelten. Die Arbeit kann aufgrund dieser göttlichen Setzung nicht anders eingestuft werden[120].

Oben unter 1.2.; 3.4. wurden schon die Vv11.20 aus der Einheit 11,10–28 behandelt und darauf hingewiesen, daß die theologischen Elemente, die der Kontext bereit stellt, zum rechten Verständnis unentbehrlich sind. In V21 wird nun Gott direkt mit der Arbeit in Zusammenhang genannt: „Ergeh dich nicht in Bewunderung der Arbeiten des Schlechten, vertraue auf den Herrn und bleibe bei deiner (mühsamen) Arbeit".

In 21a wird zuerst eine negative Erscheinung abgelehnt: „Bestaune nicht die Taten der Sünder (Γ)/Schlechten"[121]. Damit wird das Generalthema der Einheit, nämlich „Warnung" vor Abzulehnendem, aufgenommen. In diesem Kontext kann der Auftrag, bei seiner Arbeit zu bleiben, die Unverläßlichkeit eines Arbeitenden ankreiden. Auch eine allgemeinere Verordnung in dem Sinne mag textentsprechend sein, daß man überhaupt bei der gleichen (angelernten, angestammten?) Arbeit bleibt und nicht ohne Notwendigkeit immer wieder von einer Beschäf-

---

117 So mit GINZBERG, Randglossen 616; PETERS, Text 69; HAMP, Buch 588; SAUER, Jesus Sirach 522. „Zuteilen" nimmt einen „Schlüsselbegriff" Siras auf; vgl. MARBÖCK, Weisheit 142f; PRATO, Il problema 389–391.

118 REITERER, Deutung 223f.

119 HASPECKER, Gottesfurcht 334.

120 Γ setzt einen eigenen Akzent. γεωργία (Ackerbau) wurde von Gott geschaffen, womit die Tätigkeit auf die Landwirtschaft (vgl. HAMP, Buch 588) eingeschränkt wird. – An der grundlegend positiven Einschätzung ändert diese deutende Variante jedoch nichts. SNAITH, Ecclesiasticus 43, sieht hier den hohen Respekt des Judentums vor der händischen Arbeit im allgemeinen bezeugt; seine Fortsetzung erkennt er in A-both 2,2; Apg 18,3 und im babylonischen Talmud (Qidduschin 99b); vgl. so auch DUESBERG/FRANSEN, Ecclesiastico 123, mit weiteren Verweisen. SKEHAN/DI LELLA, Wisdom 201, bemerken, daß es wegen der damaligen Verstädterung, in deren Gefolge sich die Werthaltungen grundlegend verlagerten, notwendig war, den Wert der Arbeit zu betonen.

121 Auch H-A, obwohl schlecht erhalten, scheint in die gleiche Richtung zu gehen.

tigung zur anderen wechselt[122]. Das „Durchhaltevermögen" bedarf eines Fundamentes. Dieses liegt nach 21bα im Vertrauen auf Gott (so nach Γ)[123]. Für die Arbeit ergibt sich (nach Γ), daß sie mißbraucht werden kann. Dies liegt jedoch nicht in der Intention Gottes, sodaß das Gefestigtsein im Glauben auch die Arbeitsbelastung ertragbar macht.

Im Abschlußwort nimmt Sira in einer figura etymologica[124] – H; Syr und Γ belegen sie – das Thema „Arbeit" wieder auf. Im Rückblick ist gewiß nicht nur die körperliche oder gar wie an manchen Stellen nur die Ackerarbeit gemeint. Jedoch wird man fehlgehen, lediglich eine eher inhaltsleere Floskel zu vermuten, denn sehr gut bezeugt ist, daß 30b vom Lohn, den Gott deswegen zu der ihm passenden Zeit gibt, spricht: „Eure Arbeiten vollführt in Gerechtigkeit, so wird er euch geben euren Lohn zu seiner Zeit" (51,30).

Da V29 auf die Lehre Siras als Ganze zurückblickt, wird man die Zusammenschau seiner Worte und die Umsetzung ins Leben sehen. Arbeit, im körperlichen, geistigen wie moralischen Sinn (Verhalten entsprechend der σοφία; vgl. 24,22), ist das erstrebenswerte Ziel. Insbe-

---

122 Jedenfalls wird eine solch wechselhafte Art der Einstellung mit negativen Qualifikationen belegt.

123 Obwohl Syr und der Rest von H-A tendenziell in die gleiche thematische Richtung weisen, weichen sie von Γ ab, wobei auch der Gedankenzusammenhang im größeren Rahmen nicht beibehalten wird. Γ bewegt sich innerhalb der eingeschlagenen Thematik und bekräftigt, daß man bei der Arbeit, die er jetzt doch verschärfend als πόνος einstuft, zu bleiben habe. Dieser Text scheint die kontextentsprechendste der Versionen zu sein. Etwas schwieriger ist H und Syr, die „im Lichte Gottes" zu bleiben empfehlen (gar manche Exegeten schließen sich an, so PETERS, Text 60 [Γ ist „Korruptel"]; OESTERLEY, Wisdom 81; HAMP, Buch 599; DUESBERG/FRANSEN, Ecclesiastico 142f; HARTOM, בן־סירא 45f; SEGAL, ספר 72; FUSS, Tradition 90; SKEHAN/DI LELLA, Wisdom 236f). Die Formulierung, wonach das Licht als Symbol für Gottes Hilfe steht, ist bei Sir ungewöhnlich. Keine der übrigen acht אור-Verwendungen (vgl. 3,25; 16,16; 36,7.14; 42,1; 43,9; 50,6) bezeugt diesen Gebrauch. Das Vertrauen auf Gottes helfendes Licht dient dazu, die in V20 eingeleitete und V21a weitergeführte antithetisch dargestellte Arbeits- und auch Arbeitslastproblematik erträglich zu machen; daher wird jenen Exegeten zu folgen sein, die sich Γ anschließen: KNABENBAUER, Commentarius 148f; VAN DEN BORN, Wijsheid 79; SNAITH, Ecclesiasticus 60. Dermaßen konkrete Themen nur mittels des Trostes auf Gottes Licht zu bewältigen, weist in die Richtung von Spiritualisierung, einer Sira fremden Kategorie. Im übrigen wird stillschweigend eine abwertende Sicht der Arbeitslast in H-A und Syr unterlegt, die sonst nicht zu finden ist.

124 מעשיכם עשו (H-B) ܟܒܕܘ ܥܒܕܗ, ἐργάζεσθε τὸ ἔργον.

sondere ist darauf hinzuweisen, daß die anstrengende Arbeit im besprochenen Sinn von Gott mit Lohn bedacht wird.

6. Zusammenfassung

Es wird nicht blindlings vorausgesetzt, daß ein Haussklave oder Tagelöhner von vornherein seine Arbeit ordentlich durchführt. In diesem Fall soll sich der Arbeitgebende zurückhalten. Nicht – wie andernorts vorausgesetzt – soll er sich mit dem Sklaven über seine Arbeit beraten. Diese Stelle kennzeichnet aber nicht den Problembereich: Arbeit – Haussklave. Vielmehr scheint es klar, daß man einen Diener weder mit dem Stock traktieren noch ihn überhaupt schlecht behandeln darf. Liebe ist das eigentliche Bindeglied. Unter diesem Gesichtspunkt, und da ein Sklave weise sein kann, wird es als Gegebenheit hingestellt, daß für diesen die Freien arbeiten. Weisheit ist also keine dem Sklaven unzugängliche Ebene.

Wie insbesondere – aber auch an gar manchen Stellen der anderen Versionen – die Wortwahl bei Γ bezeugt, verbindet sich mit der Arbeit an sich Beschwerde, nicht jedoch unerträgliche Last. Dies ändert sich mit dem Sinnzusammenhang. Wenn einer nur zerstört, ist für den anderen der Wiederaufbau nur beschwerlich. Wenn jemand aus religiöser Autarkie heraus durch eifrigste Eigenanstrengung sich abmüht, führt das zu unsinniger Belastung. Auch dieser wird erkennen, daß letztlich Gott das sinntragende Band darstellt. Wenn auch das durch Sira sehr ausgewogen dargestellte, immer wieder aufgenommene Thema „Reichtum" nicht ausdrücklich erörtert wurde, so zeigt sich gerade im Zusammenhang mit der Arbeit, daß es dem Reichen möglich ist, den Ärmeren, der auf Arbeitsertrag angewiesen ist, zu unterdrücken, ja zu erpressen. Über den Reichen erfährt man weiterhin, daß er offensichtlich auch arbeitend tätig ist. Aber sein Gewinn steht in keinem Verhältnis zu einem Ärmeren, der trotz eifrigster Arbeit immer noch darbt.

Wenn man die Frage stellt, ob man bei Sira – wie bei Griechen und Römern – davon auszugehen hat, daß die Arbeit eigentlich nur für Sklaven oder hausgeborene Unfreie bestimmt ist, stößt man auf eine negative Antwort. – Das Zerrbild, statt seine Arbeit zu verrichten, sich als Schwätzer aufzuspielen bzw. zu Hause sich wild – anstatt auch mitarbeitend – zu verhalten, zeigt, daß zumindest Sira von jenen, die ihn

hören, Gegenteiliges erwartet. Die Arbeit kann für Freie und Haussklaven als angenehm bezeichnet werden. Sie führt zu einem (Min-
dest)-Besitz. Klug ist es, da man gewöhnlich bei Reicheren arbeitet, sich
so bescheiden zu geben, daß man sich deren Wohlwollen erhält. Besonders wichtig erscheint aber, daß Sira einen theologischen Gesichtspunkt
einbringt. Die Arbeit ist der von Gott zugewiesene Schicksalsanteil (wie
u.a. auch der Tod, dem keiner auskommt). Indirekt wird vorausgesetzt,
daß die Frau in ihrem Hause nicht nur arbeitet, sondern auch von dem
Ertrag ihrer Hände lebt und mit ihrer Tätigkeit auch für ihren Lebens-
abend vorsorgt. Daher ist es um so verwerflicher, wenn neidische und
verleumderische Zungen dieses mühsam Erarbeitete durch Gehässig-
keit zerstören.

Wenn auch nicht oft erwähnt, so scheint die Hauptarbeit die land-
wirtschaftliche (am Feld oder im Obstgarten) gewesen zu sein. Interessant, und das wird auf die zu erwartende Frucht nach guter Pflege zurückzuführen sein, ist es, daß die konsequente und anstrengende
Landwirtschaftsarbeit als Vorbild für den Erwerb der Weisheit und das
Ringen um rechte Gedanken hingestellt wird. Eine Stelle scheint anzu-
deuten, daß die Eltern angehalten werden, schon früh das Kind bei ihren Arbeiten beizuziehen. Dies wird als eine Form der Verselbständi-
gung gesehen. Dann ist der Nachwachsende keiner Unerfahrenheit
ausgesetzt und so Spielball anderer Interessen.

Mit der Arbeit schafft der Mensch keine bleibenden Werte. Ja, der
Arbeitserfolg selbst ist beim eventuellen plötzlichen Tod nur der Nach-
welt ein unverdientes Geschenk. Daher rät Sira, allein oder mit Freunden von den Früchten des Arbeitsertrages so gut wie möglich zu leben.
Da die Arbeit zu einem – vielleicht bescheidenen – Besitz führt, kann
man die Freuden des Lebens voller genießen. Wenn jemand jedoch dadurch zur Völlerei verführt werden sollte, wird er sehen, daß er so
nicht reich werden kann.

Das ist noch kein Gegenargument des schon oben Angeführten,
wonach man sich an den Früchten der redlichen Arbeit gütlich tun sollte. Ein weiterer Gesichtspunkt ist äußerst bedeutsam. Die Empfehlung,
bis zum Lebensende seiner Arbeit treu zu bleiben, weist darauf hin,
daß durch die Arbeit der Arbeitende auch eine personale Erfüllung erfährt. Sonst käme diese Empfehlung einem Appell an eine – Sira fremde – Art von Opfergesinnung gleich.

Wer arbeitet, hat sogar Überfluß an Gütern, meint 10,27. Insbesondere die Landwirtschaft läßt die Erntehaufen hoch werden. Aber auch die Hausarbeit bringt Ertrag, sonst könnte ihn die ungerecht verleumdete Frau nicht verlieren. Die Arbeit läßt die materiellen Grundlagen zur Abdeckung der Bedürfnisse des alltäglichen Lebens erlangen. Daß sie zugleich eine Persönlichkeitsschule sein kann, erweist sich im Hinweis auf die „Demut", die auch damals auf die Probe gestellt worden sein wird. In seinem Beruf alt zu werden, zeigt, daß die Person eine Druckfestigkeit und Durchhaltevermögen entwickelt hat und auch ihre geistigen Fähigkeiten einsetzt.

Von da ist es nicht weit, den Arbeiter in den Bereich der חכמה zu bringen, wobei nicht unbedingt ein Künstler gemeint sein muß. Manche Bereiche der Arbeit sind eben aufgrund des genannten Gesamtzusammenhanges in den Bereich der חכמה hineingenommen. Besonders bedeutsam für die Erfassung der sirazidischen Wertung der Arbeit sind jene Stellen, die Gott nachdrücklich einbeziehen. Jeder, der aus falsch verstandener Autonomie durch noch so großen Übereifer sein Leben allein meistern zu können glaubt, wird einsehen müssen, daß nur Gott allein für das Gelingen der Arbeit bürgen kann. Ein weiterer Gesichtspunkt ist eher ethisch. Nicht an den Arbeiten der Übeltäter soll man sich begeistern, sondern im Vertrauen auf Gott seine – mitunter mühselige – Arbeit leisten. Sie ist doch das von Gott zugeteilte – wenn auch keineswegs als Strafe, sondern als Normalvollzug des Lebens – Geschick des einzelnen. Dieses Geschick ist durchaus positiv ausgerichtet, ist doch bei redlicher Arbeitsleistung der Lohn Gottes zu erwarten.

„Die Ablehnung der Handarbeit" wie sie RICHARDSON bei Sira zu entdecken glaubte, „hat in der Bibel keine Parallele; und die Kirchen der Reformation, die es ablehnen, die Apokryphen als ‚Quelle der rechten Lehre' zu benutzen, dürfen sich in dieser Sache gratulieren"[125], kann man in einem der wenigen Werke über Arbeit in der Bibel lesen[126]. Es zeigte sich aber, daß es einen Widerspruch ergäbe, sollte Sira

---

125 RICHARDSON, Lehre 14; auch PREUSS, Arbeit 617, weist mit Rufzeichen darauf hin, Sir 38,25ff sei Zeugnis für die Umformung des ursprünglich positiven, aber unter dem Einfluß des Hellenismus ins Negative gewendeten Verständnisses der Arbeit.

126 Es sei darauf hingewiesen, daß fast alle Untersuchungen über die Arbeit in der Bibel sich auf die Stellung und Behandlung der Sklaven, mitunter auch der Fremden be-

die händisch Arbeitenden abqualifizieren. Wie soll man die Stellen mit Gott als dem letzten Grund für das Gelingen der Arbeit, – wie Gott als Vertrauensgrund bei harter Arbeit im Gegensatz zu denen, die es sich richten, – wie die Arbeit als von Gott zugewiesenes Geschick, – wie Gott als den Spender seines Lohnes (wenn auch ausschließlich zu der von Gott festgesetzten Zeit) verstehen? Wenn auch die Fragen nach den Berufen im Detail offen bleiben, wenn arm und reich – ein für Sira immer wiederkehrendes Anliegen – nicht behandelt wurde, so erwies sich die „Arbeit" als ein nicht unbedeutender Bereich zum rechten Verständnis des Werkes Ben Siras[127]. Die Arbeit über die Arbeit lohnt sich.

Bibliographie

BARTHELEMY, D./RICKENBACHER, O., Konkordanz zum Hebräischen Sirach. Mit syrisch-hebräischem Index, Göttingen 1973.

BIENERT, W., Die Arbeit nach der Lehre der Bibel. Eine Grundlegung evangelischer Sozialethik, Stuttgart 1954.

VAN DEN BORN, A., Wijsheid van Jesus Sirach (Ecclesiasticus) uit de grondtekst vertaald en uitgelegd (BOT 8,5), Roermond 1968.

BOX, G.H./OESTERLEY, W.O.E., The Book of Jesus Sirach, in: R.H. Charles (Hg.), APOT I, Oxford 1913, 268–517.

BREID, F., Die Struktur der Gesellschaft im Buch Ben Sirach, Graz 1971/72 [Diss.].

BROCKE, M., Arbeit II. Judentum, in: TRE 3, 618–622.

DAVID, M., Travaux et service dans l'epopée de Gilgamesh et le livre de Job: Revue philosophique 147 (1957) 341–349.

DELITZSCH, F., Die Lese- und Schreibfehler im Alten Testament nebst den dem Schrifttexte einverleibten Randnoten, Berlin/Leipzig 1920.

DI LELLA, A.A., The Hebrew Text of Sirach. A Text-critical and Historical Study (Studies in Classical Literature 1), London/Paris 1966.

DUESBERG, H./FRANSEN, I., Ecclesiastico (SB(T)], Turin/Rom 1966.

EBELING, E., Babylonisch-Assyrische Texte, in: H. Gressmann (Hg.), AOT, Berlin ²1970 (= 1926).

EBERHARTER, A., Das Buch Jesus Sirach oder Ecclesiasticus, übersetzt und erklärt (HSAT 6,5), Bonn 1925.

---

schränken; vgl. z.B. LAUTERBACH, Arbeiter; FUCHS, Arbeitergesetzgebung; SULZENBERGER, Status 245–302.397–459.

127 Vgl. den Untertitel von MARBÖCK, Sir 38,24–39,11, 293.

Fuchs, K., Die Alttestamentliche Arbeitergesetzgebung im Vergleich zum Codex Hammurapi, zum Altassyrischen und Hethitischen Recht, Heidelberg 1935 [Diss.].

Fuss, W., Tradition und Komposition im Buche Jesus Sirach, Tübingen 1963 [Diss.].

Ginzberg, L., Randglossen zum hebräischen Ben Sira, in: C. Bezold (Hg.), Orientalische Studien, FS Th. Nöldeke, Gießen 1906, 609–625.

Gordis, R., The Social Background of Wisdom Literature: HUCA 18 (1943/44) 77–118.

Hadot, J., Penchant mauvais et volonté libre dans la Sagesse de Ben Sira (L'Ecclésiastique), Bruxelles 1970.

Hamp, V., Das Buch Sirach oder Ecclesiasticus (EB 3), Würzburg 1959, 569–717.

Hartom, A.S. (Hg.), בן־סירא. מתרגם בחלקו ומפרש, Tel Aviv 1963.

Haspecker, J., Gottesfurcht bei Jesus Sirach. Ihre religiöse Struktur und ihre literarische und doktrinäre Bedeutung (AnBib 30), Rom 1967.

Hengel, M., Judentum und Hellenismus. Studien zu ihrer Begegnung unter besonderer Berücksichtigung Palästinas bis zur Mitte des 2. Jh.s v.Chr. (WUNT 10), Tübingen ²1973.

Hermisson, H.-J., Studien zur israelitischen Spruchweisheit, Neukirchen 1968.

Humbert, P., Recherches sur les sources égyptiennes de la littérature sapientielle d'Israël, Neuenburg 1929.

Knabenbauer, J., Commentarius in Ecclesiasticum cum appendice: textus „Ecclesiastici" Hebraeus descriptus secundum fragmenta litterali Latina (CSS 2,6), Paris 1902.

Lamparter, H., Die Apokryphen I: Das Buch Jesus Sirach (BAT 25,1), Stuttgart 1972.

Lauterbach, W., Der Arbeiter in Recht und Rechtspraxis des Alten Testaments und des Alten Orients, Heidelberg 1936 [Diss.].

Marböck, J., Sir 38,24–39,11: Der schriftgelehrte Weise. Ein Beitrag zu Gestalt und Werk Ben Siras, in: M. Gilbert (Hg.), La Sagessa de l'Ancien Testament. Nouvelle édition mise à jour (BEThL 51), Leuven 1979, 293–316.

Marböck, J., Weisheit im Wandel. Untersuchungen zur Weisheitstheologie bei Ben Sira (BBB 37), Bonn 1971.

Middendorp, T., Die Stellung Jesu ben Siras zwischen Judentum und Hellenismus, Leiden 1973.

Oesterley, W.O.E., The Wisdom of Jesus the Son of Sirach or Ecclesiasicus in the Revised Version with Introduction and Notes (CBSC), Cambridge 1912.

Penar, T., Northwest Semitic Philology and the Hebrew Fragments of Ben Sira (BibOr 28), Rom 1975.

Peters, N., Das Buch Jesus Sirach oder Ecclesiasticus (EHAT 25), Münster 1913.

PETERS, N., Der jüngst wiederaufgefundene hebräische Text des Buches Ecclesiasticus, untersucht, herausgegeben, übersetzt und mit kritischen Noten versehen, Freiburg 1902.

POPE, M.H., Job. Introduction, Translation, and Notes (AncB 15), New York 1965.

PRATO, G.L., Il problema della teodicea in Ben Sira. Composizioni dei contrari e richiamo alle origine (AnBib 65), Rom 1975.

PREUSS, H.D., Arbeit, in: TRE 3, 613–618.

PREUSS, H.D., Einführung in die alttestamentliche Weisheitsliteratur (UB 383), Stuttgart/Berlin/Köln u.a. 1987.

REITERER, F.V., Deutung und Wertung des Todes durch Ben Sira, in: J. Zmijewski (Hg.), Die alttestamentliche Botschaft als Wegweisung, FS H. Reinelt, Stuttgart 1990, 203–236.

REITERER, F.V., גבל, in: ThWAT VI, 1139–1143.

REITERER, F.V./EGGER-WENZEL, R./KRAMMER, I./RITTER-MÜLLER, P., Zählsynopse zum Buch Ben Sira (FoSub 1), Berlin/New York 2003.

RICHARDSON, A., Die biblische Lehre von der Arbeit, Zürich 1953.

RICKENBACHER, O., Weisheitsperikopen bei Ben Sirach (OBO 1), Freiburg/Göttingen 1973.

RÜGER, H.P., Text und Textform im hebräischen Sirach. Untersuchungen zur Textgeschichte und Textkritik der hebräischen Sirachfragmente aus der Kairoer Geniza (BZAW 112), Berlin 1970.

RYSSEL, V., Die Sprüche Jesus', des Sohnes Sirachs, in: E. Kautzsch (Hg.), Die Apokryphen und Pseudepigraphen des Alten Testaments. I: Die Apokryphen des Alten Testaments, Hildesheim 1962 (= 1900).

SAUER, G., Jesus Sirach (Ben Sira) (JSHZ 3,5), Gütersloh 1981.

SCHILLING, O., Das Buch Jesus Sirach (HBK 7,2), Freiburg 1950.

SCHMÖKEL, H., Mesopotamische Texte, in: W. Beyerlin (Hg.), Religionsgeschichtliches Textbuch zum Alten Testament (GAT 1), Göttingen 1975, 95–168.

ספר בן סירא/The Book of Ben Sira. Text, Concordance and an Analysis of the Vocabulary (The Historical Dictionary of the Hebrew Language), Jerusalem 1973.

SEGAL, M.S., ספר בן סירא השלם, Jerusalem ³1972.

SKEHAN, P.W./DI LELLA, A.A., The Wisdom of Ben Sira (AncB 39), New York 1987.

SMEND, R., Die Weisheit des Jesus Sirach. Hebräisch und deutsch. Mit einem hebräischen Glossar, Berlin 1906.

SMEND, R., [Rez.] E. König, Die Originalität des neulich entdeckten hebräischen Sirachtextes textkritisch, exegetisch und sprachgeschichtlich untersucht: ThLZ 25 (1900) 189–134.

SNAITH, J.G., Ecclesiasticus or the Wisdom of Jesus Son of Sirach (CNEB), Cambridge 1974.

VON SODEN, W., Die erste Tafel des altbabylonischen Athramḫasis-Mythus. „Haupttext" und Parallelversionen: ZA 68 (1978) 54–94.

STADELMANN, H., Ben Sira als Schriftgelehrter. Eine Untersuchung zum Berufsbild des vor-makkabäischen Sōfēr unter Berücksichtigung seines Verhältnisses zu Priester-, Propheten- und Weisheitslehrertum (WUNT 2,6), Tübingen 1980.

SULZENBERGER, M., The Status of Labor in Ancient Israel: JQR 13 (1922/23) 245–302.397–459.

TERRIEN, S., Job (CAT 13), Neuchâtel 1963.

TRENCHARD, W.C., Ben Sira's View of Women. A Literary Analysis (BJSt 38), Chico 1982.

VATTIONI, F., Ecclesiastico. Testo ebraico con apparato critico e versioni greca, latina e siriaca (Pubblicazioni del Seminario di Semitistica 1), Napoli 1968.

VOGT, E., Novi textus hebraici libri Sira: Bib. 41 (1960) 184–190.

VOLZ, P., Weisheit (Das Buch Hiob, Sprüche und Jesus Sirach, Prediger) (SAT 2), Göttingen 1911.

WINTER, M.M., A Concordance to the Peshitta Version of Ben Sira (Monographs of the Peshitta Institute Leiden 2), Leiden 1976.

YADIN, Y., The Ben Sira Scroll from Masada. With Introduction, Emendations and Commentary, Jerusalem 1965.

ZIEGLER, J., Sapientia Jesu Filii Sirach (Septuaginta. Vetus Tescamentum Graecum auctoritace Sociecatis Litterarum Gottingensis editum 12,2) Göttingen 1965.

Erstveröffentlichung in: F.V. Reiterer (Hg.), Ein Gott – eine Offenbarung, FS N. Füglister, Würzburg 1991, 257-289.

Gelungene Freundschaft als tragende Säule einer Gesellschaft

Exegetische Untersuchung von Sir 25,1–11

Sira geht es in diesem Abschnitt um die Grundpfeiler, auf denen die Gesellschaft ruht. Im Zusammenhang der elementaren Überlegungen scheinen die sozialen Gegebenheiten seiner Zeit deutlich durch, so daß man bei Schlußfolgerungen das allgemein Gültige vom Zeitbedingten zu trennen hat. Der Rolle, die die Träger der damaligen Gesellschaft, nämlich die Alten, für das Gedeihen aller erfüllen bzw. auszufüllen haben, gilt das Hauptinteresse. Aber nicht nur die Alten[1], zugleich die Geehrten und die gesellschaftlichen Spitzen, lassen das Zusammenleben gelingen. Die gedeihliche Entwicklung hängt mit dem Funktionieren weiterer unbedingt nötiger Rahmenbedingungen zusammen. Auf dieser Ebene kann man zwei getrennte Felder angeben: Der erste Bereich ist der engere „Familienkreis" (Brüder – Kinder – Freund ⇔ Feind und Ehegatten). Der zweite Bereich bewegt sich innerhalb der sozialen Bezüge, wobei Sira exponierte Beispiele anführt: Arme, Reiche und Alte. Auch hier müssen die Grundregeln der Gemeinschaft funktionieren. – Die Klammer bildet für Sira die Ehrfurcht vor Gott. Auf sie steuert Sira hin und in ihr sieht er die Grundlage, daß sich die positiven Gegebenheiten entwickeln können.

Während an anderen Stellen der „Freund" im Zentrum des Interesses steht, spielt er in 25,1–11 aufgrund seiner zweimaligen Erwähnung keine unbedeutende Rolle, ist aber den großen Themen dieses Abschnittes (Alte, Gottesfurcht) untergeordnet.

---

1 Es handelt sich nicht um eine organisierte Gruppe, die z.B. durch eine Anzahl (vgl. die „Siebzig") umschrieben werden kann.

1. Textkritische Anmerkungen

Da der Text als ganzer nur in Γ und Syr erhalten ist, sind diese Versionen die bedeutendsten. Im großen und ganzen stützen sie sich gegenseitig, sodaß davon auszugehen ist, daß sie vermutlich – vgl. die einschränkenden Anmerkungen anschließend – von einer z.T. nur wenig unterschiedlichen Textbasis ausgehen.

In V1 stellt sich die Frage, wieweit ὁμόνοια ἀδελφῶν die gleiche Basis wie ܐܚ̈ܐ ܐܘܬܐ besitzt; intentional scheinen sich die Wortpaare zu entsprechen. Im letzten Satz fällt die umgekehrte Reihenfolge (ܓܒܪܐ ܘܐܢܬܬܗ) gegenüber Γ (γυνὴ καὶ ἀνήρ) auf, wobei das interpretierende ePP in Syr die Frau nachdrücklich als Ehefrau hervorhebt. Diese Argumente sprechen für den Vorzug von Γ gegenüber Syr

In V3 verwendet Syr wieder ein ePP zur genaueren Festlegung: ἐν νεότητι und ܒܛܠܝܘܬܗ.

In den Vv4–6 geht es um die führenden Repräsentanten, wobei Syr im Unterschied zu Γ die Fürsten zu diesen zählt; vgl. V5: γερόντων und ܕܣܒ̈ܐ. Während στέφανος γερόντων in V6 als Ehrenzeichen zu verstehen ist, verläßt Syr die lyrische Ebene und verwendet ein Abstraktum (ܬܫܒܘܚܬܐ); zugleich stellt er die für ihn zentrale Gottesfurcht an den Satzanfang. In 4b gehen die Versionen nur teilweise auf eine vergleichbar ähnliche Vorlage zurück: καὶ πρεσβυτέροις ἐπιγνῶναι βουλήν; ܘܠܩܫ̈ܝܫܐ ܝܕܥܬܐ ܕܬܪܥܝܬܐ. Im Unterschied zu Syr entspricht Γ dem Kontext flüssig und wird daher vorzuziehen sein.

Wenngleich auch in V7 Γ „seine" Feinde meint (ἐχθρῶν), wird das PosPron metri causa weggelassen; dieses bietet Syr: ܘܠܒܥ̈ܠܕܒܒܘܗܝ. Hingegen gehen die Verwendung des ePP bei ܐܝܬܝܗܘܢ und ܕܐܠܗܐ ܡܠܬܐ in den Vv6.7.8.10 und 11 auf Eigenheiten der syrischen Sprache zurück.

Auffällig ist die im Gegensatz zu Γ negative Formulierung des Syr in V7 (ܬܫܥܐ ܕܠܐ ܠܗ ܠܟ ܚܫܒܬ und ܥܠ ܐܦ̈ܝ ܕܐܠܗܐ ܡܠܬܗ). Der Text ist nur verständlich, wenn der Zahlenspruch als Frage verstanden wird, obwohl kein formales Merkmal eines Fragesatzes gegeben ist. Zudem wird auf die verschlüsselte Form der Frage eine zustimmende Antwort erwartet („Sind es nicht neun, die ..." ... „Ja, es sind neun ..."). Daß diese etwas ungewöhnliche Verwendung von Aussagesätzen als Fragen auf keine durchlaufende stilistische Eigenart des Übersetzers zurückgeht, zeigen die Zahlensprüche in 26,5; 50,25, in denen Syr wie in den anderen Versionen positiv formuliert. Daher ist für V7 wahrscheinlich, daß Syr und Γ nicht die gleiche Vorlage besitzen. Aufgrund des Vergleichs mit den anderen Zahlensprüchen wird Γ der Vorzug gegeben.

In V8 gibt es Probleme, die kaum einer nicht mehr hinterfragbaren Lösung zugeführt werden können. Der in H^c teilweise erhaltene Text weist auf (vermutlich) zwei Parallelismen hin, also auf vier Stichen. In Γ sind drei Stichen gegeben und in Syr finden sich fünf. Sicher ist, daß die Versionen z.T. gemeinsam gehen (vgl. den Beginn: אשרי.ש..; μακάριος ὁ; ... ܠ, ܛܘܒܘܗܝ), z.T. aber von unterschiedlichen Vorlagen herzuleiten sind.

Γ	H^c	Syr
a: verständige Frau	a: ... (?)	
b: kein Zungenfaller	b (a ?): *keinem Unwürdigen dienen*	
c: *keinem Unwürdigen dienen*	c (b ?): Ehefrau	a: Ehefrau
	d (c ?): Pflügender mit Ochsen	b: mit einem Stier pflügen
		c: sich mit einem Esel abmühen
		d: kein Zungenfaller
		e: *keinem Unwürdigen dienen*

Γ bewegt sich in der gehobenen, ins Lyrische tendierenden flüssigen Sprache und bewahrt die durch die Zahlensprüche angedeuteten Dreierperioden.

Im Zusammenhang mit dem Thema „Ehefrau" treffen sich H^c und Syr, doch ist die Reihenfolge unterschiedlich: während diese Thematik in Γ und Syr am Beginn steht, findet sie sich in H^c an zweiter Stelle. Dies könnte darauf hinweisen, daß die Γ und Syr zugrunde liegende Form hierin die Priorität gegenüber H^c beanspruchen kann. Es ist nicht ausgeschlossen, daß H^c von Dtn 22,10 beeinflußt ist: לֹא־תַחֲרֹשׁ בְּשׁוֹר־ וּבַחֲמֹר יַחְדָּו. Man müßte annehmen, daß Sira die Ehe eines Mannes mit einer unvernünftigen Gattin mit dem bizzaren Vergleich dartut, daß jemand mit Stier und Esel zugleich pflügt; da der Text zu mangelhaft erhalten ist, kann man nicht fordern, daß in H^c כשׁור im Gefolge von Dtn 22,10 zu בְּשׁוֹר zu ändern ist[2]. Dem Syr entging nicht, daß jenes Ge-

---

2   Vgl. so PETERS, Sirach 209.

spann für den Pflug ungeeignet ist, sodaß er mit dem Stier die Ackerarbeit verband und ganz allgemein von der Mühe mit einem Esel
spricht. Dadurch erhält er zwei Sätze, metrisch zwei Stichen, mit dem
auslösenden Hinweis auf die Frau ein Tristichon. Die vermutlich H
zugrunde liegende Symmetrie ist ebenso zerbrochen wie der Dreier-
rhythmus des Γ. Allerdings ist es unwahrscheinlich, daß Syr nicht ein
ähnlicher Text vorlag, wie ihn H^c andeutet (vgl. z.B. בעל אשָׁה und
ﬞ). In 8a setzt Syr mit ... ܠ ,ܛܘܒܘܗܝ ein und zeigt dadurch
den Themenwechsel an. In Syr ist ... ܠ ,ܛܘܒܘܗܝ ein strukturierendes Element: 8a.8c.9a und 10a. Dadurch erreicht Syr eine schöne Stilfigur (Viererreihe), welche ihrerseits aber nicht zu den Zahlensprüchen (drei,
drei, neun, [zehn]) paßt. Dies weist auf eine nach eigenen Kriterien gestaltete Übersetzung.

Am Beginn von 9a gehen Γ (μακάριος) und Syr (ܛܘܒܘܗܝ,) parallel.
„Φρόνησις zu finden" ist in Sir eine ungewöhnliche Phraseologie; in 6,8;
18,28 und 25,10 ist belegt, daß „σοφία gefunden" wird. Die Formulierung deutet darauf hin, daß φρόνησις nicht ursprünglich ist. In Syr
(ܚܟܡܬܐ) aber auch in Vg (amicum verum) scheint der ursprünglichere
Text erhalten zu sein. In 9b geht es in Γ wie Syr um „hören", nach Γ,
was dem sirazidischen Sprachgebrauch näher kommt (vgl. die Untersuchung unten), um das rechte Hinhören, in Syr darum, daß man vor Ge-
rüchten das Ohr verschließt, womit ein typisch weisheitliches Thema
berührt wird.

Ausgenommen die Nähe der Einleitung (ὡς μέγας; ܠ ,ܛܘܒܘܗܝ) haben
Γ und Syr in V10 nichts gemeinsam. Im Gegensatz zu Γ bringt Syr parallel formulierte Negationssätze, die jenen preisen, der wegen Armut
(ܡܣܟܢܘܬܐ) bzw. der Niedrigkeit/Erniedrigung (ܡܟܝܟܘܬܐ) nicht zerbrach.
Diese moralisierenden Sätze stehen im Gegensatz zur positiven Aussage in Γ und bringen bisher nicht bekannte aszetische Gesichtspunkte in
die Einheit[3].

V11a von Γ geht mit Syr parallel; 11b ist in Syr nicht belegt, wodurch der poetische Fluß gebrochen wird.

---

3   Vgl. zu den Argumenten für den Vorzug von Γ auch HASPECKER, Gottesfurcht 68f.
     110f.

Der durch Lukian belegte V12 (φόβος κυρίου ἀρχὴ ἀγαπήσεως αὐτοῦ, πίστις δὲ ἀρχὴ κολλήσεως αὐτοῦ) findet in Syr die Entsprechung (ܡܠܘܢ ܪܝ ܡܝܗܐ ܠܪܬܐ ܪܗܐܝܒܡ ܪܝܐ ܡܝܝܐܠ ܪܝܗܢ). Allerdings fügt Syr noch eine spirituelle Notiz an (ܡܗܐܐܪ ܕܠܝ ܠܩܗܡ ܡܝܐܝܗ ܪܐܐ ܝܒ ܡܝܝܐܘܪ), die auf die gleiche Geistigkeit wie V10 deutet. Thematisch fügt sich zumindest V12a.b in den Kontext ein, wenngleich ein neuer spiritueller Aspekt, nämlich der des Glaubens, hinzukommt. Bei πίστις gibt es Querverbindungen vor allem zu 40,12, aber auch zu 1,27. Wenn man auch die poetische Gestaltung in die Argumentation miteinbezieht, wird man darauf verwiesen, daß V12 als ein Überhang nicht zur formvollendeten Version der Einheit zählte.

Für die folgende Untersuchung ergibt sich aus dem bisher Erarbeiteten, daß sich Γ wegen der Vollständigkeit im großen und ganzen als *Grundlage* für die Untersuchung anbietet. Nur in V9a wird ܪܘܝ vorzuziehen sein, dies auch deswegen, weil die Tendenz des Syr (vgl. v.a. Vv10–12) darin liegt, eher Abstrakta zu benutzen.

2. Die Abgrenzung des Textes

Die Ausführungen über das Auftreten der Weisheit in 24,1–22 und die Verquickung von Weisheit und Offenbarung (24,23–34) sind inhaltlich wie stilistisch von ganz anderer Art als die Zahlensprüche von 25,1–11(12). Ab 25,13 werden Fehler und Fehlverhalten von Frauen behandelt, sodaß sich 25,1–11(12) als gesonderter Block darstellt.

Der Abschnitt ist in sich jedoch thematisch wie stilistisch mehrschichtig gestaltet, so daß der Aufbau und die Strukturierungskriterien erst herausgearbeitet werden müssen. Die poetische Gestaltung der einzelnen Abschnitte zerreißt das Gedichtsganze jedoch nicht: mittels Stichworten, paralleler Themen und unterschiedlicher Stilmittel werden die einzelnen Teile aufeinander hingeordnet, ergänzen sich und werden so zu einem vielschichtigen Gedicht zusammengefügt.

3. Formale wie inhaltliche Mittel der Gestaltung und Gliederung

3.1. Auf den ersten Blick fallen die Zahlensprüche von 25,1 (drei) und 25,2 (drei) und 25,7–11 (neun [drei mal drei]; bzw. die typisch nächsthöhere Zahl 10[4]) auf. Formal ordnen sich die Vv4–6 deswegen in dieses Gefüge ein, weil das Thema „Greise, Alte" *dreimal* in aufeinander folgenden Parallelismen aufgenommen wird.

Die ins Auge stechende Konzentration auf „drei" läßt die Frage aufkommen, inwieweit Dreier-Schemen auch als Strukturierungselement – wenn auch im Detail variiert – innerhalb der Zahlensprüche bzw. in den anderen Passagen aufscheinen. Tatsächlich begegnet man mehrfach *Dreiergruppen* von Worten, Themen oder anderen Strukturelementen im Rahmen von 25,1.2.4–6.7–11, wie im folgenden gezeigt wird.

3.2. Der Aufbau der durch die Dreiergruppen festgelegten Gedichtsstrophen

Im einzelnen unterstützt die stilistische Gestaltung die inhaltliche Intention mit Geschick:
a) Die erste Strophe (ein Zahlenspruch) wird von einem fortführenden Parallelismus (25,1a.b) eingeleitet. Erwähnt wird, daß der Sprecher an dreierlei Gefallen findet (1a) und er fügt an, daß jene drei auch von Gott und den Menschen (1b) positiv angesehen werden (Dreiergruppe: Dichter, Gott, Menschen).

Weiters wird ein auflockerndes Element eingeflochten, da Gott dem Menschen *parallel* und zugleich *gegenüber* gestellt wird. Dadurch erreicht der Autor gleich anfangs eine Spannung und weckt Neugierde: Was stellt sich in den Augen Gottes wie des Menschen genauso harmonisch dar?

Den Hauptteil bildet wieder ein Parallelismus, der drei inhaltlich unterschiedliche Elemente aufzählt. Es werden zwei Genetivverbindungen (hergeleitet von einer CsV) und eine Viererreihe zu drei Glie-

---

4   Vgl. zu den Zahlensprüchen STEVENSON, Use 28, und deren Entwicklung RÜGER, Zahlensprüche, bes. 230f; vgl. ROTH, Sayings 41f.

dern verknüpft, wodurch aus verschieden lang formulierten Elementen zwei Stichen (mit je 4 Hebungen = 4:4) zustande kommen.

ὁμόνοια ἀδελφῶν – καὶ φιλία τῶν πλησίον ⇔ καὶ γυνὴ καὶ ἀνὴρ ἑαυτοῖς συμπεριφερόμενοι. Inhaltlich werden Personen, zwischen denen von Natur aus ein enges Verhältnis besteht (Bruder, Freund, Ehepaar), und deren vorzügliche Eigenschaften angeführt (Eintracht, Liebe, Zusammenhalt).

b) Die zweite Strophe – auch ein Zahlenspruch – wird nach dem gleichen Schema wie der vorige gestaltet. Darüber hinaus werden die beiden Zahlensprüche (V1a.b und V2a.b) mittels einer *Antithese* einander gegenüber gestellt: „Harmonisches/Wohlgefälliges" (25,1) versus „Verabscheuungswürdiges" (25,2). Dem Autor gelingt es weiters, zwischen den Stichen 25,2a.b eine Opposition herzustellen: ἡ ψυχή μου[5]; ܢܦܫܝ gegenüber τῇ ζωῇ αὐτῶν; ܒܚܝܝܗܘܢ.

Bei der Aufzählung der Beispiele stellt Γ wieder nach dem Rhythmus 4:4 zwei Paare (erster Stichus) einer Vierergruppe (zweiter Stichus) gegenüber. Daß Syr 2c.d wahrscheinlich als geschlossene Periode und nicht als zwei parallele Paare verstanden haben wissen wollte, zeigt sich daran, daß alle Personen im st.det stehen, während ܣܒܐ im st.a blieb, sodaß 2d dem Stichus 2c untergeordnet wird. – Es werden drei Personengruppen aufgelistet (der Arme, der Reiche, der Greis) und sofort angeführt, was sie disqualifiziert (hochmütig, lügnerisch, ehebrecherisch). Vergleiche bezüglich der Gestaltung:

πτωχὸν ὑπερήφανον – καὶ πλούσιον ψεύστην ⇔ γέροντα μοιχὸν ἐλαττούμενον υνέσει

mit

ܠܣܒܐ ܓܝܪܐ – ܘܠܥܬܝܪܐ ܕܓܠܐ ⇔ ܠܡܣܟܢܐ ܪܡܐ – ܐܦ ܠܣܒܐ.

Die Auswahl ist derart, daß die Beispiele untereinander vertauscht werden könnten und man würde die abgelehnten Eigenschaften immer gleich negativ beurteilen.

c) Auch die dritte Strophe (Vv4–6) – bestehend aus synonymen Parallelismen – bildet eine Dreierreihe. Formal wird dies durch die einleitende Formulierung hervorgehoben: ὡραῖον in 4a und 5a, ὡς στέφανος in 6a (daß 6a nicht auch mit ὡραῖον einsetzt, dürfte darauf zurückzuführen

---

5 Da in der LXX ψυχή die stehende Übertragung von *næp̄æš* darstellt und in diesem Fall keine sirazidische Abweichung zu beobachten ist, ist anzunehmen, daß auch der Übersetzer *næp̄æš* in seiner Vorlage las; vgl. Syr.

sein, daß im Gedichtsganzen auch einzelne Worte in Dreierfolge eingesetzt werden, und ὡραία steht schon in 1b).

Je in Stichus a wie b bilden „Alte" (πολιαῖς; ܣܒ̈ܐ [4a], πρεσβυτέροις;
ܩܫ̈ܝܫܐ [4b], γερόντων, vgl. aber ܣܒ̈ܝܢ [5a], δεδοξασμένοις; ܡ̈ܝܩܪܐ [5b],
γερόντων; ܣܒ̈ܐ [6a], αὐτῶν; ܣܝܒܘܬܐ) [6b]) das Zentrum.

Der Abschnitt ist breit ausgeformt, von Zahlensprüchen gerahmt
und deutet durch diese Gegebenheiten einen der Höhepunkte an, was
durch die inhaltliche Analyse bestätigt werden wird.

d) Die vierte Strophe, ein Stufenzahlenspruch, beginnt mit einer die
Aufmerksamkeit des Hörers auf sich lenkenden Polarität (ἐν καρδίᾳ bzw.
ἐπὶ γλώσσης; in Syr nicht so flüssig: ܠܒܐ ... ܠܫܢܐ, ܠܠܒ). – Die nachfolgende
Aufzählung ist ebenso durch verschiedene Dreierkombinationen gekennzeichnet, die ihrerseits ineinander verwoben sind.

Von den drei ersten personalen Subjekten allgemeiner Art (ἄνθρωπος;
ζῶν; ὁ συνοικῶν; 7c.7d.8a) werden jene Anlässe angeführt, weswegen sie
glücklich zu preisen sind; alle Beispiele stammen aus dem engeren Bereich des Zusammenlebens (εὐφραινόμενος ἐπὶ τέκνοις; βλέπων ἐπὶ πτώσει
ἐχθρῶν; γυναικὶ συνετῇ).

Daß die Aufzählung einem stilistischen Gestaltungswillen folgt,
sieht man an der dreimaligen Einleitung mittels ὅς (8b.8c.9a) und an
den Exempeln: γυναικὶ συνετῇ; οὐκ ἐδούλευσεν ἀναξίῳ; ܚܘܝ; vgl. amicum
verum; [φρόνησιν]).

In 9b.10a[6].11b werden *drei* mit Atk eingeführte Part verwendet: ὁ
διηγούμενος; ὁ εὑρώων; ὁ κρατῶν. Wichtige Verhaltensweisen sind es, die
diese erwähnenswert erscheinen lassen (εἰς ὦτα ἀκουόντων; σοφίαν; αὐτοῦ
[= φόβου κυρίου]).

Das auf vielen Ebenen sirazidischer Diskussion zentrale φόβος κυρίου wird als zehntes Element folgendermaßen in eine *Dreier*gruppe
hineinverwoben: zweimal wird das Thema genannt (ὑπὲρ τὸν φοβούμε-
νον τὸν κύριον; φόβος κυρίου; 10b.11a) und im Gefolge des letzten Ptz (ὁ
κρατῶν) in pronominaler Form aufgenommen (αὐτοῦ; 11b).

---

6   Vgl. PRATO, Lumière 323ff.

3.3. Verbindende Worte in dreifacher Verwendung

a) Ὡραία (1b [ܐܪ]. 5a [ܪܐܪ]) bzw. ὡραῖον (4a [ܪܐܪ]) verbinden den ersten Dreizahlenspruch (25,1) mit der Dreierreihe in 4–6.
b) Derivate von μακαρ* verknüpfen die Zahlensprüche der dritten Strophe untereinander: ἐμακάρισα (7a); μακάριος (8a und 9).

3.4. Paarweise Anordnung

– Σοφία steht in der dritten und in der vierten Strophe (5a.10a), das gleiche gilt von φόβος κυρίου (6b.11b).
– Die erste und zweite Dreiergruppe des Neunerzahlenspruches verknüpft μακάριος (8a.9a).

3.5. Ein feines Gewebe von Bezügen strukturiert die gesamte Einheit. Die poetische Gestaltung formt mit verschiedenen Elementen (die ersten zwei Zahlensprüche [Vv1.2] und der dritte [Vv7–11]) eine Klammer um den Höhepunkt: die Vv4–5, die ihrerseits durch die Breite ihr Gewicht herausstreichen. – Allerdings sind es nicht nur formale Elemente, die die einzelnen Textpassagen aufeinander beziehen. Poesie als vertiefende Form der inhaltlichen Vermittlung ist jenes Geschäft, das Sira treibt. Unmöglich erscheint es, daß ein derartiges Geflecht der Entsprechungen dem Zufall oder der Konstruktion eines Redaktors zu verdanken ist. Daß die Art, *wie* man etwas sagt, wesentlich zur Akzeptanz beiträgt, mag dem Autor sehr lebendig vor Augen gestanden sein.

3.6. Aus diesem abgerundeten Gedichtsgefüge fällt V3, in dem die Jugend dem Alter gegenübergestellt wird, heraus: οὐ συναγείοχας καὶ πῶς ἂν εὕροις ἐν τῷ γήρᾳ σου[7]. – Das Motiv „Alter" trifft sich zwar mit der dritten und vierten Strophe, wobei die Wortwurzel γερ* (Vv2c.3b. 5a.6a) auf den ersten Blick zusätzlich ein terminologisch verbindendes Glied darstellt. Diese Gemeinsamkeit kann aber nicht überbewertet werden: γερ* weist in 2a.5a.

---

7   Daß gerade dieser Vers in der rabbinischen Überlieferung geschätzt wurde belegt u.a. GOLDIN, Fathers 104; vgl. SNAITH, Ecclesiasticus 127.

6a. auf Personen (γέρων), während in 3b das Alter (γῆρας) mit dem Derivat dieser Wurzel formuliert wird. Dazu gesellen sich inhaltliche Differenzen. Daß jemand in der Jugend sammelt, um im Alter etwas zu besitzen (V3), hat keinen sachlichen Bezug zum Kontext.

Es drängt sich die Vermutung auf, daß im Rahmen der Redaktionsarbeit in einen Teil, der ohnedies schon ausführlich von „Alten" handelt, ein ursprünglich allein stehender, in sich geschlossener und prägnant formulierter kurzer Spruch Eingang gefunden hat. Da dieser Vers vom Redaktor zwischen die Strophen eingeschoben worden ist, bleiben diese in sich geschlossen. Trotzdem oder vielleicht gerade deswegen steht V3 auffällig isoliert da. Die sirazidische Herkunft kann aber weder behauptet noch ausgeschlossen werden.

4. Die Auslegung der einzelnen Abschnitte

Als Vorbemerkung ist voranzustellen, daß sich der Autor mit den verschiedenen Themen sehr punktuell beschäftigt und verhältnismäßig kurze Aussagen nebeneinander setzt. So liegt – in gewisser Weise – eine kunstvoll zu einem poetischen Ganzen verarbeitete Stichwortsammlung vor. Obwohl Sira die konkrete Lebenssituation vor Augen hat und zur Bewältigung dieser beitragen will, bringt er keine praktischen Beispiele. Er setzt voraus, daß alle Hörer wissen, was er unter φιλία; ܪܚܡܘܬܐ; βουλή; ܚܢܝ usw. meint. Um darstellen zu können, was Sira tatsächlich in seiner stakkatoartigen Redeweise sagen will, ist der Gebrauch im gesamten Buch und z.T. auch in den übrigen atl. Schriften zu erarbeiten.

4.1. Die erste Strophe (25,1)

ἠράσθη ἡ ἡ ψυχή μου   καὶ ἀνέστην ὡραία ἔναντι κυρίου καὶ ἀνθρώπων
ὁμόνοια ἀδελφῶν καὶ φιλία τῶν   καὶ γυνὴ καὶ ἀνὴρ ἑαυτοῖς συμπεριφερόμενοι
πλησίον

Der Spruch wird von einem einleitenden (1a.b) und einem das Thema ausfaltenden (1c.d) Teil gebildet.

1) Für Gott und Mensch harmonisch (25,1a.b)

Derivate von ὡραι* werden in 25,1–11 als strukturierende Termini und zugleich als Thema eingesetzt: Wie goldene Säulchen auf silbernen Sockeln, so gut passen (ὡραῖοι; ܪ̈ܚ) grazile Beine auf wohlgeformte Füße (26,18). So willkommen (ὡραῖον) wie die Regenwolke zur Zeit der Dürre ist das Erbarmen Gottes zu Notzeiten (35,24). Nach 43,11 ist der Regenbogen ein Exempel für die innere Harmonie der Schöpfung (σφόδρα ὡραῖον ἐν τῷ αὐγάσματι αὐτοῦ).

Im Gegensatz dazu gehört (לא נאוה H^B; οὐχ ὡραῖος; ܪ̈ܚ ܚܣܡ ܠܐ) kein Gotteslob in den Mund eines Sünders (15,9). Schweigen kann zu einer Zeit, in der eine Ermahnung unangebracht erscheint, geraten sein (20,1).

Das untersuchte Wort bezeichnet etwas Passendes, das auf einen äußeren wie inneren Einklang hinweist. – Sira setzt dieses Wort (ὡραία; 1b [vgl. 1a: ὡραίσθην als Variante zu ἠράσθη[8]]. 5a und ὡραῖον 4a) in Kap. 25 am häufigsten ein; hier konzentrieren sich harmonische Gegebenheiten.

2) Die tragenden Kräfte im engeren Familienkreis

a) Die erste harmonische Gegebenheit im zwischenmenschlichen Bereich[9] ist nach 25,1 die Eintracht (ὁμόνοια) unter Geschwistern/Brüdern. Für ὁμόνοια gibt es in der gesamten LXX innerhalb der Familie keine Parallelstelle; vgl. φιλαδελφία in 4Makk 13,25f.

α) Allgemein ist über das Vorkommen von ἀδελφός (in 11 Versen belegt) festzuhalten, daß er zum Familienverband zählt (vgl. 33,20), wo er mit der Gattin, dem Sohn und dem Freund in einer Reihe genannt wird. Während die eben erwähnte Stelle von enttäuschenden Erfahrungen ausgeht, nimmt der Bruder meist eine Ehrenstellung ein (vgl. 10,20: nur vom Gottesfürchtigen übertroffen; 29,27: Vorzug gegenüber einem Fremden). Der Bruder – mehrfach mit dem Freund (vgl. 7,12.18; 29,10) in Parallele angeführt – ist die personifizierte, im entscheidenden Mo-

---

8   Derjenige, der ὡραίσθην verwendete, hat die Bedeutung erfaßt, jedoch die poetische Intention des Gebrauchs nicht genügend berücksichtigt.

9   Wie wenig die Fixierung auf den größeren Kontext die Aussage einer Einzelperikope zur Geltung kommen läßt, zeigt EBERHARTER, Sirach 92, der hier eine Einleitung zum Thema Mann – Frau sieht. Gerade der Text, der von der Harmonie unter verschiedenen Bezügen handelt, soll zum Ausdruck bringen, daß jene „unter Eheleuten der Eintracht unter den Angehörigen einer Gemeinschaft und der Liebe unter Freunden vorzuziehen sei"; vgl. ähnlich SCHILLING, Sirach 115.

ment greifbare Hilfe (vgl. 40,24: βοήθεια εἰς καιρὸν; vgl. ܪܘܪܐ ܐܝܟܕ ܘܕܐܝ), weswegen er nicht mit wertvollstem Gold getauscht werden (7,18) und man gegen ihn nichts Böses ersinnen darf (7,12). Es ist eine natürliche Verpflichtung, das eigene Geld zu dessen Hilfe zur Verfügung zu stellen. Für die Wertschätzung eines hausgeborenen Sklaven (οἰκέτης) spricht es, wenn dieser wie ein Bruder zu behandeln ist (33,32).

β) Insgesamt zeigt sich ein sehr positives Bild: der Bruder (steht für einen Geschwisterteil) ist eine echte Lebenshilfe. Daher ist es nicht verwunderlich, daß Sira in 25,1 die Eintracht unter Geschwistern als erstes Beispiel anführt.

b) Die Solidarität wird durch φιλία[10] unter den Freunden[11] (τῶν πλη σίον[12]) gewährleistet.

α) Nach 6,17 ist φιλία jene Eigenschaft, die Freunde (sowohl πλησίον als auch φίλος πιστός [V16]) aneinander bindet; sie wirkt gemäß V16 wie ein Lebenselixier (φάρμακον ζωῆς; ܐܣ̈ܝ ܐܘܗ ܐ̈ܝܚ; vgl. H[A]: צרור חיים; also „Lebensbeutel", könnte aus der Kaufmannssprache übernommen sein: das zum Leben notwendige Geld[13]). Sie kann durch schäbiges Verhalten annulliert (διαλύσει; 22,20) und durch Geheimnisverrat zerbrochen werden (27,17f: ἀπώλεσας τὴν φιλίαν τοῦ πλησίον; ܟܪܚܡܟ ܐܘܒܕܬ).

β) Im Alten Testament verbindet nur Sira im gleichen Vers φιλία und πλησίον (6,17; 25,1; 27,18). Da jedoch die Bedeutungsverwandtschaft zwischen πλησίον und φίλος gegeben scheint, ist die Frage angebracht, wie die übrige LXX φίλος behandelt. Wer eine Schwachstelle[14] eines anderen verbirgt, ist entsprechend Spr 17,9 bestrebt, Freundschaft (אַהֲבָה; φιλίαν) zu festigen; wer dagegen „gewisse Dinge" (דָּבָר; vgl. aber ὃς δὲ

---

10   Vgl. PAESLACK, Bedeutungsgeschichte 78–81, bes. 79.

11   Das hervorragende Werk von WISCHMEYER, Kultur, erwähnt zwar, daß Sira dem Freund „ein eigenes Psychogramm" (245) widmet und auch sonst den Freund bei Sira erwähnt (vgl. 214), nimmt aber die Bedeutung der verschiedenen Perikopen über die Freundschaft in ihrem Gewicht nicht zur Kenntnis.

12   Vgl. die Argumention von SCHRADER (Freundschaft 27ff), wonach in der Weisheit, insbesondere bei Sira, φίλος und πλησίον je den Freund bezeichnen; anders mit guten Argumenten KRAMMER (Scham 205).

13   Vgl. dagegen die Emendation zu צְרִי „Lebensbalsam".

14   פֶּשַׁע ist nicht im Sinne „schweres Vergehen" zu verstehen, wie die Parallele deutlich macht; vgl. ἀδικήματα.

μισεῖ κρύπτειν) weitererzählt, trennt Nahestehende (אַלּוּף; φίλους καὶ οἰκείους)[15].

γ) In allen Belegen spürt man die positive und verbindende Kraft, die die „Freundesliebe" in sich birgt[16]. Man hat allerdings den Eindruck, daß bei Sira der Terminus auf die bipersonale Bindung[17] beschränkt wird.

c) Der dritte Bereich ist die Beziehung zwischen Frau[18] und Mann – man beachte die Reihenfolge! –, gemeint ist die eheliche Gemeinschaft. Sira scheidet zwischen Frauen und Männern in der Ehe und solchen, die nicht in einer solchen leben, wenn auch kein terminologischer Unterschied besteht, sondern nur der Kontext diese Unterscheidung deutlich macht[19].

α) Die Hochschätzung der Ehepartner (γυνὴ μετὰ ἀνδρός) streicht 40,23 hervor; vgl. dem gegenüber: אשה משכלת H[B]; ܠܒ ܐܬܬܐ. Mehr als φίλος καὶ ἑταῖρος (ܘܚܒܪܐ) vermögen sie sich durch Rat (βουλή) beizustehen und im Alltag zu begleiten (εἰς καιρὸν ἀπαντῶντες; ܚܕܕܐ; 23a).

β) Wenngleich Sira das Verhältnis der beiden Ehepartner verschiedentlich in sehr scharfen Oppositionen darstellt und dabei vor allem bei den Ehefrauen die negativen Gegebenheiten hervorhebt[20], interessieren für

---

15 In den weiteren jüngeren Stellen – alle aus 1Makk – wird φιλία als politisch-militärischer Pakt verstanden, wobei φίλος den Vertragspartner bezeichnet: Die Römer hielten den befreundeten Staaten (μετὰ δὲ τῶν φίλων) die zugesagte Bündnistreue (φιλίαν; 1Makk 8,11). Im seleukidischen Machtkampf zwischen Alexander und Demetrius bietet ersterer Jonatan einen Pakt an, wonach er den Titel „Freund des Königs" (φίλος βασιλέως) führen dürfe und zur Bündnistreue (φιλίας; 1Makk 10,20) verpflichtet wird. In einem Schreiben betont nach 1Makk 15,17 der römische Konsul Luzius vor König Ptolemäus, daß die Juden als φίλοι gekommen sind, um die φιλίαν καὶ συμμαχίαν, also den Friedenspakt und den Beistandspakt, zu erneuern.

16 In 9,8 spricht אהבה – φιλία von der Liebesglut einer schönen, dem Verehrer aber grundsätzlich nicht zugänglichen Frau, deren Liebe wie Feuer (alles) versengt (וכן באש תלהט – ὡς πῦρ ἀνακαίεται).

17 Vgl. die Freundesbindung zwischen Jonatan und David; SAUER, Freundschaft 136f.

18 Vgl. GILBERT, Ben Sira 433.

19 Wie gefährlich die Frau (allgemein) gehalten wurde zeigt Sir 42,14, da die Schlechtigkeit eines Mannes (H[Ma]: טוב רע איש מטוב אשה; πονηρία ἀνδρὸς) besser als die Wohltat einer Frau (מטוב אשה; vgl. auch H[Bm]; ἀγαθοποιὸς γυνή) bezeichnet wird. H[Ma] מכול חרפה, H[Bm] und vermutlich auch H[B] sprechen im weiteren von den Problemen mit einer Tochter, während Γ fortfährt, daß eine verrufene Frau (γυνὴ καταισχύνουσα) Schande (ὀνειδισμόν) schlechthin bringt.

20 Wie einer bei einer bösen Tat Ertappter ist eine Ehefrau – offensichtlich kinderlos –, die ihren Gatten verläßt und mit einem anderen einen Erben zur Welt bringt (Sir 23,22). Es liegt nicht auf den sexual- oder familienethischen Bereichen der Schwer-

die Einordnung von Sira 25,1 nur die positiven Seiten. Ein glücklicher Ehemann (μακάριος ὁ ἀνήρ) ist einer, dessen Ehefrau gut ist (γυναικὸς ἀγαθῆς; ܪܚܡܐ ܐܢܬܬܐ), was dazu führt, daß er ein längeres Leben zu erwarten hat (Sir 26,1). Eine tüchtige Gattin erfreut ihren Gatten (Sir 26,2), sodaß er seine Jahre in Frieden verlebt. Die χάρις einer Frau beglückt, begeistert ihren Gatten (Sir 26,13), wobei deren Einfühlungsvermögen den ganzen Körper (τὰ ὀστᾶ αὐτοῦ) erfrischt.

γ) Insgesamt steigert die Gattin[21] den Lebensinhalt in der Ehe, sie ist allen anderen persönlichen Bindungen vorzuziehen. Der positive Gehalt wird in 25,1 ausdrücklich hervorgestrichen. Zufolge dieser hohen Erwartungen bilden Ehefrau und Ehemann konsequenterweise den Höhepunkt harmonischen Zusammenlebens, der im engeren Familienkreis nicht mehr überboten werden kann.

d) Summe der ersten Strophe: Nur dort, wo die Lebenspraxis im engsten Kreis tatsächlich gelingt, kann Gemeinschaft langfristig harmonisch aufgebaut werden. Sira spricht nicht davon, wie es sein sollte, sondern wie es ist, wenn Harmonie besteht. Nicht die Theorie über rechtes Verhalten, sondern die rechte Lebenspraxis fängt Sira in Stichworten ein.

4.2. Die zweite Strophe (25,2)

τρία δὲ εἴδη ἐμίσησεν ἡ ψυχή μου   καὶ προσώχθισα σφόδρα τῇ ζωῇ αὐτῶν
πτωχὸν ὑπερήφανον καὶ πλούσιον ψεύστην   γέροντα μοιχὸν ἐλαττούμενον συνέσει

Der Zahlenspruch wird wie der vorherige von zwei Teilen gebildet: von der Einleitung (2a.b) und von der Ausführung des Themas (2c.d).

---

punkt, sondern auf dem der Erbfolge; eingeschlossen mag auch der Glaube sein, daß man aufgrund der Kinder das Weiterleben über den Tod gewährleistet. Anstrengend wie der Anstieg auf einem Sandhügel ist nach 25,20 eine geschwätzige Ehefrau für einen schweigsamen Ehemann. Nach 25,22 gilt es für das damalige Sozialgefüge als Schande, wenn eine Ehefrau ihren Gatten ernährt. Ein Schlag für das Herz ist nach 25,23 eine schlechte Gattin und eine, die den Gatten nicht glücklich macht (μακαριεῖ; ܢܛܘܒ), ohne daß präzisiert wird, worin dieses Glück besteht.

21 Während CAMP (Wisdom 92.304; vgl. dies., Understanding 33f) etwas vorsichtiger, schärfer TRENCHARD (Ben Sira 31f [er deutet auch 25,1 negativ]) und ARCHER (Price passim) besonderes Gewicht auf die distanziert, reservierten bzw. negativen Aussagen im Zusammenhang der Frau hinweisen, will WISCHMEYER, Kultur 29f, die zu kurz gekommenen positiven Seiten hervorheben.

4.2.1. Die Ablehnung

Wie Sira seine Ablehnung der negativen Beispiele versteht, drückt er mit dem Wort μισέω aus, welches die Bedeutungsbreite von der scharfen Ablehnung bis hin zum Hassen umfaßt.

a) Sir 7,26 belegt die mildere Bedeutungsseite. Bezeichnet wird die Haltung zu einer Frau, deren Gatte sie nicht mag (שנואה; μισουμένη; ܣܢܝܬܐ); vgl. 25,14; 21,6; 42,9; 31,16; 33,2. Ähnliches ergibt sich auch in 7,15, wo verboten ist, die mühsame Ackerarbeit (צבא Hᴬ; πόνον ἐργασίαν) zu „hassen", das will sagen, heftig abzulehnen, denn die Landarbeit wurde von Gott (אל Hᴬ; ὑπὸ ὑψίστου) zugeteilt (נחלקה Hᴬ) bzw. nach Γ geschaffen (ἐκ τισμένην); vgl. 19,9. In μισέω schwingt etwas von „zu Fürchtendem" mit. Ein Schwätzer wird gefürchtet (נורא Hᴬ; φοβερός; ܕܚܝܠ) und ein Großmaul verachtet, gehaßt (ישונא Hᴬ; μισηθήσεται; ܣܢܐܬܐ), heißt es in 9,18; vgl. 19,6; 20,8; 21,28; 27,24.

b) Anders steht eine schroffe Aussage in 12,6: Der Höchste (אל Hᴬ; ὁ ὕψιστος; ܡܪܝܐ) haßt (שונא Hᴬ; ἐμίσησεν; ܣܢܐ) die Sünder und zahlt den Schlechten rächend heim[22] (vgl. 15,11.13; 17,26).

c) Aus den Belegen geht hervor, daß es sich um eine mehr oder weniger scharfe Ablehnung handelt, wenn שנא oder μισέω bzw. ܣܢܐ aufscheinen.

4.2.2. Abschreckende und die Gesellschaft zerstörende Beispiele[23]

1) Der hochmütige Arme
a) Es ist ungewöhnlich, in der Bibel Hochmut und Armut zu paaren. Der Arme hat schon aufgrund der sozialen Abhängigkeit gefügig zu sein. Umso auffälliger ist das sirazidische Beispiel, da „hochmütig" ein äußerst negativ besetztes Wort ist.
α) Die Hochmütigen (לצים Hᴮ; 26d: לריב לצים Hᴮ; ἐν μάχη ὑπερηφάνων) sind unbeherrscht. Sie erliegen dem Wein (31,26) und werden nach Γ aggressiv. Wie Gewalttat und Übermut (ὕβρις) den Besitz (πλοῦτον) vernichten, so geht auch jener des Hochmütigen (ὑπερηφάνου) zugrunde (21,4).

---

22 נקם ישיב Hᴬ; ἀποδώσει ἐκδίκησιν; ܡܦܪܥ ܦܘܪܥܢܐ; Γ und Syr sprechen von „Vergeltung".
23 Vgl. GOLDSCHMIDT, Talmud 658.

β) Wie das Herz eines im Käfig eingesperrten Vogels ist jenes des Übermütigen (גֵּאֶה H^A; ὑπερηφάνου; 11,30): es schlägt unruhig und ist ständig darauf aus, entweder zu fliehen oder den Untergang (πτῶσιν) anderer zu bewerkstelligen. Kennzeichnend für den Hochmütigen (לץ H^{B,E}; 18d: זד ולץ H^{B,E}; ὑπερήφανος; ܪܡܐ[24]) ist es, daß er die Zunge nicht beherrscht (18b) bzw. die Belehrung (תורה H^B; מצוה H^{Bm,E}; nach Γ: φόβον – Gottesfurcht) von sich weist (32,18)[25]. Wie sich der Sünder (ἁμαρτωλός) beim Reden in seinem Netz verheddert, so stürzen Lästerer (λοίδορος) und Hochmütige (ὑπερήφανος; ܣܡܐ [!]; 23,8). Für den Hochmütigen (גאוה H^A; ὑπερηφάνῳ) stellt die Bescheidenheit etwas Ekelhaftes dar (תועבת H^A; βδέλυγμα; 13,20). Dem Hochmütigen (ὑπερηφάνῳ) ist allerdings kein Erfolg beschieden; vielmehr treffen ihn Spott, Hohn und Vergeltung (27,28).

γ) Dem Blutvergießen (ἔκχυσις αἵματος) gleich sind die Sticheleien (μάχη) der Übermütigen (ὑπερηφάνων). Daher findet sich für die – übertragen verstandene – Verwundung ([ח](כ)ל[מ]; ἐπαγωγῇ) durch den Hochmütigen (לץ; ὑπερηφάνου; ܡܚܘܬܐ) kein Heilmittel (רפואה; ἴασις; ܐܣܝܘܬܐ; 3,28). Er macht das Zusammenleben und die gedeihliche Entwicklung mitmenschlicher Beziehung unmöglich; er ist einem Mörder gleich (27,15). Wer sich mit einem solchen (לץ H^A; ὑπερηφάνῳ; ܠܚܕܐ) abgibt, kann sich aus seinem Bannkreis nicht mehr entziehen und nimmt seine Art an wie jemand, der Pech anrührt und dieses kleben bleibt (13,1).

δ) Sira formuliert nicht einen einzigen positiven Gedanken im Zusammenhang mit ὑπερήφανος, dafür aber umso deutlicher ablehnende Worte. Der לץ und גאה, ὑπερήφανος wie ܪܡܐ ist der Typos für jemand, dessen Einfluß auf die Gesellschaft zerstörend wirkt und für den Besserungsversuche von vorneherein zum Scheitern verurteilt erscheinen. Personen dieser Art rekrutieren sich nicht aus dem Kreis der Armen; ausgenommen 25,2 wird nie ein Zusammenhang hergestellt. – Der Kombination von „hochmütig" und „arm" läßt sich die negative Potenz des sirazidischen Exempels entnehmen.

---

24 Es fällt auf, daß in Syr gerade solche Verse häufig ausfallen, in denen vom Hochmütigen die Rede ist.

25 Der Text von 32,12 ist verderbt und bringt, soweit ersichtlich, keine neuen Gesichtspunkte für das Verständnis von ὑπερήφανος.

b) Häufig erwähnt Sira Arme

α) Vor Gott bewirkt die Armut keine Benachteiligung. Gott kümmert sich in bevorzugter Weise um den Armen (πτωχοῦ; ܡܣܟܢܐ), hat für ihn ein offenes Ohr und urteilt rasch, wenn dessen Fall ansteht (21,5). Wenngleich Gott nicht einseitig für die Armen Partei ergreift (לא ישא פנים אל דל H^B; οὐ λήμψεται πρόσωπον ἐπὶ πτωχοῦ; ܡܣܟܢܐ), hört er doch gewiß deren berechtigte Bitten (35,13).

β) Als Prototyp von Gegensätzen verwendet Sira: Arme – Reiche, wobei nur an einer Stelle im Rahmen der Polarität das Armsein im eher positiven Sinn gebraucht wird. Eine gute Frau kann jeden Mann aufheitern, unabhängig davon ob er ein Reicher (πλουσίου) oder ein Armer ist (πτωχοῦ; ܡܣܟܢ; 26,4). Daß der Gast (גר), Fremde (זר), Ausländer (נכרי) und Arme (רש; ܡܣܟܢ), wenn auch nicht rechtlich einflußreich, so doch eine gesellschaftlich relevante Gruppe darstellen[26], wenn sie Gott ernst nehmen, ergibt sich daraus, daß der *Gottesfürchtige* gegenüber dem an sich angesehenen Fürsten (שר H^B; μεγιστάν), Richter (שופט H^A,B; κριτής) und Herrscher (מושל H^A,B; δυνάστης) den Vorzug verdient (10,24). Daher ist ein verständiger Armer (משכיל דל H^A,B; πτωχὸν συνετόν; ܡܣܟܢܐ ܘܣܟܘܠܬܢܐ) auch keineswegs gering zu halten (10,23). Arme (דל H^A,B; πτωχός; ܡܣܟܢܐ) werden wegen ihrer Klugheit (שכלו H^A,B; δι' ἐπιστήμην; ܒܗܘܢ ܣܘܟܠܐ) ge-ehrt (10,30). Hier zeigt sich, daß der Arme eine Ehrenstellung erlangen kann. Armut verhindert demnach nicht grundsätzlich die Möglichkeit, eine gesellschaftlich anerkannte Position einzunehmen[27]. Wenn nun ein Armer zu Reichtum kommt, ist die Zustimmung zu ihm überschwenglich (10,31). Daran sieht man, daß der Reichtum – zumindest für den Durchschnittsmenschen – nahezu das Maß aller Dinge ist.

γ) Ansonsten steht die Trostlosigkeit der Armen beispielhaft für die Schattenseite des Lebens. Der Kontext von 38,19 behandelt das Verhalten im Todesfall. Wenn ein Toter begraben worden ist, soll auch die Trauer mit dem Toten das Haus verlassen: es ist sonst wie mit dem Leben eines Armen (βίος πτωχοῦ; ܕܡܣܟܢܐ, ܘܚܝܘܗܝ), der (dessen Herz) dau-

---

26 Nach Γ sind es der Reiche (πλούσιος), der Geehrte (ἔνδοξος [vermutlich ein Alter, vgl. 25,5b]), und der Arme (πτωχός; 10,22).

27 Es mag eine Andeutung vorliegen, derzufolge sich Sira zu dieser Gruppe zählt; vgl. dagegen WISCHMEYER, Kultur 57 Anm. 28: „Ob Sirach selbst der Gerusie angehört habe ... scheint fraglich".

ernd belastet ist (38,19). Die Unterlegenheit des Armen zeigt das nicht ohne bittere Ironie formulierte Beispiel (13,3), wonach ein sich eines Unrechtes schuldiger Reicher (עשיר H^A; πλούσιος) noch prahlt, während ein Unrecht erleidender Armer (דל H^A πτωχός; ܡܣܟܢܐ) zusätzlich um Gnade bitten muß. Der Reiche (עשיר H^A; πλουσίων) verschlingt die Armen (דלים H^A; πτωχοί; ܡܣܟܢܐ; 13,19), zudem ist ihm (עשיר H^A; πλουσίῳ) der Arme (אביון H^A; πτωχός; ܡܣܟܢܐ) ein Greuel (13,20) und dessen (דל H^A; πτωχός; ܡܣܟܢܘܬܐ [!]) Worte werden als unbedeutend abgetan (13,23; vgl. V22).

δ) In eher allgemeiner Form erfährt man über den Armen (πτωχοῦ; ܡܣܟܢܐ), daß er besser daran ist, wenn er ein schützendes Dach besitzt, als jemand unter einem fremden (29,22). In diese Kategorie des besseren von zwei Übeln gehört auch das Wort, wonach ein gesunder Armer (מסכן H^B; πτωχός; ܡܣܟܢܐ) günstiger daran ist als ein kranker Reicher (עשיר H^B; πλούσιος; 30,14). Wenn sich ein Armer (עני H^B; πτωχός; ܡܣܟܢܐ) auch noch so anstrengt, hungert er trotzdem (31,3f).

ε) Das Gesicht nicht vom Armen (vgl. die textlichen Probleme: מִמְּדַרְכָּךְ נפש H^A; ἀπὸ πτωχοῦ; ܡܣܟܢܐ) zu wenden, verlangt 4,4. Mutmaßlich meint 4,8 nicht nur, daß man die Anliegen des Armen anhören soll (הט לעני אזנך H^A; κλῖνον πτωχῷ τὸ οὖς σου; ܡܣܟܢܐ), sondern daß man ihm wirklich zuhört, will sagen, sich seiner Sorgen bewußt annimmt.

ζ) Das Thema über die Abgaben für den Priester (7,31) läßt Sira darauf hinweisen, auch für den Armen ([לאביו]ן H^A; πτωχῷ; ܡܣܟܢܐ) die Hand offen zu halten (7,32). In 4,1 wendet sich Sira an die Zuhörer, dem Armen (עני H^A; πτωχοῦ; ܡܣܟܢܐ) – in Parallele steht der Bedürftige (נפש עני H^A; ἐπιδεεῖς) – den Lebensunterhalt (חיי H^A; τὴν ζωήν) zu geben. Wie jemand, der das Kind vor den Eltern opfert, ist einer, der einem Armen dessen Almosen entwendet (31,20), denn das erbettelte Brot stellt den Lebensunterhalt der Armen (πτωχῶν) dar. Wer diesen das Brot wegnimmt, erweist sich als Blutmensch bzw. Mörder (31,21).

η) Sira spricht mit Hochachtung vom Armen. Gewöhnlich wird jener benachteiligt und auch unterdrückt – meist von Reichen oder deren Gefolgsleuten – und muß sich mit viel Mühe um das Notwendigste sor-

---

28   H^A spricht wie Syr an dieser Stelle von einem Fremden (גר).

gen. Es ist nicht ausgeschlossen, daß auch ein Armer zu Ansehen und Wohlstand gelangt, doch dann ist die Gottesfurcht und das Durchhaltevermögen die Basis dazu. – Wenn nun ein Armer dem Hochmut verfällt, dann wird er zum Inbegriff des Verabscheuungswürdigen.

2) Der verlogene Reiche
a) Immer wieder beschäftigt sich Sira mit dem Reichen, häufig – wie eben gesehen – im Gegensatz zum Armen.

α) Nur in wenigen Lebensbereichen stehen Reiche und Arme auf einer Stufe: Der Reiche (πλούσιος) wie der Arme sind unter dem Gesichtspunkt der Gottesfurcht (וירא אלהים H[A,B]; φόβος κυρίου) gleichwertig[28] (10,22). Gleichgültig ob der Mann reich oder arm ist, eine gute Frau stimmt ihn glücklich (26,4). Die Gesundheit hat größere Bedeutung als arm oder reich (עשיר H[B]; πλούσιος; ܥܬܝܪܐ; 30,14) zu sein.

β) Selten trifft man auf eine positive Qualifizierung des Reichen; diese Stellen jedoch belegen die Sehnsucht, selbst zu den Reichen zu zählen. In der Einleitung zum Lob der Väter werden diese als reiche (אנשי חיל H[M,B]; ἄνδρες πλούσιοι; 44,6) Männer beschrieben. Der Reiche (איש H[B]; πλούσιος; ܥܬܝܪܐ) wird glücklich gepriesen, allerdings nur wenn er beim Ansammeln seines Goldes (ממון H[B]; χρυσίου) unschuldig (תמים H[B]; ἄμωμος; 31,8) geblieben ist.

γ) Im Sozialgefüge werden nach Siras Darstellung durch den Reichtum Wertigkeiten erzwungen, die die rechte Ordnung verdrehen. Nur dem Reichtum (πλοῦτον) verdankt der Reiche (עשיר H[A]; πλούσιος; ܥܬܝܪܐ) seine Ehrenstellung (10,30). Wenn ein Reicher (איש עשיר H[A]; πλούσιος; ܥܬܝܪܐ) zum Wanken kommt, stützen ihn dessen Anhänger, während ein Armer in der gleichen Lage von den Gefährten noch tiefer gestürzt würde (13,21). Redet ein Reicher (עשיר H[A]; πλούσιος; ܥܬܝܪܐ) in der Öffentlichkeit, so schweigen alle (13,23), und seine sinnlose Rede wird auch noch übermäßig gelobt (13,22).

δ) Der Reichtum bildet eine schier unüberwindbare Sozialschranke. Reiche (עשיר H[A]; πλουσίῳ; ܥܬܝܪܐ) und Arme (רש H[A]; πένητα) leben nicht in Frieden (13,18) zusammen. Der Reiche (עשיר H[A]; πλουσίων) benutzt den Armen (דלים H[A]; πτωχοί) wie eine Weide (13,19). Mit einem Reicheren (עשיר ממך H[A]; πλουσιωτέρῳ; ܥܬܝܪܐ ܕܡܢܟ) kann man nicht schadlos Gemeinschaft haben (13,2). – Bei seinen Bemühungen, den Besitz zu vergrößern, ist dem Reichen (עשיר; πλούσιος; ܥܬܝܪܐ) fast sicher Erfolg beschieden. Zumeist kann er diesen dann auch noch in Ruhe genießen (31,3). Wenn ein Reicher (עשיר H^B; πλούσιος; ܥܬܝܪܐ) Unrecht begeht, kann er damit noch prahlen (13,3). In 8,2 warnt der Autor davor, daß der Reiche (הון [לון](לא) איש H^A; πλουσίου) bei einem Streit sein Geld einsetzt, sodaß man den kürzeren zieht[29]. Daher verwundert die Haltung zum Reichen nicht: Der Reiche (עשיר H^A; πλουσίῳ) verabscheut den Armen (13,20).

b) In 25,2 wird dem Reichen die negative Qualifikation "verlogen" gegeben.

α) Ψεύστης verwendet Sira nur noch in 15,8. In einer Reihe von abträglich qualifizierten Personen steht der ψεύστης parallel zu ὑπερηφανία. Die gesamte biblische Tradition belegt die zerstörende Wirkung eines Lügners, sodaß für Sira eine explizite inhaltliche Ausfaltung nicht nötig erscheint.

β) Klassisch ist schon das Mißtrauen dem Reichen gegenüber (Opposition: rechtschaffener Armer), da man von dessen krummen Wegen überzeugt scheint: עִקֵּשׁ דְּרָכַיִם וְהוּא עָשִׁיר (Spr 28,6). Sira steht auch Spr 19,22 nahe: ein טוֹב־רָשׁ (πτωχὸς δίκαιος) wird einem אִישׁ כָּזָב (πλού-σιος ψεύστης) gegenübergestellt; allerdings handelt es sich nur nach der LXX um einen Reichen. Gleich wie bei Sira spielen die Gottesfurcht (יִרְאַת יְהוָה; φόβος κυρίου) und nach der LXX die Weisheit (γνῶσις) eine Rolle (V23). Die Einbindung Siras in die weisheitliche Tradition[30] wird klar.

c) Die Stellung Siras dem Reichen gegenüber, basierend auf der weisheitlichen Tradition, ist spannungsreich. Grundsätzlich ist Sira nicht gegen den Reichtum eingestellt. Der Reiche hat aber aufgrund seines Einflusses bzw. der offenen Erpressungsmöglichkeiten eine mißtrauisch beobachtete Machtposition in der Gesellschaft inne. Selbst wenn er

---

29 Die Argumente setzen allem Anschein nach voraus, daß der Sprecher sich zu den Armen rechnet.

30 Die Weisheitslehrer kennzeichnet eine ausgewogene Position, die jedoch von großer Vorsicht, ja von einem gewissen Mißtrauen geprägt ist; daher ist es verständlich, daß der πτωχός nie als δίκαιος bzw. der צַדִּיק nie als חָסִיד oder תָמִים bezeichnet, der עָשִׁיר dagegen mit שֶׁקֶר oder כָּזָב näher bestimmt wird.

31 Vgl. HOSSFELD, Väter 80–84; vgl. LEMAIRE, Ecoles passim; LANG, Schule passim; LOHFINK, Glaube passim; vgl. dagegen CRENSHAW, Education passim.

sich unrecht verhält oder Unrecht begeht, wird er von seinen Gefolgsleuten geschützt.

3) Der ehebrecherische Greis

a) Der Alte spielt bei Sira inhaltlich eine viel bedeutendere Rolle, als
das zahlenmäßige Vorkommen anzeigt. Γέρων erscheint – ausgenommen das dreimalige Vorkommen in Kap. 25 (Vv2.5.6) noch in 8,9, wo
sehr positiv von ihnen gesprochen wird. Die unverfälschte Überlieferung wird von jeher durch die Alten שׂבים Hᴬ; γερόντων; 8,9), die sie
wiederum von ihren Väter (מאבתם Hᴬ; πατέρων αὐτῶν) erhalten haben,
weitergegeben[31].

b) In bizzarer Antithese kombiniert Sira in 25,2 die (an sich) angesehenen Alten mit dem Ehebruch[32], einer im ganzen Alten Testament abgelehnten Lebensweise.

α) Auf dieses Thema kommt Sira noch in 23,23 zu sprechen. Eine (kin-
derlose) Frau, die ihren Mann verläßt und statt dessen von einem anderen einen Erben gebiert, verstößt gegen drei Regeln: πρῶτον gegen das
Gesetz Gottes (ἐν νόμῳ ὑψίστου), δεύτερον gegen ihren Gatten (εἰς ἄνδρα
αὐτῆς), weil sie ihn verließ[33], τρίτον begeht sie Ehebruch (ἐμοιχεύθη) und
gebiert einem andern Kinder (τέκνα). Ehebruch ist also keine Angele-
genheit, die nur den Mann oder die Frau beträfe.

β) Da man keine weiteren sirazidischen Belege findet, sind zur Vertie-
fung die überkommenen Traditionen zu befragen. Ehebrecher (מְנָאֲפִים;
μοιχῶν) und Diebe werden in Ps 50,18 und Spr 6,30–35 in einem Atem-
zug genannt. Der entdeckte Ehebrecher (נֹאֵף; μοιχὸς; V32) hat mit
Schlägen (vgl. vor allem Spr 6,34f) und unaustilgbarer Schande (נֶגַע;
ὀδύνας; קָלוֹן; ἀτιμίας; וְחֶרְפָּתוֹ לֹא תִמָּחֶה; ὄνειδος αὐτοῦ ... εἰς τὸν αἰῶνα) zu
rechnen. Daher erscheint er ohne Verstand (חֲסַר־לֵב; ἔνδειαν φρενῶν; Spr
6,32). Es geht nicht um eine moralische Bewertung, sondern um die Gefahren, die von diesem ausgehen. Das Spiel mit dem übergroßen Risiko
zeigt, daß er zu weisen Handlungen unfähig ist: Ehebruch ist ein An-
zeichen von Dummheit, womit auch die gesellschaftliche Stellung gefährdet wird (Ijob 24,15). An solche Vorgaben anknüpfend argumentiert auch Weish 3,15, daß die Klugheit dauerhafte Wurzel schlägt;

---

32 Vgl. MARGOLIOUTH, Observations 148.
33 Setzt Sira faktisch die Einehe voraus?

dagegen die Nachkommen von Ehebrechern (μοιχῶν) und anderen un-
erlaubten Verbindungen (ἐκ παρανόμου κοίτης) sogar Generationen ü-
bergreifend schaden.

γ) Der Ehebrecher raubt anderen Menschen ihnen Zustehendes, im Ex-
tremfall die Möglichkeit über die Kinder im Erbe der Väter weiter-
zuleben; daher auch die stille Hoffnung, daß diese keinen Bestand haben, sodaß die Chance erhalten bleibt, die Ordnung für den Erbbe-
rechtigten wiederherzustellen. Im ehebrecherischen Greis sieht Sira den
unverzichtbaren Wert der Alten gefährdet, weil die durch die Alten
gewährleistete Weitergabe der Weisheit (Offenbarung) unmöglich
wird. Ein solcher zerstört die Grundlagen des Volkes. Dies ist deshalb
so bedrückend, weil gerade durch die Alten die Lebensschulung ver-
mittelt werden sollte.

4) Summe der zweiten Strophe
Die Exempel, die Sira anführt, treffen auf empfindliche Stellen und
beinhalten nicht wenige Spitzen. Hochmut ist schon etwas Gräßliches
und Gemeinschaft Zerstörendes; umso peinlicher ist es, wenn ein Armer, der auf das Wohlwollen der anderen angewiesen ist, dieser Geis-
teshaltung verfällt. Im Umfeld des Armen wird der Reiche von Sira fast
nur als Gefahr gesehen. Wenn dieser noch dazu hinterhältig und verlogen ist, wird das Negative massiv gesteigert. Bei einem alten Menschen
nehmen die Lebenskräfte ab. Umso komischer muß es wirken, wenn er
sein Lebenwerk dadurch riskiert, daß er einem generell abgelehnten
Übel, dem Ehebruch, frönt. – Die Untersuchung der einzelnen Teile legte dar, daß – positiv gesehen – sowohl Arme wie Reiche, vor allem aber
Alte im Sozialgefüge eine zentrale Rolle einnehmen. Die Zerrformen
zeigen, wie eine Gesellschaft verkommen und degenerieren kann.

4.3. Die „Alten" und deren Qualifikation – die Aufgabe in der Gesellschaft (25,4–6)

ὡς ὡραῖον πολιαῖς κρίσις   καὶ πρεσβυτέροις ἐπιγνῶναι βουλήν
ὡς ὡραία γερόντων σοφία   καὶ δεδοξασμένοις διανόημα καὶ βουλή
στέφανος γερόντων πολυπειρία   καὶ τὸ καύχημα αὐτῶν φόβος κυρίου

Das Beispiel vom „ehebrecherischen Greis, dem die Einsicht mangelt",
erregt Sira. Die terminologische Vielfalt für die Bezeichnung dieser Al-

tergruppe³⁴ ist überraschend: πολιαῖς, πρεσβυτέροις, γερόντων, δεδοξασμένοις. Sie sind Garanten für κρίσις; βουλή; σοφία; διανόημα und πολυπειρία³⁵.

4.3.1. Im Rahmen des Buches ergibt sich über die einzelnen Bezeichnungen folgendes:

1) Wenn sich der Weisheitsschüler von Jugend an um Erziehung bemüht, wird er bis ins hohe Alter (πολιῶν) Weisheit (חכמה Hᶜ; σοφίαν) besitzen (6,18; 25,3). Die Weißhaarigkeit aufgrund des Alters erscheint demnach als eine Art Garant für den Besitz der Weisheit.

2) Die Alten: Die Probleme, die ein πρεσβύτερος hat, wenn er eine Sanddüne besteigt (25,20), zeigen, daß es sich tatsächlich um einen den Jahren nach alten Mann handelt.
a) Zwei Wege führen zur Erlangung der Weisheit. Der eine ist das Bestreben, sie zu erlangen (6,32f). Der andere Weg ist die Vermittlung, welche durch die Alten geschieht (ἐν πλήθει πρεσβυτέρων στῆθι; ܚܒܪܐ ܕ ܢܣܒ ܗܘܐ ܘܐܝ; 6,34), denn sie sind zugleich weise (σοφός). Folgerichtig argumentiert 7,14 daher, daß man sich im Kreis der Alten (ἐν πλήθει πρεσβυτέρων) nicht durch neunmal kluge Reden hervortun soll³⁶. Ein alter Mann (שב Hᴮ; πρεσβύτερε) hat das Wort zu ergreifen. Allerdings liegt die Gefahr nahe, daß sich der Redefluß zu lange ergießt (32,3).
b) Über den Alten (πρεσβύτερος; 5mal) hat Sira nur positive Worte. Es handelt um wirklich alte Menschen, die die Verpflichtung haben, ihre Weisheit, gemeint wohl erworbene Tradition und eigene Lebenserfahrung, weiterzugeben.

---

34 Die Ältesten wie die Gerusie ist im östlichen wie im westlichen Vorderen Orient eine bedeutsame Institution; vgl. HOSSFELDT/KINDL/FABRY, קהל 1204–1222; MANTEL, Studies passim; ders., Sanhedrin 836–839; LOHSE, συνέδριον 858–869; SCHÜRER, History II, 199ff; SCHMIDT, ἐκκλησία 502–529; BORNKAMM, πρέσβυς 561–583; SCHRAGE, συναγωγή 789–850.
35 Die Ausführlichkeit der Behandlung gibt für die Annahme Anlaß, daß sich Sira zu dieser Personengruppe zählt. Deren Ansehensverlust trifft ihn dann auch selbst.
36 Hᴬ spricht von Geheimniskrämerei in der Fürstenversammlung (בעדת שרים; vgl. Syr ܒܟܢܘܫܬܐ ܕܪܘܪܒܢܐ).

3) Die Greise: Ausgenommen das abschreckende Beispiel in 25,2 wird vom γέρων nur positiv gesprochen. Nach 8,8 sind sie die Garanten für die Korrektheit der Überlieferung.

4) Die Geehrten: Das Thema „ehren" spielt in Sira eine bedeutende Rolle. Nur selten wird das Subjekt, das ehrt wie z.B. in 2,3; 45,3: κύριος, ausdrücklich genannt. – Die geehrten Objekte werden immer angeführt; sie sind fast ausschließlich personal[37].

a) Geehrt-Werden ist gleichbedeutend mit Ansehen-Genießen, wie sich aus der Beschreibung Elijas ergibt: נורא אתה ... כן[מו]ך יתפאר (ἐδοξάσθης Ηλια ... τίς ὅμοιός σοι καυχᾶσθαι (48,4; vgl. 24,12). Das Ansehen (ושמם H[B]; τὸ ὄνομα αὐτῶν) wirkt auch in die ferne Zukunft hinein, vergleiche die Richter. Deren Ehrenstellung wird durch die Nachkommen erhalten (ἐφ' υἱοῖς δεδοξασμένων αὐτῶν; 46,12).

b) Ein entscheidender Grund, um geehrt zu werden (נכבד H[A,B]; δοξά - ζεται), ist die Verständigkeit (שכלו H[A,B]; ἐπιστήμην; 10,30), sodaß ein Armer (דל H[A,B]; πτωχός; 10,30) auch zu Ansehen kommen kann. Besondere Achtung genießt jener, der als Armer (בדלותו H[A,B]; ἐν πτωχείᾳ) geachtet wird (הם[מ]כבד] H[A,B]; 10,31). – Sira denkt bei dieser Personengruppe weniger an die arbeitende Bevölkerung als an die „politischen" Repräsentanten. Doch ist es nach 10,27 besser, wenn einer ordentlich und erfolgreich (händisch) arbeitet, als einer, der Ansehen (מ[מת]כבד H[A,B]; δοξαζόμενος) besitzt, aber nicht einmal genug zu essen hat. Eine traditionelle Ehrenstellung scheint zur Zeit Siras keine Ernährungsgrundlage zu bieten. Früher war das anders. Die Ahnen des Volkes waren geehrt (נכבדו H[Bm]; ἐδοξάσθησαν) und genossen in ihrer Zeit Ansehen

---

37   Mehrfach wird Gott (3,20; anders H[A]) bzw. κύριος geehrt (35,10a; anders H[B]) und als herrlich erwiesen (43,28.30). Verhältnismäßig häufig trifft dies für einen Elternteil zu: πατέρα (3.2.6; 7,27); מכבד אם (3,6b H[A]); μητέρα (3,4). Der reflexive Gebrauch weist auf Siras positive Einstellung zur Selbstachtung (כבוד לך [H[A]]; σου: dich selbst [3,10], כבד נפשך [H[A,B]]; τὴν ψυχήν σου [schätze dich selbst, aber in gebührender Demut; 10,28]; niemand ehrt den sich selbst Entehrenden [10,29 H[A,B]]). Weiters sind anzuführen: כהן H[A]; ἱερέα (7,31); μεγιστὰν καὶ κριτὴς καὶ δυνάστης (10,14); דל (H[A,B]); πτωχός (wegen seiner Verständigkeit; 10,30f); Josua (46,2); David (47,6); Sem, Seth, Enosch und Adam (49,16) und Simeon in 50,5.11. Ausgeschlossen wird ehren für איש חמס (H[B], anders H[A]); ἄνδρα ἁμαρτωλόν (10,23). Der Herr ehrte (ἐδόξασεν) Mose vor Königen (45,3). Israel ist ein besonders geachtetes Volk (24,12), ist es doch des Herrn Anteil und Erbe.

(תפארתם Hᴮ; καύχημα; 44,7). Bei den Machtträgern bleibt dies immer gleich; vgl. Könige (מלכים Hᴮ; βασιλεῖς) und Geehrte (נכבדים Hᴮ; δεδο-ξασμένους; 48,6). נכבד bzw. δοξαζόμενος bezeichnen gesellschaftlich relevante Personen. In diesem Bereich ist auch Sir 25,5 einzuordnen.

5) Insgesamt erscheinen die Alten als tatsächlich alte Menschen, die offensichtlich eine unbestrittene Vorrangstellung – sie übernehmen eine vergleichbare Rolle, wie sie an anderen Stellen dem König oder Fürsten zukommt – innehaben. Hinsichtlich der Bewahrung der Tradition wie der dadurch gewährleisteten Sinngebung des Lebens gehören sie zu den geistigen Trägern.

4.3.2. Die Qualitäten und Aufgaben der Alten

Die Betätigungsfelder bringen Aufschluß über die Position der Alten. Folgende Eigenschaften bzw. Verhaltensweisen werden genannt: κρίσις; ἐπιγνῶναι βουλήν; σοφία; διανόημα; πολυπειρία und φόβος κυρίου. Sira konzentriert einen großen Teil aller wichtigen Themen des Buches auf diese wenigen Zeilen.

1) Die Entscheidungspflicht

a) Vom Anrecht der Mutter handelt 3,2; dieses (משפט Hᴮ; κρίσις) wird in 38,16 auf den Anspruch eines Toten auf ein ordentliches Begräbnis festgelegt. Gott setzt den Anspruch des Armen (משפט; κρίσιν; (35,18b) durch und verschafft im Völkergericht seinem Volk dessen Recht (ריב Hᴮ; κρίσιν; ܕܝܢܐ; 35,23a).

b) In 11,9 wird der Streitfall (ר[י]ב Hᴬ·ᴮ; κρίσει) der Sünder (זדים; ἁμαρτωλῶν) erwähnt. Das (öffentliche) Gerichtsverfahren bezeichnet κρίσις in 18,20; vgl. 29,19 (εἰς κρίσεις; ܕܝܢܐ).

c) Der Mensch untersteht dem Urteil (חלק Hᴱ; κατὰ τὴν κρίσιν αὐτου) Gottes (33,13). Keine Strafe darf nach Emotionen verhängt werden, sondern nur aufgrund eines nüchternen Urteils (משפט Hᴱ; κρίσεως; ܒܚܘܫܒܢܐ; 33,30).

d) In der sirazidischen Verwendung reicht die Bedeutung des terminus κρίσις vom natürlichen Anspruch bis zum ausgewogenen und von e-motionellen Beeinflussungen freien Urteil. – In 25,4a wird demnach festgehalten, daß es einem Weißhaarigen gut ansteht, ein ausgewogenenes, von keinen Gefühlsausbrüchen gelenktes Urteil zu fällen, wobei gewöhnliche Alltagsentscheidungen eingeschlossen sind.

2) Βουλή kommt in einem Drittel der Kapitel Siras vor und zeigt sich so als ein Schlüsselwort. Der Autor empfiehlt den Rat nur innerhalb positiver Bezüge, weist jede Pedanterie ab und stellt weitblickende Überlegen als unabdingbar dar.

a) Der Ratschlag (βουλή; ܬܐܪܝܬܐ) eines Sünders ist nicht positiv zu bewerten (19,22). Zwar gibt jeder gute Ratgeber יועץ לב Hᴮᐟᴰ; πᾶς σύμβουλος) einen richtigen Wink (יניף יד Hᴮ; βουλήν), aber mancher rät nur zu seinem eigenen Vorteil (37,7). Man weihe keinen Eifersüchtigen in einen Vorsatz ein (βουλήν; nach Hᴰ: סוד – ein Geheimnis; 37,10).

b) α) Der Rat des Herzens (עצת לבב [Hᴮᐟᴰ]; βουλὴν καρδίας), des Gewissens, ist verläßlicher als alles andere (37,13). Doch empfiehlt Sira, sich durch Grübeln (בעצתך [Hᴮᵐ]; ἐν βουλῇ) nicht selbst zu schaden (30,21). Die eigenen Wünsche können grundsätzlich Gefahren in sich bergen. In 6,2 warnt Sira davor, sich diesen (ביד נפשך [Hᴬ]; ἐν βουλῇ ψυχῆς σου) hinzugeben, da dies zum Raubbau an sich selbst führen kann. Gott möge helfen, sich zu zügeln (22,27f), damit man nicht dem eigenen Sehnen (ἐν βουλῇ) erliege (23,1).

β) Auch auf der gesellschaftspolitischen Ebene hat βουλή ihren Platz. Zur (politischen) Planung für das Volk (εἰς βουλὴν λαοῦ) werden durch Arbeit abgelenkte Personen nicht beigezogen (38,33). Der Rat (βουλή; ܬܐܪܝܬܐ) des Weisen ist eine belebende Quelle (21,13). Wer sich an einen gut durchdachten Rat hält (ἐπὶ διανοήματος βουλῆς; ܬܐܪܝܬܐ ܕܚܟܡܬܐ; 22,16), hat festen Boden.

c) Das Bundesbuch Gottes bzw. das Gesetz des Mose ist voll von sinnvollen Überlegungen (διανόημα; ܣܘܟܠܐ) und klugen Ratschlägen (βουλή; ܬܪܥܝܬܐ; 24,29). Wer sich Gottesfurcht aneignet und das Gesetz des Höchsten (die Offenbarung) erforscht, kann als Ratgeber (βουλήν) fungieren (39,7). Ein guter Rat (βουλή; ܚܠܡܐ ܛܒܐ), Frucht der Beheimatung in der Offenbarung, ist mehr wert als Gold und Silber (40,25). Ein kluger Mensch (איש חכם Hᴮ; ἀνὴρ βουλῆς) beschäftigt sich auch mit dem Gedankengang (חכמה Hᴱ [כחמה Hᴮ]; διανόημα) eines anderen (32,18), da nichts ohne beratende Überlegung (בלא עצה Hᴮ; ἄνευ βουλῆς) gemacht werden soll (32,19). Auch jeder Arbeit sind vorbereitende Überlegungen (מחשבה [H^{B,D}]; βουλή; 37,16) voranzustellen.

d) Βουλή wird von Sira in einem breiten Bedeutungsumfang und Anwendungsbereich gebraucht. Es geht um das Wünschen, Wollen des Individuums – im positiven wie im negativen Sinn –, weiters um Vorsätze, Planungen und Absichten. Auf andere Menschen hingeordnet werden Überlegungen, Ratschläge, aber auch politische Entscheidungen so bezeichnet.

In 25,4b sind die Alten jene, die das Einzelschicksal wie das der gesamten Gesellschaft durch ihre Anregungen, Pläne und Überlegungen beeinflussen. Zu beachten ist, daß es keine geringe Rolle spielt, wie der Rat zustande kommt: die Alten zeichnen sich durch langes Überlegen und Spekulieren aus. Grundlage dafür ist aber nicht nur die eigene Lebenserfahrung, sondern die Einbindung in die Tradition und vor allem die Kenntnis der Offenbarung des Höchsten.

3) Keine biblische Schrift konzentriert sich so auf Weisheit wie Ben Sira.

a) Besonders widerstandsfähig ist die Weisheit des Herrn (πολλὴ ἡ σοφία τοῦ κυρίου; ܪܒܝܐ ܚܟܡܬܐ ܕܐܠܗܐ; 15,18), verkraftet sie doch die Eskapaden des freien Willen des Menschen. Nach 1,1 stammt die σοφία/ܚܟܡܬܐ vom Herrn und ist ewiglich bei ihm; sie ist früher als Himmel und Erde geschaffen (1,4). Nach 24,1 rühmt sich die Weisheit (σοφία; ܚܟܡܬܐ) selbst bei ihrem Volke. Gottesfurcht (φόβος κυρίου), Bildung (παιδεία), Wohlwollen (εὐδοκία) und Vertrauen (πίστις) werden mit ihr in 1,27 gleichgesetzt, sodaß unter diesem Aspekt ein vergesetzlichtes Verständnis von σοφία nicht angebracht erscheint. Σοφία erhöht ihre Kinder und nimmt alle an, die sie suchen (4,11). Sie selbst (πᾶσα σοφία; ܠܗ ܚܟܡܬܐ) hat ihrerseits in der Furcht des Herrn (vgl. Syr: ܕܕܚܠܬ ܐܠܗܐ ܗܝ ܗܝ ܚܟܡܬܐ) die Wurzel (19,20).

b) Erst innerhalb der ganzen Weisheit (πάσῃ σοφίᾳ) ist es möglich, das Gesetz zu erfüllen. Das Gesetz zu halten (φυλάσσων νόμον; ܢܛܪ ܢܡܘܣܐ) bezeugt Weisheit. Deren Vollendung – die Gottesfurcht (τοῦ φόβου κυρίου = Akzeptanz und Vorrang Gottes; vgl. Syr: ܕܚܠܬ ܐܠܗܐ) – stellt das Ziel der Weisheit dar (21,11). Sie (σοφία; ܚܟܡܬܐ) erfährt im Mund des Glaubenden (στόματι πιστῷ; ܒܦܘܡܐ ܡܗܝܡܢܐ) die Erfüllung (34,8).

Im Wort (באומר H^A; ἐν γὰρ λόγῳ – ἐν ῥήματι γλώσσης) werden Weisheit (חכמה H^A; σοφία) und Einsicht (תבונה H^A; παιδεία) erfahrbar (4,24).

c) Nur wenn die Weisheit öffentlich zugänglich und nicht verborgen (σοφία κεκρυμμένη; ܪܚܫܒܝܐ, ܚܟܡܬܐ) ist, entfaltet sie ihre ganze Nützlichkeit (20,30); vgl. 41,14: חכמה טמונה (H^B; vgl. H^M); σοφία δὲ κεκρυμμένη. Wenn sie zur Wirkung gelangt, vermag sie die sozialen Ordnungen zu sprengen, da sie den Niedrigen (דל H^A,B; ταπεινοῦ) erhebt und diesen in die Gesellschaft der Bedeutenden (תשיבנו ובין נדיבים H^A,B; ἐν μέσῳ μεγιστάνων καθίσει; 11,1) bringt.

d) Die Weisheit nimmt von Gott den Ausgang und ereignet sich in Wort und Tat. Die Taten bewegen sich auf vertikaler wie horizontaler Ebene: Die Gottesfurcht ist Anlaß für den Erwerb der Weisheit, die wiederum dazu führt, Gott wirklich ernst zu nehmen. Eines der Ziele ist die Einhaltung der Gebote: Weisheit ist also nicht Gebotserfüllung, sondern befähigt dazu. Nur wenn sie sozial wirksam ist, kann sie sich voll entfalten: in Bildung, Wohlverhalten und im Glauben/Vertrauen. – Die öffentliche Wirkung der Alten zeigt in 25,5 an, daß sie die Weisheit zu vermitteln haben.

4) Die Überlegung

a) Ein feiger Mensch ist wegen seiner törichten Gedanken (ἐπὶ δια-νοήματος μωροῦ; ܚܫܒܬܐ, ܐܠܗܐ; 22,18) unsicher. Die falschen Überlegungen (ἐπὶ τοῦ διανοήματός μου; ܚܫܒܝ) müssen eingebremst werden (23,2). – Unerschütterlich wie eingemauertes Holz ist ein Herz/Mensch, wenn es/er sich im rechten Augenblick auf fundierte Überlegungen (διανοή-ματος βουλῆς; ܚܟܠܕ ܝܢ ܫܪܝܪܬܐ) stützen kann (22,16).

b) Wer das Bundesbuch des Höchsten bedenkt (24,29), ist daraufhin voll von Ideen (διανόημα; ܚܫܒܬܐ) und ein kluger Mensch (איש שכם H^B; ἀνὴρ βουλῆς) versteckt seine Überlegungen (חכמה H^E,B; διανόημα) vor anderen nicht (32,18).

c) Wie hoch die behandelte Fähigkeit einzuschätzen ist, zeigt 42,20, wo sie (לב שכל H^M,B; διανόημα) in Parallele mit Weisheit (V21) die Fähigkeit Gottes beschreibt, alles zu durchschauen.

d) Die Denkergebnisse und Ideen sind vor allem für die anderen Menschen bestimmt. – In 25,5b stellt Sira neben βουλή auch διανόημα. Διανόημα besitzt durch die Rückbindung an die Offenbarung einen eigenen Akzent. Im Verhältnis zur Weisheit ist διανόημα dynamischer. Sie ist auf Austausch hingeordnet. Die wichtigsten Träger und Vermittler unerschöpflicher Überlegungen, Ideen sind die Angesehenen, die Repräsentanten der Gesellschaft.

5) Die Klugheit

a) In der LXX ist πολυπειρία neben Sir 25,6 nur noch in Weish 8,8 belegt. Dort wird die Weisheit mit verschiedenen Eigenschaften interpretiert: mit Klugheit, Gerechtigkeit, Tapferkeit und auch mit πολυπειρία. Von letzterer wird als einzige eine konkrete inhaltliche Beschreibung mitgeliefert. Sie versteht das Vergangene (τὰ ἀρχαῖα) und das Kommende (τὰ μέλλοντα), ist imstande die Worte recht zu wählen und löst Zeichen/Rätsel (αἰνιγμάτων σημεῖα) auf, sie sieht unerwartete Ereignisse (τέρατα) voraus und erkennt den rechten Zeitpunkt (καιρῶν) bzw. die Zeit (χρόνων) für ein günstiges Endergebnis (ἐκβάσεις); kurz zusammengefaßt: sie ist die Fähigkeit, die Vergangenheit, Gegenwart und Zukunft nach ihrer inneren Bestimmung hin zu verstehen.

b) Noch stärker als in 25,5 geht die Intention der πολυπειρία; ܪܟܢܝ ܟܐܢܘܬܐ in Richtung von praktischer, auf Erfahrung gegründeter Lebensgestaltung. Vorbildhaft und treibend sind in diesem Zusammenhang die Alten.

6) Rückblickend zeigt sich, daß die Alten nach diesem Text eine zentrale Rolle in der Öffentlichkeit[38] spielen. Die Vielfalt der Bezeichnungen weist vermutlich auf innere Unterschiede oder allgemein auf die Bedeutsamkeit: denn nur für sehr wichtige Gegebenheiten verwendet man eine größere Anzahl unterschiedlicher Bezeichnungen. Es scheint so zu sein, daß die Alten durch ihre Qualifikationen, die nach Sira alle wichtigen Bereiche abdecken, in den Augen des Autors politisch wichtiger sind als alle anderen Führungsstrukturen.

4.4. Die vierte Strophe (25,7–11)

ἐννέα ὑπονοήματα ἐμακάρισα ἐν καρδίᾳ   καὶ τὸ δέκατον ἐρῶ ἐπὶ γλώσσης
ἄνθρωπος εὐφραινόμενος ἐπὶ τέκνοις   ζῶν καὶ βλέπων ἐπὶ πτώσει ἐχθρῶν
μακάριος ὁ συνοικῶν γυναικὶ συνετῇ

---

38 Die politische Bedeutung der Alten wird von manchen Forschern erkannt; vgl. CAUSSE, Groupe passim; ROST, Vorstufen, passim; HOENIG, Sanhedrin 1953, passim; HENGEL, Judentum 48ff; KIPPENBERG, Erlösungsreligionen 179f; MIDDENDORP, Stellung 155.

καὶ ὃς ἐν γλώσσῃ οὐκ ὠλίσθησεν   καὶ ὃς οὐκ ἐδούλευσεν ἀναξίῳ ἑαυτοῦ
μακάριος ὃς εὗρεν φρόνησιν   καὶ ὁ διηγούμενος εἰς ὦτα ἀκουόντων
ὡς μέγας ὁ εὑρὼν σοφίαν

                                        ἀλλ' οὐκ ἔστιν ὑπὲρ τὸν φοβούμενον
                                        τὸν κύριον
φόβος κυρίου ὑπὲρ πᾶν ὑπερέβαλεν   ὁ κρατῶν αὐτοῦ τίνι ὁμοιωθήσεται

Im eben behandelten Mittelteil (Vv4–6) kommen fast alle für Sira entscheidenden theologisch-weisheitlichen Themen vor. Daher kann es
nur noch eine Fortführung dieser Gedanken geben. Wie die Stilbetrach-
tung gezeigt hat, greift der Autor im dritten Teil auf die positiven
Themen von V1 zurück und baut sie zu einer abschließenden Reihe
aus. Diese faltet am Ende das Thema der Gottesfurcht, das schon in
25,6b zentral war, aus und schafft so einen Abschluß, der als Höhepunkt gedacht ist.

4.4.1. Die Klammer innerhalb des Gedichtes bildet der engere Lebensbereich. In Anlehnung an 25,1 (Brüder, Freund, Ehepaar) stehen mit
der antithetischen Variante im Mittelteil (Freund – Feind): Kinder,
Feind und Ehefrau (V7).

1) Die Kinder
Hervorstechend ist die freimütige Behandlung der negativen Erfahrungen zwischen den Eltern und Kindern, wobei aber die positiven Seiten
auch nicht zu kurz kommen.
a) Den üblen Ruf vererbt ein schlechter Vater an die Kinder, die (ב]יקון
ילד[י HM,B; τέκνα) jenen dafür verabscheuen (41,7; vgl. 47,20). Ähnlich
argumentiert 3,11, wo es als eine Schande für die Kinder (τέκνοις; H, Syr
abweichend) gilt, wenn die Mutter ehrlos ist.
b) Erst in der Entwicklung der Kinder (ἐν τέκνοις; in H, Syr nur der
Hinweis auf das Ende) zeigt sich die tatsächliche Effizienz eines Menschen (11,28). Viele mißratene Kinder erlauben keine Hochstimmung
(16,1.3). Von der Gefahr, bei den Kindern das Ansehen zu verlieren,
spricht 30,9. Es ist besser, daß die Kinder (בנים HE; τέκνα) bitten, als daß
dies die Eltern tun müssen (33,22).
c) Wer den eigenen Vater ehrt, wird mit seinen Kindern (ὑπὸ τέκνων;
מבנ ומ) Freude haben (3,5). Der Segen des Vaters festigt nach 3,9 das

Haus der Kinder (שרש H^A; τέκνων). Daß Gott den Vater vor dessen Kindern ehrt, hält 3,2 fest.

d) Kinder (ילד H^B,M; τέκνα) wie eine Stadtgründung erhalten das Ansehen (40,19). Die Kinder (זרעם וצאצאיהם H^M; τέκνα) bewahren wie die Väter den Bund (44,12).

e) Trotz der großen Zahl der Vorkommen von τέκνον sind nur einige Beispiele für das anstehende Thema auswertbar. Sira scheint im großen und ganzen anzunehmen, daß Eltern und Kinder miteinander Schwierigkeiten haben. Er sieht allerdings auch, daß das Fehlverhalten der Eltern auf die Kinder – wie umgekehrt – äußerst negative Rückwirkungen hat. Die Erziehung ist zugleich ein Hinweis auf die Persönlichkeit der Eltern. Auf dieser Ebene liegt auch 25,7. Glücklich, wer sich wirklich über Kinder freuen kann. Es ist eine Basis, auf der eine Gemeinschaft aufbauen kann.

2) Der Feind

a) Nach Γ rettet Gott aus den Händen der Feinde (ἐκ χειρὸς ἐχθρῶν [Ziegler: πονηρῶν]), nach H^B vor allem Bösen (allen Bösen?); מכל רע (51,8). Sehnsüchtig erwartet Sira von Gott, daß er die Feinde (אויב H^Bm; κεφαλὰς ἀρχόντων ἐχθρῶν; 36,9; vgl. V6) des Volkes vernichtet.

b) Wer den eigenen Wünschen erliegt, macht nur seinen Feinden eine Freude (ἐπίχαρμα τῶν ἐχθρῶν; ܡܣܢܐܝܟ; 18,31). Vor diesen (משנאיך H^A; ἀπὸ τῶν ἐχθρῶν) sollte man sich ferne halten (6,13). Besonders schmerzt deren (שמחת שונא H^A; ἐχθρῶν; 6,4) spöttische Schadenfreude.

c) Die Rache der Feinde ist etwas Fürchterliches (25,14). Wer Kinder hat, kann erwarten, daß sie nach dem eigenen Tod noch die Vergeltung an den Feinden (ἐναντίον ἐχθρῶν; ܒܠܕܒܒܘܗܝ) vollziehen (30,6). Während nach H (unsicherer Text) Mose furchtbare Taten vollbrachte, wirkt er nach Γ zum Schrecken der Feinde (ἐν φόβοις ἐχθρῶν; 45,2).

d) Die Feinde spielen bei Sira keine solche Rolle, wie dies in anderen biblischen Büchern der Fall ist. Sie bedrohen das Leben weniger, als daß sie es äußerst negativ beeinträchtigen. Es paßt in den Rahmen sirazidischer Vorstellungen, wenn die Hoffnung geäußert wird (25,7), daß die Feinde noch zu Lebzeiten zu Fall kommen.

4.4.2. Aus den weiteren Themen dieser Strophe werden nur einige hervorgehoben

1) Die Zunge
Die Zunge gehört bei Sira zu den zentralen Organen im mitmenschlichen Bereich.

a) Den Toren umgeben solche, die sich durch die Zunge (γλώσσῃ) als schlecht erweisen (20,17). Wenn auch nur hinter einer rhetorischen Frage versteckt, so ist es doch ein ernstes Anliegen, wie man seiner Zunge (γλῶσσά; ܠܫܢ) Zügel anlegt, damit man nicht mit dem Mund falle (στόμα; ܦܘܡܐ; χεῖλος; ܣܦܬܐ; 22,27). Denn – so fragt Sira – wer hat sich nicht schon mit der Zunge (γλῶσσα; ܠܫܢܗ; 19,16) verfehlt?

b) Die Zunge (לשון H^{B,D}; γλῶσσα) als Herrscherin über Gutes und Böses, Tod und Leben (טוב ורעה וחיים ומות H^{B,D}; ἀγαθὸν καὶ κακόν, ζωὴ καὶ θάνατος; 37,18) ist ambivalent. Die Ehrenstellung wie die Entehrung bewirkt das gesprochene Wort, sodaß die Zunge (לשון H^{A,C}; γλῶσσα) den Niedergang veranlassen kann (5,13). Die Wirkung der Zunge (γλώσσης; ܠܫܢ) ist so gewaltig, daß sie sogar Knochen zerbricht (28,17). Sie (διὰ γλῶσσαν; ܠܫܢܐ ܡܛܠܬ) hat mehr Tote verschuldet als das Schwert (28,18).

c) Sira warnt davor, sich nur mit der Zunge (בלשוניך H^A; γλῶσσα) als beherzt zu erweisen (4,29); vgl. auch 5,14. Von weitem ist der Maulheld zu erkennen (ὁ δυνατὸς ἐν γλώσσῃ; 21,7). Mit den Füßen zu stolpern ist besser als mit der Zunge (γλώσσῃ; vgl. ܠܫܢ ܡܢ; 20,18). Unter den das Leben bedrohenden Gegebenheiten befindet sich neben dem Aufruhr in der Stadt, der Verleumdung, dem Tod auch die Geißel der Zunge (μάστιξ γλώσσης; vgl. ܚܘܡܣ ܠܫܢܐ; 26,6). Eine dritte (γλῶσσα τρίτη; ܠܫܢ ܬܠܝܬܝܐ), das meint eine verleumderisch hetzende Zunge, bringt Paläste, Städte und Völker zum Schwanken (28,14) und hat schon Familien zerstört (28,15).

d) Wie ein roter Faden durchzieht die „Zunge" das Buch Ben Sira. Neben einer verhältnismäßig geringen Anzahl von Belegen, in denen die Zunge eine positive Rolle spielt, steht der Großteil jener, wo Negatives mit ihr verbunden wird. – Wenn Sira in 25,8 jene auf der Zunge führt (d.h. rühmt), die nicht durch die Zunge zu Fall kommen, so nimmt er das bei ihm wichtige Thema der Gefahren durch die Zunge auf. Durch sie angerichtetes Unheil übertrifft noch die Kriegsgefahr.

2) Hören und Zuhören

a) Wirklich zuhören und das Gehörte aufzunehmen, ist für Sira ein großes Anliegen. Nur wer hin- und zuzuhören (לשמע H^A; ἀκούειν) liebt, der öffnet die Ohren (אזנך H^A; τὸ οὖς) allen Ernstes und kann so weise werden (6,33). Daher ist es für ein ausgewogenes Urteil erforderlich, daß man viel gesehen und aufmerksam und mit Verständnis zugehört hat (אזני שמעה H^{A,B}; ἀκήκοεν τὸ οὖς μου; 16,5).

b) Das Volk Israel hatte die Herrlichkeit des Herrn gesehen, seine gewaltige Stimme gehört (φωνῆς αὐτοῦ ἤκουσεν τὸ οὖς αὐτῶν; ܐܝܢ ܚܒܠܚܡ ܫܒܡܚ ܟܚܒܚ ܐܝܚܫܘܡܩ; 17,13) und den Kern, den Gott mitteilen wollte, verstanden: der Glaubende hat sich einerseits vom Unrecht fern zu halten und andererseits dem Nächsten gegenüber redlich zu erweisen.

c) Mit dem Zuhören verbindet Sira nur positive, das Leben und Zusammenleben vertiefende Elemente. – Im Kontext von 25,9 meint das Zuhören gewiß vorerst das Verhalten eines Freundes. Dieses Thema bildet den Abschluß der Beispiele aus dem praktischen zwischenmenschlichen Bereich. Die Stilistik zeigte, daß gegen das Ende der Strophen immer besondere Akzente angebracht werden, sodaß damit auch ein Zwischenhöhepunkt gesetzt wird.

Nicht Aktionismus, nicht Almosen, nicht die redliche Arbeit oder die Einordnung in die Familie bzw. Gesellschaft sind die Grundlage des Zusammenlebens. Die positive Entfaltung all dieser Bereiche setzt voraus, daß man bereit ist, den anderen überhaupt anzuhören und zu verstehen.

3) Weisheit und Gottesfurcht

Sira greift abschließend zwei abstraktere, in seinem Werk allerdings als Schlüsselbereiche fungierende Themen auf, deren ausführliche Behandlung den Umfang der vorliegenden Untersuchung übersteigt.

Weisheit – zuvor im Zusammenhang mit den Alten schon untersucht – stellt der Autor als eine allgemeingültige Zielvorgabe hin. Noch stärker trifft dies für die Ehrfurcht, das Ernstnehmen Gottes zu. Daß am Ende eines Abschnittes der Höhepunkt kommt, ist ein von Sira mehrfach angewendetes Stilmittel, um besondere Akzente zu setzen. Zurecht spricht HASPECKER davon, daß die Gottesfurcht an dieser Stelle als der höchste Lebenswert angesehen wird[39], wodurch v.a. 25,10f innerhalb der manigfachen Stellen Siras über die Gottesfurcht eine Sonderrolle[40] übernimmt. – Gottesfurcht ist eine sirazidische Formulierung des uneingeschränkten Theozentrismus in praktischer Form. Sie ist eine grundlegende Gegebenheit, wie sie sich auch aus dem Inhalt der Offenbarung (Buch des Bundes des Höchsten) ergibt. Die Gottesfurcht ist nicht ungefährdet: da sie praktisch realisiert zu werden hat, kann sie durch menschliches Fehlverhalten vielfältig unterlaufen werden. Ihr Ziel ist es, den Menschen zum Wohl und zum Heil zu führen. Sie ist ein Geschenk Gottes, damit man mit ihrer Hilfe tiefer in die Weisheit eindringt. Die Weisheit – die Fähigkeit, die wichtigsten Bezüge der Schöpfung und des Lebens zu durchschauen – geht an dieser Stelle der Gottesfurcht voraus.

4.4.3. Rückblick auf den Zahlenspruch

Die vierte Strophe zieht die positiven Themen der ersten Strophe mit Inhalten der dritten zusammen. Über diesen Bereich hinausgehend wird besonders auf unausweichlich notwendige Verhaltensformen, die die gedeihliche Entwicklung der Gesellschaft ermöglichen, hingewiesen. Hierbei wird besonders auf die Funktion der Rede und die politischen Entwicklungen Rücksicht genommen. – Den Abschluß bildet die Gottesfurcht, die als eine Verquickung der horizontalen und vertikalen Relationen zu verstehen ist.

5. Zusammenfassung

Die Einheit 25,1–11 zeigt sich als kunstvoll gestaltete literarische Gegebenheit, in der die poetischen Hilfsmittel mit äußerstem Geschick die Absicht des Autors unterstützen. Es sind mehrere Akzente, die der Autor hervorheben will.

1. Im Zentrum steht die Sorge um das Gedeihen des Gemeinwohls. Dies sieht Sira vor allem durch die Alten, die offensichtlich zu seiner

---

39   Vgl. HASPECKER, Gottesfurcht 109–113: „Dass die Gottesfurcht unter den Lebensgütern den höchsten Rang einnimmt, wird hier mit aller Deutlichkeit gesagt" (110).

40   Diesen Aspekt erkennt LAMPARTER, Sirach 115, richtig; allerdings führt dies bei ihm dazu, daß er Gehalte der anderen Bereiche dahinter vollständig verblassen läßt.

Zeit die (moralisch anerkannt) führenden Persönlichkeiten gewesen sind (nicht die Priester, nicht die Fürsten; andere leitende Instanzen gab es in der Zeit vor den Makkabäern kaum). Deren Aufgabe ist umfassend, wie schlagwortartig die Termini κρίσις, βουλή, σοφία, διανόημα, πολυπειρία in Erinnerung rufen.

2. Das Gedeihen der Gemeinschaft setzt eine tragende Substruktur voraus. Unter Einbeziehung der jeweiligen kurzen Zusammenfassungen ist darauf hinzuweisen, daß diese durch Kinder, Ehepartner und das nähere Umfeld, d.h. den Freund, gebildet wird. In diesem Rahmen spielt der Freund eine gewichtigere Rolle als viele andere gesellschaftliche Gegebenheiten, wie z.B. Fürsten oder Priester. Der Freund gewährleistet einen harmonischen Übergang vom engsten Kreis des Lebens zur gesamtgesellschaftlichen Beziehungsstruktur.

Bibliographie

ARCHER, L.J., Her Price Is beyond Rubies. The Jewish Woman in Graeco-Roman Palestine (JSOT.S 60), Sheffield 1990.

BEENTJES, P.C., „Ein Mensch ohne Freund ist wie eine linke Hand ohne die Rechte". Prolegomena zur Kommentierung der Freundschaftsperikope Sir 6,5–17, in: F.V. Reiterer (Hg.), Freundschaft bei Ben Sira. Beiträge des Symposions zu Ben Sira – Salzburg 1995 (BZAW; vorliegender Band).

BORNKAMM, G., πρέσβυς, in: ThWNT VI, 561–583.

CAUSSE, A., Du groupe ethnique à la communauté religieuse, Paris 1937.

CAMP, C.V., Wisdom and the Feminine in the Book of Proverbs, Sheffield 1985.

CAMP, C.V., Understanding a Patriarchy, in: A.-J. Levine (Hg.), "Women Like This" (SBL Early Judaism and Its Literature 1), Atlanta (Georgia) 1991, 1–39.

CRENSHAW, J.L., Education in Ancient Israel: JBL 104 (1985) 601–615.

EBERHARTER, A., Das Buch Jesus Sirach oder Ecclesiasticus (HSAT VI/5), Bonn 1925.

GILBERT, M., Ben Sira et la femme: RTL 7 (1976) 426–442.

GOLDIN, J., The Fathers According to Rabbi Nathan 24 (YJS X), Binghamton 1983.

Goldschmidt, L., Der Babylonische Talmud (*Pesaḥim* 49,b.113b.119a) 2, Berlin ²1965.

HENGEL, M., Judentum und Hellenismus. Studien zu ihrer Begegnung unter besonderer Berücksichtigung Palästinas bis zur Mitte des 2. Jh.s. v.Chr. (WUNT 10), Tübingen ³1988.

HOENIG, S.B., The Great Sanhedrin, Philadelphia 1953.

HOSSFELD, F.L., „Was wir hörten und erfuhren, was uns die Väter erzählten" (Ps 78,3). Glaubensweitergabe in biblischer Zeit: Lebendige Katechese 10/2 (1988) 80–84.

HOSSFELD, F.L./KINDL, E.-M./FABRY, H.-J., קָהָל, in: ThWAT VI, 1204–1222.

KIPPENBERG, H.G., Die vorderasiatischen Erlösungsreligionen (stw 917), Frankfurt a.M. 1989.

KRAMMER, I., Scham im Zusammenhang mit Freundschaft, in: F.V. Reiterer (Hg.), Freundschaft bei Ben Sira. Beiträge des Symposions zu Ben Sira – Salzburg 1995 (BZAW 244), Berlin/New York 1996, 171–201.

LAMPARTER, H., Die Apokryphen, I. Das Buch Jesus Sirach (BAT 25,1), Stuttgart 1972.

LANG, B., Schule und Unterricht im Alten Israel, in: M. Gilbert (Hg.), La Sagesse de l'Ancien Testament. Nouvelle édition mise à jour (BEThL 51), Löwen 1979, 186–201.

LEMAIRE, A., Les Ecoles et la formation des la Bible de l'ancien Israel (OBO 39), Fribourg 1981.

LOHSE, E., συνέδριον, in: ThWNT VII, 858–869.

LOHFINK, N., Der Glaube und die nächste Generation, in: ders., Das Jüdische am Christentum, Freiburg 1987, 144–166.

MANTEL, H., Sanhedrin, in: EJ(D) 14, Jerusalem 1971, 836–839.

MANTEL, H., Studies in the History of the Sanhedrin (HSS 17), Cambridge 1961.

MARGOLIOUTH, D.S., Observations on the Fragment of the Original of Ecclesiasticus Edited by Mr. Schechter: Exp. 5,4 (1896) 140–151.

MIDDENDORP, Th., Die Stellung Jesu Ben Siras zwischen Judentum und Hellenismus, Leiden 1973.

PAESLACK, M., Zur Bedeutungsgeschichte der Wörter φιλειν „Lieben", φιλια „Liebe", „Freundschaft", φιλος „Freund" in der Septuaginta und im Neuen Testament (unter Berücksichtigung ihrer Beziehungen zu αγαπαν, αγαπη, αγαπητος): ThViat 5 (1953/54) 51–142.

PETERS, N., Das Buch Jesus Sirach oder Ecclesiasticus übersetzt und erklärt (E-HAT 25), Münster 1913.

PRATO, G.L., La lumière interprète de la sagesse dans la tradition textuelle de Ben Sira, in: M. Gilbert (Hg.), La sagesse de l'Ancien Testament. Nouvelle édition mise à jour (BethL 51), Löwen 1990, 317–346.

ROTH, W.M.W., Numerical Sayings in the Old Testament. A form-critical Study (VT.S XIII), Leiden 1965.

ROST, L., Die Vorstufen von Kirche und Synagoge im Alten Testament, Stuttgart 1938.

RÜGER, H.P., Die gestaffelten Zahlensprüche des ATs und aram. Achikar 92: VT 31 (1981) 229–234.

SAUER, G., Freundschaft nach Ben Sira 37,1–6, in: F.V. Reiterer (Hg.), Freundschaft bei Ben Sira. Beiträge des Symposions zu Ben Sira – Salzburg 1995 (BZAW 244), Berlin/New York 1996, 123-131.

SCHILLING, O., Das Buch Jesus Sirach (HBK VII,2), Freiburg 1956.

SCHMIDT, K.L., ἐκκλησία, in: ThWNT V, 502–529.

SCHRADER, L., Unzuverlässige Freundschaft und verläßliche Feindschaft. Überlegungen zu Sir 12,8–12, in: F.V. Reiterer (Hg.), Freundschaft bei Ben Sira. Beiträge des Symposions zu Ben Sira – Salzburg 1995 (BZAW 244), Berlin/New York 1996, 19-59.

SCHRAGE, W., συναγωγή, in: THWNT VII, 789–850.

SCHÜRER, E., The History of the Jewish People in the Age of Jesus Christ I–III, rev. ed. by G. Vermes/F. Millar, Edinburgh 1973–1987.

SNAITH, J.G., Ecclesiasticus or the Wisdom of Jesus Son of Sirach (CNEB), Cambridge 1974.

STEVENSON, W.B., A Mnemonic Use of Numbers in Proverbs and Ben Sira: Glasgow University Oriental Society Transactions 9 (1938/1939) 26–38.

TRENCHARD, W.C., Ben Sira's View of Women, a Literaly Analysis (JudSt 38), Chicago 1982.

WISCHMEYER, O., Die Kultur des Buches Jesus Sirach (BZNW 77), Berlin/New York 1995.

Erstveröffentlichung in: F.V. Reiterer (Hg.), Freundschaft bei Ben Sira. Beiträge des Symposions zu Ben Sira – Salzburg 1995 (BZAW 244), Berlin/New York 1996, 133-169.

Deutung und Wertung des Todes durch Ben Sira

In der Untersuchung des Jubilars über den Einfluß der altorientalischen und alttestamentlichen Weisheit auf den Psalter nahm Ben Sira aufgrund der mit diesem Buch verbundenen Probleme eine besondere Stellung ein[1]. Tatsächlich rechtfertigen diese (z.B. nur teilweise erhaltener hebräischer Text in mehreren Rezensionen, Nichtaufnahme in den hebräischen Kanon) die Konzentration auf dieses Buch, wenn auch die behandelte Thematik in der Weisheitsliteratur öfters aufgenommen wird[2]. Gleichzeitig ist zu berücksichtigen, daß Sira nicht nur Weiser, sondern auch Schriftgelehrter war[3], so daß allenthalben die übrige Bibel zur Interpretation herangezogen werden muß.

1. Der Tod als theologisches und ethisch/soziales Grundproblem

Der Weisheitslehrer Sira[4], der in wohl abgewogenen Alternativen rechte Anleitungen für ein gelungenes Leben darlegen will, sieht klar, daß mancher, der sich nicht um die Einsicht aufgrund der Überlieferung und Erfahrung kümmert, gar schnell „nichtiger und trügerischer Hoffnung" (31,1ff)[5] verfällt. Allerdings ist sich Sira gewiß, daß sich νόμος (Weisung Gottes; תּוֹרָה) und σοφία (Weisheit; חָכְמָה) – keine menschlich autonom erworbenen, sondern vom Höchsten geschenkte Gaben – untrüglich durchsetzen werden (V8), wenn ernsthaftes Bemühen gegeben ist. Diese Einsicht in den Geschenkcharakter entbindet nicht davon,

---

1   Vgl. die Untersuchung weisheitlicher Terminologie durch REINELT, Weisheit 46ff.
2   Vgl. COLLINS, Death; HEINEN, Gott.
3   Vgl. REINELT, Weisheit 67f; STADELMANN, Ben Sira.
4   Als Text wird zugrunde gelegt: ספר; wie in dieser Textausgabe werden die Handschriften mit den Sigeln A (Randlesart Am), B (Randlesart Bm), C, D, E, Ma (Masadafragment) gekennzeichnet; daneben wurde vor allem VATTIONI, Ecclesiastico, herangezogen.
5   Die Zählung folgt REITERER, Zählsynopse (vgl. ZIEGLER, Sapientia).

gleich Sira u.a. durch Reisen die Lebenserfahrung und Lebenskundig-
keit zu vertiefen. Dabei lauern Lebensgefahren („ich lief Gefahr bis
zum *Tode*"; 31,13). Die Rettung aus derartiger Grenzsituation ist nur
durch Gottvertrauen möglich: „Der Geist[6] derer, die den Herrn fürchten, wird leben. Ihre Hoffnung richtet sich nämlich auf den, der sie er-
rettet" (Vv14f).

Sira, der den Erwerb der Weisheit, das Ernstnehmen der JHWH-
Weisung[7] und der Gottesfurcht[8] als zentrale Werte darstellt, sieht auf
der anderen Seite im Alltag ganz andere Kräfte walten. Aus Klugheit
(„wisse, daß du mitten unter Fallen einherschreitest ...") rät er, ohne
Notwendigkeit keinem nahe zu kommen, der die Macht zu töten (הרג)
besitzt. Dann braucht man nämlich auch keine Todesängste (פחדי מות;
9,13) zu erleiden.

Bei positivem wie bei negativem Einstieg kommt Sira auf den Tod
zu sprechen. Er scheint für ihn von verschiedenen Anlässen und Gesichtspunkten her eine Größe darzustellen, die sein Denken und seine
Argumente bestimmt. Dieser Gegebenheit, die sich auch in der häufigen Erwähnung von Tod bzw. sterben/Sterben niederschlägt[9], wollen
nun die folgenden Untersuchungen so nachgehen, daß
  – vorerst der Fragehorizont noch schärfer aufgrund sirazidischer
    Äußerungen abgesteckt wird,
  – dann die hinsichtlich des Todes zentrale Stelle 41,1–4 untersucht
    wird[10]
  – und zum Schluß die restlichen Gesichtspunkte zu einer Zusam-
    menschau gesammelt werden[11].

---

6   Geist (רוּחַ) steht hier für die Person unter dem Gesichtspunkt von stürmischer Vita-
    lität; zum anthropologischen Gebrauch vgl. WOLFF, Anthropologie 57–67.

7   Vgl. MARBÖCK, Weisheit.

8   Vgl. HASPECKER, Gottesfurcht; BECKER, Gottesfurcht, der sich im Werk häufig, aber
    nicht geschlossen mit der sirazidischen Verwendung beschäftigt.

9   Vgl. das 29malige Vorkommen, dazu 11x θάνατος in G; in diesem Zusammenhang ist
    u.a. noch auf „Tage des Endes" 5x, Ende (אחרית) 11x (davon 3x im Zusammenhang
    mit Tod), Scheol (11x; davon 5x im Kontext von Tod), bzw. 3x in G, תהום (8x) und
    Grube (שׁחת) 3x zu verweisen.

10 Für HASPECKER, Gottesfurcht 184, handelt es sich bei diesem Text um die *"grund-
    sätzliche Lehre über den Tod"*.

2. Lebensende als Thema bei Ben Sira

2.1. Tod als Vergleich

An einigen Stellen meint Sira nicht den Tod als tatsächliches Ende des Lebens, sondern spricht in übertragener Weise von ihm. Die Sphäre des für den Lebenden undurchschaubaren, ja hoffnungslosen Todesberei- ches (37,2) kann jemand erfahren, wenn ein Freund, mit dem man in- timsten Austausch pflegte, sich in einen Feind wandelt. Im mitmensch- lichen Bereich richtet die Zunge des Streitsüchtigen und des Verleum- ders (28,8–20; G und Syr) großen Schaden an: „Der Tod durch sie ist ein schlimmer Tod, besser als sie ist die Unterwelt" (EÜ; V21). Das Leben eines Törichten wird nach 22,11f (G) negativer eingeschätzt als der Tod. Genauso wie über einen Toten sollte man für ihn Trauertränen vergie- ßen. Die Verschärfung besteht nun darin, daß für den Toten die Trau- erzeit nach wenigen Tagen endet (vgl. 38,17), für den Törichten hält sie aber aufgrund des Verlustes der Einsicht das ganze Leben an.

Diese Anspielungen zeigen, daß Sira die Abhebung gegen den Tod als extreme Illustration ethischen Fehlverhaltens verwendet. Damit wird schon angedeutet, daß der Tod selbst auch eine äußerste Grenze darstellt.

2.2. Tod als Lebensgrenze

Diese eben angesprochene Grenze ist das Ende des physischen Lebens. Eher beiläufig erwähnt sie 18,22 (G), da hervorgehoben wird, man solle mit der Erfüllung der Gelübde nicht bis zum Eintritt jener warten. Doch verbindet sich mit ihr bei Nichterfüllung am Ende der Tage Zorn und Vergeltung, die in der Abwendung des Gesichtes (Gottes)[12] be- steht.

---

11   Die Untersuchung geht so weit als möglich vom hebräischen Text (H) aus, wo dieser nicht erhalten ist, bildet die griechische Version (G) die Leitlinie; zusätzlich wird die syrische Version (Syr) herangezogen.

12   Vgl. REINDL, Angesicht 103f, der apokalyptische Anklänge findet; NÖTSCHER, Ange- sicht 131–135.

Vor Erreichung des Todes als Ziel des menschlichen Lebens ist kein einflußreicher Mensch glücklich zu preisen (11,28; in 27b.28b mit „Ende" [אחרית][13] gleichgesetzt). Negative Erfahrung mit den Kindern setzt 33,21–24 voraus. Daher wohl auch die Empfehlung, erst bei voraussehbarem Ende der Lebenstage (יום) ja am Todestag (יום המות) den Erbbesitz weiterzugeben.

Der Tod wird in 27,29 (nach G, Syr) nahezu als erlösendes Ende für jene gesehen, die sich über den Fall des Rechtschaffenen, Frommen freuen. Strafe und Schmerz lauern gefährlich wie ein Löwe auf diese. Ähnlich argumentiert 9,12b hinsichtlich des Todes (in Parallele zu יום in V11b) als zeitliche Endmarke. Der Verweis auf diesen Endpunkt dient der Begründung, daß man Bösen nicht neidig sein sollte, da Hochmut und Neid am Todestag nicht schuldlos sein lassen. Diese Argumente weisen darauf, daß – wenn auch sehr unklar – impliziert wird, mit dem Todestag treten Folgen aufgrund des zuvor geführten Lebens ein. In ähnlicher Weise wird der Tod einer Unfruchtbaren besser als das Ende eines Übermütigen dargestellt, da von letzterem kein guter Ausgang (אחרית) zu erwarten (16,3) ist.

Nahezu unberührt von der Todeswirklichkeit scheint Sira in 38,22, da das – von Gott stammende – dem Toten zugeteilte Geschick jeden Menschen gleicherweise trifft. Diese Argumentation soll als eine Beruhigung für die Hinterbliebenen dienen: „Wie die Ruhe des Toten, so ruhe auch das Gedächtnis (זכר) an ihn" (V23). Zu beachten ist, daß Sira für den Toten einen Ruhezustand annimmt (V23), anderseits darauf verweist, daß für jenen keine Hoffnung; (תקוה; V21) gegeben ist.

Der Zahlenspruch in 26,5 (G[14]) zieht den Tod der schlechten Nachrede, dem Volksauflauf und der Lüge vor. Ähnlich schätzt auch 28,21 (G, Syr) den tatsächlichen Tod gegenüber der Vernichtung durch die Zunge ein. Die mit dem Tod andernorts verbundenen Schrecken scheinen hier nicht anzuklingen. Noch deutlicher in diese Richtung spricht 30,17, da betont wird, daß das Sterben gegenüber einem schlechten, unnützen Leben oder beständiger Krankheit den Vorzug genießt. Beachtenswert ist, daß das Sterben der „ewigen Ruhe" (נוחת עולם) parallel ge-

---

13 Zu Recht weist HAMP, Zukunft 87, den Versuch zurück, „rasch an unsere christliche Eschatologie zu denken".

14 SMEND, Weisheit 234, vermutet als Vorlage einen verderbten H-Text; Syr erwähnt den Tod nicht.

setzt wird, so daß an dieser Stelle keineswegs eine nur negative Sicht des Todes begegnet. Offensichtlich sind die Rahmenbedingungen, unter denen eine Stellung zum Tod bezogen werden, entscheidend für dessen Wertung.

Für den Rechtschaffenen ist der Lohn Jahwes der Erfolg (11,17ff). Der Redliche findet Ruhe, kann von seinem „Lohn" genießen und hinterläßt, wenn er stirbt, den Rest den Nachkommen. An dieser Stelle ist das Sterben keinesfalls beängstigend. Daß man den Nachkommen etwas überlassen kann, wird als Wirkung des Segens (V20) eingestuft.

Die angeführten Argumente zeichnen kein einheitliches Bild hinsichtlich der Realität des Todes als Lebensende. Neben der Notiz, der Tod erreiche ohnedies jeden Menschen, weswegen mit Ehre und Reichtum vorsichtig umzugehen ist, stehen Konnotationen mit dem Tod, die darauf hinweisen, daß in diesem Zusammenhang ethisches Verhalten oder Schicksal von Bedeutung sind. Für böse Menschen ist der Tod eine bedrohliche Größe, da Schmerz und Strafe lauern; für Benachteiligte wie auch bei Gott Geborgene ist er eher erstrebenswert, da „ewige Ruhe" wartet. Aufgrund dieses Befundes stellen sich zwei Fragen: Welche Verhaltensweise wird durch die Faktizität „Tod" angeregt, und weiters, mit welchen Bereichen verbindet Sira den Tod in eher grundsätzlicher Art?

2.3. Anregung zum guten Handeln wegen des Todes als Lebensgrenze

Man geht fehl, wenn man annimmt, daß die Faktizität des Todes und des Umstandes, daß mit ihm nur unter äußersten Umständen positives zu verhindern ist, Lethargie ausgelöst wird. Als erstes ist in diesem Zusammenhang zu erwähnen, daß es Sira als Selbstverständlichkeit ansieht, die Bestattungszeremonie (vgl. die Totentrauer nach 22,11f; 38,17[15]) zu halten, was wohl die Liebesgaben für den Toten in 7,33 ansprechen[16].

Sira begründet die Empfehlung, der zufolge man mit seinem Besitz nach Kräften sowohl sich als auch anderen Gutes tun soll (14,11f) da-

---

15 Vgl. LORENZ, Überlegungen 308f.
16 Daher wird die Auslegung PETERS, Buch 74, daß wie in 3Makk 12,43 (Sünd)opfer oder Spenden für Arme anläßlich eines Todesfalles (Tob 4,17) gemeint sind, kaum zutreffen. HAMP, Buch 590, vermutet in das Grab mitgegebene Gaben und Speisen.

mit, daß man sich klar vor Augen zu führen habe (זכר)[17]: Der Tod tritt
plötzlich ein[18], und in der Scheol gibt es keinen Genuß. Noch Grundsätzlicher gilt, daß das von Gott festgesetzte Geschick dem Menschen
nicht erkennbar ist. Gerade die nicht zur Depression tendierende To-
desakzeptanz, zu der der Weisheitslehrer aufruft, soll Anstoß zu sozia-
lem Wohlverhalten sein: „Ehe du stirbst, tu Gutes dem Freund, und
das, was deine Hand erreicht, gib ihm" (14,13). Den Tod und die Scheol
erwähnt Syr, G das Ende und den Tod in 28,6. Vom Kontext her ist beiden gemeinsam, daß die Vergegenwärtigung dieser Todesgegebenheit
dazu führen soll, Feindschaft zu beenden und (G) die Gottesweisungen
zu befolgen. Die Erwähnung der Verfehlungen/Sünden (V5) impliziert
einen markant moralischen Aspekt. Der Einsatz für Gerechtigkeit – in
4,28 gefordert – ist kein zeitbefristetes Programm, sondern muß bis
zum Tod geleistet werden[19].

Somit ergibt sich, daß im Hinblick auf den Tod der Mensch aufge-
rufen ist, grundlegende soziale Verhaltensweisen zu pflegen: die (ge-
sunde) Selbstliebe gehört genauso dazu wie die Wohltaten an Freunden. Feindschaften haben aufzuhören, und nachdrücklich ist der Einsatz für Gerechtigkeit verlangt. Zudem ist die Versorgung der Toten zu
gewährleisten.

2.4. Bereiche, die mit dem Tod verbunden oder ihm entgegengesetzt werden

In bildlicher Verwendung werden das zerstörende Feuer dem Tod und
das erfrischende Wasser dem Leben in 15,16f parallel gestellt. Es geht
um die Möglichkeit der Entscheidung in kontroversen Lebensbereichen. Das Kriterium für die Richtung der Entscheidung ist die Ausrichtung nach Gottes Gesetz (V15). Der Vergleich weist auf einen allgemein
gültigen Charakter einer Grundentscheidung. – Die Gegenüberstellun-
gen („eines steht dem anderen gegenüber" V15b) Wohltat, Leben, guter
Mensch, Licht und Böses, Tod, Übeltäter, Finsternis finden sich in

---

17 Vgl. dazu unten 3.3.A.1.
18 So wird man wohl das „sich nicht verzögern" (tD von מהמה) verstehen.
19 Nicht unwahrscheinlich sind Implikationen, nach denen der Einsatz für Recht eine
    lebensgefährliche Angelegenheit sein kann; oder: daß er – übertragen gemeint – mit-
    unter bis an die Todesgrenze reicht.

36,14f, und es wird der paarweisen Polarität eine göttliche Regelhaftigkeit abgeschaut[20]. Darin liegt eine eigenartig zwingende Vorbestimmung, die ihren Grund in der Souveränität Gottes als Schöpfer (V13) besitzt. Vergleichbar damit ist eine längere Reihe von antithetischen Worten in 11,14f. Wenn man je die negativen und positiven zusammenstellt, ergibt sich: Wohltat, Leben, Armut, Wege des Redlichen – dazwischen eingefügt: Weisheit, Einsicht und Erkenntnis des Wortes – gegenüber: Böses, Tod, Reichtum und Verfehlung. Die Bedeutung dieser Gegensätzlichkeit wird durch das dreimalige: „Von Gott ist es" hervorgehoben und dadurch von Gott her abgesichert.

Die Bereiche Wohltat, Leben gegenüber Böses, Tod konstatiert 37,18. Der Schwerpunkt liegt auf der ethischen Verantwortung. Im angeführten Kontext verwirklicht sie sich für einen Weisen im rechten Gebrauch der Überlegung, des Wortes und der Zunge.

Stellt man die Themen zusammen, sind es: Wasser, Leben (4x), Wohltat (3x), guter Mensch, Licht, Wege des Redlichen, Armut, Weisheit, Einsicht, Erkenntnis des Wortes. Denen stehen gegenüber Feuer, Tod (4x), Böses (3x), Übeltäter, Finsternis, Reichtum, Verfehlung. Der Tod befindet sich immer auf der Seite des Negativen, das z.T. mit Abstrakta, z.T. mit Konkreta verbunden wird. Die Konkretisationen weisen in den Bereich des Ethischen (Übeltäter, Verfehlung/Sünde), wobei zu beachten ist, daß auch Reichtum in diesem Zusammenhang genannt wird. Vom Standpunkt der positiven Gegebenheiten aus haftet dem Tod nichts Anziehendes an. Oben registrierte Aussagen, die mit dem Tod auch Positiva verbinden, können demnach nur so eingestuft werden, daß es Erfahrungsgegebenheiten gibt, die das Leben so beeinträchtigen, daß das Leben die positive Wertigkeit verliert. Danach wird verstärkt, daß der Erfahrungsbereich und die Begleitumstände die Stellungnahme zum Tod bestimmen. Diese Thematik wird in grundlegend beispielhafter Form und daraus abgeleiteten Folgerungen in 41,1–4 abgehandelt.

---

20 Vgl. den Abschnitt über den „doppelten Aspekt der Wirklichkeit bei Ben Sira" in MARBÖCK, Weisheit 152ff; allerdings kommt dort die Argumentationsart, wonach Widersprüche, aber nicht unbedingt exakte Gegensätze einander gegenübergestellt werden, zu kurz, so daß auch die Absicht übersehen wird, durch Anregung zur Eigenentscheidung den Weg zur Ganzheit der Argumente zu finden.

3. Der Tod in Sir 41,1–4

3.1. Der Text

Wehe, o *Tod*, welche Depression bewirkt deine Vergegenwärtigung bei einem
Menschen, der ruht auf seinem Besitz,
>   einen sorglosen Menschen und einen, der in allem Erfolg zuwege bringt,
>   und der noch dazu Mittel hat, Annehmlichkeiten zu nehmen (V1)!

Ach, o *Tod*, denn Wohltat ist dein Geschick
>   für einen kräftigen Menschen, dem aber die Stärke fehlt, einen gebrechlich
>   stolpernden Menschen, der überall anstößt, einen Verdrießlichen, dem
>   auch die Hoffnung zerbrach (V2).

Nicht erschrick vor dem *Tod*, deinem Geschick!
>   Vergegenwärtige dir, daß die Früheren und Späteren mit dir (das Schick-
>   sal) teilen (V3)!

Das ist der Anteil allen Fleisches von Gott her,
>   und wozu sträubst du dich gegen die Weisung des Höchsten?
>   Ob tausend Jahre, hundert oder zehn:
>   es gibt keine Maßnahme für das Leben in der Unterwelt (V4).

3.2. Abgrenzung und Struktur

3.2.1. Inhaltliche Abgrenzung vom Kontext

Vom Kontext[21] hebt sich 41,1–4 deutlich ab. Bezüge inhaltlicher Art
zum Vorhergehenden sind gegeben, so daß es sinnvoll erscheint, daß
der Redaktor des Buches grundsätzliche Überlegungen zum Tod an
eben der vorliegenden Stelle anstellt. *Thematisch* besteht der innere
Konnex darin, daß zuvor das Problem des Bettelns behandelt wird. In
diesem Zusammenhang steuern die Verse 40,28ff auf ein sehr ernstes
Problem. Das Betteln demütigt den Bettelnden, stellt seine Menschlich-

---

21 Da 41,1–4 vollständig in hebräischer Version vorliegt, wird sich die Argumentation
in der folgenden Untersuchung vor allem den hebräischen Textzeugen zuwenden.
Zwar sind die Schwierigkeiten bewußt, aus den verschiedenen Handschriften einen
gemeinsamen Duktus abzuleiten zu versuchen; allerdings dürfte das Argument
nicht von der Hand zu weisen sein, daß auf diesem Weg zumindest leichter solche
Spuren aufgedeckt werden, die dem hebräischen Text folgen, als Rückschlüsse aus
den Übersetzungen; vgl. REITERER, Urtext. Diese werden allerdings regelmäßig berücksichtigt.

keit dermaßen in Frage, daß nur Empfindungslose (schon Zerbroche-
ne?) darin kein Problem erkennen, während alle anderen wie von innerem Feuer gepeinigt werden, so daß es für sie besser erscheint, zu sterben als zu leben (Vv28b.29b). Daran schließt sich redaktionell sinnvoll
das Problem der *Wertung des Todes*.

Die Erwähnung von Geschlechterfolgen in 41,3f mag der Anlaß
sein, ab 41,5 das Problem der – dem ernst-depressiven Kontext entsprechend – mißratenen Nachkommenschaft anzufügen.

3.2.2. Formale Abgrenzungsmerkmale

Formal weist das einleitende [‎׳]‏הוֹ auf einen Neueinsatz. In V5 findet
sich kein markantes Merkmal eines Neueinsatzes[22].

3.2.3. Inhaltliche Aufbau- und Untergliederungskriterien

Die Darstellung des Aufbaues der Einheit kann auf Gliederungsmerk-
male zurückgreifen:
- V1, eingeleitet mittels [‎׳]‏הוֹה[23]; Schrecklichkeit des Todes für einen,
  dem es gut geht; diesem Argument antithetisch gegenüber steht
- V2, durch הֲאָה eingeführt, die Annehmlichkeit des Todes für jemand ohne Hoffnung auf Lebensgenuß, woraufhin
- in Vv3f eine Belehrung folgt und mit für alle Menschen relevanten Beobachtungen abschließt.

Als Leitwort dieser Einheit ist Tod (מוּת) anzugeben, der in 1a.2a und 3a
erwähnt wird.

3.2.4. Syntaktische Strukturmerkmale

Die Satzformen sind wie folgt gegeben:

Nominalsätze: 41,1a   41,1b
                     41,1c   41,1d

---

22 Diese Gegebenheit ist es wohl auch, die verschiedene Abgrenzungen. veranlaßt;
    HASPECKER, Gottesfurcht 184 Anm. 131, erkennt sehr richtig stilistische Unterschiede
    und vermutet daher, daß ab V5 der Enkel am Werk ist. PRATO, Problema 342, sieht
    eine Strophengliederung in 41,1–13, ohne daß er die – inhaltlichen wie stilistischen –
    Spannungen ab V5 argumentativ glätten kann.
23 Ma, Bm, G; B ist eine mißverstandene Korrektur. Der Unterschied zu V2 ist vermut-
    lich durch den Inhalt bedingt.

	41,2a	41,2b
	41,2c[24]	41,2d
Verbalsätze:	41,3a (Neg + PK)	41,3b (Imp)
	41,4b (PK als Frage)	
Nominalsätze:	41,4a	
	41,4b	41,4d

Diese formale Beschreibung läßt die auf inhaltlicher Beobachtung be-
ruhende Gliederung präzisieren: nach acht Nominalsätzen (je 4 Paare)
leitet ein finites Verb den zweiten Teil ein. Die Einheit gliedert sich
demnach in sieben (erster Teil *vier*, zweiter Teil *drei*) Doppelzeiler. Die
größere Anzahl der Stichen in der ersten Nominalsatzreihe besitzt
durch die Antithese ihrerseits eine Gliederung (A: V1; B: V2). Die Gewichtigkeit der Beispiele ist offensichtlich. Terminologisch schließt die
Aufnahme der Wurzel זכר in 1a und 3b die Teile 1 und 2 zusammen.
Der zweite Teil (C) ist nochmals gegliedert, da dem Doppelstichus mit
finiten Verben zwei – analog dem ganzen ersten Teil erschlossenen –
ins Grundsätzliche weisende, gerade halb so viele wie im ersten Teil
gegebene Doppelstichen folgen.

3.2.5. Summe aus den Beobachtungen

Diese formale Beschreibung deutet darauf hin, daß eine künstlerisch
ausgefeilte, in den Augen des Schriftstellers mit Gewicht versehene
Einheit vorliegt. Infolge der Lehrspruchgestaltung wie der Position ergibt sich, daß eine von Sira als bedeutsam beurteilte Behandlung des
Themas „Tod" hinsichtlich des Faktums, der Wertung und der Implikationen gegeben ist[25].

---

24 Diese strukturelle Gleichheit ist eines der Argumente in 41,2c, das in Ma und Bm er-
    haltene Ptz der in B verwendeten PK vorzuziehen; vgl. DI LELLA, Text 101.

25 Vgl. FUSS, Tradition 238f. Welche Bedeutung die Abgrenzung für die Deutung imp-
    liziert, belegt ungewollt STADELMANN, Ben Sira 135, da nämlich – wofür die vorlie-
    gende Untersuchung keinen Anhaltspunkt entdecken kann – u.a. 40,3–10 als Beleg
    dient, daß Sira grundsätzlich den Tod „als von Gott gesandte Strafe für Sünde ver-
    standen" habe.

3.3. Erhebung des Gehaltes der einzelnen Stichen

Während Sira hinsichtlich der Schöpfung (40,8) die enge Verquickung von Mensch und Tier konstatiert, ist auf der Erlebnis-, Verhaltens- und Bewertungsebene eine klare Scheidung vollzogen: nur der Mensch kann verderblich handeln (40,9), und nur der Mensch stellt sich dem Tod wertend gegenüber. Der Abschluß von 41,1–4 impliziert zwar das auch andernorts notierte Faktum, daß jeden Menschen das Schicksal des Todes (vgl. 14,17; 17,2) ereilt, setzt aber einen neuen Akzent, da die Stellung und Wertung des Todes zum Gegenstand der Überlegung erhoben wird.

Auf die Gewichtigkeit dieser Einheit weist auch die Wortwahl, der anschließend besonderes Augenmerk zugewendet werden soll.

3.3.A. Der drohende Tod

3.3.A.1. Der inhaltliche Beitrag durch V1a
„Wehe, o Tod, welche Depression bewirkt deine Vergegenwärtigung"
Das „Wehe" leitet wie in 37,3 einen Klageruf ein. Sofort nach der Nennung des Todes findet sich מר („Bitternis"), das die zentrale Wertungskategorie darstellt. Daher stellt sich die Frage, welche Gedankenverbindungen bei Sira gegeben sind, wenn er מר an zentraler Position gebraucht. – Die Bitternis der Empfindung (מר נפש) von 4,1b wurde schon früh durch einen deutenden Einschub auf den Armen hin ausgelegt[26]. Die allgemein sirazidische Kennzeichnung der bedrückenden Seiten des Armendaseins (z.B. 40,29: „Wer nach dem Tisch anderer schauen muß, dessen Leben ist nicht als Leben zu rechnen") setzt jener voraus, der die „Empfindung des Armen" als „Niedergeschlagenheit, Depression, Verzweiflung" qualifizierte und interpretierend einfügte. Diese an die Verzweiflung heranreichende Bedeutung wird durch 4,6 unterstrichen: „Wenn der Verzweifelte (מר רוח) in seinem Schmerze

---

26 So erklärt sich auch das gestörte Metrum; vgl. PETERS, Text 8. Festzuhalten ist, daß Sira מר wie ein Substantiv behandelt; dies zeigt die Position vor den Bezugssubstantiva und das Faktum, daß – wenn man מר schon als ein ungewöhnlicherweise vorangestelltes Adjektiv beurteilen würde – die geschlechtliche Übereinstimmung vorliegen müßte; vgl. Rut 1,20. Da sowohl נפש als auch רוח Feminina sind, müßte je מרא zu lesen sein.

schreit, so wird sein Fels (= Gott[27]) auf die Stimme seines Hilfeschreies hören." An Gott erinnert 7,11. Man findet das Verbot einen Menschen „bei Bitternis des Geistes", was wohl auf seine Gestimmtheit verweist, zu verachten, da es einen – nämlich Gott – gibt, der erniedrigt und erhöht. Eingeschlossen ist, daß man durch das „(hochmütige) Herabschauen" den Zustand verschlechtert, so daß es um mehr gehen dürfte als bloße Verbitterung, und die Bedeutung מר נפש nahe kommt.

Hinsichtlich der מר-Verwendung bei Sira wird man festhalten, daß es sich durchwegs um eine personale, psychisch schwer ertragbare Empfindungskategorie eines personal zentralen Bereiches handelt, der Depression und Verzweiflung einschließt und somit den Menschen in seiner Emotionalität trifft. Sind Menschen für diesen negativen Zustand mitverantwortlich, haben sie den Schöpfer, der den Betroffenen beisteht, als Kontrahenten gegenüber. Man wird weiters darauf achten, daß in 41,1a ein Nominalsatz (מר als Substantiv) vorliegt, wodurch die statische Prägnanz und Überzeitlichkeit bzw. Aspektenthobenheit[28] deutlich verstärkt wird. Es handelt sich also um eine grundlegende, nicht zeitgebundene Feststellung, daß der drohende Tod bei manchen Personengruppen Depressionen hervorruft.

Das Substantiv זכר (EÜ „zu denken") ist auf eine andere Dimension gerichtet als זכרון (45,9.11), womit die Erinnerung gemeint ist. In der Vernichtung von זכר, so 10,17, ist auch das Auslöschen der Betroffenen für kommende Generationen eingeschlossen (vgl. 44,9; 47,23e). Dagegen stehen jene, die sich auf seiten Gottes befinden (אנשי חסד 44,10), deren Hoffnung nicht schwindet und deren זכר für alle Zeit (עד עולם) fest (עמד) bleibt[29]. Demnach spricht זכר von der *Gegenwärtigsetzung* personal relevanter Gegebenheiten und impliziert, daß Sira in 41,1a Tod (מות) auf der Ebene personaler Erscheinungsformen sieht.

„Tod" ist demnach nicht einfachhin personifiziert, aber eine der Person analoge Realität. Danach setzen 41,1f den Tod *nicht als hypothetische, abstrakt relevante Größe in den Mittelpunkt, sondern als eine einer Per-*

---

27 Vgl. richtig deutend G und Syr, indem sie „Schöpfer" verwenden.

28 „Herkömmlicherweise sagt man, das Perfekt bezeichne die abgeschlossene, das Imperfekt die unabgeschlossene Handlung ... Das Partizip ist nicht auf eine bestimmte Zeitstufe festgelegt"; Jenni, Lehrbuch 97.93.

29 Vgl. als Beispiele Mose nach 45,1d; die guten Richter nach 46,11d; Joschija in 49,1c; „auf dem Gaumen wie Honig ist süß sein זכר", heißt es von Nehemia in 49,13a.

son vergleichbare, die Existenz entscheidend beeinflussende Erscheinung. Die Behandlung der mit der Realität „Tod" gegebenen Probleme wird in antithetischer Argumentation in V1 bzw. V2 entfaltet.

3.3.A.2. Der inhaltliche Beitrag durch V1b

„... bei einem Menschen, der ruht auf seinem *Besitz*"
Daß זכר die gedankliche Vergegenwärtigung einer für das Leben bedeutsamen Realität beschreibt, wurde eben dargelegt. Dies konkretisiert sich für den „Ruhenden" in der existenzbezogenen Auseinandersetzung mit dem hypothetisch jederzeit bevorstehenden Tod, wodurch die Darlegung der Bitternis der Wirkung des Todes angeregt wird. Welche Personengruppe schwebt Sira vor, wenn der vom „Ruhenden" (שקט) spricht? – In der Einleitung zum Lob der Väter findet sich in 44,6 eine terminologische und syntaktisch gleich konstruierte Parallele. Es handelt sich um eine positive Folge der Lebensführung (44,6a) der des Preises würdigen Personen. Ihnen war es schon vergönnt, „auf ihrem Besitz zu ruhen". „Ruhen" ist demnach ein ersehnter Zustand (vgl. den Fall der Defizienz in 40,6), wobei der zum Teil durchaus positiv gewertete Besitz[30] (vgl. z.B. 10,30f; 11,14; 13,24; 26,4; 38,11) ein unverzichtbares Circumstant zu sein scheint.

3.3.A.3. Der inhaltliche Beitrag durch V1c

„einen *sorglosen* Menschen und einen, der in allem *Erfolg zuwege bringt*"
41,1c lenkt den Blick auf einen, der *sorglos*[31] ist. Das Substantiv „Sorglosigkeit" (שלוה) verwendet Sira zur Charakterisierung der Regierungszeit Salomos: „Salomo war König in Tagen der Ruhe (בימי שלוה) und Gott verschaffte ihm Ruhe (נוח H; 47,13). „Aufgrund dieser Ruhe ist es auch möglich, Reichtum[32] anzusammeln: „... du häuftest wie Eisen Gold auf, und wie Blei vermehrtest du Silber." Dieser abgesicherte Ruhezustand kennzeichnet auch solche Personen, die weitum Erfolg zustande bringen (צלח H). Auf das Gebet wird der Untersuchungs-

---

30 Allerdings ist in diesem sensiblen Feld Vorsicht geboten, vgl. 3,17; 11,16f; 14,3f; 25,2; insbesondere sind jene den Reichen bzw. Reichtum geißelnden Stellen dann nicht zu übersehen, wenn Arme zum ausgebeuteten Subjekt werden; vgl. 8,1f; 13,2–22; 27,1; 34,1–5.

31 Verbaladjektiv des Zustandsverbs; vgl. zur Definition IRSIGLER, Einführung 76.

32 Vgl. 1Kön 10,14–29; 2Chr 1,15.

erfolg des Arztes in 38,14 (vgl. V13) zurückgeführt. Nach 11,17b ist jener erfolgreich, der Gottes Wohlgefallen (רצון) besitzt. Wenn Sira auch nicht definiert, was er mit „erfolgreich sein" meint, so legt der Kontext doch nahe, daß es sich zumeist um den gelungenen Erwerb von Besitz handelt. Dafür spricht auch die von Sira angezogene Gegenposition, wonach derjenige, der erfolgreich tätig ist, gar leicht vom Hochmut (זדון) durchdrungen ist (9,12). Geradezu tröstend wird darauf hingewiesen, daß auch jener zur Todesstunde doch nicht schuldlos erscheinen wird (PK).

Wenngleich in der Ausgangstelle 41,1c zuvorderst die Faktizität festgehalten wird, wird man mit den positiv wie negativ zu wertenden Arten der Besitzsammlung als spezifische Form des „Erfolgreich"-Seins rechnen. Für beide ist das bevorstehende Todesschicksal bedrohlich.

3.3.A.4. Der inhaltliche Beitrag durch V1d

„und der noch dazu Mittel hat, Annehmlichkeit zu nehmen!"
Die Abzweckung von 41,1d scheint auf den ersten Blick nicht eindeutig. Wenn nach B חיל zu lesen ist, fragt man sich, ob der *Reichtum*[33] oder die *physische und/oder psychische Kraft/Autorität*[34] gemeint ist. Folgt man Ma und sieht כה für ursprünglicher an, ändert sich das Bild kaum: in 5,1a steht für *Reichtum* חיל und in 1c כה[35] dagegen ist in 5,3 „*Kraft*" gemeint[36]. Die Überprüfung ergibt, daß *Einfluß* gar eng mit *Reichtum* zusammenhängt, so daß man – vor allem bei Vorhandensein zusätzlicher Anhaltspunkte – sowohl für חיל als auch für כה die Wechselwirkung von Reichtum und Einfluß mitzudenken hat. Insbesondere in 41,1d scheint die schillernde Bedeutung der Absicht des Autors entgegenzukommen.

Die Überprüfung von קבל (41,1d; entgegennehmen, empfangen; EÜ: genießen) lenkt den Blick auf die gleiche Phrase in 34,3b: „Die Anstrengungen des Reichen (עשיר) dienen zum Erwerb (קבל) von Vermögen, und wenn er ruht, dient (es) ihm dazu, Annehmlichkeit entgegenzunehmen (לקבל תענוג)." Die Spitze des Verses geht darauf hin,

---

33 So in 5,1; 14,15; 40,13.26, als Parallele steht כה.
34 Vgl. 6,2; 7,6; 17,3; 26,2; 44,6, wo auch כה steht; 46,1.
35 Vgl. 31,4; 40,26.
36 Vgl. 9,14; 31,30; 38,5; 43,16.30.

daß der Reiche „nehmen und nehmen kann", ohne sich – im Gegensatz zum Armen – ernsthaft anstrengen zu müssen[37].

Den freudigen Genuß (in Parallele zur Ruhe [מנוחה]) bezeichnet תענוג in 6,28, wie er durch den Erwerb der Weisheit verursacht wird. Und: „Wer sich selbst weise macht, sättigt sich mit Genuß (תענוג), und alle, die ihn sehen, preisen ihn glücklich" (37,24). Nun unterscheidet Sira genau zwischen einem tatsächlich Weisen, und einem, der es nur dem Schein nach ist (37,19f); letzterer wird vom מאכל תענוג ausgeschlossen, womit die Verweigerung der Teilnahme bei einem Gastmahl gemeint ist. 11,25 setzt die Zeit des Wohlergehens (יום [טוֹבָ]ת) jener des Unheils (רעת יֹּ) gegenüber. Im folgenden Vers wird die Thematik beibehalten, so daß man תענוג – ersetzt in der Parallele טוב – als Wohlergehen beschreiben wird. Interessant ist, daß auch auf das Lebensende (27b) verwiesen wird. Dieses Thema wird in 14,12 ausdrücklich mit Unterwelt und Tod verbunden: „Denke daran, daß es im Totenreich kein Wohlergehen (תענוג) gibt und daß der Tod nicht zögert." Diese Aussicht hatte Sira zuvor (V11) zur Empfehlung veranlaßt, das zu nutzen, was einem zur Verfügung (יש) steht (vgl. 14,16).

Sira spricht neben diesem geruhsamen, positiv gerichteten auch vom hemmungslosen Genuß (18,32f), dem allerdings die ausgelassene Schwelgerei (18,30f) vorausgeht. Die Verse 37,28–30 bieten geradezu eine Kurzabhandlung zu diesem Thema. Jeweils im ersten Halbvers findet sich תענוג[38]; die deutende Parallele מטעמים (Leckerbissen) in V29c legt die Bedeutung auf Essensgenuß fest. Es geht darum, daß nicht jeder Genuß jedem wohl bekommt (V28), daß man sich nicht auf jeden Leckerbissen stürzen soll, da schon der unmäßige Genuß zur Krankheit, im Extrem sogar zu unverzüglichem Erbrechen führt. Zügellose Lebensführung verkürzt, geregelte verlängert das Leben: „Ohne Zucht sterben viele, wer sich aber hütet, verlängert das Leben" (37,29).

Den Beobachtungen zufolge wird man festhalten, daß Sira wie fast in allen seinen Stellungnahmen je die gegenpoligen Gesichtspunkte berücksichtigt. Er konstatiert den „Genuß" in zwei Bereichen:

- im übertragenen Sinne verwendet, da im Erwerb von Weisheit schätzenswerter Gewinn zu sehen ist. Wenn dies auch verstärkt

---

37 Vgl. REITERER, קבל 1143.
38 In 28a wird man Bm bzw. D statt des in B stehenden חוב den Vorzug geben.

positiv zu bewerten ist, übersieht Sira nicht, daß es Fälle geben kann, in denen „Weisheit" vorgeschützt wird, um in den Genuß von Leckerbissen zu gelangen;

– im realistischen Sinne verwendet; in diesem Falle reicht die Bedeutung vom ruhigen Genießen (parallel zur Ruhe) bis zur unmäßigen, die Gesundheit und das Leben bedrohenden Völlerei. Andere Bereiche, die man mit „Lust genießen" verbinden kann, scheinen nicht eingeschlossen zu sein.

3.3.A.5. Zwischenergebnis für das Verständnis des V1

Zwar werden je nach Kontext auch verschiedene Akzente und Verwendungen für die einzelnen zentralen Worte bzw. Phrasen geboten, blickt man jedoch auf die Einzelüberprüfung zurück, zeigt sich, daß der *gemeinsame* Nenner im Umkreis des Besitzes liegt. Der Besitz (es muß nicht schon bedeutender Reichtum impliziert sein[39]), wird in seiner positiven Dimension gesehen, und daher kommt es zu folgenden Konnotationen: die Ruhe wird mit dem Vermögen verbunden, die Sorglosigkeit mit dem Faktum, den Erfolg zustande bringen zu können, und zuletzt zentriert sich die Argumentation auf den Besitz, dessen Genuß man z.B. in Form eines Mahles auskosten kann. Für eine Person, die sich dieser Gegebenheiten erfreuen kann, ist und bleibt der jederzeit mögliche Tod – eine einer Person ähnlich erfahrbare Realität – eine bedrohliche, ja emotionell belastende Gegebenheit. Daher wird das geistige Vergegenwärtigen (זכר) dieser lebensbedrohenden Größe als Depression und Hoffnungslosigkeit erfahren.

3.3.B. Der erwünschte Tod (V2)

3.3.B.1. Der inhaltliche Beitrag durch V2a

„Ach, o Tod, denn Wohltat ist dein Geschick"
Die Gegenposition zu V1 wird durch האח eingeführt[40]. Wenn auch in den erhaltenen Textpassagen keine Parallele vorliegt, so dürfte der Kontext zeigen, daß nicht die negative Orientierung, wie sie mit הוי

(V1a) verbunden ist, gemeint ist. Der „Anspruch" des Todes wird als טוב, einem bei Sira häufig verwendeten Wort, gewertet[41]. Gutes, Schätzenswertes, im Gegensatz zum Schlechten, Übel[42] versetzen jemanden in den Bereich des Lebens im Gegensatz zum Tod (11,14; vgl. 37,18). – Bemüht sich auch jemand vergeblich in seinem Leben, wenn Gottes Auge „zum Guten" (לטוב) auf ihn blickt (11,17), erhebt er sich zum Staunen vieler aus seinem Unglücksbereich.

12,1–9 kreist um das Thema טוב (verbal wie substantivisch): Vorsicht ist auch im Guttun geboten, da ein Böswilliger (רשע) das Gute zum Bösen mißbraucht und so ein theologisches Problem hochkommt (12,6). Nach 37,25 hat Gott den Guten das Gute/Wohlergehen zugeteilt. Den Bösen jedoch fordert die Alternative „Gutes contra Böses" zur Entscheidung heraus. Allerdings gewährleistet das Gute Hoffnung, da es Rechtschaffenheit (צדקה) einschließt (12,3). In 12,8f wird klar, daß Gutes mit „Wohlergehen" im engsten Zusammenhang steht und das Verhalten zu einem Kriterium der personalen Wertigkeit wird: „Nicht kann man erkennen im Wohlergehen (טובה) einen Freund, aber nicht kann verborgen bleiben im Unglück ein Feind" (V8), da er sich, statt zu helfen, zurückzieht. Das Gut der Liebe kennzeichnet nach 7,19 die unüberbietbare Werthaftigkeit der Frau. Wenn 42,14 diese Thematik auch genau vom gegenteiligen Standpunkt aus behandelt, ist deutlich, daß es um qualitativ Gutes bzw. um Wohltat geht. Innerhalb des ausgedehnt behandelten Verhaltens bei einem Mahl (ab 34,12) kommt Sira auch zur allgemeinen Charakterisierung: „Den Anständigen (טוב) beim Mahle preist die Kunde, das Zeugnis seines Anstandes (טוב) ist verläßlich." Wohlverhalten, Anstand ist das mit טוב Gemeinte. Die qualitative Güte (טוב) der einzelnen Schöpfungsgegebenheit rühmt 42,15[43].

---

41 Daß es sich um ein Substantiv handelt, ergibt sich u.a. aus der Vorausstellung und im Falle der Richtigkeit von B auch aus dem Zahlunterschied; Ma bietet eine parallele Konstruktion wie 1a, so daß alle auch dort angeführten Argumente gelten. Daher sind jene Übersetzungen zu befragen, die dem Text durch das adjektivische Verständnis die Schärfe nehmen.

42 Vgl. die Gegenüberstellung von טוב und רע; diese Polarität findet sich noch in 11,31; 12,4; 13,25; 36,14; 37,18; 39,25; 42,14.

43 Der Schuldlose wird in 34,8–11 gepriesen, der sich nicht des Geldes (ממון; 8b) wegen verging. Ihm wird Ehre zuteil und „fest bleibt sein Gut", womit dem Kontext entsprechend wohl Besitz gemeint ist (vgl. 44,11).

Die Untersuchung zeigt, daß es bei טוב um Schätzenswertes, Erstrebenswertes, um die Qualifikation des Guten in bestimmten Zusammenhängen und die Wohltat geht. Diese Konnotationen schwingen mit,
wenn Sira in 42,2a das Todesgeschick mit טוב charakterisiert: es ist eine
Wohltat[44].

Bis jetzt wurde Geschick (חוק) nicht näher präzisiert[45]. Der Aufruf
an den Schüler, in seinem Schicksal (Syr: Lebensweg) fest zu bleiben
(11,20) und in seinem Beruf alt zu werden, weist חוק auf das von Gott
zugewiesene Geschick. Tatsächlich steht im nächsten Vers: „Vertraue
auf den Herrn und hoffe auf sein Licht, denn leicht ist es in den Augen
des Herrn, im Augenblick, plötzlich (reich zu machen den Armen)"
(11,21). Mit der schicksalhaften Regelhaftigkeit der Unterwelt und dem
Tod bringt 14,12 חוק[46] in Verbindung. Größere Klarheit hinsichtlich des
Gemeinten kann 14,17 beibringen, da auf die Vergänglichkeit des Menschen Bezug genommen wird; dort steht als Summe: „Dies ist ein im-
merwährendes Geschick (חוק עולם)". Die Trauer über einen Toten soll
die Überlebenden nicht zu sehr fesseln; beruhigend soll wirken: „Denk
an sein Geschick (חוק), es ist so auch dein Geschick (חוק), ihn traf es
gestern, dich heute" (38,22)[47].

„Geschick" impliziert gleichbleibende Regelhaftigkeit[48] und wird
von Sira mit dieser Implikation als Bestimmung des Menschen zum
Tod verstanden.

---

44 Aufgrund dieser Gegebenheit wird man weder PENAR, Philology 68, noch SAUER, Je-
    sus Sirach 606, folgen, die für „süß" im Gegensatz zu „bitter" eintreten. Beide ver-
    fehlen damit die ins Grundsätzliche tendierende Dimension, wie auch die anvisierte
    Ernsthaftigkeit zu wenig klar wird.

45 Das Wort scheint gesichert. Schwieriger ist die Entscheidung über die richtige Les-
    art. Nach B חוקו (vgl. G, wo aber sg gelesen wird); Bm חוקו; in Syr unberücksich-
    tigt. Man wird mit einem Intensivplural rechnen; ausgenommen 41,3 und 45,5 ist
    immer sg belegt.

46 So auch die schwierige Stelle 16,22b.

47 Neben dieser Verwendungsweise wird חוק im traditionellen bzw. von jenem Feld
    ableitbaren Sinne verwendet. Die Bedeutung Weisung und Gesetz Gottes findet in
    42,2; 45,5.17 Beispiele; auf Aaron gewendet in 45,7; vgl. V24. Regeln der Dichtkunst
    spricht 44,5, solche der Regentschaft 47,11 an; vgl. zum terminus STADELMANN, Ben
    Sira 154 Anm. 1.

48 Vgl. die Regelhaftigkeit in der Schöpfung; 39,31; 43,7.10.

3.3.B.2. Der inhaltliche Beitrag durch V2b

„für einen (einst) kräftigen Menschen, dem aber die Stärke fehlt"
Die nähere Präzisierung der Person, für die das Todesschicksal als
Wohltat erscheint, setzt mit אונים ein. Dieses Wort hat keine Vergleichs-
belege bei Sira. Die Übersetzungen verstehen es als „gebrechlich, erschöpft" (Syr) oder „entbehrend" (G). Im hebräischen Alten Testament
stößt man auf einen terminologisch parallel gebildeten Satz in Jes 40,29:
„dem Kraftlosen gibt er große Stärke". Ist ein Anklang anzunehmen, ist
von און „Kraft" (10x belegt) auszugehen[49]. Dadurch liegt eine Verschärfung der Pointe dahingehend vor, daß dem zuvor „kräftigen Menschen" die Stärke fehlt, weswegen das Ende ersehnt wird.

Fragt man danach, was „Stärke" (עצמה), deren der in 41,2b Ge-
nannte entbehrt, genauerhin ist, bieten sich mehrere Verweisstellen an.
Das wurzelgleiche עצם kann die Lebenskraft (30,14), die als besonderer
Reichtum angesehen wird (30,16), im Gegensatz zur körperlichen
Krankheit (נגע בבשרו) ansprechen.

An die Szene von Num 14,6–38[50] erinnert Sir 46,7f. Während in
Numeri nur gesagt wird, Josua und Kaleb seien anläßlich der Strafe
Gottes verschont geblieben, wird Kaleb nach Sira mit Kraft (עצמה) be-
schenkt, die die Landnahme ermöglichte und „bis ins Alter erhalten
blieb" (46,9b). Demnach ergibt sich, daß auch in 41,2b die bis ins hohe
Alter reichende Lebenskraft angesprochen sein dürfte. Gerade für einen ehemals Kräftigen ist deren Verlust besonders belastend. Diese Beobachtungen inkludieren, daß V2b von einem alten Menschen handelt.

3.3.B.3. Der inhaltliche Beitrag durch V2c

„einen gebrechlich stolpernden Menschen, der überall anstößt"
Die Person wird weiters durch כושל charakterisiert. Nach 42,8^Ma wird
das Wort mit dem Greis (שב) in Verbindung gebracht und bezeichnet
wohl das jederzeit vom Fall bedrohte gebrechliche Gehen. Das Verb
wird meist im übertragenen Sinne gebraucht, belegt aber auch das personale Schwanken, das Gefahr läuft, stolpernd zu fallen. – Im Gegensatz zur zeitgerechten Rede (4,23) handelt V22a von Selbstüber-

---

49 Bemerkenswert ist, daß STADELMANN, Ben Sira, die Parallelität entgangen ist.
50 Dort wird berichtet, daß sich Josua und Kaleb gegen jene Kundschafter und Stam-
    mesvertreter wandten, die vor dem Einzug ins gelobte Land warnten und so Gottes
    Verheißung in ein schlechtes Licht rückten.

schätzung, die als selbstgestellter Stolperstein zum Straucheln[51] erläutert wird. Ähnlich kann die Trauer dazu führen, daß man sein Sinnen
(עצתך) so auf sie konzentriert, daß man schwankt bzw. gar zu Fall
kommt (30,21)[52]. Der Gottesfürchtige und Gleichgesinnte hilft[53], wenn
jemand strauchelt, sich verstolpert. Nichtsnutzige Menschen haben
kein Mitgefühl zu erwarten, wenn sie straucheln (41,9).

Aufgrund der Gesamtheit der Verwendungen wird – wenn auch
auf physischer Ebene – 42,8 und 41,1c unterstützt: es handelt sich um
eine schwerwiegend einschränkende Lebenserfahrung.

In 13,2 warnt Sira davor, sich mit Ungleichen zu verbünden, da
man als schwächerer Teil dadurch seine Existenz gefährden kann. Dies
erläutert er mit einem Bild, das die Bedeutung von נקש klar werden
läßt: „Was verbündet sich der Topf mit dem (eisernen) Kessel, wo er
doch jenen, wenn er anstößt, zerbricht." In 41,2 wird nun dieses An-
stoßen[54] ebenfalls gebraucht.

Der Stichus 2c spricht nach den bisherigen Untersuchungen davon,
daß für jenen der Tod eine Wohltat ist, der „stolpert". Das weist auf eine alte Person, die beim Gehen Schwierigkeiten hat und der jede Un-
ebenheit des Bodens zum Stolperstein werden kann. Derart geschwächt
stößt die betroffene Person auch sonst überall an. Dies ist mutmaßlich
nicht nur physisch gemeint, sondern impliziert im Bild, daß auch
menschlich rundherum Barrieren das Leben einschränken. Insgesamt
führt 2c die Argumentationsreihe von 2b fort.

3.3.B.4. Der inhaltliche Beitrag durch V2d
„einen Verdrießlichen, dem auch die Hoffnung zerbrach"
Das Verb, dessen Partizip V2d einführt, findet sich in 4,25. Es bezeichnet das Gegenteil von „sich erniedrigen" vor Gott, nämlich „wider-

---

51   In A eine figura etymologica; C liest תבוש statt תכשל.

52   Diese Lesart von B עון wird zu Recht zugunsten der Randlesart עצה nachgeordnet;
     vgl. SAUER, Jesus Sirach 579, (ebendort weitere Literatur).

53   37,12 D liest יעבד = „er arbeitet, dient"; B יניע = „er läßt berühren" kann übertragen
     den eifrigen Einsatz beschreiben und ist von daher nicht von der Hand zu weisen.

54   In B findet sich die PK, in einer Randlesart aber je das Ptz (übrigens in einer Rand-
     lesart in מושל verschrieben), das in Parallele zu Stichus a vorzuziehen ist.

spenstig sein gegen Gott". „Widerspenstigkeit"[55] ist demnach eine der Qualifikationen der Person, die 41,2d im Auge hat. Präzisiert sieht PE-TERS[56] darin das „verdrießliche, mürrische Wesen des Alters" angesprochen. Eine Verwandtschaft zum im Arabischen belegten סרב (kopflos) vermutet DRIVER[57]. Berücksichtigt man, daß Sira sehr klar die Gebrechlichkeit und das mögliche Lästigfallen alter Menschen als Problem thematisiert (vgl. 3,12f), wird man eine Beschreibung der Verhaltensweise gegeben sehen[58].

Verlorengegangen[59] ist der in 41,1d gemeinten Person auch „Hoffnung". Was verbindet Sira nun mit Hoffnung (תקוה)? In 7,13 rät Sira davon ab, Lügen aufzuhäufen, denn deren „Hoffnung" ist nicht angenehm, womit gesagt wird, daß die Lüge keine Zukunftsaussicht hat. In die gleiche Richtung, jedoch auf das Lebensende ausgerichtet, weist 7,17: „Gar sehr beuge den Hochmut, denn die Enderwartung (תקוה) des Menschen ist Verwesung." Mit Zweiflern an der Wirksamkeit Gottes (die in 16,23 als uneinsichtig eingestuft werden) setzt sich Sira in 16,18ff auseinander. Deren Frage bezweifelt Zukunftsaussichten, da alles auf die Endbestimmung (חוק)[60], gemeint ist der Tod (16,22), hinausläuft. Noch schärfer ist 38,19ff. An einen Toten soll kein Gedanke verschwendet werden, „denn es gibt für ihn keine Zukunftsaussichten mehr ..."; und der Kummer schadet (vgl. 38,21). An dieser Stelle ist keine über den Tod reichende Zukunftshoffnung gegeben. – Positiv ist die Zukunftsaussicht bzw. die Hoffnung, wenn Gott mitwirkt: „Der Segen Gottes ist das Geschick des Rechtschaffenen, so daß zur rechten Zeit

---

55 Vgl. auch G; Syr dürfte eine andere Vorlage besessen haben, liest man doch „der des Geldes entbehrt", womit zwar die Thematik von V1 fortgeführt, aber der Gedankengang des V2 verlassen wird.

56 PETERS, Buch 346.

57 DRIVER, Notes 282.

58 Vgl. MIDDENDORP, Stellung 93: Es kann „die störrische Art arteriosklerotisch veränderter Menschen angegeben" sein. Notieren sollte man auch, daß zwei Randlesarten zu B „es gibt keine körperliche Schönheit" (mutmaßlich durch diese Lesart von Ma trotz des ausgefallenen Buchstabens unterstützt) auf den langsam in sich zusammenfallenden Körper älterer Menschen Bezug nehmen und damit indirekt eine Begründung der vorher genannten Gebrechlichkeit nachtragen.

59 Mit Ma hat man das Ptz pass zu lesen; B kann nur als defektive Schreibweise verstanden werden.

60 Vgl. oben 3.3.B.1.

seine Hoffnung sprießt" (11,22). Auch Wohltaten[61], die überlegt getätigt werden, besitzen gute Zukunftsaspekte: (12,1; vgl. 44,10).

Für Sira beschreibt תקוה jene Hoffnung, die auf Zukunft hin ausgerichtet ist. Das kann positive Dimensionen umfassen, wird aber von Sira meist mit dem Lebensende in Zusammenhang gebracht und weist so auf das damit mitgegebene Ende der Zukunftsperspektiven.

3.3.B.5. Zwischenergebnis für das Verständnis von V2

Blickt man auf 2a–d, zeigt sich ein durchlaufender Faden. Der Tod wird nicht nur mit der sehr allgemeinen Qualifikation „gut" versehen, sondern als Wohltat hingestellt. Zugleich zeigt sich, daß es nicht um eine wie immer geartete unverbindliche Todesregel geht, sondern der Tod selbst als (von Gott festgesetztes) Schicksal erscheint. Dieses ersehnte Schicksal ist aber nach diesem Text nur für eine bestimmte Personengruppe anziehend. Ein markanter Fall ist ein alter, insbesondere zuvor agiler Mensch, der physisch gebrechlich geworden ist, überall aneckt, seiner Umwelt durch typische, altersbedingte Sturheit schwerfällt und seinerseits die Zukunftshoffnung aufgrund des nahen Lebensendes verloren hat.

3.3.C. Die Verse 3–4

Die zweite Strophe (Vv3–4) weist durch die geänderte Syntax auf eine vom ersten Antithesenpaar abweichende Funktion hin.

3.3.C.1. Der inhaltliche Beitrag durch V3a

„Nicht erschrick vor dem Tod, deinem Geschick!"
Mit dem Auftrag, sich vor dem Tod *nicht* zu fürchten, setzt V3a ein. Daher stellt sich die Frage, welche Bedeutung „(sich) fürchten" in der sirazidischen Verwendung besitzt. Im Rahmen der Behandlung der Schande (Blamage), liest man „Fürchte dich vor dem Bösen" (4,20). Bemerkenswert ist der Wortgebrauch deswegen, da Sira das Böse in den Zusammenhang ernsthaften Schreckens bringt; vgl. 42,14. Im Rahmen der Beschwernisse des von Gott dem Menschen Zugeteilten findet sich Eifersucht, Sorge, Todesangst und direkt zuvor „Schrecken", womit allgemein Angst als Zustand (in Richtung „Existenzangst", gedank-

---

61 Vgl. dazu oben unter 3.3.B.1.

lich nahe der Todesangst) zu verstehen sein wird. In 9,13 wird die sirazidische Verwendung sehr deutlich und zeigt wieder die enge Verbindung mit dem Tod. Sira warnt, sich mit einem Reicheren einzulassen. Denn, da dieser unbeschränkte Macht besitzt, dient dieser Rat dazu, „daß du nicht die Furcht des Todes fürchtest". Diese figura etymologica – im Deutschen schwerfällig wirkend – will den „Schreckenszustand" besonders scharf herausstellen[62]. Sira widerspricht dem Wortlaut nach in 41,3a dem eben Festgestellten. Das Wort „fürchten, erschrecken vor" wird als Bereich dargestellt, dem es zu entfliehen gilt, da es sich um das Anwesen des Todes handelt. Sich nicht vor dem Tod (ממות) zu fürchten, wird durch die Apposition verdeutlicht: er ist „dein Geschick", womit[63] die regelhaft gleichbleibende, jeden Menschen treffende Bestimmung von seiten Gottes gemeint ist. Die Tendenz geht in fatalistische, nicht jedoch in apathisch-pessimistische Richtung.

3.3.C.2. Der inhaltliche Beitrag durch V3b

„Vergegenwärtige dir, daß die Früheren und Späteren mit dir (das Schicksal) teilen"
V3b beginnt mit dem Imperativ von זכר[64] und bedeutet: „Laß für dich Realität werden, vergegenwärtige dir". Und was solle man sich vergegenwärtigen? „Daß die Früheren und Späteren mit dir" (das Schicksal teilen).

Die „Ersten"[65] – das gilt auch für „Späterer" in 36,16 – deuten auf eine zeitliche Kategorie (vgl. 34,17), die im besonderen Vorfahren einschließen. Zieht man die bisherigen Ergebnisse zusammen, begründet Sira, daß panische Angst vor dem Tod unbegründet ist. Das *erste Argument*, weswegen er die Zustimmung dafür fordert, liegt darin, daß der Tod „dein" (von Gott) bestimmtes Schicksal ist. Das *zweite Argument* kehrt hervor, daß man sich vergegenwärtigen solle, daß dieses Ge-

---

62 In ganz andere Richtung weist „fürchten" in 7,29, da das tremendum anklingt und sich zugleich die Dimension „Ehrfurcht" eingeschlossen findet (vgl. 37,12); vgl. HASPECKER, Gottesfurcht, 301–312. 33,2 meint den Schrecken – hier begegnet die Schärfe wie z.B. in 9,13 – Gottes, der über andere Völker kommen möge, damit sie Gott anerkennen.

63 Vgl. oben 3.3.B.1.

64 Vgl. 3.3.A.1.

65 Der Plural ist bei Sira nur einmal belegt, doch ist das kollektive „all(e)" in 44,22 gleichbedeutend.

330 Deutung und Wertung des Todes durch Ben Sira

schick sowohl die Vorfahren wie die Nachkommen „mit dir", *gleich dich* trifft. Nun scheint Sira um die allgemeine Akzeptanz dieser „Beweisführung" etwas zu bangen, weswegen er Unterstützungsargumenten folgen läßt.

3.3.C.3. Der inhaltliche Beitrag durch V4a
„Das ist der Anteil allen Fleisches von Gott her"
Der Tod wird als חלק von Gott eingestuft, also mit „einem Schlüsselbegriff Siras[66], der mehrdimensional ist. Er kann *einen Anteil*, z.B. von Opfergaben, die dem Priester zustehen (7,31; vgl. 45,20), bezeichnen. – An anderen Stellen kommt ein ausdrücklich theologischer Aspekt zum Tragen. Denn חלק kann ein Geschenk (z.B. 44,23, wo der Anteil der Stämme mit dem Erbbesitz gleichgesetzt wird) oder ein von Gott zugeteiltes Schicksal bezeichnen, wobei diese Bereiche fließend ineinander übergehen. Daß Gott dem Guten Gutes *zuteilte*, notiert 39,25. Wenn in 26,3 eine gute Frau als ein „Anteil" für den dargestellt wird, der Gott fürchtet, so ist der Geschenkcharakter deutlich. Der folgende Vers, demzufolge sowohl Reiche wie Arme dadurch gleicherweise betroffen sind, belegt, daß diese Frau zugleich Existenz prägend ist. Auch die Arbeit teilt[67] Gott zu (7,15). Es ergibt sich entsprechend den Belegen, daß „zuteilen" und „Anteil" gern in Zusammenhängen gebraucht werden, die theologische Implikationen aufweisen: Gott teilt indirekt zu, meist aber direkt – daher verwundert nicht, daß in 41,4a auch „von Gott" zu lesen ist –, Gott ist es, der den Anteil vergibt. Der „Anteil" meint eine intensiv den Lebensablauf bestimmende Schicksalsbeeinflussung.

Betroffen ist jedes Fleisch (כל בשר), womit „jeder Mensch" gemeint ist. Die Wortverbindung verwendet Sira öfter und zwar im gleichen Bedeutungsumfang wie das übrige Alte Testament[68], steht also für

---

66 MARBÖCK, Weisheit, 142f; vgl. PRATO, Problema 389–391.

67 Zu Recht weist PETERS, Text 31, die Übertragung „schuf" (G) zurück. Das Verb wird an einigen Stellen eng mit dem Gedanken „schaffen" verbunden; für 7,15; 16,16 (von SAUER, Jesus Sirach 545); 31,13.27 im Zusammenhang mit ברא; 38,1; 39,25; 40,1; 44,2 bringt RÜGER, Text 107f.103–109, für diese Bedeutung gewichtige Argumente, doch steht die göttliche Zuweisung – wie 39,25 zeigt – in Wechselbeziehung dazu.

68 Im protokanonischen Teil wird כל בשר ca. 40x verwendet (vgl. BRATSIOTIS, בָּשָׂר 860f.), bezeichnet den ganzen (Lev 13,3), irgendeinen (Dtn 5,26), alle Menschen (Jes

alle, jedes Lebewesen (13,15.17; 44,18) wie für alle, jeden Menschen (8,19; 48,12). Doch wird auch für „Mensch" בשר allein gebraucht, wobei mit diesem anthropologischen Gesichtspunkt besonders die Vergänglichkeit verknüpft wird. Wie das Laub verwelkt und neues nachwächst (14,18), so verhält es sich mit dem Menschen: „Alles Fleisch zerfällt wie ein Gewand, und es ist ein ewig gültiges Geschick (חוק עולם), daß es ganz sicher sterben wird" (14,17)[69]. Auch das vom Menschen Geleistete zerfällt; nur der Einsichtige findet im Suchen nach Weisheit trotz dieses Kreislaufes Ruhe (Vv19ff). An eine nahezu unbewegbare Ruhe des Weisen, der sich mit diesem Geschick abgefunden hat, erinnert 4a. Die große Klammer ist und bleibt Gott.

3.3.C.4. Der inhaltliche Beitrag durch V4b
„und wozu sträubst du dich gegen die Weisung des Höchsten?"
Geradezu provokant wirkt die Frage in 4b, warum der Mensch die תורה des Höchsten verwerfe. Offensichtlich will Sira seine Ausführungen abwehrende Gegenargumente zurückweisen. Dazu verwendet er den Hinweis, daß es sich um Gottes תורה handelt. Zusammen mit Zucht, Lehre, Wohlgefallen Gottes, Recht und guten Ratschlägen wird die Weisung (תורה) in 32,15 gebraucht. Diese bezeichnet Lebensanleitungen, welche man nicht aus sich besitzt, vielmehr bekommt man sie auf Bitten von Gott geschenkt. Spötter und Hochmütige haben keinen Zugang zu ihr. Die Lebensanleitung steht in innerem Zusammenhang mit dem Gesetz (מצוה; 32,23) Gottes (33,3) bzw. ist ihm gleichzustellen (41,8; 42,2; 49,4). Doch kümmern sich nur solche darum, die auf Gott vertrauen (32,24) bzw. die ihn ernst nehmen (15,1), da sie sich nach der Weisheit (חכמה; 14,20; vgl. die Gegenposition in 33,2) richten. In 45,5 wird das mittels Mose durch Gott gegebene Gesetz unter anderem sogar als „Gesetz (Weisung) des Lebens"[70] verstanden.

40,5f; Jer 25,31), wie auch alle Lebewesen (Gen 6,17; 9,11; und alle Tiere Gen 6,19; 7,15f); vgl. HULST, Kol-bāśār.

69 Vgl. oben 3.3.B.1.

70 Man wird fragen, ob MARBÖCK, Weisheit 88, der zu 41,4 schreibt, „daß ‚Gesetz' ... mit der mosaischen Gesetzgebung gar nichts zu tun hat", nicht zu undeutlich formuliert, da offensichtlich תורה bei Sira einen grundlegend umfassenden Charakter – so richtig MARBÖCK –, aber auch bei Mose, besitzt, welches Jakob/Israel erhalten hat. Demnach wird es wohl richtig sein, die über Gesetzlichkeit hinausgehende, „viel

Nach dem Befund will Sira hervorheben, daß seine Ausführungen über den Tod als das jedem Menschen bestimmte Geschick Lehre, Weisung, ja Gesetz Gottes in dem Sinne darstellen, daß nicht nur die Lebensrelevanz, sondern auch die direkt ausgesprochene oder implizit vorausgesetzte göttliche Herkunft deutlich wird.

3.3.C.5. Der inhaltliche Beitrag durch V4c.d

„Ob tausend Jahre, hundert oder zehn: es gibt keine Maßnahme für das Leben in der Unterwelt"

Die Lebenszeit wird mit drastischen Zahlen, je eine Vervielfältigung von 10 in abfallender Reihenfolge[71] – ein Hinweis auf die das Lebensende ansteuernde fallende Zeit – dargelegt: 1000, 100 und 10. Egal um wieviele Jahre es sich handelt, zuletzt ist die Scheol zu erwarten.

41,4d setzt aber noch einen zusätzlich neuen Akzent, da festgehalten wird, in der Scheol gibt es keine תוכחות חיים.

Dient auch die „Züchtigung" zur Erziehung und Reifung, erscheint gezüchtigt zu werden für viele, so 6,22, nicht angenehm. Zurechtweisungen, die ein Gewalttäter[72] ablehnt, bezeichnet תוכחות in 32,17; es handelt sich insofern um Vorstufen der Entsprechung mit der תורה, als im Gefolge der Ablehnung der Zurechtweisungen auch die Weisung negiert wird (17b.18). – Nachdem Sira verschiedene Beispiele positiver wie negativer menschlicher Verhaltensweisen in Kap. 14 einander gegenübergesetzt hatte, zieht er – auch theologische – Schlußfolgerungen und Verbindung mit historischen Anspielungen: „Liebe und Zorn sind bei ihm (Gott), er vergibt und verzeiht, aber über die Übeltäter gießt er aus seinen Zorn. Wie der Reichtum seiner Liebe, so auch seine (strenge) Erziehungsmaßnahme (תוכחתו). Jeden richtet er nach seinen Tun" (11f). Es geht um einen Strenge implizierenden Aspekt der Zuwendung, welche durch abzulehnende Verhaltensweisen hervorgerufen worden ist. Nach 48,7 scheint das Wort den Gesetzen gleichgestellt zu sein. Insgesamt bezeichnet תוכחת auferlegbare Maßnahmen, insbesondere im Rahmen der Erziehung.

---

umfassendere Ordnung Gottes für die Welt" (MARBÖCK, Weisheit 88) genannt zu sehen.

71 Die Folge 10, 100, 1000, wie sie Ma und dann auch G bieten, dürfte als Vereinfachung aufzufassen sein.

72 Die Randlesart ist der B-Lesart „Weiser" vorzuziehen.

Mit dem schwerlich genau bestimmbaren Wort „Erziehungsmaßnahme" (תוכחת) wird Leben (חיים) verbunden, ein Wort, das ein zentrales Anliegen Siras anspricht, wie sich aus der häufigen Erwähnung
erschließen läßt. Gemeint ist damit allgemein die Existenz[73], die Lebenszeit[74], das Leben als Gegensatz zum Tod[75], das schlechte[76] wie das
gute[77] Ergehen im Leben, das erfüllte Leben als Ergebnis bzw. Geschenk der Weisheit[78] oder der Gottesfurcht[79] und „ewiges Leben"
(חיי עולם; 37,26).

Sira schließt demnach die an sich nicht angenehme, aber für ein ge-
lungenes, Gottes Willen/Weisung entsprechendes Leben notwendige
Zucht für die Scheol aus. Dort ist es zu spät für Maßnahmen in diesem
Sinne.

Als nächstes stellt sich die Frage, was für Sira die Scheol bedeutet[80].
– Sie ist der „Aufenthaltsort" der Toten, von dem durch Gottes Wohlgefallen Elischa einen Verstorbenen aufstehen ließ (48,5). Unter bestimmten Voraussetzungen ist die Scheol dem Leben vorzuziehen.
Nach 30,17 trifft dies dann zu, wenn man von einer ständigen Krankheit geplagt wird. Nachdrücklich fordert 4,12[81], sich zu vergegenwärtigen, daß es in der Scheol, die im Zusammenhang mit Tod erwähnt
wird, keinen Genuß (von Angenehmen[82]; vgl. 14,16) gibt. Markanter
formuliert der Schluß: „das Geschick der Unterwelt ist dir nicht mitgeteilt", also: über das Schicksal in der Unterwelt weiß man nichts.

Forscher legen verschiedene Vorschläge für die Deutung von 41,4d
vor. Entscheidend, so liest man, ist nicht die Frage nach der Dauer des
Lebens, sondern wie man es gestaltete[83]. Doch scheint dieser moralicher
Aspekt der Absicht des Textes, nur die reale Faktizität des Todes fest-

---

73 Vgl. 16,26; 33,28.
74 Vgl. „die Zeit (Tage) deines Lebens in 3,12.13; vgl. 10,9; 16,3; 33,22; 37,25.27.31; 40,29;
   48,14.
75 Vgl. 11,14; 15,17; 30,17; 33,14; 37,18; 48,14.
76 Vgl. „Leben des Armen" 4,1; 30,17; 40,28.29.
77 Vgl. 15,17; 30,15.22; 31,10 (2x).27 (2x); 40,18.
78 Vgl. 4,12; 45,5.
79 Vgl. 6,16; 50,29.
80 Vgl. RICKENBACHER, Weisheitsperikopen 137f.
81 Vgl. die Verwendung von זכר; vgl. oben 3.3.A.1.
82 Vgl. zu תענוג oben 3.3.A.4.
83 Vgl. EBERHARTER, Buch 136.

zuhalten, nicht gerecht zu werden. In der „Hölle … kann keiner dem anderen die Kürze seines Lebens vorhalten und damit gegen ihn grosstun"[84]. Im Tod ist die Frage nach Gesundheit oder Position überflüssig[85]. Da es keine Andeutung gibt, welchen Akzent Sira hervorkehren möchte, wird die Untersuchung über die sirazidische Verwendung von „Leben" zu berücksichtigen sein, wenn auch gewiß die nur positiven Seiten ausgeschlossen werden: in der Unterwelt gibt es keine Erziehung, Anleitung zu einem gelungenen, guten, erfüllten oder langen Leben. Der Tod ist also das Ende jeglicher Hoffnung der Lebensgestaltung wie der Lebenserfüllung. Mit einem Paukenschlag, der noch einmal das anziehende Ziel aufblitzen, aber sofort verschwinden läßt, endet Sira diesen Abschnitt.

3.3.C.6. Inhalt und Absicht der zweiten Strophe

Der zweite Abschnitt zieht „Schlüsse", indem er die für die Stellung zum Tod relevanten Elemente zusammenzieht. Den Tod – an anderer Stelle eine Gegebenheit, die Schrecken verursacht – zu fürchten, untersagt Sira. Schon die Beifügung, daß es sich um „dein dir bestimmtes Geschick" handelt, deutet an, in welche Richtung die Beweisführung geht: Stell dir mit aller Deutlichkeit vor Augen, daß Vorfahren und auch kommende Geschlechter mit dir das Schicksal teilen. Dies ist – und das kann als allgemeingültige Feststellung herausgestrichen werden – der für alle Menschen von Gott vorgesehene Schicksalsanteil. Rhetorisch folgt die Frage, wozu der Versuch gut sein sollte, die Festlegung Gottes zu ignorieren. Unter diesem Gesichtspunkt ist die Lebenslänge nicht von Relevanz, denn hinsichtlich der Scheol ist die Zurüstung für ein gelungenes Leben funktionslos.

4. Zusammenfassung

Versuchte Synthese der Aussagen über Tod und dessen Implikationen:
4.1. Sira verwendet in 41,1–4 fast ausschließlich Worte, die an anderen Stellen seines Werkes eine bedeutsame Rolle spielen, sodaß die Einheit

---

84   SMEND, Weisheit 381; vgl. HARTOM, בֶּן סִירָא 153, der die Kürze und Länge des Lebens einbezieht.
85   Vgl. SNAITH, Ecclesiasticus 202.

sprachlich sehr gewichtig wirkt. Zudem erscheinen die Termini nicht
selten im Rahmen von Ausführungen zum Lebensende bzw. zum Tod,
sodaß entsprechend der sirazidischen Ausdrucksweise ein aussage-
trächtiger Abschnitt vorliegt.

Im ersten Teil geht es um eine kunstvoll durchkomponierte Antithese, die jedoch – wie häufig im antithetischen Parallelismus[86] – nicht
simpel das in V1a–d Dargestellte mit verkehrten Vorzeichen 2a–d gegenüberstellt. Gerade auf diese Weise wird das Nachsinnen angeregt.
V1 schreibt von der Depression, die die Realität des Todes für einen
jüngeren Menschen auslöst, der „mitten im Leben" steht, der Erfolge
verbucht, der genug Besitz sein eigen nennt, um in Ruhe und Sorglosigkeit Annehmlichkeiten des Lebens entgegennehmen und genießen zu
können.

Dagegen steht der alte Mensch, der physisch wie übertragen überall aneckt, da ihm frühere Energie und Kraft fehlen, der schwerfällig
und mürrisch geworden ist, mit einem Wort: der keine (Zukunfts-)
Aussichten mehr hat, daß sich sein Schicksal durch einen neuen Le-
bensborn zu frischer Blüte bringen läßt. Für diesen Menschen ist der
Tod eine Wohltat.

Der zweite Teil sieht nun in der zuvor dargestellten Antithese keine
anstößige Gegensätzlichkeit, sondern einen Anreiz, daß man sich aufgrund dieser Gegebenheit, daß der Tod den jungen, erfolgreichen wie den
alten, gebrochenen Menschen gleichermaßen bedroht, zu einer weisheitlichen Grunderkenntnis durchringen sollte. Es geht keineswegs um passive Lethargie angesichts dieser Tatsachen, sondern um aktive Bejahung des
allen Menschen gemeinsamen Grundgeschicks: des Todes. Jetzt wird er
nicht mehr als Anlaß zur Depression, noch als Wohltat qualifiziert. Das
waren Kategorien für Einzelanwendungen. Jetzt geht es um verallgemei-
nerungsfähige Folgerungen. Furcht vor dem Tod ist abzulehnen, handelt
es sich doch um das von Gott festgelegte, regelhafte Schicksal eines jeden.
Die Menschheit befindet sich unter diesem Aspekt in einer Schicksals-
solidarität, dessen letzte Sinnklammer – die nicht argumentativ erläutert,
sondern nur genannt wird – Gott (in V4 zweimal erwähnt) darstellt. Unter

---

86   „Das zweite Glied sagt nicht noch einmal, wenn auch moduliert, das gleiche, auch
     nicht das Gegenteil. Charakteristisch ist die Weiterführung des angeschlagenen Ge-
     dankens, meist im Sinne einer Steigerung hin auf einen neuen Gedanken"; VON RAD,
     Weisheit 45.

diesem letzten Aspekt verliert sowohl Lebensdauer wie auch Lebenserfüllung an Gewicht. Die Scheol wird zuletzt der Lebensanleitung nicht als
Trost, sondern als Faktum gegenübergestellt. Diese gegensätzliche und zugleich auf Beruhigung hin ausgerichtete Einheit veranlaßt, solche Stellen
zu befragen, die sich mit dem „Schicksal" nach dem Tod bzw. der Wirk-
weise von Toten beschäftigen.

4.2. Keine Hoffnung über den Tod hinaus: Wirken nach dem Tode

Mit den Mühseligkeiten und Schwierigkeiten des Menschen beschäftigt
sich Sira in 40,1–7. Höhepunkte der Sammlung des Belastenden (V5) ist
die Aufzählung von Eifersucht, Sorge, Schrecken, Zank, Streit, grübeln-
de Schlaflosigkeit und vor allem Todesfurcht (מות אימת). Anschließend
beschäftigen sich 40,8f mit solchen Belastungen, die die Gesellschaft als
ganze betreffen (V9): Pest, Blutvergießen, Glut, Dürre, Verderben, Hunger, Unheil und als Höhepunkt Tod. So wird der Tod als ein jeden er-
wartendes Unheil ausgewiesen, das weniger bewertet als registriert
wird. Deutlich ist jedoch, daß es sich im individuellen wie im kollek-
tiven Bereich um den Höhepunkt der Unheilsreihe handelt. Wie des öfteren sind in 10,8–11 für Sira Macht und Herrschaft der Anlaß, um auf
die Vergänglichkeit des Menschen zu verweisen. Der allzu kurzlebige
Mensch sollte andere Ziele anstreben. Von verschiedenen Seiten wird
man zu tieferen und über den momentanen Wohlstand hinaus-
reichenden Gedanken gedrängt, z.B. durch das baldige Ende aufgrund
einer Krankheit. Hinsichtlich des Todes wird nichts Positives angedeutet: Maden, Geschmeiß und Gewürm sind zu erwarten. Wenn Sira auch
den Weg des physischen Leibes nachgeht, impliziert die Argumentation, daß in der Scheol kein Glück gegeben sein wird.

Dem Toten die Ehre zu erweisen und die Totenbräuche zu erfüllen,
ist für Sira Selbstverständlichkeit (38,16); dies schließt auch die Toten-
klage ein, welche jedoch nur beschränkte Zeit in Anspruch nehmen darf.
Die Konzentration auf den Toten und die Trauer würden das Leben negativ beeinflussen. Für jenen gibt es keine Hoffnung (תקוה 38,21).

Neben diese Gedanken müssen gegensätzliche gestellt werden, um
Siras Gesichtspunkte nicht einseitig vorzuführen. Das Sterben wird –
wie schon oben notiert – bei weitem nicht nur negativ dargestellt. Ja,
nach 30,17 führt es zur ewigen Ruhe.

Über Menschen, die sich von der Weisung (תורה) des Höchsten abgewandt haben, handeln 41,9f. Deren Vermehrung bedeutet Unglück, deren Mißgeschick aber Freude, und, wenn sie sterben, führt dies zum Fluch. Da sich dieses nicht auf die Überlebenden beziehen kann – diese werden durch den Tod ja „befreit" – kann hier nur das Schicksal für den Beschuldigten gemeint sein. Damit ist eine Qualifikation des Schicksals über den Tod angedeutet.

Daß der Tod für Lebende eine unüberwindbare Schreckenshürde darstellen kann, ist für Sira unzweifelhaft. Daher muß der Hinweis, daß Gottes *Wohlgefallen* Berufene – wie Elija – dazu befähigt, aus jenem Bereich einen schon Verstorbenen (גוע) aufzurichten (48,5), besonders ernst genommen werden[87]. Gleiches wird auch über Elischa geschrieben: „In seinem Leben (חיים) vollbrachte er Wunder, und in seinem Tode (מותו) staunenswerte Werke" (48,14). Wenn auch eine Anspielung auf 2Kön 13,20f vorliegt, da ein Toter lebendig wurde, als man ihn auf Elischas Gebeine geworfen hatte, setzt die Aufnahme der Stelle durch Sira voraus, daß auch er überzeugt ist, zumindest tote Propheten können nach dem Tod wirken und beeinflussen das irdische Leben. Das gilt auch für Samuel. Von ihm heißt es, daß er auch noch – schon gestorben – befragt wurde und dem König dessen Geschick vorhersagte (46,21; vgl. 1Sam 28). Sira setzt hier offensichtlich voraus, daß nach dem Tod eine – wenn auch nicht näher bestimmte – Art Existenz gegeben ist, die fähig ist, auf das irdische Leben einzuwirken. Das kann nicht mechanisch-automatisch gesehen werden, wie man dies bei Elija-Elischa deuten könnte. Die Rede Samuels setzt personale Äußerungen voraus, weswegen wohl auch die beiden anderen Propheten so gesehen werden müssen.

4.3. Die Existenz über den Tod hinaus

Soll hier die – in diesem Rahmen nur andeutungsweise beantwortbare Frage aufgenommen werden, ob Sira bzw. wie Sira eine Existenz nach dem Tode sieht, bedarf es einiger Klärungen. Es ist zu unterscheiden

---

87   Die aktive Lesart גווע, wie sie z.B. PETERS, Text 421 (nicht in der Übersetzung), und HARTOM, סִירָא בֶּן 180 (er muß auch „קָרוֹב לָמוּת = nahe dem Tod" deuten), annehmen, widerspricht dem Kontext (vgl. G und Syr „Toter") und dem Referenztext 1Kön 17,17–24.

zwischen einer Vorstellung, daß das Menschsein mit dem Tod nicht vollständig endet, und der Hoffnung, nach dem Tode bleibe ein – noch näher zu differenzierendes – erstrebenswertes Existieren bzw. eine Weiterlebenshoffnung oder gar die Annahme einer Auferstehung.

FICHTNER sieht es als Leistung der „Dissimilationskraft der isr. Religion, daß die bibl. Spruchweisheit", die vielerlei Anleihe aus dem ägyptischen Raum angenommen hatte, „... den Glauben an ein Totengericht ... durch völliges Beiseitelassen"[88] ausschloß. Im Spruch: „Alles, was von der Erde kommt, wird zur Erde zurückkehren, und das, was von der Höhe kommt, zur Höhe" (40,11), sieht SMEND die zur Vernichtung – ein Trost für das ungerechtfertigte Glück des Gottlosen – des Menschen gehörende Rückkehr des Geistes zu Gott. Nicht so weit geht NÖTSCHER, der zwar für Sira die Unsterblichkeits- bzw. Auferstehungshoffnung ausschließt, die Vergeltung im irdischen Leben bzw. in einem plötzlichen Tod sieht (er verweist auf 5,7; 19,3, wo aber nirgends „Tod" vorkommt).

„Über den Tod hinaus erstreckt sich die Vergeltung insofern, als dem Frommen ein gutes Gedächtnis und ehrender Nachruhm bleibt 37,26; 39,9ff; 44,13ff ... So lebt der Fromme und Weise zwar noch weiter, indem erst das Erlöschen des Andenkens den vollen Tod bedeutet ..., aber das ist doch eine Belohnung irdischer Art, die mit Jenseits nichts zu tun hat"[89]. Wenn auch SCHUBERT in Sir 41,1–4 einen Beleg dafür sieht, daß man „ein wirkliches Leben nach diesem irdischen ... nicht kennt"[90], so ist doch das Schattendasein in der Unterwelt vorausgesetzt.

Als Grund für die Einstellung Siras vermutet man, daß die Erwartung eines Lebens des einzelnen nach dem Tode nur in elitären Kreisen verbreitet war[91], wie z.B. Dan 12,1ff bezeugen. Andere meinen, daß die Verwurzelung in der Tradition den Weisheitslehrer davon abhielt, neuere Gedanken einzubauen[92].

Im Gegensatz zu dieser Auslegungstradition finden sich Befürworter sirazidischer Weiterlebenserwartung. „Sira steht ... noch unter dem

88   FICHTNER, Weisheit 66.
89   Auferstehungsglauben 250; vgl. 219 mit dem Verweis auf 25,24; SUTCLIFFE, Old Testament 29–36; DÜRR, Wertung 2–20; HAMP, Zukunft 93.
90   SCHUBERT, Entwicklung 187.
91   Vgl. SMEND, Weisheit XXVII.
92   Vgl. NÖTSCHER, Auferstehungsglauben 253; HAMP, Zukunft 95.

Einflusse der alten düsteren Jenseitsauffassung ... Völlig verfehlt ist a-
ber die Meinung, daß Jesus Sirach die *Unsterblichkeit* nicht glaubte und
kannte"[93].

Eine neue Qualität der Stellung zum Tod sieht WÄCHTER, die er
durchaus untypisch für das Alte Testament einschätzt: „Das Hängen
am Leben aus den mancherlei angeführten Gründen war aber bei den
Israeliten so ausgeprägt, daß die Grenze des Ertragbaren sehr weit ab
lag. Wir können nicht die späte Schrift des Siraziden als Norm für Israel nehmen, die den Tod willkommen heißt[94]. Allerdings muß Sira einen
Grund für diese neue Sichtweise besessen haben. Unpräzise bleibt
FANG CHE-YONG, wenn er eine nicht sichere Heilserwartung bei Sira
annimmt[95]. Besonderer Art ist jene Form, wie ein Mensch überleben
kann: „Ben Sira regards human *memory* as the only way a person can
survive"[96]. Und in jüngerer Zeit werden vorsichtige Schritte gesetzt, die
Weiterlebenserwartung zumindest nicht auszuschließen. Hinsichtlich
Sir 4,14 bzw. 37,26 verweist SARACINO[97] auf die schmale Basis, aber auf
die tatsächliche Möglichkeit[98]. DAHOOD bringt Belege aus der Umwelt
Israels, die Unsterblichkeit bezeugen[99], und PRATO verweist einige Male
darauf, daß in Sira das künftige Leben im Zusammenhang mit der
Schöpfungstheologie angedeutet ist".[100] Für ihn stellt sich die Funktion
des Todes zweipolig dar: Für den Schlechten ist er eine[101] üble Gegebenheit; da sich Sira aber nach dem Positiven richtet, „egli propone un
atteggiamento di vita religiosa e sapienziale, concretizzata qui nella
fama che supera la morte"[102].

Interessanterweise wurden bis jetzt noch nie die gesamten, wohl
aber einzelne Stellen zu „Tod/Sterben" einer eigenen Untersuchung unterzogen. Zu beobachten ist nun aber, daß die Stellenauswahl die Ar-

---

93 PETERS, Buch 124, mit Verweisstellen; vgl. EBERHARTER, Buch 58.
94 WÄCHTER, Tod 89.
95 Vgl. FANG CHE-YONG, Ben Sira 24.
96 SNAITH, Ecclesiasticus 187.
97 Vgl. SARACINO, Sapienza 259.
98 Vgl. SISTI, Prospettive 7.
99 Vgl. DAHOOD, Immortality 177f; VAN DER WEIDEN, Prov. 350: Neben Spr 12,28; 15,24
    ist 14,32 „un indice de l'existence d'opinions plus positives sur la vie future ..."
100 Vgl. PRATO, Problema 9.24.48.54.
101 Vgl. SMEND, Weisheit 372; vgl. FICHTNER, Weisheit 70.
102 PRATO, Problema 362.

gumentation mit beeinträchtigt, ja das Ergebnis ist von dort her mit-
bestimmt.

Das Resultat der vorliegenden Untersuchung hinsichtlich der Dimension des Todes als Lebensende bzw. seiner Funktion als Übergang
zur Existenz nach dem Tode fällt nicht so präzise wie manche der oben
dargelegten Stellungnahmen aus. Mehrpolig, wie die Argumentationsart Siras, stellt sich auch die Summe dar. Einem Leben in Krankheit
(30,17), einem Leben eines Törichten (38,17) ist Tod und Unterwelt vorzuziehen. Der Tod ruft also nicht nur Schrecken hervor.

Wer keine Existenz nach dem Tode annimmt, wird schwer eine Lösung dafür finden, warum der Tod jener, die Gottes Weisung verachten
(41,9f), zum Fluche führen soll. Zumindest für einen (bösen) Reichen
wartet nach dem Tod nichts Erfreuliches (10,7–11). Wenn Neid usw.
(9,11f; 27,29) am Todestage nicht schuldlos bleiben lassen, muß man
wohl annehmen, daß eine – wenn auch nicht präzisierte – Annahme
vorausgesetzt wird, nach dem Tod sei noch irgendeine Existenzform
gegeben, die es sinnvoll erscheinen läßt, den Hochmut angesichts der
Verwesung zu beugen (7,17). Noch nachdrücklicher stellt sich die Frage, was es für einen Sinn haben soll, vor dem Tode Freunden Gutes zu
tun (14,1ff), die Gottesweisung zu befolgen und Feindschaften zu beenden (28,6), wenn der Tod ohnedies von sich aus alle Probleme löst?
Wozu ist jemand angesichts des Todes zu preisen, weil er sich mit Geld
nicht schuldig machte (31,8–11)?

Sicher scheint, daß das Andenken, gedankliches Realisieren eine
der über den Tod reichende Form der „Existenz" darstellt (vgl. 10,17;
44,9; 45,1; 46,11; 49,1.13; 47,23), die ihrerseits für immer[103] bestand hat
(עמד). Zu notieren ist auch, daß zumindest durch Sira jene Stellen von
einigen Propheten aufgenommen wurden, da sie nach dem Tode noch
irdisch Lebende beeinflußten.

Allerdings scheint nur der Weise einen Sinn in dieser Gegebenheit
erkennen zu können (14,19ff); zu belastend ist die Erfahrung, daß das
Menschenleben auf den Tod hinsteuert, und das Leben wird als zu hoher Wert angesehen, als daß diese Grenze nicht niederschmetternd
wirken könnte. Aber was nützt es, sich gegen die unverrückbare
Grundordnung Gottes aufzulehnen (41,4)? – Diese wird dadurch nicht
verändert, auch wenn konkret über das Geschick in der Unterwelt

---

103 Vgl. oben 3.3.A.1.

nichts mitgeteilt ist (14,12). Positiv lassen sich Erwartungen nach dem Tode nicht beschreiben, in Relation zum erfüllten Leben ist jene Existenzform der Hoffnungslosigkeit gleichzusetzen (38,19ff). Ein Bearbeiter des griechischen Textes hat das ewige Leben als Genuß 19,19 eingetragen und gedeutet („Die, die das, was ihm gefällig ist, tun, werden am Baum der Unsterblichkeit ernten"; vgl. 2,9). Das ist nicht die Argumentationsart Siras. Doch stellt sich die Frage, ob nicht die unscharf andeutende Art Siras solche „Präzisierungen" herausgefordert hat.

Bibliographie

BECKER, J., Gottesfurcht im Alten Testament (AnBib 25), Rom 1965.

BRATSIOTIS, N.P., בָּשָׂר, in: ThWAT I, 850–867.

COLLINS, J.J., Death in the Context of Jewish Wisdom: HThR 71 (1978) 177–192.

DAHOOD, M., Immortality in Proverbs 12,28: Bib. 41 (1960) 176–181.

DI LELLA, A.A., The Hebrew Text of Sirach. A Text-Critical and Historical Study (Studies in Classical Literature 1), London/Paris/Den Haag 1966.

DRIVER, G.R., Hebrew Notes on the "Wisdom of Jesus Ben Sirach": JBL 53 (1934) 273–290.

DÜRR, L., Die Wertung des Lebens im Alten Testament und im antiken Orient, Münster 1926.

EBERHARTER, A., Das Buch Jesus Sirach oder Ecclesiasticus, übersetzt und erklärt (HSAT VI,5), Bonn 1925.

FANG CHE-YONG, M., Ben Sira de novissimis hominibus: VD 41 (1963) 21–38.

FICHTNER, J., Die Altorientalische Weisheit in ihrer israelitisch-jüdischen Ausprägung. Eine Studie zur Nationalisierung der Weisheit in Israel (BZAW 62), Giessen 1933.

FUSS, W., Tradition und Komposition im Buche Jesus Sirach, Tübingen 1962 [Diss.].

HAMP, V., Das Buch Sirach oder Ecclesiasticus (EB.AT 4), Würzburg 1959.

HAMP, V., Zukunft und Jenseits im Buche Sirach, in: H. Junker (Hg.), Alttestamentliche Studien, FS F. Nötscher (BBB 1), Bonn 1950, 86–97.

HARTOM, A.Sh., (הַחִיצוֹנִים הַסְּפָרִים) בֶּן סִירָא מְתֻרְגָּם בְּחֶלְקוֹ וּמְפֹרָשׁ, Tel Aviv 1963.

HASPECKER, J., Gottesfurcht bei Jesus Sirach. Ihre religiöse Struktur und ihre literarische und doktrinäre Bedeutung (AnBib 30), Rom 1967.

HEINEN, K., Der unverfügbare Gott. Das Buch Hiob (SKK.AT 18), Stuttgart ²1983.

HULST, A.R., Kol-bāśār in der priesterlichen Fluterzählung (OTS 12), Leiden 1958.

IRSIGLER, H., Einführung in das Biblische Hebräisch. I. Ausgewählte Abschnitte der althebräischen Grammatik (Münchener Universitätsschriften 9), St. Ottilien 1978.

JENNI, E., Lehrbuch der hebräischen Sprache des Alten Testaments, Basel/Stuttgart 1978.

KRIEG, M., Todesbilder im Alten Testament oder: „Wie die Alten den Tod gebildet" (AThANT 73), Zürich 1988.

LORENZ, B., Überlegungen zum Totenkult im Alten Testament: MThZ 33 (1982) 308–311.

MARBÖCK, J., Weisheit im Wandel. Untersuchungen zur Weisheitstheologie bei Ben Sira (BBB 38), Bonn 1971.

MIDDENDORP, Th., Die Stellung Jesu Ben Siras zwischen Judentum und Hellenismus, Leiden 1973.

NÖTSCHER, F., „Das Angesicht Gottes schauen" nach biblischer und babylonischer Auffassung, Würzburg 1924.

NÖTSCHER, F., Altorientalischer und alttestamentlicher Auferstehungsglauben, Würzburg 1926.

PENAR, T., Northwest Semitic Philology and the Hebrew Fragments of Ben Sira (BibOr 28), Rom 1975.

PETERS, N., Das Buch Jesus Sirach oder Ecclesiasticus (EHAT 25), Münster 1913.

PETERS, N., Der jüngst wieder aufgefundene hebräische Text des Buches Ecclesiasticus, Freiburg 1902.

PRATO, G.L., Il problema della teodicea in Ben Sira. Composizione dei contrari e richiamo alle origini (AnBib 65), Rom 1975.

VON RAD, G., Weisheit in Israel, Neukirchen-Vluyn ²1982.

REINDL, J., Das Angesicht Gottes im Sprachgebrauch des Alten Testamentes (Erfurter Theologische Studien 25), Leipzig 1970.

REINELT, H., Die altorientalische und biblische Weisheit und ihr Einfluß auf den Psalter. Dargestellt an charakteristischen Stücken des ersten Psalmenbuches, Freiburg 1966 [Diss.].

REITERER, F.V., קבל qbl, in: ThWAT VI, 1139–1143.

REITERER, F.V., „Urtext" und Übersetzungen. Sprachstudie über Sir 44,16–45,26 als Beitrag zur Siraforschung (ATS 12), St. Ottilien 1980.

REITERER, F.V./EGGER-WENZEL, R./KRAMMER, I./RITTER-MÜLLER, P., Zählsynopse zum Buch Ben Sira (FoSub 1), Berlin/New York 2003.

RICKENBACHER, O., Weisheitsperikopen bei Ben Sira (OBO 1), Freiburg/Göttingen 1973.

RÜGER, H.P., Zum Text von Sir 40,10 und Ex 10,21: ZAW 82 (1970) 103–109.

SARACINO, F., La sapienza e la vita: Sir. 4,11–19: RivBib 29 (1981) 257–272.

SAUER, G., Jesus Sirach (Ben Sira) (JSHRZ III,5), Gütersloh 1981.

SCHUBERT, R., Die Entwicklung der Auferstehungslehre von der nachexilischen bis zur frührabbinischen Zeit: BZ NF 6 (1962) 177–214.

SCHULZ, H., Das Todesrecht im Alten Testament. Studien zur Rechtsform der Mot-Jamut-Sätze (BZAW 114), Berlin 1969.

ספר בן סירא/The Book of Ben Sira. Text, Concordance and an Analysis of the Vocabulary (The Historical Dictionary of the Hebrew Language), Jerusalem 1973.

SISTI, A., Antiche prospettive veterotestamentarie intorno alla morte: BiO 25 (1983) 3–9.

SMEND, R., Die Weisheit des Jesus Sirach, Berlin 1906.

SNAITH, J.G., Ecclesiasticus or The Wisdom of Jesus Son of Sirach (CNEB), Cambridge 1974.

STADELMANN, H., Ben Sira als Schriftgelehrter. Eine Untersuchung zum Berufsbild des vor-makkabäischen Sôfēr unter Berücksichtigung seines Verhältnisses zu Priester-, Propheten- und Weisheitslehrern (WUNT 2/6), Tübingen 1980.

SUTCLIFFE, E.F., The Old Testament and the Future Life (The Bellarmine Series 8), London 1946.

VATTIONI, F., Ecclesiastico. Testo ebraico con apparato critico e versioni greca, latina e siriaca (Publicazioni del Seminario di Semitistica. Testi 1), Neapel 1968.

WÄCHTER, L., Der Tod im Alten Testament (AzTh II/9), Stuttgart 1967.

VAN DER WEIDEN, W.A., Prov. Xiv 32B. „Mais le juste a confiance quand il meurt": VT 20 (1970) 339–350.

WESTERMANN, C., Gesundheit, Leben und Tod aus der Sicht des Alten Testaments: Curare 5 (1982) 23–32.

WOLFF, H.W., Anthropologie des Alten Testaments, München ⁴1984.

ZIEGLER, J., Sapientia Iesu Filii Sirach (Septuaginta. Vetus Testamentum Graecum auctoritate Societatis Litterarum Gottingensis editum XII,2), Göttingen 1965.

Erstveröffentlichung in: J. Zmijewski (Hg.), Die alttestamentliche Botschaft als Wegweisung, FS H. Reinelt, Stuttgart 1990, 203-236.

Das Verhältnis Ijobs und Ben Siras

Es gibt zwar Ansätze für Untersuchungen[1], wieweit Sira von Ijob beeinflußt wurde. Doch während das Verhältnis zwischen Sira und Kohelet[2] Gegenstand einiger Analysen geworden ist, steht eine ausführliche Behandlung der Berührungen zwischen Ijob und Sira noch aus.

Einleitung

1. Einleitend ist festzuhalten, daß Sira keine quellenkritische oder sonstige Fragen an den Text herantrug, wie dies im Laufe der historisch-kritischen Exegese üblich geworden ist. Für Sira sind die ihm vorliegenden Texte, so wie sie sind, original. Demnach hat man das Buch Ijob als ganzes als Vergleichsmaterial anzusehen. Ob es zur Zeit Siras noch Veränderungen im Textbestand von Ijob gegeben hat, läßt sich von Sira her nicht klären. Man kann nur davon ausgehen, daß – soweit Berührungen gegeben sind – Sira diese Passagen in seinem Buch Ijob gefunden hat.

Daß sich Sira intensiv mit den Schriften Israels beschäftigt hat, "especially the Wisdom literature, Proverbs, Job, and Qoheleth"[3], ist für DI LELLA feststehende Tatsache. Als Beispiel der Beeinflussung nennt er die Übernahme von literarischen Gattungen. Konkret wird er aber nur im Falle von Listen und Onomastica geographischer, mineralogischer, kosmischer und meteorologischer Beispiele. Hier soll Ijob 28; 36,27–

---

1   EBERHARTER, Kanon; und allenthalben z.B. PETERS, Buch; SAUER, Jesus Sirach 483–644; HARTLEY, Book.
2   Vgl. PETERS, Ekklesiastes 47–54.129–150; MARGOLIOUTH, Ecclesiastes 118–126; PERDUE, Wisdom; KAISER, Judentum 135–153; OGDEN, Interpretation.
3   SKEHAN/DI LELLA, Wisdom 40.

37,13; 38,4–39,30 und 40,15–41,26⁴ vorbildhaft gewirkt haben, wie sich an Sir 43,27f.32fᴮ zeigt.

2. Weiters wird zurecht notiert, daß Ben Sira nicht zurückscheut, übernommene Texte so zu verändern, daß sich ein neuer Schwerpunkt ergibt. Anders als z.B. DUESBERG/FRANSEN⁵ neigt DI LELLA nicht dazu, sehr großzügig Abhängigkeiten anzunehmen; es gibt jedoch "convincing"⁶ Beispiele wie: לִי־שָׁמְעוּ וְיִחֵלּוּ וְיִדְּמוּ לְמוֹ עֲצָתִי (Ijob 29,21) einerseits und andererseits Sir 13,23ᴬ עָשִׁיר דּוֹבֵר הַכֹּל נִסְכְּתוּ וְאֵת שִׂכְלוֹ עַד עָב יַגִּיעוּ. – Zwischen diesen Versen gibt es keine terminologische Parallele und auch thematisch sind Verbindungen nur schwer herzustellen. Es bleibt nur das Faktum, daß jemand spricht und dadurch andere beeinflußt. Eine Einwirkung Ijobs auf Sira kann auf diese Weise nicht überzeugend belegt werden.

3. Die Frage nach der Wirkung Ijobs auf Sira kann auf verschiedene Art in Angriff genommen werden. Man könnte sie in allgemeiner Form vornehmen, indem man größere thematische Abhandlungen, die beiden Büchern gemeinsam sind, untersucht, so z.B. das Lied an die Weisheit von Ijob 28,20–28 und Sir 1,1–10 bzw. 24,1–22 oder das Thema *Schöpfung* von Ijob 38–39 und Sir 33,7–19ᴱ·ᶠ; 39,12–35ᴮ bzw. 42,15–43,33ᴮ·ᴹᵃ. Die Ergebnisse bleiben auf einer sehr allgemeinen Ebene, sodaß sehr viele Feststellungen unpräzise erscheinen, soweit es sich um den Versuch handelt, die Beeinflussung Siras durch Ijob exakt zu belegen.

Daher ergeben sich methodische Fragen. Genügt es, wenn entfernte Berührungspunkte vorhanden sind? Wann hat man Ähnlichkeiten nur noch als Vermutungen, die nicht tragfähig sind, zu bewerten? Wieweit muß eine Übereinstimmung gegeben sein, damit man von einer Beeinflussung sprechen kann? Aufgrund dieser und ähnlicher Anfragen wird ein enger methodischer Raster gewählt:

- Direkte terminologische Parallelen, die – ausgenommen in Ijob – in keinem Buch vor Sira vorkommen, neben *hapax legomena* v.a.

---

4   Vgl. SKEHAN/Di Lella, Wisdom 29; vgl. VON RAD, Hiob 38, 262–272; CRENSHAW, Wisdom 258f.

5   DUESBERG/FRANSEN, Ecclesiastico 69.

6   SKEHAN/DI LELLA, Wisdom 41 Anm. 2; es wird jedoch nur der englische Text angeführt, sodaß die markanten sprachlichen Unterschiede nicht so scharf hervortreten.

Constructus-Verbindungen (CsV) und Präpositionalverbindungen (PräpV);
- Behandlung ähnlicher Themen, die sonst in keinem anderen biblischen Buch in gleicher Weise aufgenommen werden. Wenn nicht auch einzelne terminologische Übereinstimmungen vorliegen, so müssen zumindest gemeinsame Wortfelder gegeben sein;
- ungewöhnliche, nur diesen Büchern gemeinsame Wortbedeutungen.

Die folgende Untersuchung konzentriert sich auf kennzeichnende Einzelerscheinungen, die sich in einzelnen Worten, höchstens Wortverbindungen oder kleinen Sätzen festmachen lassen. Zwischen Ijob und Sira gibt es keine gemeinsamen längeren Textpassagen. Die Analyse belegt, daß eine größere Anzahl von Belegen darauf hinweist, daß zwischen Ijob und Sira sichere Berührungspunkte gegeben sind.

Das einschlägige Material

In diesem Abschnitt werden Beispiele angeführt, in denen Worte verwendet werden, die auch im übrigen protokanonischen AT verhältnismäßig häufig vorkommen. Die Übereinstimmung zwischen Ijob und Sira macht deren Eigenart aus, sodaß sie Zeugnis für eine gemeinsame Linie geben können.

I. Thematische und terminologische Parallelen, die sich durch den spezifischen Charakter von anderen alttestamentlichen Vorkommen unterscheiden

1. Wasserflut als trügerischer Bach (אפיק[מ]; Ijob 6,15; Sir 40,13f[B])

Ijob (6,14) stellt das verständnisvolle und mitfühlende Verhalten guter Freunde antithetisch jenem seiner Freunde (6,15[–20]) gegenüber. Der Gegensatz wird in einem Vergleich verdeutlicht. Schlechte Freunde erweisen sich trotz der erklecklichen Anzahl wie ein wasserloser Bach,

dessen ausgetrocknetes Bachbett[7] noch irreleitend in den Tod führt. – In
einer allgemeinen Sentenz behandelt Sira den Unterschied zwischen
Redlichkeit und Ungerechtigkeit. Zur Ausgestaltung verwendet Sira
denselben Vergleich wie Ijob. Das Gut der Ungerechten verschwindet
plötzlich wie das Nass des (trügerischen) Flusses (40,13.14b).

Die inhaltliche (schlechte Freunde bzw. ungerechte Menschen) wie
auch die terminologisch-poetische Parallele (Wasserflut als trügerischer
Bach) ist bemerkenswert: כְּמוֹ־נַחַל כַּאֲפִיק נְחָלִים (Ijob 6,15) und כְנַחַל
אִיתָן וּמֵאֲפִיק אַדִיר (Sir 40,13). Festzuhalten ist, daß an keiner anderen
Stelle אֲפִיק (als Bild/Vergleich) im Kontext von ethischen Wertungen
von Guten und Bösen gebraucht wird. – Daß Sira insgesamt einen anderen Schwerpunkt setzt, zeigt des Autors Eigenständigkeit. Die Differenz mag darauf hinweisen, daß sich Sira auf einer anderen Ebene als
Ijob mit dem Thema *Freunde* beschäftigt.

2. Weisheitliche Traditionen der Väter und frühere Generationen
(Ijob 8,8; 12,12; Sir 6,34f; 8,9a.b^A)

In der ersten Rede behandelt Bildad das Thema, daß Einsicht, Wissen
und Weisheit von den Alten (דֹר רִישׁוֹן [hier einmalig im AT][8]; אֲבוֹתָם
Ijob 8,8[9]) überkommen ist und fordert (Jussiv) dazu auf, sich um diese
zu bemühen (כִּי־שְׁאַל־נָא; V8). Die Vorfahren lehren (יוֹרוּ V10) Weisheit
und tradieren Worte (מִלִּים V10) der Bildung. Obwohl in Ijob 12,12 die
Frage skeptisch gestellt wird, ob man davon ausgehen dürfe, daß sich

---

7   GROSS, Ijob 31, verweist darauf, daß viele Bäche, die während der Regenzeit Wasser
     führen, wieder austrocknen.

8   Eine ähnliche Fromulierung findet sich auch in Dtn 32,6f, wo es allerdings um die
     Weitergabe der Kunde von den Großtaten Gottes geht: זְכֹר יְמוֹת עוֹלָם בִּינוּ שְׁנוֹת
     דֹּר־וָדֹר שְׁאַל אָבִיךָ וְיַגֵּדְךָ זְקֵנֶיךָ וְיֹאמְרוּ לָךְ (V7).

9   Die Weitergabe von wertvollen geistigen Gütern – wenn auch nicht im weisheitli-
     chen Sinn der „profanen" Lebensbewältigung – findet sich auch andernorts: Ex 3,15;
     Ps 78,6: לְמַעַן יֵדְעוּ דּוֹר אַחֲרוֹן בָּנִים יִוָּלֵדוּ יָקֻמוּ וִיסַפְּרוּ לִבְנֵיהֶם. – Das Interesse
     an Taten und Vorbildern aus der Geschichte und deren Tradierung belegen auch Ps
     22,4–6 (אֲבֹתֵינוּ); 44,2 (אֲבוֹתֵינוּ); 79,13 (תְּהִלָּתֶךָ); 145,4 דֹּר לְדוֹר יְשַׁבַּח מַעֲשֶׂיךָ
     (וּלְמַעַן תְּסַפֵּר בְּאָזְנֵי בִנְךָ וּבֶן־בִּנְךָ); Ri 6,13 (אֲבוֹתֵינוּ); vgl Ex 10,2f
     Auch Propheten zeigen Interesse für die Weitergabe in deren Schülerkreis (Jes 8,16;
     Jer 36; Ez 2,8–33); ähnliches gilt für die Weisheit 1Kön 10,8; vgl. ohne Hinweis auf
     Weitergabe Spr 25,1.

Alter und Weisheit mehr oder weniger automatisch träfen, wird die Erfahrung der Alten (יְשִׁישִׁים) hoch geschätzt. – Auf der Suche nach Weisheit rät Sira, sich an die Alten (ἐν πλήθει πρεσβυτέρων) zu wenden und sowohl gerne wie häufig deren Worten zu lauschen[10] (Sir 6,34)[11]. Anregungen zum klugen Verhalten werden ähnlich in Sir 8,9 gegeben. Auch dieses Wort wird imperativisch (vgl. den Vetitiv אַל תּמאס) eingeleitet und nennt das dO בשמיעת שבים[12] (Sir 8,9a.b), von denen die Weisheit ausgeht. Die שבים haben ihre Einsicht auch nicht aus sich, sondern שמעו מאבתם, wodurch auf einen langen Tradierungsprozeß verwiesen wird. Auf diese Weise gelangt der Hörer Siras zu שכל, d.h. zur Fertigkeit, in Zeiten der Bedrängnis (בעת צר) nach bewährtem Vorbild wendig zu argumentieren (פתגם[13]; Sir 8,9c.d).

Die Tradition von den Alten wird bei beiden Autoren als ein gewichtiges Argument angeführt, und die Parallelität der Argumentation ist unleugbar. Die terminologischen Übereinstimmungen sind gering. Nur אָבוֹת (Ijob 8,8; Sir 8,9) ist gemeinsam. Von Wortfeldern her gesehen finden sich mehrere Berührungspunkte (תְּבוּנָה; חָכְמָה in Ijob 12,12; חֵקֶר אָבוֹת in Ijob 8,8; שׂיחה; משל; בינה in Sir 6,35; שׁמיעה; שכל in Sir 8,9 wie auch אֹרֶךְ יָמִים; יָשִׁישׁ in Ijob 12,12; אָבוֹת; דֹּר רִישׁוֹן in Ijob 8,8; שבים; אבות in Sir 8,9).

Daß die Väter ihre *religiösen* Erfahrungen mit dem rettenden Gott weitergeben, ist mehrfach belegt[14]. Bei Ijob und Sira geht es aber um die Weitergabe weisheitlicher Traditionen. Die vorliegende Gegebenheit ist nur bei diesen beiden Autoren bezeugt; daher legt sich die Beeinflussung Siras durch Ijob nahe.

---

10 Dieser Vers ist in H ausgefallen; MARBÖCK, Weisheit 115: „Der Schreiber ist versehentlich von לשמע in 33b auf dasselbe Wort in V. 35 geglitten".

11 Die Fortsetzung dieses nur in Γ erhaltenen Verses ist in H (6,35) gegeben.

12 Zu ב als Einführung des direkten Objekts vgl. REITERER, Objekte 359–378.

13 Das Substantiv ist in späten Texten belegt, und zwar Ez 4,14.17; 5,7.11; 6,11; Dan 3,16 und 4,14, nie jedoch im Buch Ijob.

14 Es ist einige Male, wenn auch nicht sehr häufig belegt, daß der Vater (Dtn 32,6f; Jes 38,19) oder die Väter die religiösen Traditionen weitergeben, daß sie von der Führung Gottes und seinen Großtaten bzw. später für die Weisung (Gottes) Zeugnis ablegen (vgl. Jos 4,21; Ri 6,13; 2Makk 6,1; 7,2 [τοὺς πατρίους νόμους]. 24 [τῶν πατρίων]. 37 [τῶν πατρίων νόμων]; Ijob 15,18). Daß sie Prototypen der Vermittlung von weisheitlicher Unterweisung seien, ist nicht belegt.

3. Bis zu den Wolken reichen (Ijob 20,6; Sir 13,23ᴬ)

Zofar versucht in der zweiten Rede klarzulegen, daß der Jubel des רָשָׁע
nur von kurzer Dauer ist. Dies gilt auch, wenn sein Übermut überhand
nimmt und sein Kopf die Wolken zu berühren scheint (וְרֹאשׁוֹ לָעָב
יַגִּיעַ; Ijob 20,6). – Den Vorzug eines Reichen gegenüber einem Armen
behandelt Sira. Des Begüterten Weisheit wird maßlos übertrieben: וְאת
שכלו עד עב עד יגיעו (Sir 13,23).

Wenn auch die Präpositionen unterschiedlich sind, ist die Wortverbindung נגע (H) + [עד ;לֹ] עב im behandelten Kontext und angegebenen
Sinn nur diesen Autoren gemeinsam[15]. Daher ist sowohl die thematische wie auch die terminologische Entsprechung ein Hinweis auf die
Beeinflussung der Sprache Siras durch Ijob.

4. Weisheit für falsche Menschen unzugänglich (Ijob 11,11; Sir 15,7ᴬ,ᴮ)

Die von Gott ausgehende Weisheit (חָכְמָה) verbindet Ijob 11,6-12 mit
Sir 14,20–15,10. Damit wird der Gedanke verknüpft, daß sie für Böse
unzugänglich ist. Bei Ijob verhindert Gott, daß sich Schlechte Weisheit
aneignen können, da er die מְתֵי־שָׁוְא (Ijob 11,11) und deren Schurkerei
kennt[16]. – Bei Sira ist nicht Gott, sondern sind die מְתֵי־שָׁוְא Subjekt. Sie
erlangen die Weisheit nicht, da Böse[17] aufgrund ihrer inneren Qualifikation nicht dazu disponiert sind, diese zu erwerben.

Die Parallelität der Argumentation deutet darauf, daß Sira sich Ijob
angeschlossen hat.

---

15   Häufiger ist z.B. der Gebrauch, wo konkrete Gegebenheiten berührt werden (z.B. Ex
4,25; Jes 6,7; 8,8; 26,5; Mi 1,9), übertragen sind es etwa die Tore des Todes (Ps 107,18).

16   כִּי־הוּא יָדַע מְתֵי־שָׁוְא וַיַּרְא־אָוֶן וְלֹא יִתְבּוֹנָן (Ijob 11,11); vgl. dazu REITERER, Bedeutsamkeit 182.185f. In Ijob 22,15 steht zwar die gleiche CsV, doch sind dort nicht
Trügerische, die sich Weisheit erwerben wollen, gemeint. An der dritten Stelle (Ps
26,4), des Vorkommens von מְתֵי־שָׁוְא werden keinerlei Querverbindungen zum Zugang zur Weisheit hergestellt, sodaß der Text nicht zum Vergleich herangezogen
werden kann; vgl. LOHFINK, Beobachtungen 193 Anm. 23, will nicht ausschließen,
daß damit Götzenverehrer oder Anhänger von Untergrundkulten gemeint sind.
Trifft dies zu, befindet man sich auf der theologischen Ebene. Querverbindungen zu
weisheitlichen Themen sind nicht gegeben.

17   לא ידריכוה מתי שוא ואנשי זדון לא יראוה (Sir 15,7).

5. Die Schnelligkeit des Wandels zeigt sich in der Veränderung vom Morgen bis zum Abend (Ijob 4,20; Sir 18,26)

An einem Tag (מִבֹּקֶר לָעֶרֶב; ἀπὸ πρωίθεν ἕως ἑσπέρας) kann sich alles grundsätzlich ändern. Die Schnelligkeit, mit der sowohl das Ableben wie allgemein Veränderungen unter den geschaffenen Menschen eintreten, ist Anliegen von Ijob 4,20 und Sir 18,26, wobei Ijob die Unterlegenheit des Menschen Gott gegenüber betont, während dessen Sira eine allgemeine *Norm* formuliert. Beachtenswert ist die Parallelität der Zeitangabe sowohl in H als auch in der Übersetzung: מִבֹּקֶר לָעֶרֶב; ἀπὸ πρωίθεν ἕως ἑσπέρας.

In Ps 90,6 scheint auf den ersten Blick ein Beispiel für einen vergleichbaren Sachverhalt gegeben zu sein: „Von Jahr zu Jahr säst du die Menschen aus; sie gleichen dem sprossenden Gras. Am Morgen (בַּבֹּקֶר; τὸ πρωῖ) grünt es und blüht, am Abend (לָעֶרֶב; τὸ ἑσπέρας) wird es geschnitten und welkt" (5f). Sowohl aus der H-Vorlage wie aus der LXX ergibt sich, daß die Übereinstimmungen zwischen Ijob und Sira derart sind, daß eine Beeinflussung Siras durch Ps 90,6 im Gegensatz zu Ijob 4,20 nicht in Betracht zu ziehen ist.

6. Hoffnung auf den berechtigten Lohn (Ijob 7,2; Sir 36,21aᴮ)

In der Antwort auf Elifas' erste Rede beschreibt Ijob das Menschenschicksal; es ist wie das eines Sklaven, der nach Schatten lechzt bzw. wie das eines Tagelöhners, der gespannt darauf wartet, ob er wohl auch den Tageslohn erhält: כְּשָׂכִיר יְקַוֶּה פָעֳלוֹ (Ijob 7,2). – Im großen Gebet Siras finden sich im Rahmen der Bitte die Worte: תן את פעלת קוויך (36,21a).

Bei Ijob handelt der Text von menschlichen Subjekten, bei Sira bildet dieses Gott. Das Geschick selbst ist aber bei beiden Autoren eine Gegebenheit, die sich im Einflußbereich Gottes befindet. Zitat liegt keines vor. Es fallen aber die Kombination von פעל(ה) mit קוה und deren jeweilige theologischen Implikationen auf. Da sich keine vergleichbare

Wortverknüpfung bei anderen biblischen Autoren findet[18], ist es wahrscheinlich, daß Sira von Ijob beeinflußt ist.

7. Auf dem Felsspitz (Ijob 39,28; Sir 40,15b[B])

Die PräpV עַל־שֶׁן־סֶלַע beschreibt in Ijob 39,28 jenen unzugänglichen Ort (מְצוּדָה), an dem der Adler haust. Von Gott wird Ijob die Frage vorgelegt, ob er den Adler auch zu solchem befähigen könne. Da Ijob verneinen muß, sollte er erkennen, wie gering seine Einsicht im Verhältnis zu jener Gottes ist. – In vollständig anderem Kontext findet sich die gleiche PräpV in Sir 40,15b[19]. Um zu belegen, wie haltlos das Gut des Übeltäters ist, wird dieses mit Wurzeln auf dem Felsenzahn (על שן סלע) verglichen.

Die CsV שֶׁן־הַסֶּלַע steht auch in 1Sam 14,4 (2x) und zwar als Landschaftsmarkierung, allerdings nicht in einer CsV und ohne symbolische Konnotationen. Sira steht nur Ijob nahe.

8. Das Menschenschicksal (Ijob 20,29; Sir 41,4[B])

In der zweiten Rede Zofars beschreibt dieser drastisch, wie das Geschick eines רָשָׁע (20,5) aussieht und wie er endet. Die Aufzählung schließt mit dem Hinweis, daß das Schicksal (חֵלֶק־אָדָם) eben von Gott so bestimmt ist (V29). In der Antwort auf Bildads dritte Rede führt Ijob die Beschreibung des Geschicks eines רָשָׁע mit ähnlichen Worten ein (Ijob 27,13). – Sira beschäftigt sich in 41,1–4 mit dem Tod. Im Rahmen dieser Ausführungen liest man, daß das Sterben das natürliche Geschick des Menschen sei: זה חלק כל בשר[20]. Es ist nutzlos, der von Gott gesetzten Bestimmung (בחורת עליון; V4b) auskommen zu wollen.

Gemeinsam ist den Texten die Thematik, daß das Geschick von Gott zugewiesen wird. Neben der terminologischen Übereinstimmung (זֶה חֵלֶק) sind die Parallelitäten aus dem gemeinsamen Wortfeld be-

---

18 Der größte Teil der Vorkommen von קוה hat JHWH zum dO; es handelt sich also um Vertrauensaussagen über Gott (vgl. z.B. Jes 40,31; 49,23; Ps 27,14; 37,9.34; Spr 20,22). Wenige Stellen stehen in profanem Kontext.

19 Zur Auslegung von Sir 40,15: SKEHAN, Sirach 40,11–17, 571.

20 Vgl. REITERER, Deutung 223f.

deutsam: zum nom.reg חֵלֶק steht bei Ijob אָדָם, bei Sira כל בשר als nom.rec; מֵאֱלֹהִים bzw. מֵאֵל in Ijob 20,29, עִם־אֵל in Ijob 27,13 entspricht מאל in Sir 41,4. – Man wird den Einfluß Ijobs nicht ausschließen können, insbesondere deswegen, weil חֵלֶק in einer CsV sonst nirgends das von Gott zugewiesene Geschick bezeichnet[21].

9. Geschlechtsverkehr mit einer Jungfrau (Ijob 31,1; Sir 9,5A)

Ijob zählt gravierende Vergehen auf (ab 31,1). Um seine Unschuld zu verdeutlichen, betont er, daß er sich deren nicht schuldig machte. Im ersten Exempel beschreibt er, daß er sich keiner Jungfrau genähert (אֶתְבּוֹנֵן עַל־בְּתוּלָה) habe (Ijob 31,1). – Als allgemeingültiges Verbot untersagt Sira in 9,5 Verkehr mit einer Jungfrau außerhalb der Ehe: בבתולה אל תתבונן.

Die Konstruktion in Sira, wo ב das dO einführt, entspricht der häufigeren Präp bei התהובנן; עַל des Ijob ist ungebräuchlich. Mit einer בְּתוּלָה ist außerehelicher Geschlechtsverkehr unerlaubt bzw. untersagt (Gen 24,16; Ri 21,12 [ידע]; Lev 21,1.3f; 19,24; Klgl 5,11 [ענה]; 2Sam 13,2; Jes 23,12 [עשק]) und in der Gesetzesliteratur verboten (vgl. Ex 22,15; Dtn 22,23.28 [שכב]). – Wegen der bekannten Konnotationen zwischen בְּתוּלָה und geschlechtlicher Unberührtheit ergibt sich, daß בִּין tD eine sexuelle Begegnung anspricht. In derartigem Kontext ist התהובנן ungebräuchlich. An Stellen mit vergleichbarem Inhalt fanden sich als Verba ידע; ענה; עשק und שכב. Von diesen ist nur ידע aus dem gleichen Wortfeld genommen. – Gewöhnlich wird בִּין tD im Sinne von „sich besonders kümmern um" (vgl. Dtn 32,10; Jes 43,18; Ps 37,10; 119,95; Ijob 20,20) bzw. „sich besonders gut auskennen" (Ijob 11,11; 23,15; 38,18; Jes 1,3; 1Kön 3,21) und „besonders intensive Einsicht besitzen" (Jes 14,16; 52,15; Jer 2,10; 9,16; 23,10; 30,24; Ps 107,43; 119,100.104; Ijob 26,14; 37,14) verwendet.

---

21 Die Verse Gen 14,24 (חֵלֶק הָאֲנָשִׁים) und Mi 2,4 (חֵלֶק עַמִּי); vgl. auch Koh 2,10 (מִכָּל־עֲמָלִי) haben je ein nom.rec, das aus dem menschlichen Bereich stammt und daher befragt werden muß. Die Belege haben rein profane Bezüge: חֵלֶק bezeichnet je den Anteil/Besitz. Alle Beispiele fallen daher als Vergleichsmaterial weg.

Die Parallelität der dem Inhalt nach klaren, in der Verbwahl sehr ungewöhnlichen Stellen bei Ijob und Sira läßt sich wohl kaum anders erläutern, als daß man direkten Einfluß annimmt.

10. Die Todesruhe als erstrebenswertes Ziel (Ijob 3,13.17; Sir 30,17[B])

Als Ijob an seinem Geschick zu verzweifeln beginnt, verwünscht er jene Nacht bzw. jenen Tag, da er gezeugt bzw. geboren wurde (3,3). Direkter wird er noch ab V6, wo er seine Verbitterung darüber äußert, daß er überhaupt den Mutterschoß verlassen hat und dann auch noch groß gezogen wurde. Wäre das nicht der Fall gewesen, dann träfe zu: וְשָׁם יָנוּחוּ יְגִיעֵי כֹחַ (V13) bzw. שָׁכַבְתִּי וְאֶשְׁקוֹט יָשַׁנְתִּי אָז יָנוּחַ לִי (V17). Dort könnte Ijob ruhen wie auch alle, deren Kraft erschöpft ist. – Sira behandelt ab 30,14 den Gegensatz: Gesundheit – Krankheit. Er schließt dieses Thema hinsichtlich der Krankheit ähnlich wie Ijob ab: טוב למות מחיי שוא ונוחת עולם מכאב נאמן טוב למות מחיים רעים ולירד שאול מכאב עומד (Sir 30,17[B]).

Die thematische Nähe ist unbestreitbar. Es fällt vor allem auf, daß der Tod als ein erstrebenswerter Bereich der Ruhe (שקט bzw. נוח[22]) beschrieben wird[23]. Damit unterscheiden sich beide Autoren von anderen, die den Aufenthalt in der Scheol bewerten. Ijobs Einfluß auf Sira legt sich nahe.

11. Wie mit dem Gaumen Speise, so Gehörtes prüfen
(Ijob 12,11; 34,3; Sir 36,24[B])

Die Größe Gottes und dessen Undurchschaubarkeit für den Menschen sind Thema ab Ijob 12,7. Es wird die Frage aufgeworfen, ob ein Mensch überhaupt den Versuch wagen kann, Gottes Tiefen zu durchschauen. Ein Vergleich liefert die Antwort. Auch im profanen Bereich ist es selbstverständlich, daß das Ohr das Gehörte registriert und wertet, wie doch auch der Gaumen die Qualität der Speise überprüft (וְחֵךְ אֹכֶל יִטְעַם־לוֹ;

---

22 Dieser Gedanke findet sich später – dort in Verbindung mit der Aussicht auf *Weiterleben* nach dem Tod – nur noch in Dan 12,13.

23 PETERS, Buch 248, bemüht sich der inhaltlichen Problematik dadurch zu entledigen, daß er darauf verweist, daß die Erklärung „vom alttestamentlichen Standpunkte aus und nicht vom absoluten philosophischen" zu erfolgen hat.

V11). In der zweiten Rede versucht Elihu (Ijob 34,1–37) die Aufmerksamkeit auf seine Argumente zu lenken, um eine Entscheidung herauszufor-
dern, wieweit bzw. daß sein Urteil richtig ist. Dies tut er u.a. mit dem fast
gleichen Beispiel von vorher: לֶאֱכֹל יִטְעַם וְחֵךְ (V3). – Die Kriterien, nach
welchen man eine Frau aussuchen soll, leitet Sira ein: מטעמי בוחן חיך
רבר ולב מבין מטעמי כזב. In Anwendung des Vergleiches richtet er sich
gegen jene Frauen, die sich mit jedem Mann einlassen (36,26), wohingegen
eine gute Frau[24] die Sinnerfüllung des Mannes darstellt (Vv27–30).

Beide Autoren treffen sich in der Verwendung von בחן (Subjekt bei
Ijob אֹזֶן; bei Sir חיך; dO bei Ijob מִלִּין; bei Sir מטעמי דבר); das Präd von
Ijob 12,11b; 34,3b (יִטְעַם) wird aus der Wurzel gebildet, aus der das
nom.reg (מטעמי) der CsV in beiden Hemistichen von Sir 36,24 geformt
ist. – Da sich die Gleichsetzung in keinem anderen biblischen Buch findet[25], ist anzunehmen, daß Sira von Ijob beeinflußt ist.

12. Dies sah ich und will erzählen (Ijob 15,17; Sir 42,15ᴮ)

Elifas will in der zweiten Rede (15,1–35) die Aussichtslosigkeit, in die
ein רָשָׁע verfangen ist, scharf konturieren. Den Vortrag leitet er mit einem Aufmerksamkeit heischenden Aufruf ein: וַאֲסַפֵּרָה חָזִיתִי וְזֶה (Ijob
15,17). – In Sir 42,15 beginnt das große Lob des Schöpfergottes. In diesem stehen mit Ijob 15,17b identische Sätze: וזה חזיתי ואספרה.

Beide Autoren verwenden das gleiche Verb חזה. Auf den ersten
Blick würde man an dessen Stelle das weit häufiger belegte ראה erwarten. Doch will Ijob etwas ganz besonderes mitteilen, etwas, das nahe an
eine *prophetische* Schau[26] herankommt. Das gleiche Ziel verfolgt Sira. Es
geht nicht nur darum, was er mit eigenen Augen gesehen hat, sondern
was er auch von alters her überkommen und in den Tiefendimensionen
durchschaut hat: חזה meint bei beiden Autoren: „auf die letzten Zusammenhänge hin durchschauen".

---

24 Nach PETERS, Buch, ist von den „Liebenswürdigkeiten des einen Mann suchenden
   Frauenzimmers" (298) die Rede, womit noch keine Entscheidung gefällt wird, ob das
   Verhalten einer guten oder schlechten Frau einer Prüfung unterzogen wird.
25 HORST, Hiob 192, vermutet aufgrund der Parallelität „einen sprichwörtlichen Vergleich". BEENTJES, Hermeneutics 50, sieht "a great resemblance to Job …".
26 Vgl. zu חזה besonders auch REITERER, שָׁוְא 1110f.

13. Schlechte sind so, als ob sie nie existiert hätten (Ijob 10,19; Sir 44,9ᴮ)

In der Erwiderung auf Bildads erste Rede klagt Ijob über sein Geschick.
Obwohl er weiß, daß Gott ihn kunstvoll geschaffen (ab 10,8) hat, spürt
er keine Wärme des Schöpfers. Im Gegenteil empfindet er Gott als Bedrohung ähnlich einem Raubtier (V16). Als Ziel seines Lebens erscheint
die Scheol (Vv21f). Lieber wäre es Ijob, wenn er gleich gar nicht geboren worden wäre, dann gälte: כַּאֲשֶׁר לֹא־הָיִיתִי אֶהְיֶה מִבֶּטֶן לַקֶּבֶר אוּבָל
(10,19). – Zwar sind die Ausführungen Siras nicht von dieser Verzweiflung durchdrungen, allerdings weist auch er darauf hin, daß nur die
Guten und Rechtschaffenen ein dauerndes Gedächtnis hinterlassen. Bei
den andern verhält es sich folgend: אין לו זכר ... כאשר לא היו היו (Sir
44,9a.c).

In Obd 16 findet sich eine ähnliche Formulierung: וְהָיוּ כְּלוֹא הָיוּ.
Damit wird der Untergang der Völker beschrieben, die ihrer eigenen
Gier erliegen. Sira kommt dieser Thematik sehr nahe, wenn auch keineswegs im Kontext eines Völkergerichts. In der Formulierung steht Sira aber Ijob näher.

Die Parallele כַּאֲשֶׁר לֹא־הָיִיתִי אֶהְיֶה[27] (Ijob; der Wechsel von der SK
zur PK ist vom Kontext bedingt) und כאשר לא היו היו (Sira; handelt
von Vergangenem) zwischen Ijob und Sira ist auffällig. Da die Wortbedeutung auch je gleich ist, wird Sira auf den Einfluß Ijobs zurückgehen.

14. Einer aus Tausend (Ijob 9,3; 33,24–26; Sir 6,5ᴬ; Koh 7,28)

In der Antwort Ijobs auf Bildad bekräftigt er, daß kein Mensch vor Gott
durch und durch rechtschaffen erscheinen kann. Ijob sieht ein, daß keine Diskussion mit Gott die Differenz zu überbrücken vermag. Daß Gott
nicht zum Streitgespräch gezwungen werden kann, ergibt sich aus der
Tatsache, daß Gott einfach nicht antwortet, wenn er nicht will (לֹא־יַעֲנֶנּוּ
אַחַת מִנִּי־אָלֶף; Ijob 9,3). In der ersten Rede verweist Elihu darauf, daß
sich Gott zum Menschen wendet, um ihn vom unrechten Tun abzu-
halten, auch wenn dieser nicht hört (33,14f). Gottes zweiter Vorstoß geschieht mit einem Boten, einem von Tausend (אֶחָד מִנִּי־אָלֶף; 33,23).
Wenn dieser bei Gott fürbittend eintritt und Lösegeld anbieten kann,

---

27   BARTELMUS, HYH, behandelt keine der angeführten Stellen.

blüht der Mensch wieder auf (33,24–26). – Auch Sira geht es um ein allgemeines Problem. Wenngleich man versuchen sollte, mit möglichst
vielen gut auszukommen, vertraue man sich nicht jedermann an, sondern nur einem aus Tausend (Sir 6,6). – Kohelet beklagt, daß es kaum
wirkliche Persönlichkeiten gibt; nicht einmal eine einzige fand er, wenn
Tausende zur Auswahl standen (Koh 7,28).

Die Phrase אֶחָד מִנִּי־אָלֶף bzw. אָחָד מִנִּי־אָלֶף findet sich nur in der
Weisheitsliteratur. Es ist nicht unwahrscheinlich, daß sowohl Sira wie
Kohelet von Ijobs Terminologie beeinflußt sind. Da Kohelet dezidiert
auch die Frage nach der Frau im Kontext behandelt, unterscheidet er
sich deutlich von Sira, obzwar die Phraseologie bei beiden Autoren
identisch ist.

15. Sich abkehren (הפך [N]; Ijob 19,19; Sir 6,12ᴬ)

Ijob 19,19 und Sir 6,12 beschäftigen sich mit einem Thema, das für beide Bücher zentral ist: das Verhalten von *Freunden*. Freunde ohne Tief-
gang wenden sich dann ab, wenn der Wohlstand abnimmt oder gar
Unglück über den zuvor wegen seines Besitzes Umworbenen kommt.
Die einschlägigen Worte lauten: נֶהְפְּכוּ־בִי bzw. ייהפך בך[28]. Daß ב *von*,
weg bedeuten kann, wurde von PENAR[29] mit vielen Beispielen belegt.

Sonach ergibt sich, daß mit der Phrase הפך (N) ב eine Wortverwendung und Konstruktion vorliegt, die am leichtesten dann erklärt werden kann, wenn man annimmt, Sira sei von Ijob beeinflußt.

16. Änderung des Gesichtsausdruckes (Ijob 14,19f; Sir 12,18ᴬ; 13,7.25ᴬ)

In der Antwort auf die erste Rede Zofars formuliert Ijob seine Hoffnungslosigkeit (Ijob 14,19). In diesem Kontext kommt die schwierige,
im protokanonischen AT einmalige Phrase vor: מְשַׁנֶּה פָנָיו (V20b). Das
folgende Verb וַתְּשַׁלְּחֵהוּ läßt die Deutung als Leichenstarre unwahrscheinlich erscheinen[30]. – Mit HARTLEY[31] wird man die einzigen Ver-

---

28 Mit PENAR, Job 19,19, 293, ist der N-Stamm anzunehmen.
29 Vgl. PENAR, Job 19,19, 293f.
30 Vgl. so FOHRER, Buch 260, und GORDIS, Book 152. „Er denkt nach über Verrat", wie
    HALPERN, (Yhwh's Summary 472–474) deutet, scheidet vom Kontext her aus. SIMI-

gleichsstellen, Sir 12,18; 13,25 für die Deutung heranziehen. Ab 12,10 warnt Sira vor jedem Gegner, auch wenn sich dieser noch so fürsorglich gibt (V11). Vorwiegend bedrohlich ist, daß er anders spricht, als er denkt; Vv16.18. Während er noch Hilfe heischend die Hände erhebt (וְהֵנִיף יָדוֹ), zischelt er beschwörend und zugleich wandelt sich schon sein Gesicht: יִשְׁנֶא פָנִים (Sir 12,18). Es handelt sich um die Änderung des Gesichtsausdruckes, der anders erscheint, als es der wahren Einstellung entspricht. Noch deutlicher wird dies in 13,25, wo sich je nach dem Gefühl die Miene verändert: לֵב אֱנוֹשׁ יִשְׁנֶא פָנָיו אִם לְטוֹב וְאִם לְרָע.

Die Parallelität der ungewöhnlichen Phrase legt es nahe, daß Sira diese von Ijob übernommen hat. Zugleich sind die sirazidischen Stellen hilfreich, die Formulierung bei Ijob zu deuten.

17. Alpträume als Tortur (Ijob 7,14; Sir 40,5f[B])

Wegen der Schwere des Geschicks beklagt Ijob seine Ratlosigkeit wie auch die Unmöglichkeit, aus der für ihn verfahrenen Situation entkommen zu können. Wenn Ijob wünschte, daß er in seinem Bett (מִשְׁכָּבִי) schlafend von seinen tristen Erfahrungen abschalten könnte[32], dann überfallen ihn böse Träume (וְחִתַּתַּנִי בַחֲלֹמוֹת וּמֵחֶזְיֹנוֹת תְּבַעֲתַנִּי; 7,14). So wird das Bett zum Ort der Tortur. Tot zu sein zöge er diesem Dauerdruck vor. – Auch Sira thematisiert die *große Mühsal*, die Gott dem Menschen zugewiesen hat, die jeden – Arme und Reiche, König und Bettler – treffen. Der Schlaf wird den Betroffenen geraubt (40,5d[33]). Hat er sich zur Ruhe gelegt (6a), da plagen ihn schon Traumbilder, die ihn wie ein Krieg verfolgen und sein Innerstes aufwühlen (καὶ ἀπ'

AN-YOFRE, פָּנִים 630, erwähnt zwar die Phrase, in der פָּנִים im wörtlichen Sinne vorkomme, umgeht aber im umfangreichen Artikel den Versuch der Deutung, was dies bedeuten soll; denn ein *Austauschen* des Gesichtes ist wohl auszuschließen.

31   Vgl. HARTLEY, Book 239.257.

32   כִּי־אָמַרְתִּי תְּנַחֲמֵנִי עַרְשִׂי יִשָּׂא בְשִׂיחִי מִשְׁכָּבִי (Ijob 7,13).

33   Da der H-Text zerstört ist, wird man sich nach Γ richten, da dieser den Inhalt des in H noch erhaltenen Textes stützt: καὶ ἐν καιρῷ ἀναπαύσεως ἐπὶ κοίτης ὕπνος νυκτὸς ἀλλοιοῖ γνῶσιν αὐτοῦ.

ἐκείνου ἐν ὕπνοις ὡς ἐν ἡμέρᾳ σκοπιᾶς τεθορυβημένος ἐν ὁράσει καρδίας αὐτοῦ ὡς ἐκπεφευγὼς ἀπὸ προσώπου πολέμου[34]).

Inhaltlich ist deutlich, daß sich die Texte sehr nahe stehen. Aber auch bezeichnende terminologische Parallelen finden sich, nämlich משכב[35] (Ijob 7,13b; Sir 40,5c), חֲלֹמוֹת וּמֶחֶזְיֹנוֹת (Ijob 7,14) bzw. [הֲרֹי]חֹ[36] und מחזון (Sir 40,6) und נפש (Ijob 7,15; Sir 40,6). Die Summe der Übereinstimmung weist darauf hin, daß Sira bei all seiner Eigenständigkeit in der vorliegenden Formulierung von Ijob beeinflußt wurde.

II. Selten belegte Wortverbindungen mit einer nur Ijob und Sira gemeinsamen Bedeutung

In diesem Abschnitt werden Fälle bearbeitet, in denen wichtige Worte nur sehr selten, d.h. höchsten 10x im protokanonischen AT vorkommen. Dadurch reduziert sich die Vergleichsbasis und die Argumente könnten als weniger gewichtig eingeordnet werden. Allerdings ist dies kein Beleg dafür, wie man die Übereinstimmungen anders erklären kann, ausgenommen durch den Einfluß Siras auf Ijob.

1. Erschüttern der Berge (Ijob 9,5; Sir 39,28[B,Ma])

Um zu beschreiben, daß Felsen oder Berge erschüttert werden, verwendet – anders im übrigen protokanonischen AT – Ijob mehrfach עתק (vgl. צוּר יֶעְתַּק in Ijob 14,18; 18,4). Mit Sira trifft sich Ijob 9,5: הַמַּעְתִּיק הָרִים. – Die H-Textüberlieferung in Sir 39,28 ist schlecht, doch lassen die Handschriften B und Ma mit Sicherheit die Worte עתק (H) ‏[ם‏‏‏ ‏רי] erkennen[37].

Die Ungebräuchlichkeit der Verbindung und das Vorkommen bei Ijob und Sira soll notiert werden. Eine Beeinflussung Siras legt sich nahe.

---

34 In H ist nur verständlich erhalten ‏[..]ל[.‏.] ‏ש[........]‏ טע מחזון מעט נפשו ומבין (V6b.c).

35 משכב wird im AT nur noch in Ijob 33,15 als Ort der von Gott herrührenden Unruhe, die sich in Alpträumen und Angstbildern zeigt, verwendet; vgl. V19.

36 חלום wird im übrigen AT weder im sg noch im pl als Alptraum verwendet; dieser Verwendungsbereich wurde von OTTOSSON, חָלַם 991–998, nicht berücksichtigt.

37 Vgl. B [.]יעתיק ‏ם[........] bzw. Ma ‏קן[.]שֶׁ‏ֿי ‏ם‏[........] (39,28b).

2. Gewitterwolke (Ijob 28,26; 38,25; Sir 40,13ᴮ)

In Ijob 28,26; 38,25 und Sir 40,13 findet sich die CsV קְלוֹת חֲזִיז[], die bei
Ijob durch לְ und bei Sira mittels בְּ eingeleitet ist. Der Unterschied ist
durch die Funktion bedingt. Bei Ijob stellt die CsV je das iO, in Ijob
28,26 zu עָשֹׁת, in Ijob 38,25 zu פִּלַּג, dar; bei Sira ist sie Circumstand (Mittel oder/und Zeitangabe). – Bei Ijob wird die Wortverbindung je im
Rahmen der Schöpfungsbeschreibung verwendet und weist auf die
Größe Gottes hin. Sira diskutiert die Frage, wie beständig der Reichtum
eines Bösen ist und sieht ihn gefährdet, so wie der Gewitterregen alles
wegschwemmt.

Da חֲזִיז im protokanonischen AT nur 3x[38] vorkommt, nur bei Ijob in
der vorliegenden CsV, dürfte Sira terminologisch von Ijob beeinflußt
sein.

3. Der Fraugeborene und Gottes Größe
(Ijob 14,1f, 15,14; 25,4; Sir 10,18ᴬ)

Um die große Differenz zwischen Gott und dem Menschen anzuzeigen,
betont Ijob 25,4, daß der Mensch (אֱנוֹשׁ) von einer Frau geboren wurde
(יְלוּד אִשָּׁה[39]; γεννητὸς γυναικός). Es handelt sich keineswegs um eine
Abwertung der Frau, sondern um die Hervorhebung, daß jeder
Mensch auf natürliche Weise in die Welt kommt und so schon von Geburt an auf das Lebensende hin ausgerichtet ist (vgl. vor allem 25,6).
Dies hebt besonders Ijob 15,14 hervor und zwar mit der gleichen Wortwahl wie eben (יְלוּד אִשָּׁה; γεννητὸς γυναικός). Noch deutlicher heißt es
in 14,1f: אָדָם יְלוּד אִשָּׁה קְצַר יָמִים וּשְׂבַע־רֹגֶז כְּצִיץ יָצָא; γεννητὸς
γυναικός). – Daß der Mensch gegenüber Gott, der den Hochmütigen
vom Thron stürzt und an seine Stelle den Demütigen setzt (Sir 10,14),
wegen seiner Kleinheit auch bescheiden zu sein hat, formuliert Sir 10,18
(לא נאוה לאנוש זדון ועזות אף לילוד אשה; γεννήμασιν γυναικῶν).

Wie in Ijob 15,14; 25,4 setzt auch Sira אנוש und ילוד אשה parallel.
Diese Gegebenheiten weisen darauf, daß Sira von Ijob beeinflußt ist.
Die Phrase hat auch in Gal 4,4 (γενόμενον ἐκ γυναικός); Mt 11,11 (οὐκ

---

38   Neben Ijob noch Sach 10,1; bei Sira gibt es einen weiteren Beleg in 35,26.
39   Diese CsV ist nur in Ijob und Sira belegt.

ἐγήγερται ἐν γεννητοῖς γυναικῶν μείζων Ἰωάννου τοῦ βαπτιστοῦ) und Lk
7,28 (εἴζων ἐν γεννητοῖς γυναικῶν Ἰωάννου οὐδείς ἐστιν) ihren Niederschlag gefunden.

III. Terminologische oder thematische Belege
ohne Parallelen in anderen alttestamentlichen Büchern

1. Gottes Zählvermögen von Wassertropfen als Ausweis seiner Größe
(Ijob 36,27; Sir 1,2)

Die griechischen Versionen von Ijob 36,27[40] (ἀριθμηταὶ δὲ αὐτῷ σταγόνες
ὑετοῦ καὶ ἐπιχυθήσονται ὑετῷ εἰς νεφέλην) und Sir 1,2 (ἄμμον θαλασσῶν καὶ
σταγόνας ὑετοῦ καὶ ἡμέρας αἰῶνος τίς ἐξαριθμήσει) entsprechen sich. Der
Vergleich dient dem Ausweis der Größe Gottes, da er allein imstande
ist, u.a. die Wassertropfen zu zählen.

In Sir 18,10 nimmt der Autor das Thema mit den Wassertropfen
auf, um die Kürze der menschlichen Lebenszeit gegenüber der Ewig-
keit zu erläutern.

Ausgenommen Ijob kann keine andere einschlägige, vorsirazidi-
sche Verweisstelle angegeben werden.

2. Der Energieverlust (מַפַּח־נָפֶשׁ Ijob 11,20; Sir 30,12f[B])

In der ersten Rede hebt Zofar zuerst die Größe Gottes hervor. Von dieser Basis aus rät er Ijob, sein Vergehen einzusehen und davon abzu-
kehren. Die einzig reale Aussicht der רְשָׁעִים ist nämlich מַפַּח־נָפֶשׁ.
Da es sich um etwas entscheidend Abschließendes handelt, wird damit
das *Aushauchen der Energie*[41], der wegen der Erschöpfung herausge-
preßten Luft oder gar des Lebens gemeint sein[42]. – Sira verwendet die

---

40 Der H-Text von Ijob weicht z.T. ab: כִּי יְגָרַע נִטְפֵי־מָיִם יָזֹקּוּ מָטָר לְאֵדֹו. Das Substantiv נֵטֶף ist hapax legomenon.

41 „Ein eingeengtes, qualvolles Leben ohne Zuflucht und Hoffnung auf Erfüllung wird
   ihnen [den רְשָׁעִים] zuteil", GROSS, Ijob 46.

42 Der ausführliche Beitrag über נֶפֶשׁ (SEEBASS, 531–555) berücksichtigt diese Stelle
   nicht; WESTERMANN, נֶפֶשׁ, führt diese Stelle unter jenen an, die den Verlust des Le-

Phrase מַפַּח־נָפֶשׁ im Kontext der Kindererziehung. Der heranwachsende Sohn hat früh genug erzogen zu werden. Geschieht dies nicht, dann נולד ממנו מפח נפש. נולד ist übertragen verwendet: durch den unerzogenen Sohn wird מפח נפש gezeugt/hervorgebracht. נפש wird in diesem Kontext die gesteigerte emotionale Äußerung meinen; das Auffahren (מפח) führt dazu, daß der betroffene Vater so herausgefordert wird, daß er geradezu das Leben aushaucht/beendet.

Auffällig ist die nur bei Ijob und Sira belegbare CsV מַפַּח־נָפֶשׁ. Die Beeinflussung Siras durch Ijob ist sehr wahrscheinlich.

3. Alte Männer (Ijob 12,12; 15,10; 29,8; 32,6; Sir 8,6ᴬ; 42,8ᴮ)

Das Substantiv יָשִׁישׁ findet sich im protokanonischen Alten Testament nur in Ijob 12,12; 15,10; 29,8 und 32,6. In 15,10; 29,8; 32,6 wird damit jene Gruppe alter Männer benannt, die sich gewöhnlich durch Weisheit auszeichnet. Doch ist deren Besitz kein *Naturgesetz*. Nur alt zu werden, bedeutet noch nicht, auch ein weiser Mensch zu sein (12,12). – Bei Ijob bildet יָשִׁישׁ durchwegs ein selbständiges Substantiv. Im Unterschied dazu ist die Verwendung in Sir 8,6 entweder als nom.rec in adjektivischer Funktion, wahrscheinlicher aber überhaupt als gewöhnliches Adj zu bestimmen: אל תבייש אנוש [[שׁשׁ]] פִּי נמנה מזקנים. Mit dem Wort werden nicht von vorneherein Konnotationen zur Weisheit hergestellt, sondern zu jenem hohen Alter, das jederzeit mit dem Tod zu rechnen hat (V7); erst im weiteren wird mit dem Alten שׁב (V9) wertvolle Überlieferung und indirekt Weisheit (V8[43]) verknüpft[44]. Diese Verquickung ist nach Sir 42,8 überhaupt nicht gegeben. An dieser Stelle wird der Hörer aufgefordert, sowohl dem שׁב wie dem שׁישׁי[45] in aller Offenheit entgegen zu treten, falls sie zur Unzucht raten.

---

bens umschreiben; u.a. gehört diese Phrase jedoch zu jenen Wendungen, die sich weniger ausgeprägt ausdrücken (87f).

43 Ausdrücklich hebt Sir 25,4–6 diese Verknüpfung hervor. Doch ist diese Passage nur in Γ erhalten, sodaß man keine Rückschlüsse ziehen kann. Syr fällt wie H aus.

44 Allerdings fällt auf, daß Sira die Worte אנוש שׁישׁי in diesem Kontext eben nicht gebraucht.

45 Hier fungiert ישׁישׁ als ein selbständiges Substantiv, wenn וישׁישׁ korrekt ist; Γ spricht nicht dafür, sondern eher für eine CsV, in der das Wort nicht substantivisch eingesetzt wird: ἐσχατογήρως.

Bei allen Unterschieden ist doch darauf zu verweisen, daß nur in diesen beiden Büchern יָשִׁישׁ belegt ist. Die ungewöhnliche Wortwahl deutet auf Beeinflussung Siras durch Ijob. Zugleich zeigt sich, daß die terminologische Parallelität Siras nicht unbedingt eine inhaltliche bedeutet. Das angegebene Beispiel spricht dafür, daß Sira einen sehr eigenständig geprägten Wortschatz besitzt und auch seinen eigenen Stil pflegt, wenn er auch durch die Tradition, in der er steht, tiefgehend geprägt ist.

4. Feuerflammen (Ijob 18,5b; Sir 8,10ᴬ; 45,19ᴮ)

In der zweiten Rede beschreibt Bildad das langsame, aber sichere Scheitern der רְשָׁעִים (וְלֹא־יִגַּהּ שְׁבִיב אִשּׁוֹ; Ijob 18,5b). Ausgenommen Sira ist dies die einzige Stelle, an der die CsV אֵשׁ שְׁבִיב steht. שְׁבִיבָא דִי נוּרָא (Dan 3,22) bzw. שְׁבִיבִין דִּי־נוּר (Dan 7,9) weicht beim nom.rec markant ab. Allerdings ist eine Beeinflussung Daniels durch die literarischen Vorgänger nicht auszuschließen. – Sira bietet sowohl gleich Ijob übertragene Bedeutung wie den Konnex zum רשע (רָשָׁע) [46] אל תצלח בנחלת רשע פן תבער כשביב אשו; Sir 8,10). Das zweite Vorkommen in Sir 45,19d spricht davon, daß Datan, Abiram wie die Anhänger Korachs in der Feuersbrunst umgekommen sind: ויאכלם בשביב אשׁו. Gemeint ist reales Feuer. In der Verweisstelle Num 16,35 wird nur vom Feuer (אֵשׁ) gesprochen; vgl. die Darstellung der gleichen Szene in Ps 106,18: אֵשׁ und לֶהָבָה. Von beiden Stellen weicht Sira ab.

Da die Formulierung ungebräuchlich ist, und Sira sich mit Ijob trifft, wird man damit rechnen, daß Sira von Ijob beeinflußt ist.

---

46 Vermutlich mit vielen Auslegern als נחלת zu lesen; vgl. Peters, Text 38; ders., Buch 78; Segal, ספר 51.53f; Skehan/Di Lella, Wisdom 211; anders Smend, Weisheit 78, der גָּמַר vermutet.

IV. Thematische Parallelen, die sich in den Wortfeldern treffen

1. Gottes Größe übertrifft die Macht der Mächtigen (Ijob 12,15ff; Sir 11,6ᴬ)

In der Antwort auf Zofar stellt Ijob die Größe Gottes heraus, welche des Wassers Macht beherrscht, und die Fülle der Klugheit (Ijob 12,15f) darstellt. Daher vermag er jeden Mächtigen zu beschämen (יוֹעֲצִים מוֹלִיךְ שׁוֹלָל וְשֹׁפְטִים יְהוֹלֵל; Ijob 12,17). – Thematisch trifft sich Ijob mit Sira in der Zeichnung der souveränen Tat Gottes, dessen innerer Sinn dem Tun des Menschen verborgen ist. Eines der Zeugnisse dafür ist: רבים נְשָׂאִים [[קלוּ מְאֹד וְהַשְׁפָּלוּ יַחַד וְגַם נִכְבָּדִים נִתָּנוּ בְיַד (Sir 11,6).

Die Entgegensetzung der Größe Gottes gegenüber den irdischen Größen läßt den Vorzug Gottes besonders deutlich hervortreten. Während terminologische Identitäten fehlen, sind die Worte aus dem gleichen Feld gewählt. Für irdische Größen steht שֹׁפְטִים ;יוֹעֲצִים (Ijob 12,17); נְשָׂאִים ;נִכְבָּדִים (Sir 11,6), für die überlegene Macht Gottes: שׁלל ;הלל III (Ijob 12,17); קלל ;שפל ;נתן ביד (Sir 11,6).

2. Gottes Makellosigkeit als Grund der Unvergleichlichkeit mit dem Menschen (Ijob 4,18f; Sir 17,31f)

Die thematische Parallele (die Unvergleichlichkeit Gottes und seiner Makellosigkeit gegenüber dem Menschen) zwischen Ijob 4,18f bzw. 25,4–6 und Sir 17,30ff ist schon lange gesehen worden. Der Detailvergleich ist deswegen erschwert, weil keine H-Rezension erhalten und innerhalb der Übersetzung keine Wortgleichheit gegeben ist. – Der Mensch, unbedeutend wie er ist, kann vor Gott niemals als wirklich rein erscheinen (Ijob 4,17–20). Wenn schon der Herr nicht einmal seinen Engeln uneingeschränkt vertraut[47], um wieviel weniger den Menschen אַף כִּי־אֱנוֹשׁ רִמָּה und 25,6: אַף שֹׁכְנֵי בָתֵּי־חֹמֶר אֲשֶׁר־בֶּעָפָר יְסוֹדָם)

---

47 So in Ijob 4,18: εἰ κατὰ παίδων αὐτοῦ οὐ πιστεύει κατὰ δὲ ἀγγέλων αὐτοῦ σκολιόν τι ἐπενόησεν (הֵן בַּעֲבָדָיו לֹא יַאֲמִין וּבְמַלְאָכָיו יָשִׂים תָּהֳלָה).

וּבֶן־אָדָם תּוֹלֵעָה), die doch aus Fleisch[48] und Blut bestehen. – Gott ist
den Menschen wie auch der übrigen Schöpfung unermeßlich überlegen
(Sir 17,30). Selbst die Sonne, das Hellste, was man mit den damaligen
Mitteln ausfindig machen konnte, verfinstert sich. So ist auch der
Mensch nicht zur Reinheit veranlagt, sodaß er mit Gott vergleichbar
wäre. Weit weniger drastisch und zugleich direkter als Ijob beschreibt
dies Sira καὶ πονηρὸν ἐνθυμηθήσεται σὰρξ καὶ αἷμα (17,31) und übernimmt
damit die in vielen Stellen belegbare anthropologische Summe über
σὰρξ (καὶ αἷμα). Erst im zweiten Argumentationsschritt führt Sira an,
daß Gott die Macht (Sonne?) des Himmels nicht aus den Augen läßt,
was wohl soviel bedeutet wie „beaufsichtigt". Als Schluß vom Größeren zum Kleineren gilt dies dann auch für die Menschen: ἄνθρωποι
πάντες γῆ καὶ σποδός.

Die Differenzen, die auf den ersten Blick gegeben sind, erweisen
sich als nicht schwerwiegend in Relation zu den Gemeinsamkeiten: Die
als Vergleichsmaterial gewählten Beispiele werden dem Kosmos (Sonne, Gestirne) bzw. dem himmlischen Bereich entnommen, um sie als
für jedermann einsichtige Modelle für – im Verhältnis zum Menschen –
überragende Macht vorzuführen (עֲבָדִים ;מַלְאָכִים in Ijob 4,18, יָרֵחַ;
כּוֹכָבִים in Ijob 25,5; ἥλιος in Sir 17,31). Die Autoren wollen damit den
Konnex zur Schwäche bzw. Schlechtigkeit des Menschen und die darin
gründende Unvergleichlichkeit mit Gott herstellen (הַאֱנוֹשׁ מֵאֱלוֹהַ
יִצְדָּק ... יִטְהָר in Ijob 4,17; מַה־יִּצְדַּק ... מַה־יִּזְכֶּה in Ijob 25,4; οὐ γὰρ δύναται
πάντα εἶναι Sir 17,30; πονηρὸν ἐνθυμηθήσεται V31). Da diese Relationen in
keinen anderen biblischen Texten in der gleichen Form dargestellt
werden, wird man davon ausgehen, daß Ijob für Sira die Vorlage ab-
gab[49].

3. Kosmische Gegebenheiten als Werkzeuge des Gerichtes
(Ijob 38,22f; Sir 39,29fᴬ)

In der ersten Gottesrede werden Ijob Fragen vorgelegt, die ihm zeigen,
wie unbedeutend klein er vor Gott ist und wie wenig er von der Wel-

---

48 Mit Fleisch wird als anthropologische Dimension das Schwache und Sündige ver-
    bunden.

49 Vgl. so auch ohne Begründung PETERS, Buch 148f.

tenplanung weiß. Ironisch wendet sich Gott an den Widerpart, ob er denn wisse, wo sich der Schnee und Hagel, die zum Kampf, gemeint ist wohl das Gericht, aufbewahrt sind, befinden (Ijob 38,22f). – Die Gaben der Schöpfung erweisen sich für die Guten als gut und für die Schlechten als schlecht (Sir 39,27). Stürme u.a. Gegebenheiten können dem Gericht dienen (V28), was in den Vv29f weiter ausgefaltet wird.

Wenn auch diesen beiden Passagen nur die Worte ברד und לעת gemeinsam sind, so ist die Absicht je die gleiche. Kosmische Gegebenheiten werden im Gericht als Mittel eingesetzt (יוֹם קְרָב וּמִלְחָמָה; עֶת־צָר [Ijob] bzw. למשפט [Sira]), denen niemand entkommen kann. Die Formulierung Siras ist sehr eigenständig, doch ist eine thematische Beeinflussung durch die Ijob-Stelle kaum von der Hand zu weisen. Ähnlich argumentiert Sira auch in 43,13f. Blitze sind Pfeile für den Hinweis des Scheltens und das Gericht Gottes. Damit sie nicht unkontrolliert zerstören, hat er für deren Aufbewahrung ein Gewahrsam geschaffen (למען ברא אוצר[.] B und Ma; vgl. dagegen Γ).

4. Das verborgene Treiben des Ehebrechers (Ijob 24,15; Sir 23,18)

Im Kap. 24 zählt Ijob verschiedene Gruppen von Übeltätern auf. Unter diesen finden sich Ehebrecher, die darauf bedacht sind, das Tageslicht zu meiden und doch zielstrebig ihren Weg verfolgen: וְעֵין נֹאֵף שָׁמְרָה נֶשֶׁף לֵאמֹר לֹא־תְשׁוּרֵנִי עָיִן וְסֵתֶר פָּנִים יָשִׂים; καὶ ὀφθαλμὸς μοιχοῦ ἐφύλαξεν σκότος λέγων οὐ προσνοήσει με ὀφθαλμός; 24,15). – Bei Sira sind die vergleichbaren Verse nur in Γ erhalten. In einem Zahlenspruch wendet sich Sira gegen sexuelle Verfehlungen von Männern: Onanisten, Schürzenjäger und Ehebrecher. Über den letzteren liest man: ἄνθρωπος παραβαίνων ἀπὸ τῆς κλίνης αὐτοῦ λέγων ἐν τῇ ψυχῇ αὐτοῦ τίς με ὁρᾷ; σκότος κύκλῳ μου καὶ οἱ τοῖχοί με καλύπτουσιν καὶ οὐθείς με ὁρᾷ; Sir 23,18.

Die Behandlung des gleichen Themas durch Sira wäre nicht mit Ijob in Zusammenhang zu bringen, wenn nicht sehr ähnliche Formulierungen vorlägen: καὶ ὀφθαλμὸς μοιχοῦ ἐφύλαξεν σκότος und οὐ προσνοήσει με ὀφθαλμός (Ijob 24,15) bzw. σκότος κύκλῳ μου und Τίς με ὁρᾷ – καὶ οὐθείς με ὁρᾷ (Sir 23,18).

5. Reinigung durch Unreines? (Ijob 14,4; Sir 34,4)

Auf die Rede Zofars (Ijob 11,1–20) folgt eine lange Gegenrede Ijobs (12,1–14,22). In Kap. 14 wird resignierend das wie Blumen vergängliche Geschick des Menschen beschrieben, doch über ihm wacht Gott und rechtet zugleich (14,2f). Im Vergleich zu Gott ist der Mensch schon von seiner Konstitution her im Nachteil: מִי־יִתֵּן טָהוֹר מִטָּמֵא לֹא אֶחָד (V4; τίς γὰρ καθαρὸς ἔσται ἀπὸ ῥύπου ἀλλ' οὐθείς). – Mit Vehemenz wendet sich Sira gegen magische, mantische Handlungen, gegen Offenbarungen und Träume, deren Herkunft nicht gesichert ist (34,1–5). Nur solche haben Relevanz, die von Gott stammen (V6). In diesem Kontext bringt er einen Hinweis, daß von Unreinem nicht Reines kommen könne: ἀπὸ ἀκαθάρτου τί καθαρισθήσεται καὶ ἀπὸ ψευδοῦς τί ἀληθεύσει (V4; vgl. auch Syr; in H nicht erhalten).

Während Ijob ethische und personale Qualitäten behandelt, beschäftigt sich Sira mit *Offenbarungsformen*. In der Anwendung liegt eine starke Differenz vor, doch wird die gleiche Fragestellung aufgeworfen, die auch mit terminologisch parallelen Formulierungen beantwortet wird: τίς γὰρ καθαρὸς ἔσται (Ijob 14,4) bzw. ἀπὸ ἀκαθάρτου τί καθα ρισθήσεται (Sir 34,4). Ijobs Einfluß auf Sira scheint wahrscheinlich.

V. Im Vergleich zu anderen biblischen Büchern neu akzentuierte Themen

1. Rechenschaftsforderung an Gott (Ijob 9,12; Sir 36,10ᴮ)

Als allgemeine Frage ist מַה־תַּעֲשֶׂה nicht besonders auffällig, ja geradezu banal. 71 Fragen werden mittels מַה und einer finiten Form von עשׂה (in PK oder SK) gebildet.

Die Frageintention ist bei Ijob allerdings beachtenswert: sie richtet sich an JHWH, um von ihm für sein Verhalten Rechenschaft einzufordern.

In der Antwort Ijobs auf die erste Rede Bildads hebt Ijob hervor, daß die unermeßliche Überlegenheit Gottes die Frage nicht ernsthaft stellen läßt, ob Gott im Recht sei. Zur Begründung der Größe beschreibt Ijob die Schöpfermacht über Berge, Säulen der Erde und den Himmel.

Wenn Gott auftritt, merkt es der Mensch von sich aus nicht. Dies gilt vor allem auch, wenn der Herr vernichtet. Niemand kann ihn zur Rechenschaft ziehen: מַה־תַּעֲשֶׂה. Auch Ijob läßt sich nicht zu einer plumpen Provokation hinreißen, doch gelingt es ihm auf indirekte Art so zu formulieren, daß sich die Frage: „Was tust du?" doch als Kritik am Verhalten Gottes[50] erweist. – Zeitlich folgt auf Ijob als nächster Autor Sira, der diese Thematik aufgreift: Im Gebet um Rettung in der politischen Bedrängnis (ab 36,1), wird Gott aufgefordert die Zeichen der Frühzeit zu wiederholen und die Gegner zu beugen (Vv6-8). Ähnlich wie in apokalyptischen Reden wird gefordert, das Ende (der Notzeit) herbeizuführen und eine gute Zeit anbrechen zu lassen. Begründet wird dieser drängende Wunsch mit der Feststellung, dass Gott ja niemand abhalten könne, das Geschick so zu gestalten, wie er es wolle: כי מי יאמר לך מה תעשה. – Auch nach Ijob und Sira wird diese Frage im Rahmen der Theodizee relevant bleiben. Nach dem Buch Daniel fühlte sich Nebukadnezzar Gott gleich. Da hörte er im Traum die Stimme Gottes, die ihm mitteilte, dass er aus der menschlichen Gemeinschaft ausgeschlossen würde und wie ein Tier leben werde; im Traum geschah dies auch. Als sein Verstand aus der ekstatischen Vision zurückkehrte, lobte er den Höchsten und formulierte seine devote Haltung ihm gegenüber: וְכָל־דָּאֲרֵי אַרְעָא כְּלָה חֲשִׁיבִין ... וְלָא אִיתַי דִּי־יְמַחֵא בִידֵהּ וְיֵאמַר לֵהּ מָה עֲבַדְתְּ (Dan 4,32). Wegen der Fülle der Macht, der unermeßlichen Weltüberlegenheit kann Gott schalten und walten, ohne daß ihn jemand zur Verantwortung ziehen kann. Dies gilt auch für den mächtigsten König, dessen Zerstörungswillen die Israeliten als Exilierung erfahren mußten.

Soweit ersichtlich, ist die Frage, „Was tust du?" im Rahmen der Theodizee als erstes bei Ijob gestellt worden und steht je im Rahmen der Weltlenkungsfähigkeit Gottes, über die er keine Rechenschaft abzugeben braucht. Daß die Frage in der Not gestellt wird, ist den Autoren Ijob und Sira gemeinsam, bei Daniel wird sie verallgemeinert.

---

50 Daß in den irdischen Machtverhältnissen die gleichen Regeln gelten, zeigt Koh 8,4: der König hat die Macht, daher fordert ihn niemand mit der Frage heraus: „Was tust du?"

2. Hoffnung über den Tod hinaus (Ijob 14,10–12; Sir 38,17–20ᴮ; 14,17ᴬ)

In der Antwort auf Zofars erste Rede berührt Ijob verschiedene Aspekte des auf den Tod hinsteuernden Schicksals. Wenn ein Mensch stirbt, wo ist er dann (Ijob 14,10)? Wie ein versiegender Bach ist er verschwunden und selbst die Himmel würden vergehen, bevor er wieder erwachte (14,12). Die folgenden Überlegungen, wonach Gott ihn vielleicht in der Scheol nur zwischendurch verbirgt und dann wieder seiner gedenkt (תָּשִׁית לִי חֹק וְתִזְכְּרֵנִי), zeigt sich als „ein kleiner Ansatz neuer Hoffnung, die eher in Wunschform denn als Realität geäußert wird"[51]. Die aufkeimende Zukunftshoffnung wird in V19 wieder gedämpft: תִּשְׁטֹף־סְפִיחֶיהָ עֲפַר־אָרֶץ וְתִקְוַת אֱנוֹשׁ הֶאֱבַדְתָּ. – Wenn auch bei Sira die Erwartung einer Existenz nach dem Tode anklingt[52], so sind die Aussagen sehr verschwommen. Im Zusammenhang mit der Totentrauer, der er keine lange Dauer zubilligt (38,17–20), soll man den Sinn nicht nur auf den Toten lenken, sondern an die Zukunft denken. Vom Standpunkt des Lebenden aus gesehen gilt: אל תזכרהו כי אין לו תקוה. Überdies sollte man folgende Grundregel bedenken: זכור חקו כי הוא חקך ... מושבת מת ושבת זכרו (38,22f). – Auch in 14,17(–20) geht es um die gleiche Thematik: כל הבשר כבגד יבלה וחוק עולם גוע יגועו.

Es fällt auf, dass beiden Autoren die Termini זכר, חק und תקוה gemeinsam sind. Das Verb זכר deutet an, daß sich durch das Gedenken eine Form der Präsenz des Toten für die Lebenden ergibt. Dies als Weiterleben über den Tod hinaus zu bezeichnen, wird wohl zu weit greifen. Das Wort חק bezeichnet das von Gott auf den Tod[53] hin festgelegte Geschick. Es unterliegt[54] dem Einfluß und der Verfügung Gottes, sodaß חק keine Eigendynamik analog etwa der Moira besitzt. תקוה bezeich-

---

51 GROSS, Ijob 56f; HARTLEY, Book 235, geht zu weit, wenn er behauptet, daß diese Passage darauf weise, daß eine individuelle, persönliche Auferstehung hervorgehoben werden sollte.

52 Vgl. REITERER, Deutung 230–233.

53 In dieser Bedeutung wird חֹק im gesamten protokanonischen AT, inklusive Ijob – ausgenommen 14,13 – nie mehr verwendet.

54 Vgl. REITERER, Deutung 218: „‚Geschick' impliziert gleichbleibende Regelhaftigkeit und wird von Sira mit dieser Implikation als Bestimmung des Menschen zum Tod verstanden". „Die Tendenz geht in fatalistische, nicht jedoch in apathisch-pessimistische Richtung" (223).

net die Hoffnung, daß das Geschick auch nach dem Tod in Gottes Händen liegt.

Ijob ringt um das Vertrauen auf Gottes rettenden Eingriff als Bewahrung vor dem Tode, hält aber enttäuscht fest, daß diese Hoffnung[55] nicht erfüllt wird. – Sira verwendet das Wort im Sinn, daß es kein Zurück auf die Erde gibt. Mit dem Tod ist das Leben unwiderruflich vorbei. Da es Sira um die Praxis der Totentrauer und nicht um allgemein gültige Thesen geht, kann man von hier keine *metaphysischen* Schlußfolgerungen ziehen bzw. solche entwickeln.

Die Autoren treffen sich auf einer Ebene, wobei sie terminologisch und thematisch vom übrigen AT abweichen. Während Ijob kämpft und mit Gott ringt, stellt sich Sira als ruhiger, überlegter, keineswegs resignativer und zugleich das Todesschicksal als Teil des Lebens registrierender Weisheitslehrer dar.

3. Mutter alles Lebenden – Mutter Erde (Ijob 1,21; Sir 40,1ᴮ)

In der literarischen Rahmung des Ijobbuches wird eine Katastrophe nach der anderen aufgereiht. Allesamt sind nicht in der Lage, Ijobs Vertrauen auf Gott zu erschüttern. Die demütige Haltung bündelt sich in V21, wo alles von Gott Gegebene nahezu phlegmatisch auch dessen Verfügungsgewalt unterstellt wird. Dort heißt es: עָרֹם יָצָאתִי אִמִּי מִבֶּטֶן וְעָרֹם אָשׁוּב שָׁמָּה. Es ist ein verbreiteter Topos, anläßlich der menschlichen Geburt vom *aus dem Schoß [der Mutter] Hervorgehen* zu sprechen[56]. Ijob wechselt aber den Inhalt, den er mit אֵם bezeichnet. Es ist nicht anzunehmen, daß die leibliche Mutter gemeint ist, wohin Ijob zurückkehrt, sondern die Erde (vgl. Gen 3,19 אֲדָמָה), welche hier mittels des ePP הָ- als אֵם angesehen wird. – Sira handelt in 40,1 vom schweren Geschick, das Gott den Menschen zuteilte. Die Zeitspanne, in der dieses den Menschen belastet, wird folgend beschrieben: מיום צאתו

---

55 Im protokanonischen AT wird תקוה nur im Buch Ijob mit Sicherheit als Bezeichnung des Geschicks nach dem Tode verwendet; vgl. 7,6; 8,13; 17,15 und 27,8; in Ez 37,11 kann man die Frage aufwerfen, ob nicht auch diese Bedeutung – bei Ezechiel positiv, bei Ijob immer als ausweglos dargestellt – gegeben ist.

56 יצא מֵרֶחֶם (Num 12,12; Jer 1,5; 20,18; Ijob 10,18; von der „Geburt" der Meere Ijob 38,8) bzw. יצא מִבֶּטֶן (Ijob 1,21; 3,11; Koh 5,14; von der „Geburt" des Reifes Ijob 38,29; übertragen Jona 2,3).

מרחם. אמו עד יום שובו אל אם כל חי. Die Phraseologie stammt aus Gen 3,20, wo Eva als אֵם כָּל־חָי bezeichnet wird. Dieser *Eva* deutende Satz verweist darauf, daß mit Hilfe der fraulichen Befähigung der Lebensweitergabe das menschliche Leben für die kommenden Generationen erhalten wird. Vom im Mythos belegbaren Element der *Mutter Erde* findet sich in Gen 3,20 keine Spur. Während die Worthülse aus Genesis stammt, ist der Inhalt von Ijob übernommen. Sira hält letztere Vorstellung und Formulierung für so treffend, daß er sie mehrfach für Geburt und Tod verwendet: καὶ μετὰ ταῦτα κύριος εἰς τὴν γῆν ἐπέβλεψεν καὶ ἐνέπλησεν αὐτὴν τῶν ἀγαθῶν αὐτοῦ ψυχῇ παντὸς ζῴου ἐκάλυψεν τὸ πρόσωπον αὐτῆς καὶ εἰς αὐτὴν ἡ ἀποστροφὴ αὐτῶν (Sir 16,29f); κύριος ἔκτισεν ἐκ γῆς ἄνθρωπον καὶ πάλιν ἀπέστρεψεν αὐτὸν εἰς αὐτήν (17,1).

Die von Ijob nur durch ein ePP angedeutete *Mutter Erde*, von der das AT verschiedentlich Belege bieten soll, ist im protokanonischen Teil – ausgenommen Ijob 1,21 – nie belegbar[57]. Von Sira wird sie ausdrücklich bezeugt[58]. In der Formulierung dieser Gegebenheit gehen beide Weisheitslehrer gemeinsam und unterscheiden sich vom übrigen Textbefund. Es ist nicht unwahrscheinlich, daß Sira von Ijob beeinflußt worden ist.

VI. Abweichende Bedeutung eines gebräuchlichen Wortes

1. תַּחַת – wie (Ijob 34,26; Sir 30,25[B])

Gott kennt die Taten der Menschen. Über die von ihm Verfolgten fällt er sogar noch in der Nacht her, um sie zu verderben. Dies geschieht genauso, wie er Übeltäter niederschlägt (וַיְדַכְּאוּ תַחַת־רְשָׁעִים סְפָקָם;

---

57 Alle Stellen, an denen Erde und Mutter im engsten Kontext vorkommen („Mutter Erde" ist ohnedies nicht belegbar), bieten keinerlei Anspielungen (vgl. Gen 37,10; Dtn 22,6; Weish 7,1, und Offb 17,5) auf den „Mutter Erde"-Mythos, wonach von ihr alles Leben kommt und sich wieder zu ihr zurück begibt. Sehr deutlich zeigt das Fehlen derartiger innerer Verquickungen Weish 7,1: „Auch ich bin ein sterblicher Mensch wie alle anderen, Nachkomme des ersten, aus Erde gebildeten Menschen. Im Schoß der Mutter wurde ich zu Fleisch geformt"; vgl. zur Thematik auch DIETRICH, Mutter Erde; FRANZ, Muttergöttin; EDZARD, Muttergöttinnen 103–106; KÜHLEWEIN, אֵם 175.

58 POPE, Job 16, verwendet ausdrücklich Sira zur Erläuterung des Ijob-Textes.

34,25f). Der Partikel vor רְשָׁעִים ist תַּחַת, das an dieser Stelle in ungewöhnlicher Bedeutung als „wie" erscheint[59]. – Der Zusammenhang in Sir 30,25 ist ein ganz anderer und der Text selbst schwer verständlich[60]: שנות לב טוב תחת מטעמים ומאכלו יעלה עליו. Soweit die Passage einer Deutung zugänglich ist, sind (ruhige) Nächte für das Herz *wie* (תחת) Leckerbissen.

Es ist unwahrscheinlich, daß Sira die gleiche ungewöhnliche Bedeutung für תחת bezeugt, wenn er nicht von Ijob beeinflußt ist oder zumindest mit Ijob eine gemeinsame sprachliche Tradition teilt.

Zusammenfassung

Die behandelten Stellen:

Ijob	Kapitel	Sir
1,21	V.3	40,1[B]
3,13.17	I.10	30,17[B]
4,18f	IV.2	17,31f
4,20	I.5	18,26
6,15	I.1	40,13f[B]
7,2	I.6	36,21a[B]
7,14	I.17	40,5fB
8,8; 12,12	I.2	6,34f; 8,9a.b[A]
9,5	II.1	39,28[B,Ma]
9,3; 33,24–26	I.14	6,5A wie Koh 7,28
9,12	V.1	36,10[B]
10,19	I.13	44,9[B]
11,11	I.4	15,7[A,B]
11,20	III.2	30,12f[B]
12,11; 34,3	I.11	36,24[B]
12,12; 15,10; 29,8; 32,6	III.3	8,6[A]; 42,8[B]
12,15ff	IV.1	11,6[A]
14,1f; 15,14; 25,4	II.3	10,18[A]
14,4	IV.1	34,4

---

59   GESENIUS, Handwörterbuch 876, führt diese Bedeutung nicht an.

60   DI LELLA hält den Vers für so verderbt, dass er sich nur Γ anschließt (nach seiner Zählung 30,27); vgl. Wisdom 380; schon früher ders., Text 52.

14,10–12	V.2	38,17–20[B]; 14,17[A]
14,19f	I.16	12,18[A]; 13,7.25[A]
15,17	I.12	42,15[B]
18,5b	III.4	8,10[A]; 45,19[B]
19,19	I.15	6,12[A]
20,6	I.3	13,23[A]
20,29	I.8	41,4[B]
24,15	IV.4	23,18
28,26; 38,25	II.2	40,13[B]
31,1	I.9	9,5[A]
34,26	VI.1	30,25[B]
36,27	III.1	1,2
38,22f	IV.3	39,29f[A]
39,28	I.7	40,15b[B]

Die Verteilung auf 33 verschiedene Kleine Einheiten zeigt, daß die Kapitel Ijob 1 bis 39 in Sira 1 bis 44 Spuren hinterlassen haben. Dies ist wohl Beleg genug, daß Sira das Buch tatsächlich durchgehend gekannt haben dürfte.

Die Untersuchung zeigte, daß manche Stellen eine geringere (z.B. Ijob 6,15 und Sir 40,13f), andere eine stärkere (z.B. Ijob 20,29 und Sir 41,4; Ijob 31,1 und Sir 9,5) Überzeugungskraft besitzen. Gemeinsam ist allen Belegen, daß sie in wesentlichen Elementen – ausgenommen Ijob – keine Parallelen aus vorsirazidischer Zeit besitzen. Es ist nicht auszuschließen, daß eine Übernahme stattgefunden hat, wenn auch nur eine einzige Übereinstimmung gegeben ist. Doch auch in diesem Fall ist der Beweis schwer zu erbringen, daß ein Zufall vorliegen soll. Doch legt die ansehnliche Zahl Zeugnis dafür ab, daß Sira Ijob gut gekannt hat.

Trifft dies zu, dann ist umso verwunderlicher, daß Sira, der z.B. gleich Ijob über die Last des menschlichen Loses klagt, der das mehrfach verwendete חק als Bestimmung des Menschen auf den Tod hin versteht, keine engeren Verbindungen zu Ijob besitzt. – Dies dürfte seinen Grund im theologischen Ansatz Siras besitzen. Sira ist zutiefst positiv ausgerichtet. Er sieht immer und überall Gott am Werk, und zwar Gott, der seine Schöpfung wollte, besonders den Menschen in die Eigenverantwortlichkeit entließ. Daher muß Sira Argumente suchen, Fehlentwicklungen zu steuern und zu korrigieren, ohne die undurchschaubare Unberechenbarkeit Gottes als Triebfeder für *rechtes Verhalten* anzugeben. Dies hängt nicht zuletzt mit seiner tiefen Verwurzelung im Schöpfungsglauben (vgl. Siras 89 Einzelstellen von Schöpfungsanspielungen) und im Wirken des Schöpfers in der Schöpfung – übrigens fast immer auf den Menschen hingeordnet – zusammen: Gott bewirkt alles, angefangen vom Essen bis in die kosmischen Bereiche. Leben und Tod sind auf diese Weise fest in ein für den Menschen zwar unerforschbares, nichts desto weniger sicheres Sinngefüge eingebunden.

Bibliographie

BARTELMUS, R., HYH. Bedeutung und Funktion eines „Allerweltsortes" – zugleich ein Beitrag zur Frage des hebräischen Tempussystems (ATS 17), St. Ottilien 1982.

BEENTJES, P.C., Hermeneutics in the Book of Ben Sira. Some Observations on the Hebrew Ms. C: EstBíb 46 (1988) 45–59.

CRENSHAW, J.L., Wisdom, in: J.H. Hayes (Hg.), Old Testament Form Criticism, San Antonio 1974, 225–264.

DIETRICH, A., Mutter Erde, Leipzig 1925 (³1938).

DI LELLA, A.A., The Hebrew Text of Sirach. A Text-critical and Historical Study, London/The Hague/Paris 1966

DUESBERG, H./FRANSEN, I., Ecclesiastico (SB[T]), Turin/Rom 1966.

EBERHARTER, A., Der Kanon des Alten Testaments zur Zeit des Ben Sira. Auf Grund der Beziehungen des Sirachbuches zu den Schriften des A.T. dargestellt (Alttestamentliche Abhandlungen III,3), Münster, 1911.

EDZARD, D.O., Muttergöttinnen, in: H.W. Haussig (Hg.), Wörterbuch der Mythologie, Stuttgart, ²1983, 103–106.

FOHRER, G., Das Buch Hiob (KAT 16), Gütersloh 1963.

FRANZ, L., Die Muttergöttin im vorderen Orient, Leipzig 1937.

GESENIUS, W., Hebräisches und Aramäisches Handwörterbuch, Berlin/Göttingen/Heidelberg ¹⁷1962.

GORDIS, R., The Book of Job. New Translations, and Special Studies (Moreshet series V,2), New York 1978.

GROSS, H., Ijob (NEB 13), Würzburg 1986.

HALPERN, B., Yhwh's Summary Justice in Job xiv 18: VT 28 (1978) 472–474.

HARTLEY, J.E., The Book of Job (NICOT), Grand Rapids 1991.

HORST, F., Hiob (BKAT XVI/1), Neukirchen ⁴1983.

KAISER, O., Judentum und Hellenismus, in: ders., Der Mensch unter dem Schicksal. Studien zur Geschichte, Theologie und Gegenwartsbedeutung der Weisheit (BZAW 161), Berlin/New York 1985, 135–153.

KÜHLEWEIN, J., אֵם *'ēm*, in THAT I, 173–177.

LOHFINK, N., Einige Beobachtungen zu Psalm 26, in: F.V. Reiterer (Hg.), Ein Gott – Eine Offenbarung, FS N. Füglister, Würzburg 1991, 189–204.

MARBÖCK, J., Weisheit im Wandel. Untersuchungen zur Weisheitstheologie bei Ben Sira (BBB 38), Bonn 1971.

OGDEN, G.S., The Interpretation of *dwr* in Ecclesiastes 1.4: JSOT 34 (1986) 91f.

OTTOSSON, M., חָלַם *ḥālam*, in: ThWAT II, 991–998.

PENAR, T., Job 19,19 in the Light of Ben Sira 6,11: Bib 48 (1967) 292–295.

PERDUE, L.G., Wisdom and Cult. A Critical Analysis of the Views of Cult in the Wisdom Literatures of Israel and the Ancient Near East (SBL DS 30), Missoula 1975 [Diss.].

PETERS, N., Das Buch Jesus Sirach oder Ecclesiasticus (EHAT 25), Münster, 1913.

PETERS, N., Ekklesiastes und Ekklesiastikus: BZ 1 (1903) 47–54.129–150.

PETERS, N., Der jüngst wiederaufgefundene hebräische Text des Buches Ecclesiasticus, Freiburg 1902.

POPE, M.H., Job (AB), Garden City 1965.

VON RAD, G., Hiob 38 und die altägyptische Weisheit, in: ders., Gesammelte Studien zum Alten Testament (ThBü 8), München ³1965, 262–272.

REITERER, F.V., Die Bedeutsamkeit von Syntax und Paralleltermini zur Erfassung des Inhaltes von *šāwʾ*, in: F.V. Reiterer/P. Eder (Hg.), Liebe zum Wort, FS L. Bernhard, Salzburg 1993, 174–213.

REITERER, F.V., Deutung und Wertung des Todes durch Ben Sira, in: J. Zmijewski (Hg.), Die alttestamentliche Botschaft als Wegweisung, FS H. Reinelt, Stuttgart 1990, 203–236.

REITERER, F.V., Markierte und nicht markierte direkte Objekte bei Ben Sira, in: W. Gross/H. Irrsigler/T. Seidl (Hg.), Text, Methode und Grammatik, FS W. Richter, St. Ottilien 1991, 359–378.

REITERER, F.V., שָׁוְא, in: ThWAT VII, 1110f.

MARGOLIOUTH, D.S., Ecclesiastes and Ecclesiasticus: Exp. 7,5 (1908) 118–126.

SAUER, G., Jesus Sirach (Ben Sira) (JSHRZ 2), Gütersloh 1981, 483–644.

SEEBASS, H., נֶפֶשׁ *næpæš*, in: ThWAT V, 531–555.

SEGAL, M.Z., ספר בן סירא השלם, Jerusalem ³1972.

SIMIAN-YOFRE, H., פָּנִים *pānîm*, in: ThWAT VI, 629–659.

SKEHAN, P.W., Sirach 40,11–17: CBQ 30 (1968) 570–572.

SKEHAN, P.W./DI LELLA, A.A., The Wisdom of Ben Sira (AncB 39), New York 1987.

SMEND, R., Die Weisheit des Jesus Sirach, Berlin 1906.

WESTERMANN, C., נֶפֶשׁ *næfæš*, in: THAT II, 71–96.

Erstveröffentlichung in: W.A.M. Beuken (Hg.), The Book of Job (BEThL 114), Löwen 1994, 405–429.

Bibliographie von Friedrich V. Reiterer[1]

Selbständige Veröffentlichungen

Gerechtigkeit als Heil. צדק bei Deuterojesaja. Aussage und Vergleich mit der alttestamentlichen Tradition, Graz 1976.

„Urtext" und Übersetzungen. Sprachstudie über Sir 44,16–45,26 als Beitrag zur Siraforschung (Arbeiten zu Text und Sprache im Alten Testament 12), St. Ottilien 1980.

Gottes Wort im Festkreis. Hilfen für Verkündigung und Bibelrunden. Schwerpunkt Altes Testament, Graz 1983.

Dievo teisynas ir gyvenimas, Vilnius 1997.

en coopereración B.C. Caero Bustillos, Hebreo bíblico. Primera parte, Cochabamba, Bolivien 2006

Herausgeberschaften

Biblische Notizen Neue Folge
Deuterocanocical and Cognate Literature Yearbook
Deuterocanocical and Cognate Literature Studies
Intercultural Theology and Study of Religions

Herausgegebene selbständige Veröffentlichungen

Dem Wort verpflichtet, Festgabe N. Füglister, Salzburg 1980.

ΕΚ ΤΟΥ ΓΑΡ ΠΕΡΙΣΣΕΥΜΑΤΟΣ ΤΗΣ ΚΑΡΔΙΑΣ ΤΟ ΣΤΟΜΑ ΛΑΛΕΙ, Festgabe S. Siedl, Salzburg 1982.

Lektorenbibel. Text der Sonn- und Festtagslesungen und kurze Erläuterungen. Hilfen für die Arbeit in den Pfarreien, Salzburg 1985ff.

Lesejahr C, Teil 1 (1985) (2. überarb. Aufl. 1988).

---

1 Stand der Bibliographie: Mai 2007; die Zitation im gesamten Band erfolgt nach SCHWERTNER, S.M., Internationales Abkürzungsverzeichnis für Theologie und Grenzgebiete, Berlin/New York ²1992.

Lesejahr C, Teil 2 (1986) (2. überarb. Aufl. 1989).
Lesejahr C, Teil 3 (1986) (2. überarb. Aufl. 1989).
Lesejahr A, Teil 1 (1986) (2. überarb. Aufl. 1989).
Lesejahr A, Teil 2 (1987) (2. überarb. Aufl. 1990).
Lesejahr A, Teil 3 (1987) (2. überarb. Aufl. 1990).
Lesejahr B, Teil 1 (1987) (2. überarb. Aufl. 1990).
Lesejahr B, Teil 2 (1988) (2. überarb. Aufl. 1991).
Lesejahr B, Teil 3 (1988) (2. überarb. Aufl. 1991).
Ein Gott – Eine Offenbarung. Beiträge zur Theologie, Exegese und Spiritualität, FS N. Füglister, Würzburg 1991.
Liebe zum Wort (Beihefte zu Kairos), FS L. Bernhard, Salzburg 1992.
Freundschaft bei Ben Sira. Beiträge des Symposions zu Ben Sira – Salzburg 1995 (BZAW 244), Berlin/New York 1996.
gemeinsam mit N. Calduch-Benages, R. Egger-Wenzel/A. Fersterer/I. Krammer, Bibliographie zu Ben Sira (BZAW 266), Berlin/New York 1998.
gemeinsam mit/R. Egger-Wenzel/I. Krammer/P. Ritter-Müller/L. Schrader, Zählsynopse zum Buch Ben Sira (FoSub 1), Berlin/New York 2003.
gemeinsam mit T. Nicklas/K. Schöpflin, Angels. The Concept of Celestial Beings – Origin, Development and Reception (DCLY 2007), Berlin/New York 2007.

Herausgeber oder Mitherausgeber von Reihen und Zeitschrift

Biblische Notizen Neue Folge (BN NF)
Deuterocanonical and Cognate Literature Yearbook (DCLY)
Deuterocanonical and Cognate Literature Studies (DCLY)
Intercultural Theology and Study of Religions (ab 2006)
Salzburger Theologische Studien (STS)
Salzburger Exegetische Theologische Vorträge (SEThV)

Wissenschaftliche Beiträge

Anmerkungen zum Themenkreis: Gerechtigkeit im Alten Testament: Welt in Christus 135 (1978) 2–7.
Ben Sira. Zur Übersetzungsmethode alter Versionen, in: Almanach '80 der Österreichischen Forschung, Wien 1980, 157–162.
Das geknickte Rohr zerbricht er nicht. Die Botschaft vom Gottesknecht: Heiliger Dienst 35 (1981) 162–180.

Stellvertretung – Leid – Jenseitshoffnung. Die Botschaft des vierten Gottes-
knechtsliedes (Jes 52,13–53,12): Heiliger Dienst 36 (1982) 12–32.

„Er liebt uns und hat uns von unseren Sünden erslöst durch sein Blut". Vor-
bemerkungen zur zentralen Stellung des Blutes in der Bibel und christlichen Erlösungstheologie: Heiliger Dienst 37 (1983) 16–32.

Was soll es bedeuten: Erlöst durch Blut? Die religiöse und theologische Bedeutung des Blutes in der Bibel: Heiliger Dienst 37 (1983) 106–123.

Ekstase – Besessenheit – Vision. Anmerkungen aus der Sicht des Alten Testamentes: Kairos 25 (1983) 156–173.

Von Gott geleitet für ein menschenwürdiges Leben gerüstet. Methodische Zu-
gänge und zentrale Themen des Alten Testamentes: Christl. Päd. Blätter 99
(1986) 278–289 (= leicht überarbeitet in: A. Biesinger/T. Schreijäck (Hg.), Religionsunterricht heute. Seine elementaren theologischen Inhalte, Freiburg
1989, 22–47).

„Hör mal, lieber Gott ...". Die Vielschichtigkeit biblischen Betens: Heiliger
Dienst 40 (1986) 161–180.

Der 30. April 1483 vor Christus. Notizen hinsichtlich der Zeit des Auszuges
und der Landnahme: Bibel und Liturgie 59 (1986) 257–259.

Der Mensch als Gabe und Aufgabe. Gesichtspunkte der Theologie und Anthropologie im Alten Testament anhand der Konnotationen von 'adam, in: A.
Buschmann (Hg.), Jahrbuch der Universität Salzburg 1983–85, Salzburg
1987, 9–24.

Die Funktion des alttestamentlichen Hintergrundes für das Verständnis der
Theologie des Magnifikat: Heiliger Dienst 41 (1987) 129–154.

Der Prophet als Verkünder und Fürbitter für die Bedrohten: Diakonia Christi
23 (1988) 12–17.21–30.

Aufbruch im und durch das Wort Gottes? Notizen zur Rezeption der Aussagen
des II. Vatikanums über das Wort Gottes, insbesondere hinsichtlich „Verbum Dei" in hirtenamtlichen Schreiben seit dem Jahre 1965, in: H. Paar-
hammer/F.M. Schmölz (Hg.), Uni trinoque domino. Karl Berg – Bischof im
Dienste der Einheit, Thaur 1989, 161–182.

Prophetentum und Heilsorakel. Ein Vergleich Altisraels und seiner Umwelt, in:
A. Buschmann (Hg.), Jahrbuch der Universität Salzburg 1985–1987, Salzburg 1989, 15–34.

Deutung und Wertung des Todes durch Ben Sira, in: J. Zmijewski (Hg.), Die alttestamentliche Botschaft als Weisung; FS H. Reinelt, Stuttgart 1990, 203–
236.

Das Evangelium im Alten Testament, in: A. Buschmann (Hg.), Jahrbuch der
Universität Salzburg 1987–1989, Salzburg 1991, 53–73.

Die Thematik des Danielbuches als Einführung zur Stoffaktualisation im „Ludus Danielis", in: W. Roscher (Hg.), Daniel – Sinn – Wort – Klang – Bild –
Tanz – Spiel. Dokumentation einer Musiktheaterproduktion des „Ludus

Danielis" an der Hochschule für Musik und Darstellende Kunst „Mozarteum" in Salzburg (Intergrative Musikpädagogik und Polyästhetische Erziehung 3), München/Salzburg 1991, 65–81.

Die Stellung Ben Siras zur „Arbeit". Notizen zu einem kaum berücksichtigten Thema sirazidischer Lehre, in: F.V.Reiterer (Hg.), Ein Gott – eine Offenbarung. Beiträge zur Theologie, Exegese und Spiritualität, FS N. Füglister, Würzburg 1991, 257–289.

Objektsmarkierungen im Buch Ben Sira, in: W.Groß/H. Irsigler/T. Seidl (Hg.), FS. W. Richter, St. Ottilien 1991, 359–378.

Die Bedeutsamkeit von Syntax, Stil und Paralleltermini zur Erfassung des Inhaltes von šāwʾ, in: F.V. Reiterer (Hg.), Liebe zum Wort, FS L. Bernhard, Salzburg 1993, 173–213.

Du sollst den Fremden lieben wie dich selbst, in: G. Bachl (Hg.), Die Fremden, Salzburg 1993, 62–94.

Bibelübersetzung: Wiedergabe oder Deutung? Untersuchung von Sir 11,14ff; 3,1f, in: H. Pavlincová/D. Papoušek (Hg.), The Bible in Cultural Context, Brno 1994, 263–283.

Das Verhältnis Ijobs und Ben Siras, in: W.A.M. Beuken (Hg.), The Book of Job (BEThL 114), Löwen 1995, 405–429.

Das „Herz" in der christlichen Tradition, in: Salzburger Herzverband (Hg.), Zentrum Herz, FS zum 10jährigen Bestehen des Salzburger Herzverbandes, Salzburg 1995, 161–168.

Gelungene Freundschaft als tragende Säule einer Gesellschaft. Exegetische Untersuchung von Sir 25,1–11, in: ders. (Hg.), Freundschaft bei Ben Sira. Beiträge des Symposions zu Ben Sira – Salzburg 1995 (BZAW 244), Berlin/New York 1996, 133–169.

Review of Recent Research on the Book of Ben Sira, in: P.C. Beentjes (Hg.), The Book of Ben Sira in Modern Research. Proceedings of the First International Ben Sira Conference 28–31 July 1996 Soesterberg, Netherlands (BZAW 255), Berlin/New York 1997, 23–60.

Text und Buch Ben Sira in Tradition und Forschung. Eine Einführung, in: F.R. Reiterer (Hg.), Bibliographie zu Ben Sira (BZAW 266), Berlin/New York 1998, 1–42.

Die immateriellen Ebenen der Schöpfung bei Ben Sira, in: N. Calduch-Benages/J. Vermeylen (Hg.), Treasures of Wisdom. Studies in Ben Sira and the Book of Wisdom, FS M. Gilbert (BEThL 143), Löwen 1999, 91–127.

Biblische Endzeiterwartung als Botschaft vom Leben, in: A. Buschmann (Hg.), Jahrbuch der Universität Salzburg 1995–1997, München-Eichenau 1999, 11–27.

Hebrew of Ben Sira Investigated on the Basis of His Use of כרת: A Syntactic, Semantic, and Language-Historical Contribution, in: T. Muraoka/J.F. Elwolde (Hg.), Sirach, Scrolls, and Sages. Proceedings of a Second International Symposium on the Hebrew of the Dead Sea Scrolls, Ben Sira, and the Mishnah, Held at Leiden University, 15–17 December 1997, Leiden 1999, 253–277.

Einleitung, in: Institut für Alttestamentliche Bibelwissenschaft und Judaistik der Universität Salzburg (Hg.), Notker Füglister, Die eine Bibel – Gottes Wort an uns. Gesammelte Aufsätze, FS N. Füglister (Salzburger Theologische Studien 10), Innsbruck/Wien 1999, 126–143.

Biblinis laikų pabaigos laukimas – žinia apie gyvenimą: Naujasis Židinys-Aidai 6 (2000) 325–332.

Gott und Opfer, in: R. Egger-Wenzel (Hg.), Ben Sira's God. Proceedings of the International Ben Sira Conference Durham – Ushaw College 2001 (BZAW 321), Berlin/New York 2002, 136–179.

Opferterminologie in Ben Sira, in: R. Egger-Wenzel (Hg.), Ben Sira's God. Proceedings of the International Ben Sira Conference Durham – Ushaw College 2001 (BZAW 321), Berlin/New York 2002, 371–374.

zusammen mit M. Gielen, Die Bibel – ein Modell interkultureller Theologie und Begegnung der Religionen: SaThZ 6 (2002) 125–140.

Strafe in der Bibel – Erfindung der Übersetzer? Beobachtungen zum interpretatorischen Charakter von Übersetzungen, in: F. Sedlmeier (Hg.), Gottes Wege suchend. Beiträge zum Verständnis der Bibel und ihrer Botschaft, FS R. Mosis, Würzburg 2003, 467–496.

Handschriften – Texteditionen – Übersetzungen. Eine Einführung in die Zählsynopse, in: F.V. Reiterer/R. Egger-Wenzel/I. Krammer/P. Ritter-Müller, Zählsynopse zum Buch Ben Sira (FoSub 1), Berlin/New York 2003, 1–86.

Laudatio, in: F. Reiterer (Hg.), „Reichtum ist gut, ist er ohne Schuld" (Sir 13,24). Vorstellung eines Exegeten. Ehrendoktorat für Otto Kaiser am 17.11.2002 (Salzburger Exegetische Theologische Vorträge 2), Salzburg 2003, 1–9.

Bibliographie von Otto Kaiser, in: F. Reiterer (Hg.), „Reichtum ist gut, ist er ohne Schuld" (Sir 13,24). Vorstellung eines Exegeten. Ehrendoktorat für Otto Kaiser am 17.11.2002 (Salzburger exegetische theologische Vorträge 2), Salzburg 2003, 50–93.

Neue Akzente in der Gesetzesvorstellung: תורת חיים bei Ben Sira, in: M. Witte (Hg.), Gott und Mensch im Dialog, FS O. Kaiser (BZAW 345/II), Berlin/New York 2004, 851–871.

Gott, Vater und Herr meines Lebens, Eine poetisch-stilistische Analyse von Sir 22,27–23,6 als Verständnisgrundlage des Gebetes, in: R. Egger-Wenzel/J. Corley (Hg.), Prayer from Tobit to Qumran. Inaugural Conference of the ISDCL at Salzburg, Austria, 5-9 July 2003 (DCLY 2004), Berlin/New York 2004, 137–170.

Preface, in: R. Egger-Wenzel/J. Corley (Hg.), Prayer from Tobit to Qumran. Inaugural Conference of the ISDCL at Salzburg, Austria, 5-9 July 2003 (DCLY 2004), Berlin/New York 2004, V–VI.

The Influence of the Book of Exodus on Ben Sira, in: J. Corley/V. Skemp (Hg.), Intertextual Studies in Ben Sira and Tobit: Essays in Honor of Alexander A. Di Lella, O.F.M. (CBQMS 38), Washington 2005, 100–117.

Der Pentateuch in der spätbiblischen Weisheit Ben Siras, in: E. Otto/J. LeRoux (Hg.), A Critical Study of the Pentateuch. An Encounter between Africa and Europe (Altes Testament und Moderne 20), Münster/Hamburg/London 2005, 160–183.

Prophet und Prophetie in Tobit und Ben Sira. Berührungspunkte und Differenzen, in: G. Xeravits/J. Zsengellér (Hg.), The Book of Tobit. Text, Tradition, Theology. Papers of the First International Conference on the Deuterocanonical Books, Pápa, Hungary 20–21 May, 2004 (JSJ.S 98), Leiden/Boston 2005, 155–175.

Wer ist der angekündigte Regent? Ein früher Baustein der Messiasvorstellung in Jes 16,4c–5d. Klaus Koch zum 80. Geburtstag: BN.NF 130 (2006) 5–16.

„Die Völker haben ihre Götter, wir aber haben JHWH". Biblische Grundlagen interreligiöser Begegnung, in: Cl. Ozankom/Ch. Udeani, Globilisierung – Kulturen – Religionen (Intercultural Theology and Study of Religions 1), Amsterdam/New York 2006, 153–173.

Jesus Sirach/Jesus Sirachbuch/Ben Sira/Ecclesiasticus, in: WILAT, Stuttgart 2006, http://www.wilat.de.

Die Vergangenheit als Basis für die Zukunft. Mattatias' Lehre für seine Söhne aus der Geschichte in 1Makk 2:52–60, in: G. Xeravits/J. Zsengellér (Hg.), The Books of the Maccabees. History, Theology, Ideology. Papers of the Second International Conference on the Deuterocanonical Books, Pápa, Hungary, 9–11 June, 2005 (JSJ.S 118), Leiden/Boston 2007, 75–100.

Aspekte der Messianologie der Septuaginta. Der Weisheit Beitrag zur Entwicklung messianischer Vorstellungen, in: H.-J. Fabry, Im Brennpunkt: Die Septuaginta. (BWANT), Stuttgart/Berlin/Köln 2007, 226–244 (im Druck).

Die soziologische Bedeutung des schriftgelehrten Weisheitslehrers bei Ben Sira, in: L.G. Perdue (Hg.), Sages, Scribes, and Seers. The Sage in the Mediterranean World (FRLANT 219), Göttingen 2007 (im Druck).

Das Gastmahl der Völker am Zion. Entwicklungslinien des Umganges mit Fremden im Alten Testament, in: Cl. Ozankom/Ch. Udeani (Hg.), Gastfreundschaft als Paradigma interkultureller Begegnung (Intercultural Theology and Study of Religions 3), Amsterdam/New York 2007 (im Druck).

Gerechtigkeit und Geist. Die programmatische Rolle im Proömiums des Buches der Weisheit (Weish 1,1–15), in: R. Egger-Wenzel (Hg.), Geist und Feuer, FS A.M. Kothgasser (Salzburger Theologische Studien 32), Innsbruck/Wien 2007, 121–158.

Kriterien zur Unterscheidung von Tora und Hokma im Buch Ben Sira?, Pápa 2006, in: G. Xeravits/J. Zsengellér (Hg.), The Book of Ben Sira. Text, Tradition, Theology. Papers of the Third International Conference on the Deuterocanonical Books, Pápa, Hungary 20–21 May, 2004 (JSJ.S), Leiden/Boston 2007 (im Druck).

Die poetische Struktur und Gestalt des Proömiums zum Weisheitsbuch. Beobachtungen zu Weish 1,1–15, in: A. Moenikes, (Hg.), Studien zur Hebräischen und Griechischen Bibel und ihrer Umwelt, FS. H. Fuhs (Paderborner Theologische Studien), Paderborn 2007 (im Druck).

Urtext oder Ausgangstext. Beispiele zur Textentwicklung des sirazidischen Textes, in: A. Lange/M. Weigold/J. Zsengellér (Hg.), Von Qumran bis Aleppo, FS E. Tov, (JSJ.S), Göttingen 2007 (im Druck).

The Interpretation of the Wisdom Tradition of the Torah within Ben Sira, in: A. Passaro/G. Bellia (Hg.), Il libro del Siracide. Tradizione, redazione, teologia (Studia Biblica 5), Rom 2006 (im Druck) (= Übersetzung in: DCLY.St).

Lexikabeiträge

Die Bibel A–Z. Das große Salzburger Bibellexikon, I. II. M. Stubhann (Hg.), Salzburg 1985 (ca 40% der Stichworte im gesamten Lexikon; darunter z.b. Bund I 119–121; David I 137–138; Exodus I 193–195; Gott I 251–253; *Jesus-Sirach-Buch 341f; Krieg I 402–408; Musikinstrumente II 483–484; Opfer II 518–519; Saul II 619–621; Weisung II 764–765; usw.).

נקף II, in: ThWAT V, 1986, 612–616.

סונ, in: ThWAT V, 1986, 679–774.

עצל, in: ThWAT VI, 1987, 305–310.

פוח, in: ThWAT VI, 1987, 538–543.

פרק, in: ThWAT VI, 1988, 770–773.

קבל, in: ThWAT VI, 1989, 1139–1143.

קצף, ThWAT VII, 1990, 95–104.

Glosse, in: B. Lang/M. Görg, Bibel-Lexikon I, 1991, 857–858.

שוא, ThWAT VII, 1993, 1104–1117.

Arbeit, in: W. Kaspar (Hg.), Lexikon für Theologie und Kirche, Freiburg [4]1993, 917f.

Heiden/Völker, in: J.B. Bauer (Hg.), Bibeltheologisches Wörterbuch [4]1994, 285f.

Sünde – Sühne im AT, J.B. Bauer (Hg.), Bibeltheologisches Wörterbuch [4]1994, 512–518 (= Nuodėmė ir atgaila Senajame Testamente: Šiaurės Atėnai 23 [1999.VI.12] 4.11).

שם, in: ThWAT VIII, 1994, 122–174.

Tag des Herrn, in: J.B. Bauer (Hg.), Bibeltheologisches Wörterbuch [4]1994, 525–527.

Beiträge für breitere Kreise

Unter dem Titel: Exegetisches Material zum Lesejahr C, im: Österreichischen Klerusblatt, Eigentümer und Hg.: Professorenkollegium der Theologischen Fakultät der Universität Salzburg, folgende Kurzbeiträge:

Jer 33,14–16: ÖK 109 (1976) 303.
Bar 5,1–9: ÖK 109 (1976) 303f.
Gen 3,9–15: ÖK 109 (1976) 304.
Zef 3,14–18a: ÖK 109 (1976) 317.
Mich 5,1–4a: ÖK 109 (1976) 317f.
Jes 9,1–3.5–6: ÖK 109 (1976) 318.
Jes 52,7–10: ÖK 109 (1976) 319.
Sir 3,2–6.12–14: ÖK 109 (1976) 319f.
Num 6,22–27: ÖK 109 (1976) 320f.
Sir 24,1–2.8–12: ÖK 109 (1976) 321.
Jes 60,1–6. IN: ÖK 109 (1976) 321.323.
Jes 42.1–4.6–7: ÖK 110 (1977) 3.
Jes 62,1–5: ÖK 110 (1977) 3f.
Neh 8,1–4a.5–6.8–10: ÖK 110 (1977) 17.
Jer 1,4–5.17–19: ÖK 110 (1977) 18.
Jes 6,1–2a.3–8: ÖK 110 (1977) 29.
Jer 17,5–8: ÖK 110 (1977) 29f.
1Sam 26.2.7–9.12–13.22–23: ÖK 110 (1977) 43.
Joel 2,1–2.12–18: ÖK 110 (1977) 43f.
Dtn 26.4–10: ÖK 110 (1977) 44f.
Gen 15,5–12.17–18: ÖK 110 (1977) 57.
Ex 3,1–8a.13–15: ÖK 110 (1977) 58f.
Jos 5,9a.10–12: ÖK 110 (1977) 71.
Jes 43,16–21: ÖK 110 (1977) 71f.
Jes 50,4–7: ÖK 110 (1977) 83.
Ex 12,1–8.11–14: ÖK 110 (1977) 83f.
Jes 52,13–53,12: ÖK 110 (1977) 84f.
Ex 14,15–31: ÖK 110 (1977) 85f.
Spr 8,22–31: ÖK 110 (1977) 138.
Gen 14,18–20: ÖK 110 (1977) 138f.
2Sam 12,7–10.13: ÖK 110 (1977) 149.
Ex 34,11–14: ÖK 110 (1977) 149f.
Sach 12,10–11: ÖK 110 (1977) 150.
1Kön 19,16b.19–21: ÖK 110 (1977) 161.
Jes 66,10–14c: ÖK 110 (1977) 161f.
Dtn 30,10–14: ÖK 110 (1977) 173.
Gen 18,1–10a: ÖK 110 (1977) 173f.

Gen 18,20–32: ÖK 110 (1977) 185.

Koh 1,2; 2,21–23: ÖK 110 (1977) 185f.

Weish 18,6–9: ÖK 110 (1977) 186f.

Jer 38,4–6.10: ÖK 110 (1977) 187.

Jes 66,18–21: ÖK 110 (1977) 205.

Sir 3,17–18.20.28–29: ÖK 110 (1977) 205f.

Weish 9,13–19: ÖK 110 (1977) 225.

Ex 32,7–11.13–14: ÖK 110 (1977) 225f.

Am 8,4–7: ÖK 110 (1977) 237f.

Am 6,1a–4.7: ÖK 110 (1977) 238.

Hab 1,2–3; 2,2–4: ÖK 110 (1977) 249.

2Kön 5,14–17: ÖK 110 (1977) 249f.

Ex 17,8–13: ÖK 110 (1977) 261.

Sir 35,15b–17.20–22a: ÖK 110 (1977) 261f.

Weish 11,23–12,2: ÖK 110 (1977) 273.

2Makk 7,1–2.9–14: ÖK 110 (1977) 274f.

Mal 3,19–20a: ÖK 110 (1977) 287.

2Sam 5,1–3: ÖK 110 (1977) 287f.

Anregungen für einen „Bibelvortrag", in: F.V. Reiterer (Hg.), Dem Wort verpflichtet, Festgabe N. Füglister, Salzburg 1980, 18–21.

Unter dem Titel: „Bibeltheologische Predigthilfen für das Lesejahr A" im „Österreichischen Klerusblatt".

Das neue Lebenszentrum (Jes 2,15): ÖK 113 (1980) 302f.

Die Gaben des Geistes – ein Vorgeschmack des Paradiese (Jes, 11,1–10): ÖK 113
  (1980) 303f.

Schöpfung – Neuschöpfung – Scheitern – Rettung (Gen 3,1–19): ÖK 113 (1980)
  303f.

Die Vision vom endgültigen Heil (Jes 35,1–10): IN: ÖK 113 (1980) 318f.

Messiasverheißung – eine Glaubensforderung (Jes 7,1–17): ÖK 113 (1980) 320f.

Familie: Eine Lebenserfüllung mit Forderungen (Sir 3,1–16): ÖK 113 (1980) 321f.

Der Segen und seine Funktion (Num 6,22–27): ÖK 113 (1980) 322f.

Das Mensch gewordene Wort Gottes (Joh 1,18): ÖK 113 (1980) 323f.

Jesus – das eigentliche Völkerzentrum (Jes 60,1–7): ÖK 113 (1980) 324f.

Die Berufung des Gottesknechtes (Jes 42,1–4): ÖK 114 (1981) 3f.

Der Glaube des Gottesknechtes (Jes 42,1–4): ÖK 114 (1981) 4f.

Der unbedingte Ruf: In Zeit und Geschichte (Mt 4,12–23): ÖK 114 (1981) 14.

Demut – Ansatzpunkt zur Rettung (Zef 2,13; 3,11–12): ÖK 114 (1981) 15f.

Der endzeitliche Gottesbote und Jesus (Mal 2,17–3,5): ÖK 114 (1981) 16f.

Fasten – aber wie?: ÖK 114 (1981) 4f: ÖK 114 (1981) 27f.

Unsere Geschichte – Entscheidungsgeschichte (Sir 15,11–20): ÖK 114 (1981) 28.

Nächstenliebe – ganz konkret (Lev 19,1–2.17–18): ÖK 114 (1981) 41f.

Keine ängstliche Sorge (Jes 49,14–21): ÖK 114 (1981) 42f.

Mißtrauen – Zweifel – Versuchung (Gen 2,1–4a): ÖK 114 (1981) 53f.

Glaube – umfassende Befreiung (Gen 12,1–4a): ÖK 114 (1981) 54.

Not – Wunder – Glaube (Ex 17,1–17): ÖK 114 (1981) 65f.

Künder Gottes – Ein Markstein der Entscheidung (1Sam 16,1–13): ÖK 114 (1981) 66f.

Der Herr des Lebens (Ez 37,1–14): ÖK 114 (1981) 77f.

Gott steht zu seinem Knecht (Jes 50,5–9): ÖK 114 (1981) 78f.

Die Salbung (Jes 61,1–3): ÖK 114 (1981) 78f.

Das Paschamahl (Ex 12,1–14): ÖK 114 (1981) 79f.

Das stellvertretende Leiden (Jes 52,13–53,12): ÖK 114 (1981) 91.

Auferstehung und Glaube (Joh 20,1–9): ÖK 114 (1981) 92f.

Das älteste Auferstehungszeugnis (1Kor 15,1–8): ÖK 114 (1981) 93.

Auferstehung und deren Überprüfbarkeit (Joh 20,19–29): ÖK 114 (1981) 94.

Brannte uns nicht das Herz in der Brust? (Lk 24,13–35): ÖK 114 (1981) 94–96.

Konsequenzen der Auferstehungsverkündigung (Apf 2,37–42): ÖK 114 (1981) 96.

Amtsträger in der Gemeinde (Apg 6,1–7): ÖK 114 (1981) 115.

Wesen und Wirken des Beistandes (Joh 14,15–21): ÖK 114 (1981) 115f.

Taufauftrag – Zeugnis – Himmelfahrt (Mt 28,16–20); Apg 1,1–11): ÖK 114 (1981) 116f.

Sinn und Wirken Jesu (Joh 17,1–11): ÖK 114 (1981) 129.

Ein Geist – viele Gaben (Apg 2,1–13): ÖK 114 (1981) 130f.

Das freie Wirken des Heiligen Geistes (Apg 10,34–38): ÖK 114 (1981) 131.

Der Gott der Liebe (Ex 33,18.21–22; 34,6f): ÖK 114 (1981) 143f.

Jesu Fleisch und Blut (Joh 6,51–59): ÖK 114 (1981) 144.

Die Verfolgung (Jer 20,10–13): ÖK 114 (1981) 145f.

Der Prophetenlohn (2Kön 4,1–10.14–16a): ÖK 114 (1981) 155f.

„... ich bin gütig und von Herzen demütig" (Sach 9,9–10): ÖK 114 (1981) 156f.

Das wirksame Wort (Jes 55,6–11): ÖK 114 (1981) 167.

Die Langmut Gottes (Weish 12,9–10): ÖK 114 (1981) 167f.

Die rechte Ordnung der Werte (1Kön 3,1–15): ÖK 114 (1981) 181f.

Die Fürsorge Gottes (Jes 55,1–5): ÖK 114 (1981) 182f.

Gott hat im Klischee nicht Platz! (1Kön 19,1–13): ÖK 114 (1981) 193f.

Auferstehung als Vollendung des Heilsgeschehens (1Kön 15,20–28): ÖK 114 (1981) 194.

Gott hat für alle Platz (Jes 56,1–8): ÖK 114 (1981) 195f.

Der Stellvertreter (Jes 22,19–22): ÖK 114 (1981) 205f.

Unter der Last des Auftrages (Jer 20,7–9): ÖK 114 (1981) 206.

Der Wächter des Volkes (Ez 33,1–9): ÖK 114 (1981) 217f.

„Verzeih die Schuld" (Sir 27,30–28,7): ÖK 114 (1981) 218f.

Die unberechenbare Großmut Gottes (Jes 55,6–11): ÖK 114 (1981) 219f.

Die individuelle Verantwortung (Ez 18,24–29): ÖK 114 (1981) 220f.

Die Fabel vom Weinberg (Jes 5,1–7): ÖK 114 (1981) 241f.

Das Gastmahl Gottes (Jes 24,21–25,10a): ÖK 114 (1981) 242f.

Der Herr der Geschichte (Jes 45,1–7): ÖK 114 (1981) 253f.

Nimm bedingungslos Rücksicht! (Ex 22,20–27): ÖK 114 (1981) 265f.

Die Weisheit führt zu Gott (Weish 6,12–19): ÖK 114 (1981) 266f.

Die voll genutzten Talente (Spr 31,10,31): ÖK 114 (1981) 277f.

Das Gericht des Königs (Ez 34,11–15): ÖK 114 (1981) 278f.

Jes 35,4–7a, in: Weizenkorn, Elemente zur Feier der Gemeindemesse. Lesejahr B, VII (1985) 12–14.

Jes 50,5–9a, in: Weizenkorn, Elemente zur Feier der Gemeindemesse. Lesejahr B, VII (1985) 17–18.

Jes 53,10–11, in: Weizenkorn, Elemente zur Feier der Gemeindemesse. Lesejahr B, VIII (1985) 10–12.

Dan 12,1–3, in: Weizenkorn, Elemente zur Feier der Gemeindemesse. Lesejahr B, VIII (1985) 34–36.

Dan 7,13–14, in: Weizenkorn, Elemente zur Feier der Gemeindemesse. Lesejahr B, VIII (1985) 39–41.

Jes 11,1–10, in: Lektorenbibel. Text der Sonn- und Festtagslesungen und kurze Erläuterungen. Lesejahr A I, Salzburg 1986, 8.

Jes 7,10–14, in: Lektorenbibel. A I, Salzburg 1986, 21ff.

Jes 62,1–5, in: Lektorenbibel. A I, Salzburg 1986, 27f.

Jes 9,1–6, in: Lektorenbibel. A I, Salzburg 1986, 32f.

Jes 62,11–12, in: Lektorenbibel. A I, Salzburg 1986, 38.

Jes 52.7–10, in: Lektorenbibel. A I, Salzburg 1986, 42.

Jes 60,1–6, in: Lektorenbibel. A I, Salzburg 1986, 66.

Jes 42.5a.1–4.6–7, in: Lektorenbibel. A I, Salzburg 1986, 70.

Jes 49,3.5–6, in: Lektorenbibel. A I, Salzburg 1986, 74.

Jes 58,7–10, in: Lektorenbibel. A I, Salzburg 1986, 86.

Jes 49,14–15, in: Lektorenbibel.A I, Salzburg 1986, 98.

Jes 7,10–14, in: Lektorenbibel. A II, Salzburg 1987, 27f.

Jes 50,4–7, in: Lektorenbibel. A II, Salzburg 1987, 40.

Jes 61,1–3a–6a–8b–9, in: Lektorenbibel. A II, Salzburg 1987, 44.

Jes 52,13–53,12, in: Lektorenbibel. A II, Salzburg 1987, 55.

Jes 54,5–14, in: Lektorenbibel. A II, Salzburg 1987, 74f.

Jes 55,1–11, in: Lektorenbibel. A II, Salzburg 1987, 78.

Jes 49,1–6, in: Lektorenbibel. A III, Salzburg 1987, 24.

Jes 55.10–11, in: Lektorenbibel. A III, Salzburg 1987, 48.

Jes 55,1–3, in: Lektorenbibel. A III, Salzburg 1987, 60.

Jes 55,6–9, in: Lektorenbibel. A III, Salzburg 1987, 104.

Jes 45,1.4–6, in: Lektorenbibel. A III, Salzburg 1987, 119f.

Jes 25.6a.6–7, in: Lektorenbibel. A III, Salzburg 1987, 140.

Jes 63,16b–17.19b; 64,3–7, in: Lektorenbibel. B I, Salzburg 1987, 4.

Jes 40,1–5.9–11, in: Lektorenbibel. B I, Salzburg 1987, 8.
Jes 61,1–2a.10–11, in: Lektorenbibel. B I, Salzburg 1987, 18.
Jes 62,1–5, in: Lektorenbibel. B I, Salzburg 1987, 23f.
Jes 9,1–6, in: Lektorenbibel. B I, Salzburg 1987, 29f.
Jes 62,11–12, in: Lektorenbibel. B I, Salzburg 1987, 34.
Jes 52,7–10, in: Lektorenbibel. B I, Salzburg 1987, 38.
Jes 60,1–6, in: Lektorenbibel. B I, Salzburg 1987, 62.
Jes 42,5a.1–4.6–7, in: Lektorenbibel. B I, Salzburg 1987, 66.
Jes 55,1–11, in: Lektorenbibel. B I, Salzburg 1987, 68.
Jes 7,10–14, in: Lektorenbibel. B II, Salzburg 1987, 33f.
Jes 50,4–7, in: Lektorenbibel. B II, Salzburg 1987, 38.
Jes 61,1–3a.6a.8b–9, in: Lektorenbibel. B II, Salzburg 1987, 42.
Jes 52,13–53,12, in: Lektorenbibel. B II, Salzburg 1987, 53.
Jes 54,5–14, in: Lektorenbibel. B II, Salzburg 1987, 70f.
Jes 55,1–11, in: Lektorenbibel. B II, Salzburg 1987, 73.
Jes 49,1–6, in: Lektorenbibel. B III, Salzburg 1987, 38.
Jes 50,5–9a, in: Lektorenbibel. B III, Salzburg 1987, 106.
Jes 53.10–11, in: Lektorenbibel. B III, Salzburg 1987, 130.
Jes 25,6a.7–9, in: Lektorenbibel. B III, Salzburg 1987, 154.
Jes 62,1–5, in: Lektorenbibel. C I, Salzburg ²1988, 23f.
Jes 9,1–6, in: Lektorenbibel. C I, Salzburg ²1988, 27f.
Jes 62,11–12, in: Lektorenbibel. C I, Salzburg ²1988, 31f.
Jes 52,7–10, in: Lektorenbibel. C I, Salzburg ²1988, 35f.
Jes 60,1–6, in: Lektorenbibel. C I, Salzburg ²1988, 63f.
Jes 42,5a.1–4.6–7, in: Lektorenbibel. C I, Salzburg ²1988, 67f.
Jes 40,1–5.9–11, in: Lektorenbibel. C I, Salzburg ²1988, 69f.
Jes 62,1–5, in: Lektorenbibel. C I, Salzburg ²1988, 75f.
Jes 6,1–2a.3–8, in: Lektorenbibel. C I, Salzburg ²1989, 96.
Jes 43.16–21, in: Lektorenbibel. C II, Salzburg ²1989, 25f.
Jes 50,4–7, in: Lektorenbibel. C II, Salzburg ²1989, 34.
Jes 52,13–53,12, in: Lektorenbibel. C II, Salzburg ²1989, 47f.
Jes 54,5–14, in: Lektorenbibel. C II, Salzburg ²1989, 63f.
Jes 55,1–11, in: Lektorenbibel. C II, Salzburg ²1989, 66f.
Jes 7.10–14, in: Lektorenbibel. C II, Salzburg ²1989, 89f.
Jes 49,1–6, in: Lektorenbibel. C III, Salzburg ²1989, 39f.
Jesus – ein jüdischer Reformer – oder doch Christ?: actio catholica 2 (1987) 23–
    26.
Blindflug in Gottes Hände. Jes 63,16b–17.19b; 64,3–7: Rupertusblatt Jg. 45, Nr.
    48 (1990) 14.
Auf ihn ist immer Verlaß. Der Prophet tröstet Verängstigte und richtet Hoff-
    nungslose auf. Jes 40,1–5.9–11: Rupertusblatt Jg. 45, Nr. 49 (1990) 12
Die Freude im Herrn. Jes 61,1–2a.10–11: Rupertusblatt Jg. 45, Nr. 50 (1990) 14.

Und so begann es. 1Sam 7,1–5.8b–12.14a–16: Rupertusblatt Jg. 45, Nr. 51 (1990) 16.

In die Familie Gottes gerufen: Begegnung 39 (1994) 8f.

Sir 24,1–2.8–12 (1–4.12–16), in: E. Schulz/O. Wahl (Hg.), Unsere Hoffnung – Gottes Wort. Die alttestamentlichen Lesungen der Sonn- und Festtage. Auslegung und Verkündigung. Lesejahr C, Frankfurt 1994, 112–116.

Sir 27,30–28,7, in: E. Schulz/O. Wahl (Hg.), Unsere Hoffnung – Gottes Wort. Die alttestamentlichen Lesungen der Sonn- und Festtage. Auslegung und Verkündigung. Lesejahr A, Frankfurt 1995, 495–500.

Der Diakon in der Röm.-kath. Kirche: Oikoumene. Ökumenische Informationen Salzburg 10 (1995) 14–15.

Gerechtigkeit – im Licht der Bibel: Ökumenische Zeitschrift für den Religionsunterricht 26/2 (1996) 44–46.

Endzeiterwartungen. Grundzüge biblischer Eschatologie: Mitteilungen. Informationsschrift für ReligionslehrerInnen der Erzdiözese Salzburg 3 (1998) 2–6.

Nuodėmė ir atgaila Senajame Testamente: Šiaurės Atėnai 23 (1999) 4.11.

Biblija apie mirtį: Sandora 11 (2001) 3f.

Ostern – das große Fest mit langer Geschichte: Kolpophon 17/1 (2001) 4–8.

Abkürzungsverzeichnis

act	aktiv	e.g.	exempli gratia
A.D.	Anno Domini	ePP	enklitisches Personal-
Adj	Adjektiv		/Possessivpronomen
Akk	Akkusativ	esp.	especially
Anm.	Anmerkung	EÜ	Einheitsübersetzung
aram.	aramäisch	f(em)	feminin
AT	Altes Testament	f(f)	folgende(r)
Atk	Artikel	fig.	figurative
Aufl.	Auflage	FS	Festschrift
B.C.	before Christ	G	Grundstamm, Qal
bes.	besonders	Γ	Ben Sira - griechisch
BHS	Biblia Hebraica Stutt-	ΓI	ältere griech. Version
	gartensia	ΓII	Überarbeitung von ΓI
Bm	Randlesart der Hand-	gen.obj	genetivus objektivus
	schrift B	griech.	griechisch
bzw.	beziehungsweise	H	H-Stamm, Kausativ-
ca.	circa		stamm = Hifil; hebräi-
cf.	confer		scher Text
chap.	chapter	H^A	Handschrift A
col.	colon	H^B	Handschrift B
cs	constructus	H^{Bm}	Handschrift B, Margi-
CsV	Constructusverbin-		nalie
	dung	H^E	Handschrift E
D	Doppelungsstamm	H^{Ma}	Handschrift Masada
Dat	Dativ	H^Q	Handschrift Qumran
ders.	derselbe	HI	älteste Textform des
d.h.	das heißt		hebr. Sira
d.i.	das ist	HII	späterer Text/Renzen-
dies.	dieselbe(n)		sion des hebr. Sira
Dipl.	Diplomarbeit	hapax.leg	Hapaxlegomenon
Diss.	Dissertation	hebr.	hebräisch
dO	direktes Objekt	Hg.	Herausgeber
Dt-Jes	Deuterojesaja	Hiph	Hifil
ebd.	ebenda	Hitp	Hitpael
ed(s).	editor(s)	Hoph	Hofal

hrsg. v.	herausgegeben von	Pl/pl	Plural/plural
Hs(s)	Handschrift(en)	PossPron	Possessivpronomen
ibid.	ibidem	p(p).	page(s)
i.e.	id est	Präd	Prädikat
Imp	Imperativ	Präp	Präposition
Impf/impf.	Imperfekt/imperfect	PräpV	Präpositionalverbindung
Inf.abs	infinitivus absolutus		
insb.	insbesonders	Prol.	Prolog
iO	indirektes Objekt	ptc.	participle
J	Jahwist	Ptz	Partizip
jap.	japanisch	Pu	Pual
Jh.	Jahrhundert	Qal	Grundstamm
Kap.	Kapitel	sc./scil.	scilicet
Konj	Konjunktion	Sing/Sg/sg	Singular
Kop	Kopula	SK	Suffixkonjugation
Lat	Lateinische Tradition	s.o.	siehe oben
lit.	litera	sog.	so genannt
LXX	Septuaginta	sPP	selbständiges Personalpronomen
m/mask	maskulin		
m.E.	meines Erachtens	st.a	status absolutus
MS(S)	manuscript(s)	st.cs	status constructus
N	N-Stamm	s.u.	siehe unten
n.	note	Subst	Substantiv
n.Chr.	nach Christus	s.v.	siehe vorne
Neg	Negation	Syn	Syntagma
Niph	Niphal	Syr	Syrisch/Peshitta
nom.rec	nomen rectum	tD	tD-Inversivstamm
nom.reg	nomen regens	u.a.	und andere/unter anderem
NS	Nominalsatz		
o.ä.	oder ähnliches	u.ä.	und ähnliche
o.J.	ohne Jahr	v.a.	vor allem
O.T./OT	Old Testament	v.Chr.	vor Christus
P	Priesterschrift	Vg/Vulg	Vulgata
par.	parallel	vgl.	vergleiche
Part	Partikel	VS	Verbalsatz
Pass/pass	Passiv	V(v)/v.	Vers(e)/verse(s)
Pf/pf.	Perfekt/perfect	Z.	Zeile
Pi	Piel	z.B.	zum Beispiel
PK	Präfixkonjugation	z.T.	zum Teil

Stichwortregister

Stellenregister